LES MONTAGNES

PAR

ALBERT DUPAIGNE

SEPT CARTES EN COULEUR HORS TEXTE
DESSINÉES PAR DUMAS-VORZET ET GRAVÉES PAR ERHARD

ILLUSTRATIONS DANS LE TEXTE
PAR RIOU, BAYARD, WEIL, ETC.

OUVRAGE COURONNÉ PAR L'ACADÉMIE FRANÇAISE

TOURS
ALFRED MAME ET FILS
ÉDITEURS

LES MONTAGNES

PROPRIÉTÉ DES ÉDITEURS

Fig. 1. — La *Via mala*, sur la route du Splugen; pont du milieu.

LES MONTAGNES

PAR

ALBERT DUPAIGNE

SEPT CARTES EN COULEUR HORS TEXTE
DESSINÉES PAR DUMAS-VORZET ET GRAVÉES PAR ERHARD

ILLUSTRATIONS DANS LE TEXTE
PAR RIOU, BAYARD, WEIL, ETC.

OUVRAGE COURONNÉ PAR L'ACADÉMIE FRANÇAISE

QUATRIÈME ÉDITION

TOURS

ALFRED MAME ET FILS, ÉDITEURS

M DCCC LXXXI

J'ai rencontré dans ma vie deux hommes qui pour moi réalisent à un degré exceptionnel l'idéal chrétien du savant, du citoyen et du père de famille, qui, séparés par leur âge et par la nature de leurs travaux, peuvent être rapprochés comme exemples de la fécondation des forces intellectuelles par les forces morales, de la raison par la foi, de la justice par la charité, de la science par la modestie.

L'un a été pour ma jeunesse, aux débuts de ma carrière universitaire, le plus admirable des maîtres et le plus affectueux des guides; l'autre est mon meilleur ami, je dirais volontiers mon frère.

Or à l'un je dois de m'avoir fait, un des premiers, connaître et aimer les montagnes; à l'autre j'ai souvent rêvé de les faire aimer et connaître à mon tour, durant ce travail dont il a été l'instigateur.

Ils ont donc l'un et l'autre tous les droits à l'hommage de mon livre, et je leur demande la permission de réunir leurs noms sur cette page comme je les réunis depuis longtemps dans mon cœur.

A monsieur Victor PUISEUX, membre de l'Académie des sciences, ancien président du Bureau des longitudes, professeur à la Sorbonne et jadis à l'École normale supérieure;

A mon excellent ami Léon GAUTIER, professeur de paléographie à l'École des chartes, archiviste aux Archives nationales, cinq fois lauréat de l'Institut :

Je dédie cet ouvrage en témoignage de ma profonde et reconnaissante affection.

Albert DUPAIGNE.

INTRODUCTION

> *Auf dem Berge !...*
> Aux montagnes, aux montagnes,
> Mon œil plonge aux cieux ouverts ;
> Je domine les campagnes,
> Je suis roi de l'univers.
>
> (Chant populaire suisse.)
>
> *Ex propinquo visa montium altitudo, nivesque cœlo prope immixtæ, tecta informia imposita rupibus, animalia inanimaque omnia rigentia gelu, cœtera visu quam dictu fœdiora, terrorem renovarunt.*
>
> Tite-Live. (Annibal au passage des Alpes.)

Un voyage dans les montagnes ! voilà, j'en suis sûr, le rêve caressé par beaucoup d'entre mes lecteurs. Aux approches des vacances, plus d'un voit en rêve les forêts et les vieux châteaux des Vosges, les cratères et les laves des volcans d'Auvergne, les gaves écumeux des Pyrénées, les pics neigeux et les glaciers des Alpes.

Les narrations émues de quelque voyageur enthousiaste, la lecture de quelque charmante nouvelle dont les héros sont ces braves et dévoués montagnards, la vue d'un de ces splendides albums ou d'une de ces merveilleuses collections stéréoscopiques que la photographie produit aujourd'hui par milliers, lui auront révélé tout un côté inconnu de la nature, et communiqué cette généreuse contagion des cœurs vaillants et jeunes, l'amour des montagnes.

On aime les montagnes aujourd'hui, et il y a lieu d'en être fier pour notre siècle ; car cette affection part des côtés les plus sains et les plus nobles de l'esprit humain. C'est une réaction contre la platitude et la mollesse qui envahissaient l'éducation; un triomphe de la vraie poésie, qu'on dit morte, sur l'affreux utilitarisme; une réponse à ceux qui craignent que l'étude des sciences, détrônant celle des lettres, ne tarisse la source de l'enthousiasme et ne dessèche le cœur de notre jeunesse.

Depuis le commencement de ce xixe siècle, qu'on appellera le siècle des sciences naturelles, l'étude et l'admiration des grands spectacles de la création sont à l'ordre du jour dans toutes les classes de la société. Le sentiment de la crainte qui dominait jadis à l'aspect de tout phénomène majestueux dont on ignorait les causes, a fait place à celui du bonheur qu'éprouve l'homme à se sentir vainqueur de la nature et maître de ses secrets.

Ce mouvement actuel des esprits a son analogue dans l'histoire. On pourrait le rapprocher de ce qui se passait, il y a trois siècles, dans ces temps héroïques des Christophe Colomb, des Vasco da Gama, des Magellan, dans ces cinquante sublimes années où les hardis marins de l'Europe méridionale, affranchis du rivage par la boussole, et se lançant avec l'aide de Dieu à la conquête d'espaces inconnus, décuplaient le domaine de l'homme, l'étroit *orbis terrarum* des anciens, qui, de simple *cercle*, devenait subitement la *sphère* terrestre.

C'est un pareil élan qui se produit partout aujourd'hui dans la prise de possession du globe par la science, et spécialement pour le sujet qui nous occupe.

Il fut un temps, et ce temps n'est pas loin de nous, où les montagnes étaient regardées comme un objet d'aversion, d'horreur même; une œuvre laide, un mal. Les cartes les laissaient en blanc comme des déserts; les livres ne les nommaient qu'accompagnées des épithètes les plus effrayantes : la ville de Genève, si splendidement illuminée tous les soirs par les sommets du mont Blanc, étincelants au coucher du soleil, n'y voyait qu'un triste voisinage; les paysans des environs n'appelaient cette chaîne que les « monts maudits »; partout les neiges et les glaciers étaient regardés comme la punition des crimes d'anciens habitants, dont on racontait les sombres légendes aux veillées d'hiver; les rares voyageurs contraints de traverser les gorges désertes n'y voyaient que des abîmes sans fond et des antres horribles, que leur imagination peuplait de monstres affreux et de brigands féroces.

Au commencement du xviii° siècle, il y a à peine cent cinquante ans, un savant naturaliste et intrépide voyageur, J.-J. Scheuchzer, publiait un grand ouvrage scientifique en quatre volumes in-quarto sur ses voyages dans les montagnes, intitulé : *Itinera per Helvetiæ alpinas regiones*. Parmi les figures de l'ouvrage, on voit des dragons ailés, des serpents à tête de lion, des hydres à plusieurs têtes, et les antres qu'ils habitaient; l'auteur, qui paraît de bonne foi dans ses reproductions de trop naïves narrations locales, était cru sur parole, et passait pour un prodige de courage.

En 1741, deux Anglais, Pocock et Windham, firent une expédition à Chamonix, alors pauvre petit village de Savoie ignoré comme tant d'autres et dont les honnêtes habitants n'avaient jamais reçu d'autres étrangers que les bénédictins de leur prieuré, et leurs évêques d'Annecy en tournée pastorale. Nos Anglais y arrivèrent armés jusqu'aux dents, campant sous des tentes, tenant des feux allumés et des domestiques en sentinelle pendant la nuit, comme ils eussent fait chez les Mohicans ou les Alfouroux; ils revinrent à Genève triomphants, comme s'ils avaient découvert un pays nouveau.

Il fallait, pour détruire les vieux préjugés, pour étudier, aimer et faire aimer les montagnes, il fallait un homme fait exprès : Genève, la porte des Alpes, eut la gloire de le fournir. Ce Christophe Colomb des montagnes fut Horace-Bénédict de Saussure.

Il naquit en 1740; sa mère, nièce du naturaliste Charles Bonnet, entendit le récit des deux Anglais, et « en eut la vive impression »; l'enfant fut élevé dans l'amour des sciences et dans l'admiration de la nature. Sous l'impulsion de son grand-oncle et du célèbre Haller, de Berne, il fit de rapides progrès dans les sciences mathématiques et physiques, dont il devint professeur à vingt ans. Marcheur intrépide, hardi grimpeur, aguerri contre les fatigues et les privations, il fit, en 1760, sa première ascension au mont Brévent, d'où il vit pour la première fois le mont Blanc face à face. Dès ce moment il n'eut plus qu'une pensée : monter au sommet de ce géant des monts d'Europe, réputé inaccessible.

Pendant vingt-sept étés, il parcourut sans relâche les Alpes, franchissant les passages les plus ardus, visitant les vallons les plus reculés, vivant avec ces bonnes populations pastorales, se familiarisant avec leurs fatigues, et s'habituant à leur climat. Ses écrits, dans les intervalles, popularisaient la montagne, et y attiraient quantité de visiteurs. Les premières pages de son grand ouvrage (*Voyage dans les Alpes*) sont consacrées à réhabiliter les montagnards, qu'il montre honnêtes, fidèles, sincèrement religieux et admirablement charitables. La confiance qu'il leur témoignait se communiqua à ses imitateurs, et créa parmi les habitants cette belle profession de *guide*, devenue aujourd'hui l'honneur et la fortune des pays de montagnes. Ces guides, en reconnaissance, lui trouvèrent ce chemin du mont Blanc tant désiré, et le conduisirent à la cime, après vingt-sept ans d'attente et d'efforts, le 2 août 1787.

Saussure a fait école; la voie une fois ouverte, et l'intérêt une fois appelé sur ce point, en peu d'années toutes les chaînes de montagnes ont eu leurs dévoués investigateurs. C'est ainsi que, cinq ans après la découverte de l'Amérique par Christophe Colomb, Vasco da Gama doublait le cap de Bonne-Espérance, et trouvait la route maritime des Indes; vingt ans après, Magellan faisait le tour du monde.

Le Vasco da Gama des montagnes fut Ramond, qui explora les Pyrénées, monta au mont Perdu le 11 août 1797, et écrivit les *Observations faites dans les Pyrénées*.

Le Magellan fut le baron A. de Humboldt, qui popularisa les montagnes en Allemagne, rendit célèbres le pic de Ténériffe et les Cordillères d'Amérique, s'éleva à près de 6 000 mètres d'altitude sur les flancs du Chimborazo, visita les montagnes de l'Asie centrale, enfin fonda la science géographique moderne par la publication de ses voyages et de son *Cosmos*.

Depuis ces précurseurs, le nombre des héros vainqueurs des montagnes s'est augmenté tous les jours; nous ne pouvons que citer, en passant, quelques-uns des plus célèbres, surtout parmi ceux qui ont ajouté à la gloire de leurs exploits la gloire de leurs écrits.

Il est juste de citer en première ligne les compatriotes et émules de Saussure, les Suisses, pour qui la célébrité et la conquête des Alpes sont une question de patriotisme. Il est vrai que, sous le rapport de l'amour qu'elle porte à ses montagnes, la Savoie, au moins dans la partie qui renferme le mont Blanc, dont la route part de Genève, est regardée par tout le monde comme faisant partie de la Suisse; elle en a l'esprit et les allures, même depuis que sa séparation du Piémont l'a mise au nombre des départements français. Les plus illustres explorateurs des Alpes, cependant, appartiennent à la confédération : ce sont, ou des professeurs, comme Charpentier, Hugi et Agassiz, qui ont fait les premiers la renommée des glaciers, ou des ingénieurs, comme Coaz et Escher de la Linth.

Au souvenir des premiers vulgarisateurs des beautés de la montagne, il est juste d'associer celui de leurs guides, et la tradition s'est établie que ces braves et indispensables instruments de la conquête des montagnes soient à l'honneur comme ils ont été à la peine. Citons au moins le premier et le dernier de ceux qui ont mérité d'être inscrits dans leurs annales; ils se trouvent être de la Savoie; ce sont : Jacques Balmat, qui le premier, en 1786, monta au mont Blanc, et Michel Croz, mort victime de son devoir à la catastrophe qui a suivi la première ascension du mont Cervin, en 1865.

Parmi les émules de Humboldt dans l'exploration des montagnes lointaines, les plus connus sont deux Bavarois, les frères Schlagintweit, qui, après s'être aguerris dans les Alpes et être montés les premiers au mont Rose, sont allés en Asie explorer la chaîne de l'Himalaya, la plus haute du monde, et sont montés, à l'Ibi-Gamin, jusqu'à près de 7000^m, la plus grande élévation que l'homme ait atteinte de son pied : on n'est allé plus haut qu'en ballon.

Les ascensionnistes les plus nombreux sont évidemment les Anglais, qui ont ouvert la voie, et font de ces périlleuses expéditions des montagnes une affaire d'amour-propre national autant qu'individuel. Les excursions de montagnes sont chez eux une partie obligatoire de l'éducation aristocratique, et les hommes faits tiennent à honneur de maintenir par ce genre d'exploits la réputation acquise dans leur jeunesse aux luttes du cricket et aux régates universitaires. Ils ont organisé, dès les premiers temps où cette tradition s'est établie, une association destinée à l'encourager et à la maintenir : cette association est devenue célèbre dans tous les pays de montagnes; c'est le fameux

Alpine-Club, véritable académie de grimpeurs enthousiastes, ascensionnistes émérites et diplômés. Il a servi de premier type aux nombreuses associations du même genre, moins fermées toutefois, qui se sont fondées successivement en Suisse, en Autriche, en Italie, en Allemagne, en Hongrie et en France.

Il serait difficile de faire un choix parmi les noms des membres de l'*Alpine-Club* qui ont acquis comme explorateurs de montagnes une véritable célébrité en Angleterre; nous nous contenterons de citer ceux dont les ouvrages ont eu le plus de retentissement en France : par exemple, pour les Pyrénées, le comte Russell Killough; pour les Alpes, John Ball, le géologue J. Forbes, Édouard Whymper, le premier vainqueur du Cervin, et ce modèle des grimpeurs autant que des vulgarisateurs, le professeur John Tyndall, dont le nom est aussi connu dans les vallées des Alpes que dans le monde savant.

Il faut avouer que nous ne pouvons encore rivaliser avec les Anglais pour le nombre, peut-être même pour l'insouciante audace; cependant, à côté des noms qui précèdent, la France peut hardiment en mettre plusieurs bien connus. Nous avons eu à l'étranger des émules des Humboldt et des Schlagintweit, comme le professeur Boussingault dans les Andes, et les frères d'Abbadie en Abyssinie : l'ouvrage le plus complet sur les montagnes est dû à un Français, Dollfus-Ausset, dont les observations scientifiques et les ouvrages continuaient, en la perfectionnant, la tradition de Saussure; et un des premiers et des meilleurs types de ces livres indispensables aux voyageurs, les *Guides* en pays montagneux, est dû à un autre Français, Adolphe Joanne. Nous ne devons pas oublier de mettre à un rang d'honneur, au point de vue des efforts, des dangers, du mérite, ces braves et modestes officiers d'état-major qui ont levé les montagnes de notre territoire, nos Alpes, nos Pyrénées, notre Atlas; le public ignore leurs noms, à moins qu'ils n'aient eu à diriger en chef un travail spécial, comme le capitaine Mieulet pour le mont Blanc, et le capitaine Perrier pour l'Algérie.

D'autres beaux travaux sur les montagnes avaient rendu célèbres les noms du botaniste Martins, du peintre Hogard, du géologue Lory, des ingénieurs Surell et Cézanne, et d'autres encore. En dehors de ceux qui la servaient par leurs écrits, la cause des montagnes avait dans notre pays un grand nombre d'amis dévoués, sachant prêcher d'exemple, et mettant peu à peu en honneur dans l'opinion publique les ascensions et les excursions alpestres. Nous ne pouvons les nommer tous, mais pour nous borner encore à un de ceux à qui de plus sérieux titres de renommée ne laissent pas lieu de compter celui-ci, et dont il est bon cependant de mettre la discrétion en regard de la vanité anglaise, nous voulons citer au moins ce membre de l'Institut, une des gloires de l'astronomie française, mais aussi modeste que savant, M. Victor Puiseux, qui jadis, durant ses loisirs, montrait le premier le vrai chemin de la cime du mont Rose, et le premier aussi, bien avant les Anglais, qui ont cru l'avoir découvert, avait escaladé le plus haut sommet de notre mont Pelvoux, le géant des Alpes françaises.

A tous ces hommes d'abord, et à leurs imitateurs, nous devons aujourd'hui de connaître et d'aimer les montagnes; nous leur devons le plus beau des spectacles, le plus sain et le plus fortifiant des exercices du corps, un des plus puissants moyens d'éducation du jugement et de la volonté, en même temps qu'une des sources d'émotions les plus pures et les plus élevées qu'il y ait au monde.

Le mouvement d'opinion produit à cet égard en France s'est accusé dans ces dernières années, et les deux premières éditions de cet ouvrage en ont été l'écho.

Déjà une petite société de savants et d'excursionnistes ayant pour but l'exploration spéciale des Pyrénées, la *Société Ramond,* s'était fondée dans le midi de la France en 1866.

En présence de l'actualité et de l'importance que prennent aujourd'hui les divers côtés de la question des montagnes, une société plus générale, ouverte à tous, s'est fondée à Paris en 1874, sous le titre de *Club Alpin Français,* avec la pensée patriotique de mettre en lumière et de populariser les beautés de nos montagnes françaises, de rendre la vie et la prospérité à tant de régions aujourd'hui désertes de notre sol national, et de donner une puissante impulsion à tout un côté négligé de l'éducation de notre jeunesse en lui donnant le goût des voyages à pied, et en faisant au besoin pour elle des ascensions de montagne une sorte de sport plus intelligent que les autres.

Nous sommes heureux d'avoir pu apporter notre modeste part à la fondation de cette œuvre, due surtout à MM. Adolphe

Joanne, aujourd'hui son président, et Abel Lemercier, aux ingénieurs Édouard de Billy et Ernest Cézanne, ses deux premiers et regrettés présidents, à MM. V. Puiseux, A. Templier, Talbert, et bien d'autres encore, dont les efforts ont eu un tel succès que, deux ans après sa naissance, le Club Alpin Français comptait, en septembre 1876, 21 sections et plus de 2 000 membres.

La réputation des voyages en montagne, à cet égard, n'est donc plus à faire, à l'heure qu'il est, dans la société française instruite. On peut même dire que certains fâcheux côtés de l'éducation moderne lui ont fait dépasser le but, et c'est un des résultats dont nous serions heureux pour ce livre, qu'il parvînt souvent à transformer un engouement irréfléchi en un amour sérieux et élevé des beautés de la nature.

Le désir et le goût des courses de montagnes est aujourd'hui inspiré aux hommes de loisir par la renommée des hauts faits des membres de tous ces clubs alpins devenus cosmopolites, par les récits de leurs expéditions, remplissant les journaux et les revues : jadis c'était par les *Impressions de voyage* publiées par les littérateurs en renom. Ce sont les Anglais qui, les premiers, n'ont pas craint d'associer à ces excursions leurs familles. Ils ont trouvé, en Suisse, en France et en Allemagne, de nombreux imitateurs, de sorte que les villes d'eaux minérales des Alpes, de la forêt Noire, de l'Auvergne et des Pyrénées, qui ne recevaient guère, avec leurs baigneurs, que des amateurs de jeux de hasard ou tout au plus de promenades, ont bientôt vu se multiplier ces visiteurs d'un nouveau genre, qu'on a nommés les *touristes*, c'est-à-dire les voyageurs de plaisir, venus pour faire un *tour* dans les montagnes.

C'est alors qu'un spirituel écrivain, encore un Genevois, *Toppfer*, est intervenu, et, par deux livres charmants que tout le monde a lus, les *Nouvelles genevoises* et les *Voyages en zigzag d'un pensionnat en vacances*, a plus fait peut-être à lui seul que tous les auteurs qui l'avaient précédé pour populariser les touristes et les excursions alpestres. Dans les pays allemands, une impression tout à fait analogue se produisait par la publication d'un admirable livre sur le *monde des Alpes*, d'un autre auteur suisse, Tschudi.

Malheureusement la mode, souveraine maîtresse, notamment en France, des gens qui n'ont rien à faire, s'en est mêlée. Une excursion en pays de montagnes, avec le long bâton ferré, le voile bleu au chapeau pour les neiges, les longues guêtres, le sac, la gourde, etc., quel excellent prétexte à costume!

Le succès ne s'est pas fait attendre ; les réclames des journaux et les efforts des industriels intéressés ont accru le nombre des touristes au delà de toute espérance. Les villages destinés à servir de rendez-vous se sont ornés de casinos, de magasins de modes et de curiosités, de jardins anglais avec des allées sablées comme celles du bois de Boulogne. Sous l'influence des habitudes luxueuses et des exigences des Anglais, les auberges, jadis simples et honnêtes, se sont trouvées transformées en somptueux hôtels, groupant autour d'eux des bataillons de serviteurs en grande tenue, munis de chevaux de selle et de chaises à porteurs. Et l'on a vu accourir en foule vers les vallées à la mode les élégants des villes d'eaux, les désœuvrés, cherchant à tuer le temps entre la saison des bains de mer et celle de la chasse; les bons bourgeois, qui rêvent des biftecks d'ours et autres merveilles racontées par Alexandre Dumas.

On en rencontre encore quelquefois, de ces voyageurs pour rire, qui semblent n'aller aux montagnes que pour pouvoir dire qu'ils y ont été. Ils parcourent en poste les vallées, profitant de la demi-heure du relais pour faire une *ascension* au belvédère de l'hôtel, sur la colline, bien entendu avec les accessoires obligés : bâton de montagne, voile bleu, guêtres, sac, etc., fiers de l'effet qu'ils produisent sur les naturels du pays ; un jour de grand courage, ils montent au Righi en chemin de fer, ou au Montanvers à cheval, par un temps de brouillard, et s'estiment des héros. On a fait pour eux des guides spéciaux très répandus, choisissant les curiosités et même les hôtels qui leur conviennent. Ils en accomplissent fidèlement l'itinéraire, et s'en retournent, n'ayant rien compris des splendeurs étalées sous leurs yeux, n'ayant rien vu, rien retenu, si ce n'est le détail des cigares de contrebande ou des plats de la table d'hôte.

Il est triste d'être obligé d'avouer que la plus notable partie de ces pauvres gens parle notre langue ; il est à craindre qu'ils n'aient souvent déconsidéré la France aux yeux de ces bonnes, robustes et intelligentes populations montagnardes, du côté de l'Allemagne surtout, qui saisit toutes les occasions de faire mépriser ce qu'elle appelle *den wælschen Tand;* traduction bien adoucie : « la frivolité française. »

Toutefois la mode est changeante, les montées fatiguent les complexions délicates, et le climat des hauteurs défraîchit les toilettes : trois bonnes raisons pour que les voyageurs qui ne venaient que pour se faire voir aient promptement cédé la place à ceux qui viennent pour voir. La première invasion a eu même cet excellent côté, qu'elle a frayé le chemin, qu'elle a fait naître des facilités matérielles de déplacement inconnues autrefois. Les moyens de locomotion se sont multipliés ; les compagnies de chemins de fer ont créé des billets de circulation, dont les porteurs sont traités avec des égards spéciaux ; les populations des montagnes attendent les étrangers, et s'occupent, pendant la mauvaise saison, à leur préparer une bonne réception, à réparer les chemins, à organiser les transports, à bâtir et à approvisionner des hôtels et des pensions. Ces services se payeront, c'est vrai ; mais dans la montagne il restera toujours quelque chose de l'hospitalité antique ; le caractère d'un peuple ne s'avilit pas si vite. Au service matériel payé, le vrai montagnard, s'il n'a pas affaire à la morgue hautaine d'un Anglais ou à la sotte fatuité d'un parvenu ignorant, tient à honneur d'ajouter l'affabilité et la cordialité, qui ne se payent pas.

Aujourd'hui, nous le répétons, les voyages sont presque exclusivement, pour les personnes intelligentes, un moyen d'éducation, le plus puissant peut-être. On a compris combien la vue de la sublimité des œuvres de Dieu est nécessaire pour détruire les idées étroites que produit la vie artificielle des villes.

La montagne est saine pour le corps, saine pour l'esprit, saine pour le cœur. Le corps y prend l'habitude de la lutte, condition de la santé ; l'esprit y voit et y conçoit la vraie grandeur ; le cœur y sent indispensables la charité et l'esprit de famille : il comprend comment les peuples peuvent rester honnêtes et libres.

A la montagne, il n'y a pas d'enfants gâtés.

Les jeunes gens qui ne connaissent que les chemins faciles des plaines vont apprendre là qu'il en est de raboteux et d'escarpés, et qu'au bout de ceux-là seulement est le but du voyage, la vue enivrante d'un sublime panorama, et le bonheur de la difficulté vaincue, qui fait oublier toutes les fatigues et tous les ennuis.

La jeunesse est donc aujourd'hui en grande majorité parmi les visiteurs des montagnes. Un grand nombre de bonnes familles, voulant utiliser intelligemment, au profit de l'éducation physique et morale des enfants, les deux mois de vacances scolaires, viennent prendre logement et pension successivement dans quelques localités choisies, autour desquelles il soit facile de faire des excursions nombreuses et variées ; d'un autre côté, la coutume se répand de plus en plus que les jeunes gens sortis vainqueurs de leurs examens, et sur le point d'entrer dans une carrière, inaugurent leur liberté par une excursion dans les montagnes. Enfin une excellente institution, celle des *caravanes scolaires*, dont le Club Alpin français a pris l'initiative et le patronage, commence à prendre faveur en France, ressuscitant la charmante coutume des « voyages en zigzag » de Toppfer au grand profit de la santé et de l'instruction des élèves de nos pensionnats et de nos collèges.

C'est une tendance générale qui se manifestait déjà dans l'éducation, et qui devient évidente depuis nos désastres : on cherche à sortir de la convention pour entrer dans la réalité ; on abandonne le système de la prison morale et matérielle pour habituer la jeunesse au grand air de la liberté, avec la responsabilité pour garde. On fait bien ; on ne donnera jamais trop de fortifiants à la génération qui s'élève.

Ne craignons donc pas de conduire ou d'envoyer les jeunes gens aux montagnes. Toutefois que chacun d'eux soit bien prévenu que pour retirer tout le fruit de sa peine, pour éviter d'être la proie d'hôteliers avides et de cicerones ignorants, pour doubler le plaisir, entretenir l'intérêt et fixer les souvenirs, il faut nécessairement avoir *préparé son voyage*, avoir acquis une foule de notions générales et spéciales : spéciales sur la contrée que l'on visite, sa topographie détaillée, les beautés qu'elle renferme, les hommes qui l'habitent, les ressources de tout genre qu'elle offre aux visiteurs ; générales sur les pays de montagnes, la forme, la dimension et l'origine de ces grandes saillies du sol, sur leurs roches, leurs eaux et leurs glaces, leur climat, leurs produits et leur population.

Ce sont ces notions générales que j'ai entrepris de mettre à la portée des voyageurs novices : je les offre à ces familles d'élite, à ces jeunes gens sérieux et pleins d'avenir, dont je parlais tout à l'heure, à tous ceux enfin qui, élevés dans les plaines, veulent visiter avec fruit les montagnes. Je m'estimerai heureux si, après avoir puisé dans ce livre le désir de se mettre en route, ils y trouvent à leur gré les renseignements et les souvenirs qui rendront leur voyage plus instructif et plus agréable.

Fig. 2. — Une rue d'Interlaken, en Suisse

LES MONTAGNES

CHAPITRE I

PAYS DE PLAINES ET PAYS DE MONTAGNE

I

LES LIMITES DU DOMAINE DE L'HOMME

> C'est un spectacle qui écrase le spectateur, et qui de terreur en terreur, d'admiration en admiration, porte la pensée de l'homme jusqu'à Dieu, pour qui seul rien n'est haut, rien n'est vaste.
>
> LAMARTINE.

On a beau avoir lu dans les livres que la terre est un globe de 40000 kilomètres de tour, dont notre horizon n'est qu'un tout petit cercle, et que les inégalités de ce globe ne sont que des rides imperceptibles par rapport à sa grosseur, l'imagination a besoin du témoignage des yeux. Les plus instruits et les mieux préparés sont toujours saisis d'une stupéfaction émue à l'aspect des grands spectacles qui révèlent les vraies dimensions du monde. L'homme des montagnes reste ébahi en voyant l'Océan pour la première fois, comme l'homme des plages basses en apercevant les escarpements neigeux des Alpes; l'un a mesuré la largeur des cercles, l'autre la hauteur des rides : tous deux reconnaissent la petitesse de l'homme et la grandeur de Dieu

La réflexion ne fait qu'augmenter la surprise et l'admiration; le souvenir de l'impression reçue ravive le désir de l'éprouver encore, et c'est là le secret de l'attrait profond que ressentent les esprits élevés pour ces deux immensités opposées : la mer et les montagnes.

Le contraste qu'offre souvent le rapprochement des deux genres de spectacles les fait mutuellement ressortir. La mer est admirable à voir de ses rives, comme une chaîne de montagnes est splendide à voir de ses lisières. Que dire de la réunion des deux beautés, la largeur et l'altitude, l'extrême aplanissement devant le colossal exhaussement, la mer au pied des montagnes !

Toutefois la mer n'est pas nécessaire à la sublimité de l'aspect des montagnes. Les grandes plaines qui s'étendent au pied des grandes chaînes peuvent produire le même effet de contraste. Les plaines ressemblent un peu à la mer, par cette bonne raison d'abord que ce sont d'anciens fonds de mer. Les ondulations des moissons valent bien celles des vagues, et l'animation qu'apporte la vie sur la terre ferme ne le cède pas à celle qu'elle apporte au sein des eaux. La plaine offre le même genre d'intérêt pour l'habitant des montagnes, que les montagnes pour l'habitant des plaines ; ce sont, pour ainsi dire, les deux faces d'une même question.

Pour étudier cette question, nous avons d'abord à voir quelles sont les conditions d'habitation qu'offre à l'homme la surface de la terre, et quelle influence doivent avoir les inégalités et les accidents de cette surface sur les déplacements des individus et sur les relations des peuples.

Tout ce qui est sur notre globe est soumis à l'action de la pesanteur, force énergique, invariable, s'exerçant sans interruption, avec une précision inflexible.

S'il n'y avait pas de solides dans le monde, les matières de toute sorte, obéissant docilement à cette force, coulant librement et prenant leurs niveaux régulièrement superposés par ordre de densité, formeraient un globe parfait, les liquides terminés par une surface unie, à peine agitée par quelques vagues périodiques, et les gaz recouvrant cette surface de leurs couches concentriques de pression décroissante.

C'est, en effet, le spectacle que nous offre la pleine mer, dans la région des calmes tropicaux, par exemple, bien loin des côtes, lorsque rien de terrestre ne rappelle le rivage : deux océans superposés, l'océan liquide et l'océan gazeux, tous deux mornes, immobiles, ou au moins n'offrant qu'un mouvement de translation invariable.

La résistance à la déformation qui caractérise les matériaux solides vient heureusement empêcher cette monotonie, et donner au monde la variété de la forme, que nécessite la variété de la vie.

Les matières inconnues qui forment la masse principale de notre globe ont leur surface formée par une *croûte* rugueuse, qui présente des saillies, des creux et des parties intermédiaires, plus ou moins inclinées, plus ou moins plates. L'océan gazeux enveloppe le tout, heurtant aux saillies ses couches inférieures; mais l'océan liquide, comblant les creux, et les cachant de sa nappe au niveau géométrique, ne recouvre que les trois quarts de la croûte solide, et ceint la terre ferme, le dernier quart, de la ligne capricieuse de ses rivages.

C'est entre ces deux océans, dans cette zone moyenne, s'éloignant peu du niveau des mers, qu'est le siège de la vie et le domaine de l'homme. L'accès des profondeurs est interdit, dans les excavations du sol, par l'accroissement de la chaleur; au fond des eaux, par celui de la pression. Dans les zones profondes et obscures du fond des océans, il est vrai que la drague nous a révélé l'existence de myriades d'infimes travailleurs, à la vie mystérieusement résistante et économique, qui, avec l'aide des matériaux dissous ou tombés, construisent dans la boue et constituent les couches des sols futurs; mais dans l'épaisseur des couches qui ont été les sols passés, dans la croûte qui se tasse et qui craque, la vie fait vite défaut quand ses éléments, l'air et l'eau, cessent de circuler; les forces organiques y règnent bientôt seules; elles y moulent les filons et elles y cristallisent les minerais.

Les hauteurs de l'atmosphère ne sont pas moins inaccessibles à l'homme comme à tout être vivant. L'air, trop rare, est devenu incapable de servir d'appui à la poussière du nuage et à l'aile de l'oiseau, incapable d'arrêter au passage la chaleur émise d'en haut ou d'en bas, triplement mortel parce qu'il est trop raréfié, trop sec et trop froid. Dans ces glaciales immensités, dans ce quasi-vide des hautes régions, deux belles apparitions viennent seules de temps en temps faire événement : les étoiles filantes et les aurores magnétiques.

Mais dans la zone vitale, où se meuvent, dans une abondante circulation, tour à tour mélangés, combinés, dissous, dégagés, les deux éléments de toute organisation, l'air et l'eau; dans la zone privilégiée, où la chaleur du soleil est gardée par l'atmosphère humide comme par le vitrage d'une serre, les végétaux fleurissent, les animaux pullulent, et l'homme règne (fig. 3).

Les couches superficielles des eaux, agitées et fécondes, nourrissent une innombrable, une grouillante population. La mer a été le premier séjour de la vie; elle a les foules, les races inférieures, l'algue, l'huître, le hareng; à sa surface flottent ses conquérants : les matelots.

Les couches les plus basses de l'atmosphère portent les nuages, ces eaux supérieures, magasins de chaleur et réservoirs de vie; elles soutiennent, au moyen de ces prodiges de mécanique qu'on nomme des ailes, les enfants gâtés de la création : l'oiseau et l'insecte.

L'homme aussi les a conquises, par la flèche d'abord, puis par la balle; bientôt peut-être il y régnera plus réellement par l'aérostat.

Toutefois le séjour par excellence de la vie, et le domaine vraiment incontesté de l'homme est encore la terre ferme des continents et des îles, la croûte émergée entre l'air et l'eau, imprégnée profondément de ces deux éléments nécessaires, le sol qui monte et descend, ici plat, là hérissé d'aspérités; ici horizontal, là incliné. C'est la propriété acquise, cultivée, embellie, aimée : c'est le sol natal, c'est la patrie !

Les sociétés humaines, formées en vue de l'aide et du secours mutuel, ont dû réunir leurs demeures à proximité les unes des autres. Les limites de chaque nation ont toujours été d'abord les obstacles naturels qui rendent les communications difficiles.

Si l'homme pouvait se déplacer dans l'air comme l'oiseau, et dans l'eau comme le poisson, il ne serait borné dans ses excursions que par les nécessités de la vie : la nourriture et le sommeil, la résistance à la chaleur et au froid. Il ne connaîtrait d'autres limites que les déserts, immensités arides ou glacées.

Fig. 3. — Les végétaux fleurissent, les animaux pullulent, et l'homme règne.

Mais il est de plus enchaîné à la surface du sol par la pesanteur, incapable de la vaincre longtemps sur les pentes, arrêté par les escarpements, par les fossés, par les eaux profondes, trop rapides pour porter bateau, trop larges pour la volée d'un pont.

Les fossés et les murs, les ravins et les rivières, forment l'enceinte des villes; les faîtes des montagnes, les mers et les grands fleuves, forment les limites naturelles des peuples.

Toutefois l'industrie de l'homme a pu supprimer en certains points les plus franchissables de ces obstacles : un escarpement, par une bonne route en zigzag ou par un tunnel; un détroit ou un fleuve, par un bac ou par un pont. Elle n'a pas encore pu supprimer le mal de mer et les naufrages, pas plus que le climat glacial des hauteurs, les tourmentes de neiges, les inondations et les avalanches. Voilà pourquoi le territoire d'une même nation peut être sans inconvénient traversé par une limite du second ordre; le point où on la franchit devient même souvent le rendez-vous, le lien, le chef-lieu des deux territoires. Ainsi sont Constantinople sur le Bosphore, Londres sur la Tamise, Paris et Rouen sur la Seine, Tours et Nantes sur la Loire, Bordeaux sur la Garonne, Lyon sur le Rhône, Cologne sur le Rhin, Vienne sur le Danube. Mais il y a encore loin de Calais à Douvres, puisqu'on est en train de dépenser des centaines de millions pour les rapprocher par un tunnel creusé sous le Pas-de-Calais; il y avait loin de Chambéry à Turin, puisqu'on a mis 120 millions et dix ans de travail pour trouer le mont Cenis, et mettre ces deux villes à quatre heures de distance.

Les larges mers et les hautes montagnes présentent donc à ceux qui les franchissent des difficultés à peu près équivalentes, et sont considérées les unes et les autres comme des limites du premier ordre. Il n'y a de plus infranchissable qu'un grand désert.

La mer a ses bornes précises au delà desquelles l'homme n'est plus sur son domaine; il devient le jouet de forces aveugles et capricieuses (fig. 4) qui ne connaissent ni amis ni ennemis : la part de la chance est trop grande.

La montagne sépare moins et défend plus; elle n'a pas de commencement précis : c'est une suite d'obstacles, où celui qui sert de borne est souvent choisi arbitrairement. Mais les intervalles entre ces obstacles sont habités par des populations spéciales, aimant leur sol, jalouses de leur liberté, fortes et honnêtes, hospitalières pour les amis, terribles pour les ennemis, qui sont elles-mêmes l'obstacle le plus redoutable à opposer à une invasion, et font d'une chaîne de montagnes la plus agréable et la plus sûre des frontières.

Fig. 4. — Tempête et naufrage.

II

DÉFINITION DES PLAINES

> WALTER. — Est-ce qu'il y a des pays sans montagnes, père ?
>
> G. TELL. — Si on traverse nos monts, en descendant toujours le long du cours des eaux, on arrive dans une contrée vaste et unie, où il n'y a plus de torrents bouillonnants, mais des rivières tranquilles et nivelées. L'homme embrasse du regard tout le cercle de l'horizon : le blé pousse dans des champs droits et immenses ; tout le pays est comme un jardin.
>
> SCHILLER, *Guillaume Tell*, acte III, sc. III.

Au point de vue de l'homme, il y a donc lieu de diviser le sol en deux portions : les surfaces généralement plates et les surfaces généralement hérissées d'inégalités, les *pays de plaines* et les *pays de montagnes*. Dans chacune de ces divisions, il y a de parties horizontales et des parties inclinées, mais beaucoup plus d'horizontales dans les plaines et d'inclinées dans les montagnes.

Remarquons d'abord ce résultat de la constante action de la pesanteur, que par le mouvement imprimé aux fragments de la surface du sol qui s'émiette, l'action de l'eau qui tombe en pluie ou s'étend en nappe tend à combler les creux et à niveler les saillies. Nous étudierons plus loin les grands effets de cette cause. Contentons-nous ici de noter combien cet aplatissement est rapide quand les inégalités sont faibles. Voyez, dans les campagnes, les champs labourés; dans les villes, ces terrains désignés pour y décharger les décombres : on ne peut d'abord les traverser qu'avec peine, au risque de chutes ou d'entorses. Au bout d'un mois ou deux de pluies, vous les retrouverez unis, battus, parfaitement praticables au pied de l'homme.

On peut dire à coup sûr qu'un sol plat dénonce l'action de l'eau, en petit comme en grand. Or, en grand, nous en rencontrons trois sortes : les plaines, les fonds des grandes vallées et les plateaux. La géologie nous apprendra que les plaines sont d'anciens fonds de mer, les vallées plates d'anciens fonds de lacs, les plateaux d'anciens sols battus des pluies, puis exhaussés tout d'une pièce avec le fond des mers voisines, transformé en plaines.

Nous définissons *plaine* une portion plate de la terre, assez grande pour que la courbure de la terre y produise, vue obliquement, cette ligne d'horizon qui, sur la mer, est si droite et si unie. Beaucoup de plaines ont l'horizon à peu près aussi nivelé que la mer. Celle que nous prenons pour exemple (fig. 5)

Fig. 5. — Plaine de sable et de sel à l'ouest de l'Égypte.

est un fond de mer si récemment émergé qu'une croûte de sel le revêt encore.

La terre étant sphérique, si elle ne présente pas d'inégalités, les rayons visuels partant d'un point saillant vont raser sa surface suivant un cercle qu'on nomme *horizon*.

Les points situés en dehors de ce cercle sont invisibles, à moins qu'ils ne soient assez saillants pour laisser voir au-dessus l'Aar, quoique le Jura, qui le borde au N.-O., soit un splendide observatoire pour admirer les Alpes, qui le terminent au sud.

Ce dernier exemple nous montre en même temps combien est relative cette question des parties plates et des parties saillantes. Cette plaine suisse est semée de collines qui paraissent insignifiantes auprès du Jura et des Alpes, et semblent des ondulations au fond de la vallée. A Paris, on les appellerait des montagnes; car elles sont en moyenne trois fois plus hautes que Montmartre.

Ces grandes *vallées-plaines* étant (fig. 8) des surfaces plates

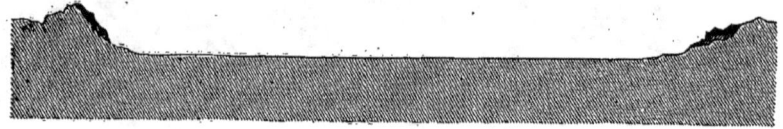

Fig. 8. — Profil de vallée.

bordées d'escarpements montants, les *plateaux* sont tout à fait l'inverse; ce sont (fig. 9) des surfaces plates bordées, au moins d'un côté, d'escarpements descendants.

Fig. 9. — Profil de plateau.

Toutefois il faut faire pour eux, d'une manière générale, l'observation que nous venons de faire pour la plaine suisse : leur surface est ordinairement bossue, ravinée, tourmentée; mais ces accidents sont peu considérables relativement à l'élévation de tout le massif. Nous en avons un magnifique exemple dans le plateau central français, que nous décrirons au chapitre III.

Les plateaux sont en définitive une forme particulière de montagnes; différons donc leur étude, ainsi que celle des vallées, qu'on ne peut pas considérer indépendamment des saillies qui les bordent, et revenons aux plaines.

La richesse principale du sol, le tribut que demande surtout l'homme, c'est la végétation, c'est l'aliment, fruit de la culture. Si l'homme choisit la plaine pour séjour, c'est à la condition qu'elle sera fertile. Or le sol, pour être fertile, exige avant tout leur partie supérieure. Ainsi, lorsque, sur la mer, on regarde avec une lunette un vaisseau qui s'éloigne, on voit disparaître successivement, derrière la surface arrondie, la coque, les voiles, et enfin l'extrémité des mâts (fig. 6 et 7).

Une plaine proprement dite, par conséquent, peut être assez grande pour que la courbure de la terre fasse disparaître les saillies qui la bordent. Près de ses bords, la ligne d'horizon laissera voir au-dessus d'elle la partie supérieure de ces saillies (fig. 10, p. 34), comme elle laisse voir sur mer le haut des mâts des navires lointains.

Fig. 6. — Un navire qui s'éloigne, vu à l'horizon avec une lunette d'approche.

Si la plaine est située entre deux masses montagneuses, du haut d'un édifice situé vers son milieu on peut apercevoir au-dessus de l'horizon les montagnes situées de part et d'autre. Dans ce

Fig. 7. — Positions successives de ce navire par rapport au plan rasant l'horizon.

cas aussi, de l'une des chaînes limitrophes on voit l'autre. Si les deux rives saillantes se rapprochent beaucoup, et surtout si elles appartiennent au même système montagneux, l'espace compris n'est qu'une *vallée* plus ou moins large.

Si cette vallée est assez large, on peut employer pour la désigner le mot *plaine*, afin de faire remarquer cette largeur, et de distinguer la portion plate du pays de la portion montagneuse. Ainsi on appelle indifféremment plaine ou vallée du Rhin le pays plat dont l'Alsace est la moitié gauche ; il est vrai que de tous les points découverts de l'Alsace, aussi bien que de la plate-forme de la cathédrale de Strasbourg, on voit à la fois les Vosges et la forêt Noire.

Mais on appelle toujours plaine suisse le bassin inférieur de de l'*eau*, qui l'imbibe sans le noyer, qui se renouvelle sans cesse, mais sans excès.

Les montagnes sont, comme nous le verrons, les grands agents et les grands régulateurs de la circulation des eaux. Leurs pentes les plus douces et les plus basses, ainsi que les plaines qui s'étendent à leurs pieds, sont tout à fait favorisées sous ce rapport, et l'on y trouve presque toujours la plus admirable fertilité.

Les plaines trop grandes, au contraire, sont souvent dans de mauvaises conditions pour que l'eau y entretienne la végétation. Le climat y est toujours trop constant, les variations atmosphériques venant le plus souvent des accidents de terrain. La prolongation de la chaleur et de la sécheresse tue nécessairement toute culture; la plaine, étant infertile, est inhabitée : c'est un *désert*. Voilà le cas où se trouvent les plus grandes plaines du monde, le *Sahara* (fig. 5, p. 30), les *steppes* de la Russie, les *toundras* de la Sibérie, le *Cobi* du nord de la Chine.

Les déserts les plus dénués de végétation sont surtout de grands plateaux, naturellement plus exposés encore au manque d'eau que les plaines : l'Arabie, la Perse, le Turkestan, l'Afrique saharienne, l'Utah, le Colorado, l'Atacama, sont des plateaux nus, sous un ciel sans pluies.

Un cas tout à fait inverse peut produire le même résultat : c'est celui des plaines bien arrosées, mais trop horizontales. L'eau, n'ayant plus d'écoulement, devient stagnante : la plaine devient un *marais*. C'est le cas des *pampas* de l'Amérique du Sud, parmi les grandes plaines; parmi les petites plaines marécageuses, citons les marais Pontins, d'où les efforts successifs des empereurs de Rome païenne et des papes de Rome chrétienne n'ont pu encore chasser la fièvre et faire écouler l'eau; les maremmes de Toscane, inondées l'hiver et desséchées l'été; en France, les Landes (fig. 10) et la Sologne. La stagnation de l'eau dans ces deux dernières est due à ce qu'au-dessous du sol sablonneux est une couche horizontale d'une roche imperméable, et qui se trouve n'être entamée par aucune ouverture : c'est, dans les Landes, un grès ferrugineux, nommé *alios;* c'est, en Sologne, une couche épaisse d'argile, qui arrêtent l'absorption des pluies, et noient les racines des plantes, comme dans un pot de fleurs qui n'aurait pas de trou au fond.

Lorsque, au contraire, une plaine, même très horizontale, est formée d'un sol à la fois assez perméable pour s'imprégner facilement de l'eau des pluies sans se laisser noyer, et assez argileux, assez gras, comme on dit, pour garder longtemps cette humidité qu'elle a épongée, elle peut être très fertile et convenir surtout à certaines cultures spéciales, comme celle du blé.

Fig. 10. — Plaine des landes de Gascogne, vue du côté du plateau central.

Disons bien vite que ces plaines, avant d'être défrichées par l'homme, ont été, pendant de longs siècles, couvertes de forêts ou d'épais tapis de végétaux, dont les détritus accumulés constituent une couche d'humus ou terre végétale, véritable trésor de fécondité.

Telle est notre *Beauce*, pays sans rivière, de Dourdan à Orléans, champ de blé qui nourrit Paris; telles la Limagne, qui fournit le pain à l'Auvergne, et la plaine de Toulouse, qui le donne au Languedoc; telle la grande plaine de Hongrie, la *puszta* magyare, mer onduleuse de fleurs et d'épis; tel le pays de la *terre noire* (Tchornosjom) en Russie, deux fois grand comme la France, d'où nous arrive, par Odessa, le blé qui nourrit la moitié de l'Europe dans les années de disette.

Il y a des plaines marécageuses, que le travail persévérant de peuples industrieux a su assainir et transformer en champs admirablement fertiles. Il n'a fallu pour cela que créer un vaste système de circulation d'eau : canaux pour faire écouler le trop-plein, au besoin à l'aide de machines; saignées d'un grand fleuve pour suppléer aux pluies; tels sont la Hollande et le Milanais, qui sans l'homme ne seraient que de vastes marécages.

Heureusement la plupart des plaines, au lieu de présenter cette horizontalité exagérée, ont une pente générale très douce : trop faible pour être sensible à l'œil ou à la marche, suffisante pour assurer l'écoulement régulier des eaux. Celles-ci se chargent elles-mêmes de créer les inégalités de niveau nécessaires. Les ondulations imperceptibles du terrain suffisent pour déterminer les lignes où les eaux de pluie se rassemblent en ruisseaux, rivières et fleuves, et ces eaux, en s'écoulant, creusent peu à peu leur lit, approfondi, limité, régularisé par l'action même de l'écoulement.

Une autre grande cause a d'ailleurs contribué à déterminer plus sûrement la route des cours d'eau, et à créer dans des pays de plaines des miniatures de vallées, de plateaux et de collines.

Lorsqu'on exécute en relief la représentation exacte d'un pays de plaines, les environs de Paris, par exemple, on est frappé de ce fait que les points les plus élevés sont des surfaces plates, situées à peu près à la même hauteur absolue, tandis que les parties creuses, celles où coulent les rivières et où sont les villes, les routes, les lieux habités, sont situées plus ou moins profondément au-dessous de ce plan supérieur.

Fig. 11. — Coupe de vallées d'érosion dans un pays de plaines (le fond plat est formé par des dépôts d'alluvion).

La coupe du relief présente toujours cet aspect de profil (fig. 11), exactement comme le profil d'un terrain plat, excavé par des carrières ou des tranchées de chemins de fer.

Un monticule isolé présente tout à fait l'aspect d'une de ces *buttes témoins* qu'on laisse au milieu des travaux de terrassement portant un lambeau authentique du sol primitif, pour servir à mesurer la profondeur de l'excavation opérée. Le mont Valérien, la colline de Montmorency, représenteraient des buttes isolées de cette espèce. Montmartre, un peu moins haute, a été découronnée, et ne porte plus la couche terminale d'argile et de pierre meulière qui forme le sommet de toutes les hauteurs voisines.

Fig. 12. — Vallée d'érosion dans une plaine. (Elché, en Espagne.)

Or, si nous examinions comparativement l'aspect que prend une chaussée sablée bien dressée, après qu'elle a reçu une forte pluie d'orage, ou la surface des bancs de terre glaise qui forment le fond d'une mare ou d'un étang que l'on vient de vider, nous serions frappés de l'extrême ressemblance qu'auraient avec notre relief ces deux surfaces ravinées par l'écoulement de l'eau.

Nous verrions, en effet, sur chacune d'elles des miniatures de vallées creusées au-dessous de la surface générale, au fond desquelles couleraient encore des filets liquides représentant des systèmes de fleuves formés de la réunion de rivières et de ruisseaux se jetant les uns dans les autres, absolument comme les affluents de notre relief géographique.

Ainsi les vallées des pays de plaines sont des vallées d'érosion, creusées plus ou moins profondément par de grands courants d'eau, qui paraissent souvent avoir passé sur toute la surface plate du pays en suivant la pente générale de cette surface. Les fleuves et les cours d'eau occupent le point le plus bas de ces vallées; lorsqu'elles sont larges, leur fond est plat; il est formé de matériaux mélangés et roulés par cette grande quantité d'eaux, puis déposés à mesure que leur niveau s'est abaissé peu à peu par leur écoulement.

Nous reparlerons de la cause probable de l'abondance de ces eaux et de l'énergie de leurs effets à propos du *diluvium*, au chapitre Géologie. Pour le moment contentons-nous de constater cette forme caractéristique (fig. 12) de toutes les vallées des pays de plaines.

III

DÉFINITION DES MONTAGNES

> Salut, brillants sommets, champs de neige et de glace,
> Vous qui d'aucun mortel n'avez gardé la trace,
> Vous que le regard même aborde avec effroi,
> Et qui n'avez souffert que les aigles et moi.
>
> LAMARTINE.

Les portions de la surface du globe qui sont hérissées d'aspérités sont nécessairement saillantes au-dessus des plaines basses, sans quoi les dépressions seraient couvertes par la mer. Les régions au sol incliné sont donc des saillies plus ou moins élevées.

Les saillies du sol ont reçu suivant leur taille des noms très variés. Le terme général est celui de *mont*, qui ne préjuge rien des dimensions de la hauteur considérée; on dit : le mont Valérien à Paris, ou le mont Esquilin à Rome, comme on dit le mont Blanc en Savoie.

Dans les pays de plaines où les altitudes des parties saillantes sont petites et sensiblement égales, on emploie indifféremment, pour varier le langage, tous les synonymes du mot mont, sans se mettre en peine de leur gradation. Ainsi, à Paris, on appelle *montagne* Sainte-Geneviève une saillie moitié moins haute que la *butte* Montmartre.

La topographie militaire, qui se pique d'exactitude, désigne les éminences de menue taille par les mots *tertre*, *butte* et *mamelon*. Un tertre a quelques mètres, une butte quelques dizaines de mètres, un mamelon au delà de cent mètres de saillie. Quoique le mamelon Vert de Sébastopol ait un peu popularisé cette dernière expression, elle est remplacée ordinairement, dans le langage civil, par celle de *colline*.

Les monts de la Bretagne, de la basse Normandie, des Ardennes, du haut Berri, les Vosges septentrionales, les pentes qui ceignent la haute vallée de la Saône, nommées par les géographes monts Faucilles et plateau de Langres, ne sont que des collines, ce ne sont pas encore des montagnes.

Fig. 13. — Sommet de la montagne appelée *Pierre-à-Voir*, près des bains de Saxon, en Valais.

Les terrasses aplaties que l'on trouve en haut d'une pente, même très élevée, et qui se prolongent horizontalement sur une étendue beaucoup plus grande que celle de la pente, ne sont pas non plus, à vrai dire, des montagnes, ce sont des *plateaux*. On leur donne ce nom, du reste, quelle que soit leur altitude, que ce soit celle des collines ou celle des montagnes.

On réserve le nom de montagnes aux saillies les plus considérables et les plus irrégulièrement inclinées ; elles couvrent de grands espaces, groupées en rassemblements que l'on désigne sous le nom de *massifs* ou de *chaînes*.

Des pays tout entiers, comme la Suisse et le Tyrol, sont tellement remplis de montagnes, qu'une surface plate de quelques myriamètres de largeur y est une rare exception, et que d'aucun point de l'intérieur de leur territoire on ne peut voir une portion un peu notable d'un *horizon* réellement *horizontal*. Lorsqu'on fait dans un de ces pays l'ascension d'une montagne bien dégagée, comme il y en a tant dans les Alpes, bien connues pour servir de belvédères aux autres, on voit tout l'horizon hérissé d'innombrables saillies qui se dressent à l'envi les unes derrière les autres (fig. 13). C'est le magique aspect de cet immense panorama qui récompense et fait oublier toutes les fatigues de l'ascension.

Il est vrai que des pays de collines peuvent avoir jusqu'à un certain point ce caractère : nous en citions six tout à l'heure où il ne serait pas difficile d'en trouver des exemples ; les Parisiens y ajouteraient la forêt de Fontainebleau ; les habitants d'Arles ou de Beaucaire, cette curieuse miniature des Alpes qu'ils appellent les Alpines. Il faut déterminer la taille qui sert de limite par un caractère appartenant aux montagnes proprement dites.

On pourrait dire que la proportion des saillies méritant le nom de montagnes est celle auprès de laquelle la grandeur de l'homme et de ses œuvres n'est plus à compter, celle qui ferait prendre nos édifices les plus gigantesques pour des jouets d'enfant si on pouvait les y voir juxtaposés. Cet effet ne se produit que quand les dénivellations et les escarpements se mesurent par centaines de mètres, se superposant à plusieurs reprises, et pénétrant dans les régions atmosphériques où se tiennent habituellement les bas nuages.

Quand on s'élève ainsi dans l'atmosphère, comme nous verrons au chapitre x, la chaleur diminue, quoique la lumière augmente ; le climat plus rigoureux ne permet plus la croissance des mêmes plantes cultivées ou sauvages. Le changement est le même que si l'on était transporté dans un pays plus froid, en s'avançant vers le nord de quelques centaines de lieues.

Nous appellerons donc *montagnes* les grandes saillies du sol auprès desquelles disparaissent la taille de l'homme et même celle de ses œuvres, qui pénètrent dans l'atmosphère de manière à en réduire l'épaisseur d'une fraction importante, et par conséquent dont les parties les plus élevées sont à une hauteur suffisante pour avoir un tout autre climat, une tout autre végétation que les parties les plus basses. Cette dernière région s'appelle le *pied* de la montagne. Viennent ensuite les pentes intermédiaires qu'on nomme les *flancs*, puis la surface convexe appelée la *croupe*, terminée par la ligne du *faîte*, dont le point culminant s'appelle la *cime*.

Il y a toutefois des degrés dans la taille générale des divers groupes de montagnes, et il est important de donner une division nette, pour savoir quelle échelle de grandeur il faudra appliquer au pays que l'on veut visiter.

Pour classer les montagnes, nous prendrons la même base que pour les définir, le changement de climat et de végétation ; nous en ferons trois classes : les petites montagnes, les moyennes et les grandes.

Les *petites montagnes*, dans nos climats, sont celles dont la hauteur verticale est comprise entre 600 à 700, et 1 300 à 1 400^m. Exemples : le Morvan, les Vosges méridionales. Elles ne dépassent pas la région où peuvent vivre la plupart de nos arbres forestiers, le hêtre et le sapin, par exemple ; elles pourraient donc être couronnées de *forêts* : il arrive, en effet, souvent que la surface presque entière de leurs flancs en est revêtue ; si bien que le mot allemand *wald*, qui signifie littéralement forêt, se trouve appliqué à beaucoup de montagnes boisées, et sert à désigner de véritables chaînes. Exemples : Schwarzwald, la forêt Noire, la chaîne qui fait face à nos Vosges et est son pendant exact ; Thuringerwald, Frankenwald, etc.

Les *moyennes montagnes* sont celles dont la hauteur verticale est comprise entre 1 500 et 2 600 ou 2 700^m. Les arbres cessent de s'accumuler en forêts, prennent l'aspect de buissons et même

Fig. 14. — Interlaken et la Jungfrau.

disparaissent tout à fait; pendant huit à dix mois le sol est couvert de neige; mais l'été il se couvre d'herbes toujours admirablement fleuries à cause de la vive lumière qui les baigne; les brouillards et les gros nuages, en effet, ne montent pas habituellement jusqu'à cette zone. Nous pouvons donc caractériser les *moyennes montagnes* comme dépassant la zone des forêts et se terminant dans celle des *gazons*. Exemples : les cimes les plus élevées du Jura, des Cévennes, des Apennins; le Righi, le Pilate, le Faulhorn dans les Alpes suisses, le Ventoux en Provence, le pic de Bergons dans les Pyrénées.

Les *grandes montagnes*, enfin, sont celles dont la hauteur verticale, dans nos climats, dépasse 2700^m; la température moyenne de ces régions reste au-dessous du point de fusion de la glace, en sorte que le sol, même en été, ne se dégarnit jamais complètement de la neige accumulée pendant les trois autres saisons; la végétation y est une rare exception et n'y couvre jamais de surfaces étendues; bientôt même la vie, impossible aux espèces supérieures, devient à peine apparente, et le sol ne présente plus guère que deux natures de surface : ou le roc nu, ou la glace. Les grandes montagnes se distinguent donc en ce qu'elles traversent et la zone des forêts et la zone des gazons pour monter jusque dans la zone des *neiges perpétuelles*. Exemples : les plus hauts sommets des Pyrénées : Maladetta, mont Perdu, etc.; et des Alpes : mont Pelvoux, mont Cervin, mont Rose, mont Blanc, etc.

La figure 14 donne un exemple bien connu et excellent des diverses tailles de montagnes : c'est le célèbre tableau de fond qui a fait la fortune de la petite ville d'Interlaken, dans l'Oberland bernois. Au second plan, à droite, est une colline qui s'élève de 165^m au-dessus de la ville, le petit *Rügen* (altitude 735^m); au-dessus d'elle, une petite montagne, l'*Abendberg* (1071^m); à gauche, une moyenne montagne, celle qui donne le beau point de vue de la *Scheinige-Platte* (2100^m); et au fond apparaît splendide la montagne géante qui est l'orgueil de la Suisse, la *Jungfrau* (4167^m).

Sous le rapport de l'habitation et de la visite de l'homme, ces trois genres de montagnes se distinguent aussi nettement. Le voisinage des sommets des petites montagnes est *toujours* habitable en hiver comme en été; la zone forestière est remplie de hameaux et de villages permanents des populations montagnardes. Ces villages, dans les Alpes, s'élèvent même plus haut : notre figure 15 en représente un, Murren, souvent visité comme offrant un beau point de vue sur le massif de la Jungfrau. Le village le plus élevé de la Suisse, Juf, dans l'Engadine, est situé à 2190ᵐ. Le plus élevé de France, Saint-Véran, (Hautes-Alpes), est à 2009ᵐ.

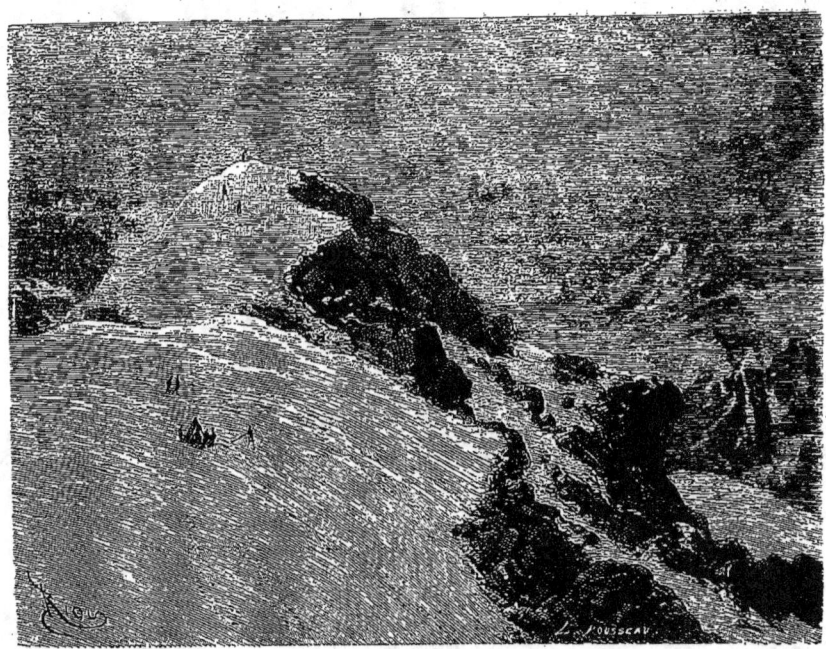

Fig. 16. — Ascension du Titlis.

Le voisinage des sommets des moyennes montagnes n'est habitable qu'en été : les habitants de la zone forestière y montent au printemps avec leurs bestiaux et déblayent les chalets d'été ensevelis sous la neige ; en Suisse, plusieurs hôtels renommés sont situés dans cette zone. On y laisse quelquefois, en hiver, pour les garder ou pour secourir des voyageurs égarés, quelques hommes munis de provisions, qui passent des mois entiers sans pouvoir communiquer avec les vallées. Le fameux couvent du grand Saint-Bernard (2472ᵐ), qui est dans ces conditions, garde ses habitants toute l'année ; mais... ce sont des religieux !

Quant au voisinage des sommets des grandes montagnes, il

Fig. 15. — Le village de Murren, dans l'Oberland bernois (altitude, 1 630 mètres).

n'est *jamais* habitable en aucune saison. Dans ces solitudes immenses où le sol couvert de glace ne peut plus donner à la vie ni nourriture ni asile, l'homme peut faire une courte apparition, par un beau jour, sous un ciel clément (fig. 16); mais la nuit, mais par le mauvais temps, ni ses abris, ni ses provisions, ni sa vie, ne résisteraient longtemps à la rigueur du froid et à la violence de la tempête.

Quand il s'agit des petites montagnes, l'homme peut monter de la plaine au sommet et redescendre en quelques heures. S'il y a une route tracée, c'est une promenade que l'on peut faire entre deux repas.

Pour l'ascension et la descente d'une moyenne montagne, il faut compter une journée entière et emporter des provisions. Si la hauteur à monter dépasse 1600^m, on ne montera et ne descendra en un jour qu'à la condition d'être un vrai montagnard. C'est pour cela qu'en Suisse, afin de permettre ces ascensions aux voyageurs, des hôtels ont été bâtis près des sommets; on y couche, profitant de l'occasion pour admirer le lever et le coucher du soleil, et on redescend le lendemain.

Quant à l'ascension des grandes montagnes, c'est une autre affaire. On ne peut l'entreprendre que lorsqu'on est un marcheur éprouvé, rompu à la fatigue, doué d'une volonté énergique et d'une santé de fer. C'est alors toute une expédition qui dure plusieurs jours, pour laquelle il faut des guides, des porteurs de provisions, d'outils, de tentes, etc., et qui, dans les régions inexplorées ou par les mauvais temps, est évidemment très périlleuse.

Nous allons étudier successivement la situation sur le globe des principales montagnes; puis leur hauteur et leurs formes, puis leur naissance et leur histoire, puis leur vie actuelle (car c'est une vie véritable que cette circulation des eaux et ces convulsions des pays volcaniques); enfin les végétaux qui la vêtissent, les animaux qui y trouvent leur pâture, et les hommes qui en font leur patrie.

Est-ce à dire que nous allons nous engager dans l'affreux labyrinthe de ces sciences épineuses que la grécomanie moderne appelle la géographie, la topographie, la géogénie, la géologie, la minéralogie, la météorologie, l'hydrologie, la physique du globe, la botanique, la zoologie et l'ethnologie? Que le lecteur se rassure : ce sont là des domaines dont l'enclos seul est planté d'épines ; mais aujourd'hui on abat les haies des domaines publics ; d'ailleurs, dans toutes ces broussailles, il y a de charmantes fleurs ; les cueillir, en enlever les épines, et en former un bouquet, c'est le métier de ce jardinier qu'on appelle un vulgarisateur.

En écartant le pédantisme et en arrachant le grec, nous arriverons sans peine, et, quand nous serons au bout du livre, nous aurons fait de toutes ces sciences-là, comme M. Jourdain faisait de la prose, sans le savoir.

CHAPITRE II

UNE SCIENCE MÉCONNUE

I

L'ENSEIGNEMENT DE LA GÉOGRAPHIE

> La géographie est encore de tous les arts celui qui a le plus besoin d'être perfectionné, et l'ambition a jusqu'ici pris plus de soin de dévaster la terre que de la décrire.
>
> (VOLTAIRE, *Histoire de la Russie*.)

> Une nomenclature! voilà, en un mot, ce qu'est aujourd'hui la géographie de nos écoles... Et cependant j'ai la témérité de croire qu'il n'est pas impossible de faire de la géographie elle-même quelque chose de chrétien, et par conséquent d'agréable.
>
> (LÉON GAUTIER, *Voyage d'un catholique autour de sa chambre*.)

Parmi toutes ces sciences, qu'on désigne du nom de *sciences naturelles*, il en est une, la première, la plus importante pour notre sujet, qui a été longtemps, en France, frappée injustement d'impopularité, et qu'il est encore besoin de défendre contre des préjugés tenaces et des reproches immérités, malgré le retour de faveur dont elle est l'objet en ce moment.

C'est celle qui étudie et décrit la surface du globe, notre demeure et notre domaine, c'est la *géographie*.

La géographie est de toutes les sciences, peut-être, celle dont la connaissance est la plus généralement nécessaire, celle qui est le plus à la portée de toutes les intelligences, et celle qui offre le plus d'attrait naturel.

Elle a pris à juste titre une place obligatoire dans l'enseignement primaire, avec l'histoire, mais avant elle. Les deux études réunies, limitées à la France et à ce qui la touche de plus près, s'éclairant l'une l'autre et marchant parallèlement, sont avant tout, au fond, le premier enseignement du patriotisme.

Mais la géographie, lorsqu'elle s'applique tout d'abord à ce que l'enfant peut voir et connaître par lui-même; puis aux environs, dont il entend parler autour de lui, où il ira bientôt, où ont été ses compagnons, ses maîtres, ses parents ou leurs amis, puis aux pays plus éloignés, présentant alors à son imagination l'idée de nombreuses contrées successives, qu'il juge par analogie avec ce qu'il connaît déjà; lorsqu'elle cherche à peindre le pays dont elle parle, ne prononçant jamais un nom propre sans lui ajouter une qualité caractéristique, un détail frappant qui serve de point d'attache à la mémoire; lorsqu'elle anime sa description d'un pays par des notions pittoresques sur la nature du sol, le climat, les cultures, les animaux : enfin lorsqu'elle met en scène les habitants eux-mêmes, leur race, leur caractère, leur état social et religieux, leurs travaux, leur gouvernement; la géographie, lorsqu'elle fait tout cela, est le plus attachant, le plus aimé, le plus profitable des exercices scolaires.

Dans l'enseignement primaire, c'est à son occasion que doit arriver la plus grande partie de ces *leçons de choses,* qui sont à l'enfant ce que le fruit des bonnes lectures est à l'adolescent et à l'homme, la chair de ce corps de l'instruction dont le strict programme n'est que le squelette. Si ces leçons sont nombreuses et intelligentes, le petit bagage d'idées justes et de notions nettes sur le monde matériel, que l'enfant du peuple emportera de l'école, aura eu surtout son point de départ dans l'étude de la géographie.

Dans l'enseignement secondaire, la géographie est le premier coup d'œil jeté sur le domaine immense des œuvres de Dieu et des hommes; quand elle est présentée comme une science d'observation, expliquant tout ce qu'elle fait remarquer, déduisant de faits connus des conséquences instructives, s'adressant au raisonnement avant de s'adresser à la mémoire, il n'y a pas de branche d'étude capable de lutter avec elle de charme et d'intérêt.

Toute promenade, toute excursion, tout déplacement devient une occasion d'exercer le sens d'observation de l'enfant et d'accroître son trésor de connaissances. Les descriptions de contrées inconnues excitent son imagination, qui s'efforce de suppléer à l'illustration toujours désirée et toujours trop rare.

A douze ans, on suit fiévreusement les émouvantes aventures des légendaires Robinsons; on fait et on refait la carte de leur domaine, on en rêve la nuit, et quelquefois le jour. A seize ans, on éprouve la même ardeur pour les exploits plus réels des Cook, des Parry, des Dumont-d'Urville, des Schlagintweit, des d'Abbadie, des Livingstone; on rêve des heures entières, les yeux fixés sur une carte, voyageant en esprit à la suite de ces héros.

Cet esprit d'enthousiasme, si naturel à la jeunesse, est malheureusement perdu aujourd'hui le plus souvent pour les études sérieuses, faute de direction. Il serait relativement facile de l'utiliser au profit de la géographie.

C'est lui, du reste, chaque jour, quand il est aidé par les circonstances, qui suscite ces vocations si ardentes des marins et des colonisateurs, qui fait trouver à leur genre d'existence, si affreux pour qui le considère de sang-froid, un attrait, un charme, qui restent inexplicables pour les sédentaires et les ignorants.

Dans la conquête du monde, cette grande œuvre que l'homme poursuit sans cesse, la géographie est la première et la plus nécessaire de toutes les armes.

Si nous cherchons quels sont, parmi les pays civilisés, ceux qui fournissent la plus abondante émigration volontaire et intelligente, nous verrons toujours régner le goût de la géographie dans leur éducation, soit classique, soit populaire.

Chez les nations qui tiennent à avoir une marine et des colonies, l'enseignement de la géographie est une question d'honneur national, et les voyages sont regardés comme le complément nécessaire de toute éducation libérale. Si l'Angleterre est la première des nations du monde hors de son territoire, c'est qu'elle est aussi la plus voyageuse. On en a pu dire autant jadis de la Hollande ; on le dira bientôt peut-être des États-Unis. L'Allemagne, nous ne le savons que trop, et même aussi la Suisse, sur une échelle plus modeste, doivent à la même cause une grande part de leur prospérité actuelle. En France, nous pouvons le dire avec bonheur, les choses ont bien changé depuis quatre ans, et si nous avons cru utile, en 1872 et en 1873, de réveiller de son engourdissement, par des vérités dures à entendre, la partie imberbe de notre jeunesse, qui n'a pas vu d'assez près nos désastres, il n'en est plus de même aujourd'hui, où la leçon a été comprise, au moins de ceux à qui s'adresse ce livre.

La prospérité de la géographie à tous les degrés de l'éducation est aujourd'hui pour nous plus qu'une question d'honneur national ; c'est une nécessité pour la résurrection de la France. Nous n'avons pas seulement le devoir de nous mettre en état de repousser une nouvelle invasion à armes égales, mais celui de relever notre commerce, notre marine et nos colonies, qui ont eu tant à souffrir depuis longtemps de notre ignorance et de notre indifférence d'autrefois pour tout ce qui regardait les pays étrangers, et en premier lieu pour l'étude de la géographie.

Nous croyons avoir rempli un devoir patriotique en dénonçant la principale cause de la déconsidération qui s'était attachée jusqu'ici, en France, à la géographie ; cette cause était certainement la mauvaise méthode suivie dans son enseignement classique. Ce n'est pas qu'on n'y consacrât un temps suffisant ; on s'en occupait réglementairement depuis la dixième jusqu'au baccalauréat : on se trouvait avoir, à la fin des études, dépensé un total effrayant d'heures pour arriver au piètre résultat que chacun connaît. Le tort, le grand tort était de faire de la géographie, science d'observation, science de faits, s'il en fut jamais, une simple *nomenclature*, une pure liste de mots, et de mots le plus souvent barbares ou incompris.

C'est ainsi qu'on avait dépopularisé l'histoire naturelle, il y a quelque trente ans. Aujourd'hui d'intelligents programmes en ont fait l'étude des merveilles de la vie, tellement attrayante, que les gardiens des antiques traditions universitaires tremblent qu'elle ne fasse tort aux vers latins et au thème grec. Toutefois personne ne regrette plus le temps où son enseignement ne consistait qu'à donner des noms gréco-baroco-latins à des bêtes et à des plantes.

Pour ce qui est de la géographie, voici l'aveu que faisait Lavallée, professeur de cette science dans la seule école de France où l'on en exigeât une certaine connaissance, l'école de Saint-Cyr : « Malgré les efforts qui ont été faits pour étendre, simplifier, relever et populariser une science qui est d'une perpétuelle et universelle utilité, il n'en est pas qui soit moins considérée et plus ignorée. La faute en est d'abord à l'opinion vulgaire, qui abandonne dédaigneusement à l'enfance l'étude de la géographie; ensuite et surtout à l'enseignement, qui est resté presque entièrement étranger au progrès scientifique. En effet, les ouvrages élémentaires publiés de nos jours semblent calqués sur les plans de leurs devanciers : ce sont des compilations plus ou moins arides et décousues, dans lesquelles, partant du principe que l'intelligence est inutile pour une étude reléguée maladroitement dans le domaine de la mémoire, on détaille et on accumule les faits sans liaison et sans rapport, comme si l'on faisait l'inventaire du globe. Les savants ont vainement réclamé contre ce chaos indigeste dont on charge la mémoire des jeunes gens; vainement ils ont blâmé ces abrégés ou traités généraux qui ne sont que des catalogues de pays et de villes, ces prétendues méthodes fondées sur des bases éventuelles et des classifications arbitraires...; la routine l'a emporté sur la science des Lacroix, des Humboldt, des Ritter, etc. »

L'ouvrage d'où cette citation est extraite était, avant la guerre, presque le seul classique en usage qui échappât un peu au reproche fait par lui aux autres. Or il est intitulé *Géographie militaire*. Il y a vingt ans, et moins encore, on regardait volontiers l'étude de la géographie comme « bonne pour les militaires »! Quant aux *civils*, il faut croire que la plupart d'entre eux, ne sortant jamais des grandes routes, n'avaient besoin, pour voyager, que du livret qui dit les heures du chemin de fer ou des correspondances, ou tout au plus de ces petits guides dédiés aux voyageurs bénins et confiants, auxquels il suffit du nom de l'hôtel où on peut se présenter de la part de l'auteur, et de la liste des curiosités de la localité avec les prix « tout au juste pour les porteurs du livret » ?

On ne vient pas facilement à bout d'une routine enracinée

durant un demi-siècle. Il y a une quinzaine d'années, les réclamations d'hommes intelligents et patriotes commençaient à percer l'indifférence publique. Le nouvel ordre d'enseignement, dit secondaire spécial, proposait, pour l'étude de la géographie, un programme qui était toute une révolution. Un excellent ouvrage d'Élisée Reclus, *la Terre;* les nombreuses publications d'Ad. Joanne, notamment son *Itinéraire général* et son *Dictionnaire* de la France, et de bons livres de vulgarisation, notamment ceux de Fabre, Mangin, Figuier, etc., avaient obtenu un succès mérité. Nous ne pouvons ici oublier la mémoire d'un homme qui a eu une grande part dans ce mouvement, M. Bardin, de Metz, professeur à l'École polytechnique. Il avait rêvé toute sa vie la réorganisation de l'enseignement géographique en France; il avait créé une méthode rationnelle; il avait ébranlé, par d'incessantes réclamations, l'inertie de la routine administrative; il avait enfin accumulé un matériel d'enseignement qui représente une somme prodigieuse de travail personnel. Il est mort à la peine; mais la réforme qu'il avait semée est aujourd'hui en pleine floraison.

Il n'a fallu rien moins, pour déterminer cette réforme, que l'épouvantable leçon que vient de subir la France. L'insuffisance des connaissances géographiques de certains officiers, soit anciens, soit surtout improvisés, les conséquences lamentables et multiples de l'imprévoyance de quelques-uns et de l'ignorance de beaucoup d'autres ont frappé tous les esprits. On s'est inquiété de l'état de l'éducation nationale à cet égard. Un rapport officiel sur l'enseignement géographique dans nos établissements d'instruction par M. Levasseur, un des plus ardents promoteurs de la réorganisation, a tout d'abord révélé l'étendue du mal et provoqué la résolution d'y porter remède.

D'excellents livres classiques, conçus dans un esprit bien différent du passé, et parmi lesquels se distinguent ceux de M. Levasseur lui-même, puis ceux d'Onésime Reclus, Cortambert, Pigeonneau, Foncin, Wacquez-Lalo, etc., de bonnes cartes murales, des reliefs construits avec l'exactitude consciencieuse dont Bardin avait donné l'exemple, notamment ceux de Caroline Kleinhans, les débuts de grandes publications comme les deux Atlas et le Dictionnaire de Vivien de Saint-Martin, et la *Nouvelle Géographie universelle* d'Élisée Reclus, se sont trouvés arriver à point avec les grands travaux des corps officiels pour relever l'honneur de la France et faire admirer une fois de plus sa puissance de production et son énergie au travail, lors du Congrès géographique international et de l'Exposition qui ont eu lieu pendant l'été de 1875 à Paris, au palais des Tuileries.

Ce Congrès et son Exposition auront marqué une date, et fait une révolution dans l'enseignement géographique en France. La vue du matériel classique des autres nations d'Europe et la mise en saillie des progrès faits par la France depuis quatre ans ont fait sauter aux yeux de tous des vérités qu'il aurait fallu de longues années pour faire triompher sur la routine. Les résultats de l'impression produite inspirent en ce moment de nombreux et silencieux travaux, que l'Exposition universelle de 1878 mettra en lumière, et d'où sortira l'achèvement de la réforme.

La cause primitive du mal était une erreur faite au début; la géographie est une science d'observation qui doit prendre rang parmi les sciences physiques et naturelles, comme sa sœur la géologie. En Suisse, en Allemagne, en Angleterre, la vraie science géographique, la base de toute étude sérieuse de la surface de la terre, ce qu'on appelle ici géographie physique, topographie, physique du globe, fait l'objet d'un enseignement développé, donné par les professeurs de sciences naturelles.

Sur ce fond acquis, les professeurs d'histoire n'ont qu'à indiquer et à expliquer les changements de limites politiques, à suivre les événements militaires, à raconter les migrations des peuples et les progrès des sociétés humaines. Ils sont là dans leur vrai domaine. Sur d'excellentes cartes, dont tous les traits physiques, tracés par des hommes spéciaux, et bien étudiés d'avance par les élèves, sont la représentation exacte des accidents du sol, ils ajoutent et effacent tour à tour les signes éphémères de la domination et des établissements de l'homme.

En France, au contraire, la géographie étant regardée comme un simple appendice de l'histoire, son enseignement s'est trouvé entièrement confié à des professeurs de lettres, qui ne pouvaient enseigner avec fruit une branche spéciale, beaucoup plus mathématique que littéraire, beaucoup plus apparentée à la géologie qu'à l'histoire, et à laquelle très souvent leurs études ne les avaient pas préparés. Les deux parties fondamentales du cours, la topographie et la physique du globe, se trouvaient entièrement supprimées : la description du sol par sa nature, sa forme, ses accidents, ses productions, était remplacée par une longue nomenclature de noms propres, que les élèves ne savaient rattacher à aucune idée, à aucun fait. Les cartes mises sous leurs yeux, le plus souvent sans explication, n'étaient guère pour eux que des tableaux mnémoniques, où les noms à retenir étaient plus commodément disposés que sur une liste. La composition faite ou l'examen achevé, l'élève ne pouvait qu'oublier le résultat d'un effort de mémoire qui ne laissait dans l'esprit aucune trace, puisqu'il ne s'y rattachait aucune observation ni aucun jugement.

Ce résultat se produisait sans qu'on pût en accuser les professeurs d'histoire, souvent éminents, mais surchargés de cet enseignement, et les premiers à en exprimer le regret. Supposons qu'on eût un jour l'idée de confier l'enseignement du grec aux professeurs de sciences physiques, sous prétexte que c'est surtout pour l'intelligence des mots techniques de ces sciences que la connaissance du grec est nécessaire : faudrait-il leur faire un crime de l'abaissement du niveau des études qui suivrait nécessairement cette mesure?

Au Congrès de 1875, un vœu unanime, formulé par l'assemblée générale à la suite d'une communication du groupe spécial de l'enseignement, a demandé la séparation, à tous les degrés de l'éducation, des deux domaines de la géographie et de l'histoire, et la création, pour l'enseignement supérieur et l'enseignement secondaire, de professeurs spéciaux de géographie.

Le triste état de l'enseignement de la géographie en France était une énormité dont il ne reste guère dans l'éducation qu'un second exemple, un pendant parfait, l'enseignement habituel de la musique, réduit à l'étude de « l'art d'agrément » qu'on nomme musique instrumentale. Celui-là aussi n'est jamais précédé de l'étude du solfège, la science préalable et nécessaire; celui-là aussi ne consiste le plus souvent qu'en un effort de mémoire, où l'intelligence n'est pas appliquée, et qui ne laisse aucun fait, aucun jugement acquis, après l'oubli du résultat immédiat. La musique imprimée, comme jadis la carte géographique, ne parle qu'à l'œil et ne dit rien à l'esprit; les maîtres peuvent être des artistes exécutants de grand mérite, d'excellents professeurs de rhétorique musicale; mais leurs études ne les ont préparés qu'à former le goût, à appliquer le sentiment variable des nuances sur un fond de principes scientifiques acquis avant leurs leçons. Enfin, ce qui complète la ressemblance, l'étude du piano ou du violon, comme jadis celle de la géographie, emploie le plus souvent, pendant toute la durée de l'éducation, un effrayant total d'heures laborieusement employées, mais le plus souvent perdues : il ne reste que le regret d'avoir fait fausse route.

L'état précaire où se trouvait l'enseignement de la géographie et la nécessité d'inventer des moyens factices pour rendre possible l'effort de mémoire qu'il exige, nous expliquent la situation déplorable dans laquelle était tombé le matériel le plus nécessaire de cet enseignement, savoir les *cartes* géographiques. Elles devraient être la représentation fidèle des pays à étudier. En France, sous prétexte de les simplifier, on avait pris l'habitude de les rendre inexactes.

Nous avons tout particulièrement le droit et le devoir de critiquer, dans cet ouvrage, les cartes jadis autorisées pour l'usage de tous les établissements publics en France; car les erreurs et les omissions portent surtout sur les sujets que nous traitons. Il est vrai que depuis la guerre, sous l'impulsion intelligente des hommes qui ont pris la direction du mouvement actuel de rénovation dans nos études, des efforts courageux se sont faits de divers côtés pour renouveler le matériel d'enseignement géographique français et le mettre au niveau de celui des nations voisines; mais il faut du temps pour constituer un nouveau matériel d'enseignement et surtout pour amener son adoption générale; en attendant l'idée que se font des montagnes et des chaînes de montagnes ceux qui n'en ont jamais vu que dans les *Atlas* jadis en vogue, ne peut être que tout à fait fausse.

Pour nous dispenser de développer ce point, que nos lecteurs veuillent bien comparer aux cartes qui accompagnent ce livre celles qui étaient, jusqu'en 1870, usitées dans les classes françaises. Qu'ils comparent la position, la forme, la largeur, la hauteur apparente des mêmes *montagnes* indiquées dans les unes et dans les autres. Au lieu des masses largement étayées, des replis inattendus, des pentes inégales, des plateaux découpés, de molles ondulations de plaines, qu'indiquent fidèlement, d'après les documents les plus exacts, nos cartes gravées en 1871 par les habiles artistes de la maison Érhard, on trouvera, le plus souvent, les continents divisés en compartiments par des sortes de bordures barbelées d'une largeur uniforme, et désignées sous le nom de *lignes de partage des eaux;* c'était l'application officielle du fameux système des *bassins.*

Une personne qui n'est jamais sortie des plaines, à la vue de ces cartes, se figurera les montagnes comme des espèces de murailles de la Chine séparant les plaines en petits morceaux régulièrement étendus à droite et à gauche de leurs cours d'eau, comme si dans une grande place, celle du Carrousel, par exemple, on séparait par une bande saillante les pentes douces qui conduisent l'eau de pluie dans les divers ruisseaux, comme ceci :

Quant à la forme de ces bandes, c'est-à-dire de ces chaînes de montagnes, ressemble-t-elle à des toits placés bout à bout ou à des mottes de beurre collées l'une à l'autre en file? l'esprit hésite; cependant on a lieu de penser que la représentation est fidèle, puisqu'on voit de place en place un pic isolé, que l'on juge ressembler à un pain de sucre, comme un volcan à un abat-jour.

Puisque nous parlons du système des bassins, dont l'introduction dans l'enseignement a certainement, dans son temps, été un progrès, c'est le moment d'en donner notre avis.

Le système d'enseignement de la géographie par bassins est dû à Philippe Buache, membre de l'ancienne Académie des sciences, mort en 1773. Il a surtout été popularisé en France, au commencement de ce siècle, par l'influence du savant géomètre Lacroix; de nos jours, son plus illustre champion était M. Th. Lavallée.

Voici l'aveu que fait, au sujet de cette méthode, un des géographes contemporains qui s'en sont le plus intelligemment servis, M. L. Dussieux (*Géographie générale,* p. 18) : « On a reproché à la méthode de Buache d'être quelquefois trop systématique et de tracer partout, sous prétexte de lignes de partage des eaux, de véritables chaînes de montagnes, même dans les plaines les plus horizontales.

« En effet souvent les faîtes, les séparations d'eaux, ne sont que de faibles ondulations ; quelquefois même, sur un sol absolument plat, les bassins ne sont séparés que par des ondulations à peine sensibles, et qui ne se distinguent pas ou presque pas sur le terrain.

« Il en est ainsi dans presque toute la Russie et la Pologne ; au N. du lac de Constance, entre le Rhin et le Danube ; au N. du lac de Genève, entre le Rhin et le Rhône ; entre les bassins de la Vistule et de l'Oder, de l'Oder et de l'Elbe, de la Seine et de la Loire, etc.

« Il faut reconnaître qu'il peut en résulter de fâcheuses confusions et des notions inexactes. Toutefois *l'usage*, depuis Buache jusqu'à présent, a été tel, et nous ne pouvons ici qu'exprimer le désir que les cartographes modifient cette partie de la méthode. »

Nous ne pourrions pas mieux dire. Employé seul, et en dehors de toute notion sur l'altitude générale, la dimension en largeur et la découpure des massifs, comme il l'est encore quelquefois aujourd'hui, le système des bassins ne peut que donner de fausses idées de la forme du sol et de la disposition des hauteurs.

Il semble, d'après la manière dont l'ont comprise certains constructeurs de cartes, que le principe de cette méthode soit celui-ci : il n'y a pas de rivière sans montagne ; la surface du sol étant formée de saillies et de creux, et l'eau étant au fond du creux, des saillies doivent exister nécessairement de chaque côté, parallèles au cours d'eau, qui doit être à peu près au milieu.

D'où le procédé suivant pour tracer les montagnes : le cours des rivières étant calqué, mener un trait à peu près au milieu de l'intervalle qui les sépare, et l'ombrer de hachures en barbes de flèche : le trait est la ligne de faîte, les ombres sont les deux versants.

Regardez-y bien, vous trouverez maintes cartes classiques faites rigoureusement par ce procédé ; vous trouverez même, ce qui est plus fort, des cartes en relief!!!...

Jusqu'aux cartes récentes de Levasseur, d'Érhard, de Prudent, de Vivien de Saint-Martin, d'Eug. Cortambert, etc., on ne connaissait pas de carte murale, éditée en France pour l'enseignement classique, qui ne représentât une belle chaîne de montagnes entre Bordeaux et la mer, de Roquefort à la pointe de Grave, au milieu du désert plat des Landes que représente la figure 8 ; et une autre entre la Seine et la Loire, là où la Beauce est plate comme une table et plus basse de 50^m que la plaine de Satory, c'est-à-dire à l'endroit qui se trouve précisément le plus creux du bassin de Paris, si on fait abstraction des érosions.

De même, toutes mettaient une superbe chaîne, dénommée le Jorat, au nord du lac de Genève, du col des Rousses à Lausanne, dans le seul endroit plat de la Suisse, et ne mettaient rien au sud, là où se dressent les montagnes de la Savoie, de la Dent-d'Oche au mont Buet, gigantesques, il est vrai, mais n'ayant pas le suprême honneur d'être sur une *ligne de partage des eaux*. Altorf, Sion, Glaris, situés immédiatement au pied de masses colossales, l'Uri-Rothstock, l'Oldenhorn, le Glærnisch, paraissaient être dans de vastes plaines, bornées au sud par de minces montagnes, éloignées comme sont les Vosges de Strasbourg ou les Alpes de Milan.

La vraie division du sol saute aux yeux en regardant une bonne carte physique orographique, c'est-à-dire qui indique fidèlement les variations de hauteur du sol, comme nous nous sommes efforcé de faire dans les cartes qui accompagnent ce livre. C'est évidemment celle-ci : *pays de plaines et pays de collines, pays de plateaux et pays de montagnes*.

C'est cette forme générale d'un pays qu'il faut tout d'abord étudier, avant de s'occuper des cours d'eau, qui n'en seront que la conséquence. Il faudrait même, jusqu'à un certain point, faire abstraction d'abord des érosions, des accidents de détail, pour saisir la disposition en grand des masses principales, avec leur vraie largeur et leur altitude générale.

Les cartes dites *hypsométriques*, mais bien élémentaires, bien simplifiées, sont les premières à étudier à cet égard; nous y reviendrons tout à l'heure. Il est indispensable de compléter l'idée de la forme du sol, que donnent ces cartes, par l'idée des différentes natures de ce même sol, fournies par une carte géologique ou plutôt minéralogique tout aussi élémentaire. Nous avons essayé d'indiquer, par nos deux cartes I et VI, représentant la France et les pays voisins, l'aspect que pourraient avoir les cartes élémentaires construites dans ce but.

Après la notion de la forme et de la nature plus ou moins perméable du sol, doit venir la notion de la distribution plus ou moins abondante des pluies, sources des eaux courantes, puis celle de l'existence des réservoirs, neiges et glaciers, lacs, prés, forêts et cultures, qui donneront à ces cours d'eau l'allure plus ou moins régulière, et enfin l'étude de leur direction et de leur réunion dans les fleuves.

C'est à l'occasion de ces derniers points seulement que vient se placer l'étude du système des bassins, appliqué d'abord en petit, c'est-à-dire transformé en système des *vallées confluentes*. On pourrait réserver le nom de *bassins* aux grands espaces plats ou peu creux nettement limités de toutes parts par des pentes de massifs montagneux formant une enceinte à peu près continue : tels sont la Bohême, la Transylvanie, la Lombardie, la Nouvelle-Castille, le plateau espagnol du Douro, la plaine du Rhin de Bâle à Mayence; le terme de *bassin* garderait en géographie à peu près le même sens qu'on lui donne en géologie.

Un fleuve traverse souvent plusieurs bassins ainsi définis, passant de l'un à l'autre à travers la montagne par une fissure qu'il a lui-même creusée et agrandie. Ce fait est moins fréquent en France qu'ailleurs. Cependant nous voyons le Rhône crever la digue du Jura à Bellegarde en sortant de la Suisse, tout comme l'Elbe crève l'Erzgebirge à Kœnigstein en sortant de la Bohême. Nous voyons la Loire crever le barrage perpendiculaire des schistes d'Angers, en sortant du bassin de Paris, qu'elle avait partagé avec la Seine, un peu comme le Danube crève le barrage des portes de fer à Orsova, en sortant du bassin hongrois. La Meuse, sortant d'une des circonvallations du bassin de Paris, traverse en son milieu, par une longue fissure qui va de Charleville à Givet, le massif des Ardennes perpendiculairement à sa direction, tout comme le Rhin, au-dessous de Mayence, traverse un massif aussi compact et aussi épais par une fissure qui va de Bingen à Coblentz.

La direction des rivières est donc bien indépendante de celle des chaînes de montagnes; elle dépend de la forme d'en bas, et non de celle d'en haut. Une fissure peut ouvrir une montagne, un petit tas de débris éboulés peut barrer le fond d'une vallée; dans les deux cas, l'eau est détournée de son cours naturel. Il serait relativement facile, si on y avait un grand intérêt, de changer entièrement le cours de bien des fleuves et d'envoyer le produit de leur bassin supérieur dans le bassin inférieur d'une autre rivière; il n'y aurait pas besoin pour cela de transporter des montagnes, et un ingénieur ne demanderait pas la dépense du canal de Suez pour envoyer, par exemple, à Sargans, le Rhin dans les lacs de Wallenstadt et de Zurich au lieu de celui de Constance, ou pour envoyer à Toul la Meuse dans la Moselle, voire même, plus près encore de nous, pour détourner en amont de Briare tout ou partie des eaux du cours supérieur de la Loire, et nous l'amener par le Loing dans la Seine.

Partout où un cours d'eau prend naissance sur une surface à peu près plane, la direction de son premier écoulement se trouve dépendre de bien peu de chose, d'une ondulation imperceptible, ou du tassement inégal du sol un peu plus meuble ici que là; les premières rides creusées capricieusement par l'eau, une fois accusées, se sont approfondies et sont devenues les vallées définitives; le point d'arrivée est souvent déterminé par un de ces accidents locaux, fissure ou éboulement, auxquels importe peu la direction générale des faîtes.

Nous en avons près de nous deux exemples en Espagne.

Les affluents de droite du Guadalquivir, qui sembleraient devoir aller tomber dans la Guadiana, percent la Sierra-Morena, haut rebord du plateau castillan, pour aller couler en Andalousie.

Le Xucar en fait autant du côté de Valence : il quitte aussi le plateau de Castille, le bassin naturel de la Guadiana, en perçant son rebord oriental pour descendre ensuite vers la mer.

Un meilleur exemple encore nous en sera donné par la Transylvanie, région très naturelle, plateau très évidemment limité de toutes parts par des montagnes dont la direction d'ensemble en forme d'enceinte arrondie n'est pas douteuse (fig. 14).

L'intérieur est une surface originairement plate, ravinée peu profondément par les eaux d'écoulement. Or ces eaux, au lieu de se réunir en un seul tronc dirigé vers un seul point de l'enceinte, se partagent en trois portions qui vont percer perpendiculairement l'enceinte en trois points opposés, l'Aluta au sud, le Moros à l'ouest, et le Szamos au nord. La muraille de l'est elle-même est percée deux fois par le cours supérieur des affluents du Sereth. Deux ouvertures analogues se voient encore au nord et à l'ouest[1]. Si on faisait la carte de ce pays d'après la méthode où en sont arrivées les cartes françaises dont nous parlions plus haut, on aurait des montagnes indiquées précisément où il n'y en a pas, et tracées dans la direction perpendiculaire à celle des vraies, c'est-à-dire une bosse au lieu d'une cuvette, exactement le contraire de ce qui existe (fig. 18).

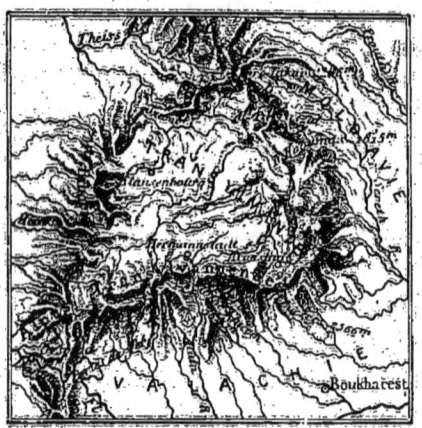
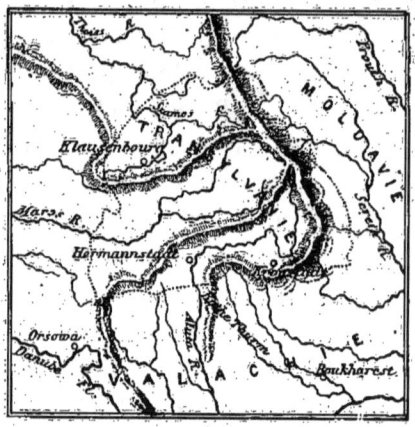

Fig. 17. — La Transylvanie et ses montagnes, d'après une carte d'un atlas élémentaire allemand.

Fig. 18. — Ce que faisait de la Transylvanie la méthode usitée en France. (La ligne pointée est la ligne de faîte des montagnes.)

L'enseignement qui ressort de ces exemples, c'est qu'il ne faut pas falsifier la nature sous prétexte de la simplifier.

Entre négliger les détails pour bien faire saisir l'ensemble, et grouper certains détails pour les faire retenir en sacrifiant les autres et en donnant une idée fausse de l'ensemble, il y a un abîme, celui qui sépare le vrai du faux, un dessin d'une caricature.

[1] Sans aller si loin, nous avons tout près de Paris le *pays de Bray*, une des contrées naturelles les mieux caractérisées de la France, et cependant les moins connues dans l'enseignement, qui présente en petit exactement les mêmes phénomènes. Nous prions nos lecteurs de le chercher au N. de la feuille *Paris* de la carte du *dépôt des fortifications*, que tous possèdent, je le suppose. Cette longue vallée dirigée du N.-O au S.-E. entre Dieppe et Beauvais, et nettement limitée par les escarpements crayeux qui terminent les plateaux du *Grand Caux* et du *Vexin*, au S.-O., et du *Petit Caux* et du *Beauvaisis*, au N.-E., est pour les géologues une boutonnière ouverte dans la craie par le soulèvement des terrains inférieurs. Or quatre rivières, dont les sources diffèrent à peine de niveau, s'en échappent dans quatre directions différentes : la Béthune au N.-O., l'Andelle au S.-O., l'Epte au S., et le Therain à l'E. Elles sortent par des crevasses ouvertes dans les remparts de l'enceinte.

II

LES CARTES ET LA REPRÉSENTATION DES MONTAGNES

> C'est ainsi que l'homme soigneux de s'instruire, réunissant les relations des voyageurs qui ont vu et parcouru les diverses portions de la terre, se trouve en état de se représenter d'un coup d'œil la surface de tout un pays.
> STRABON.

Pour se renseigner sur les montagnes, il y a diverses sortes de cartes auxquelles on peut avoir recours. Lorsqu'on veut des renseignements généraux sur la disposition de tout un pays, on s'adresse à des cartes construites à ce point de vue spécial du relief du sol, qu'on nomme *orographiques*, quand elles cherchent à représenter surtout les formes (cartes I, III, IV), et *hypsométriques*, quand elles ont surtout pour but d'indiquer les hauteurs relatives (carte II).

Mais lorsqu'il s'agit de se guider dans sa route, sur le terrain, ou de la choisir et de la discuter avant le départ, il faut absolument se procurer de ces cartes détaillées, à grande échelle, qu'on nomme cartes *topographiques*.

La plupart de ces cartes précieuses ont été construites à grands frais pour le compte des gouvernements, qui les ont libéralement mises à la disposition du public pour un prix bien inférieur à leur valeur réelle.

Au point de vue de l'utilité, de la sûreté et de l'agrément des voyages dans les montagnes, rien n'est plus important que de savoir, d'un côté, déterminer d'avance le chemin à suivre, en le faisant d'abord en imagination sur une bonne carte, de l'autre, reconnaître ce chemin sur le terrain, vérifier à chaque instant d'où l'on vient et où l'on va, se passer au besoin d'informations, ou pouvoir à chaque instant les contrôler et les rendre intelligibles.

Les cartes topographiques sont un objet de première nécessité pour le vrai voyageur, pour celui qui a souci de la liberté et de la dignité de sa personne, pour l'homme intelligent qui ne veut pas se laisser conduire comme un aveugle ou ballotter comme un paquet. Pour ma part, je ne vois dans le bagage du voyageur de montagnes aucun objet qui approche de l'importance des cartes, sinon peut-être les chaussures. Un voyageur sans bonnes cartes est à la merci des guides et des aubergistes, comme un voyageur en pantoufles serait à la merci des porteurs et des cochers.

Même pour les sédentaires, les bonnes cartes peuvent présenter un immense intérêt : les lecteurs des grands ouvrages contemporains d'histoire savent quel charme ajoute aux récits des campagnes ou des voyages le plaisir de pouvoir les suivre pas à pas sur des cartes fidèles et détaillées.

Le goût et l'habitude de ces cartes devraient même, si la géographie était en honneur chez nous comme elle doit l'être, se révéler par l'usage continuel dont elles seraient dans nos promenades et dans nos voyages d'affaires.

Bardin proposait, à ce sujet, que les compagnies de chemin de fer fussent obligées de couvrir de grandes cartes peintes les vestibules publics et les salles d'attente des gares. « Soyez persuadés, disait-il, que personne n'y trouvera plus le temps long : on s'y oublierait plutôt. »

Cette idée a été exécutée dans quelques points trop rares : ainsi sur les murs du vestibule de l'ancienne gare du Nord, à Paris, on avait employé ce genre de décoration, et j'y ai vu plus d'un promeneur manquer le train pour avoir trop longtemps étudié sa route. Mais de cette pauvre gare il ne reste plus que le souvenir, et les magnificences de la nouvelle n'ont pas fait oublier, pour de nombreux voyageurs, les utiles cartes qui décidaient et guidaient leurs promenades. Ces cartes sont aujourd'hui dans la salle des voyageurs de 1re classe, où elles sont à peine remarquées. Leur reproduction dans les salles des autres classes, et surtout dans la grande galerie d'entrée, serait un bienfait public.

Il serait digne du grand rôle patriotique et civilisateur que jouent en France les compagnies de chemins de fer, d'encourager et d'inaugurer, par cette mesure généralisée dans toutes les stations, la renaissance de la géographie dans notre pays.

La société de géographie de Paris a émis tout récemment un vœu dont l'accomplissement remédierait provisoirement à l'absence de ces grandes cartes peintes, nécessairement longues et coûteuses à exécuter, et, en les attendant, aiderait puissamment à populariser l'usage des cartes topographiques.

Ce vœu serait que les compagnies de chemins de fer voulussent bien afficher dans toutes les gares, au même titre et de la même manière que le tableau du prix des places, la feuille ou les feuilles locales de la carte d'*état-major*, sur lesquelles le public pourrait chercher ou vérifier sa route. Cette exposition permanente serait à la fois un précieux enseignement populaire et un excellent moyen de publicité pour les cartes de l'État. Il y a là un acte de patriotisme qu'il suffit de demander à des administrations françaises pour le voir bientôt accompli.

Ces cartes topographiques à grande échelle, qui sont destinées à donner une idée exacte de la forme du sol et de ses accidents, existent aujourd'hui en grand nombre à la disposition de tous, mais seulement depuis l'essor des sciences naturelles qui a marqué le commencement de ce siècle. Celles qui existaient alors étaient des documents secrets réservés aux autorités publiques, surtout aux autorités militaires, pour lesquelles de bonnes cartes ont, en cas de guerre, un prix inestimable. On en a construit aussi pour guider les grandes chasses princières. La belle carte *des chasses du roi*, dressée en 1770, est encore aujourd'hui souvent prise comme base de la construction de certaines cartes des environs de Paris.

La première grande carte topographique de la France a été exécutée à la demande de l'Académie des sciences. Cassini de Thury la commença en 1750, d'après les triangulations exécutées par son père et son grand-père ; elle fut terminée de 1784 à 1793 par E.-Dominique Cassini, son fils. Cette carte, en 182 feuilles, formant un carré de 12^m de côté, est un chef-d'œuvre à tous égards, pour son temps, et porte à juste titre le nom illustre des *Cassini*, qui ont consacré à son exécution leur vie et leur talent durant quatre générations successives.

A cette époque, les ingénieurs géographes français n'avaient pas de rivaux. Sous Napoléon Ier, qui était lui-même une autorité en cette matière, et dont le cabinet géographique contenait de véritables trésors, fut commencé par toute la France le *cadastre*, levé topographique de toutes les communes, destiné surtout à l'équitable répartition de l'impôt.

L'administration du cadastre, dépendant de celle des finances, est toujours restée tout à fait distincte du corps des ingénieurs géographes militaires, fondu en 1830 avec le corps d'*état-major*.

C'est en 1831, après cette fusion, que fut définitivement commencée par l'état-major, sous la direction du général Pelet, l'exécution d'une seconde grande carte topographique de la France, nouvelle dans toutes ses parties, et donnant le dessin exact et complet de notre sol. La décision de cette exécution avait été prise par Napoléon Ier dès 1808 : les études préliminaires s'étaient poursuivies pendant toute la durée du gouvernement de la Restauration ; l'activité du général Pelet imprima à l'œuvre une impulsion admirable.

La carte, à l'echelle d'un mètre pour 80 000, est divisée en 274 feuilles de 50 centim. de haut sur 80 de large, représentant 40 kilom. sur 64. Les 12 premières parurent en 1833 ; en 1850, quand le général Pelet fut remplacé par le général Morin, il avait fait exécuter 142 feuilles, c'est-à-dire plus de la moitié du travail, en moins de vingt ans. Après le général Morin, qui ne resta que deux ans à la tête de ce service et publia 16 feuilles, le général Blondel, de l'ancien corps des ingénieurs géographes, dirigea pendant quinze ans les travaux de la carte, et fit exécuter 80 nouvelles feuilles.

En 1866, le général Jarras fut chargé de diriger l'achèvement de cette lourde tâche. A ce moment, tous les levés sur le terrain se trouvaient déjà achevés. A la fin de 1869, au moment de la guerre, l'œuvre pouvait être regardée comme presque terminée ; il ne restait plus à paraître que 16 feuilles dans le coin S.-E. de la France, occupé par les Alpes de Provence et les nouveaux départements de la Savoie et de Nice.

Malgré le retard occasionné par les événements de 1870 et 1871, et malgré les difficultés que présentent à la gravure les régions essentiellement montagneuses des dernières feuilles, 11 de ces feuilles étaient prêtes pour l'exposition de Vienne en 1874, et tout était terminé, sauf la Corse, pour le congrès de 1875.

C'est à ce congrès, organisé et convoqué par la société de géographie de Paris, qu'a pu être monté pour la première fois, au fond de la grande salle des États des Tuileries, où l'on s'assemblait, l'ensemble de toutes ces feuilles réunies, formant un grand carré de 13^m de côté. C'était la décoration principale et la curiosité la plus regardée de l'exposition. De ce moment date vraiment en France la popularité des cartes d'état-major.

Le travail principal qui occupe en ce moment nos officiers d'état-major, travail plus pressé encore que celui de la publication des dernières feuilles, est celui d'une revision complète et d'une correction successive de toutes les feuilles de la carte, dont les premières, datant déjà de quarante ans, avaient grand besoin d'être mises au courant des changements dans les routes, canaux, chemins de fer, établissements et travaux divers survenus depuis cette époque.

On se figure difficilement la somme énorme de travaux que coûte une de ces belles feuilles. L'exécution comprend quatre opérations successives : 1° la géodésie, détermination exacte de la position des points de repère ; 2° les travaux topographiques sur le terrain ; 3° les travaux de dessin ; 4° la gravure.

La géodésie est la plus importante, et ce n'est pas la moins longue ni la moins minutieuse. Pour arriver à établir le réseau de triangles par lequel est couverte la surface de la France, il a fallu une véritable armée d'officiers d'état-major, qui ont déterminé avec une grande précision la longitude, la latitude et l'altitude d'environ 50 000 points.

Sur le terrain, le travail est toujours subdivisé ; chaque feuille est partagée en petits rectangles dont chacun est confié à un officier d'état-major. Celui-ci, avec ses aides, fait le levé en détail, le portrait véridique de la surface du sol, à une échelle deux fois plus grande que celle de la carte. Son travail s'appelle *minute*. Non seulement il renferme les villes, villages, hameaux et maisons isolées, avec les routes, les chemins, les sentiers, les rivières et les ruisseaux, mais il contient aussi la représentation fidèle du relief du sol, par un procédé qui intéresse spécialement notre sujet, et dont nous donnerons une idée tout à l'heure. Les minutes de la carte de France sont conservées comme un précieux trésor au *Dépôt de la guerre*, et les cartes n'en sont que des reproductions avec les ombres, les teintes, les signes de convention, dessinées d'abord aux deux échelles du 40 000e et du 80 000e, suivant des règles convenues, puis gravées sur cuivre par d'habiles artistes.

Le temps, le talent et le travail nécessaires pour l'exécution de ces œuvres d'art, ne sont pas moindres que pour celle des belles gravures de tableaux de grands maîtres, dont l'achèvement demande des années.

A la grande échelle du 20 000ᵉ, double de celle des minutes, on ne publie que les plans de villes. A l'échelle du 40 000ᵉ sont livrés au public une belle carte des environs de Paris, en 9 feuilles, et une carte coloriée du mont Blanc; les petites feuilles à 50 centimes qui représentent les environs des villes de garnison et des camps militaires sont au 80 000ᵉ. Il faut citer les grandissements par l'héliogravure publiés depuis quelque temps, notamment le département de la Seine au 20 000ᵉ (en 36 feuilles, dont 4 pour Paris), à 25 centimes la feuille, un vrai trésor pour l'enseignement pratique et économique de la topographie à la jeunesse parisienne.

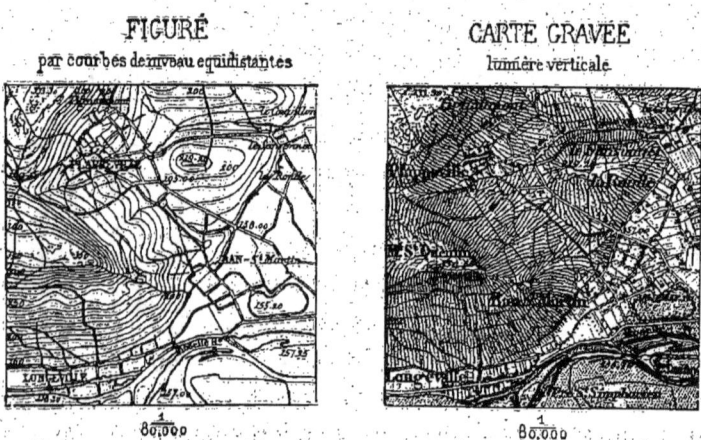

Fig. 19. — Fragment de la carte de l'état-major français. — Banlieue de *Metz*, à 2 kilomètres à l'O. de la ville.

L'œuvre principale est la grande carte au 80 000ᵉ. Ceux de nos lecteurs qui, par grand hasard, ne la connaîtraient pas encore, ou ceux qui ne l'ont vue que de loin et sans lunette d'approche, au fond de la grande salle du congrès de Paris, peuvent se faire une idée de ce qu'elle apprend sur un pays par les figures 19, ci-dessus, clichés imparfaits, mais exacts, d'un petit coin d'une feuille de cette carte. Nous savons qu'il sera regardé avec attention; car le nom de la malheureuse ville de *Metz*, qu'il porte, est désormais, pour tout cœur français, synonyme de deuils sans nombre, de leçon terrible, de plaie toujours saignante...

Que ce nom reste toujours, et bien apparent, sur nos cartes de France !

Le prix de vente de chaque feuille gravée, qui était autrefois de 7 francs, a été abaissé à 4 francs en 1866 ; aujourd'hui, pour mettre les cartes d'état-major à la portée de toutes les bourses, on les tire à grand nombre en report sur pierre [1], et toutes les feuilles sont vendues *un franc* chacune, et même le ministère les accorde en nombre, pour moitié de ce prix, à l'armée et aux fonctionnaires sur la demande des chefs de service.

Outre cette grande carte, dont chacun ne peut guère acquérir que les feuilles des pays qu'il a parcourus, et dont l'échelle est trop grande pour qu'on y puisse saisir l'ensemble d'un massif, du cours entier d'une rivière, etc., l'état-major en a publié, aux mêmes prix, une réduction au quart, c'est-à-dire au 320 000e, qui n'a que 33 feuilles ou demi-feuilles (soit un carré de 3^m 50 de côté), ce qui la rend accessible à bien des bourses [2].

Sous l'impulsion intelligente des récents directeurs de ce service, le colonel Saget et le colonel Bugnot, les cartes de l'état-major français se sont perfectionnées à mesure qu'elles se répandaient davantage. D'importantes améliorations sont en cours d'exécution, qui ne nous laisseront rien à envier aux autres pays sous le rapport des cartes topographiques. On verra bientôt quelle intelligente persévérance, quelle ardeur patriotique anime, pendant les travaux de la paix, les officiers d'élite de notre armée. L'exposition universelle de 1878 complétera à cet égard les heureuses surprises que nous a values le congrès de 1875. D'ici là nous pourrons avoir déjà les premières feuilles d'une nouvelle édition en couleur des deux cartes au 80 000e et au 320 000e, avec courbes de niveau, exécutée pour les Alpes françaises, et devant remplacer l'édition actuelle, trop noire de détails.

En attendant que le 320 000e soit ainsi transformé, les voyageurs et les amis de la géographie ont à leur disposition la moitié d'une autre carte topographique de France, qui devient en ce moment la plus populaire de toutes, grâce à son bon marché et à la clarté que lui donne le système d'impression polychrome ;

---

[1] Quelques départements, ainsi tirés à part, au moyen d'un report sur pierre, aux frais des conseils généraux, se vendent au public 8 francs.

[2] La France entière, sans la Corse, coûte, en gravure, 81 fr., en report, 26 fr.

c'est la carte au 500000ᵉ que publie le *Dépôt des fortifications*, sous la direction habile et consciencieuse du capitaine Prudent.

Elle aura 15 feuilles, formant un rectangle de 2ᵐ 60 de haut sur 2ᵐ 10 de large. Le relief du sol y est figuré à la fois par courbes et par hachures, comme dans notre carte du mont Dore. Les courbes de notre carte des Vosges ont été calquées sur elle. La feuille qui contient Paris a été publiée en janvier 1874; cinq autres feuilles, formant avec celle-ci toute la moitié septentrionale de la France, ont été publiées en 1875 et 1876. Il y en a une édition purement physique, qui sera précieuse pour l'étude et deviendra la carte classique de travail pour les bons élèves de rhétorique. Le prix de chaque feuille, prise au dépôt, a été libéralement fixé à 80 c., la carte entière coûtera donc 12 francs.

Nous comptons bien que chacun de nos lecteurs en adjoindra les feuilles déjà parues à notre ouvrage, pour lui servir de complément d'illustration. C'est surtout l'édition purement physique, *orohydrographie*, débarrassée des villes et des routes, que nous recommandons à cet égard.

Tout cet ensemble de cartes [1], construites aux frais de l'État, constitue pour les études et les voyages une ressource précieuse et jusqu'ici trop peu connue. Mais nous ne doutons pas qu'on ne les trouve bientôt, en France, sur les murs de tous les cabinets de travail et dans les poches de tous les voyageurs.

La France n'est pas la seule nation qui ait ainsi exécuté à grands frais des cartes détaillées de son territoire. Presque toutes les nations européennes ont imité son exemple, et mettent libéralement ces précieux documents à la disposition du public. Toutefois les cartes ne sont pas de la même valeur, et diffèrent ordinairement entre elles, soit par leur échelle, soit par leur mérite.

Les plus luxueuses et les plus chères sont celles de l'Angleterre, construites par l'*Ordnance Survey office*: elles sont polychromes, et les échelles sont beaucoup plus grandes qu'en France.

Les plus admirées jadis, au point de vue de l'art et de l'exac-

---

[1] Le dépôt principal des cartes officielles pour le public est à la librairie militaire de Dumaine, rue et passage Dauphine, 30, à Paris.

titude, étaient celles de l'Autriche, construites par l'Institut militaire géographique de Vienne. On peut dire qu'en général les nombreuses cartes topographiques construites dans les divers États allemands se distinguent par l'exactitude, celles des gouvernements comme celles des particuliers ; l'Allemagne prétend avoir sous ce rapport le premier rang ; qu'occupait la France au siècle dernier.

Ce premier rang peut toutefois aujourd'hui lui être disputé par la *Suisse*, qui, faisant de l'étude de son sol un des côtés de son patriotisme, se montre digne d'être proposée pour modèle, sous ce rapport, à toutes les grandes nations qui l'environnent.

La plus populaire, la plus répandue, la moins chère et la plus admirée des cartes d'état-major est sans contredit la belle carte dite *fédérale*, dressée par les ingénieurs et officiers de la Confédération suisse, sous la direction du *général Dufour*, de 1833 à 1863.

Elle est à l'échelle de $1/100\,000^e$ et forme 25 feuilles, au prix modique de 2 francs chacune, bien connues et fort appréciées des voyageurs. On exécute aussi en ce moment à Berne une série de cartes par courbes, en petites feuilles lithographiées à trois teintes, reproduisant les minutes topographiques au $25\,000^e$ pour les parties les plus habitées, et au $50\,000^e$ pour les régions de hautes montagnes. Nous les recommandons aux voyageurs qui tiennent aux détails. Pour ceux qui demandent une carte d'ensemble, au contraire, il y a une jolie réduction de la carte de Dufour, en 4 feuilles, à l'échelle de $1/250\,000^e$, qui sera un vrai trésor pour les amis des Alpes. Notre carte des Alpes suisses est construite, d'après une autre réduction, à plus petite échelle, exécutée aux frais du canton de Zurich pour ses écoles primaires.

L'ancienne carte d'état-major piémontaise, qui nous eût été si précieuse pour connaître l'autre versant de nos Alpes françaises, est imparfaite et inexacte ; mais l'Institut topographique de Florence la refait avec celle de toute l'Italie. Le club alpin italien a pris aussi à tâche le levé précis de ses montagnes.

Il n'y a pas encore de cartes d'état-major en Espagne, ni en Turquie ; mais il y en a dans tous les autres pays d'Europe.

Quant aux cartes d'échelle plus réduite, il serait trop long d'indiquer toutes celles qui peuvent servir en pays de montagnes ;

elles sont surtout nombreuses dans les pays de langue allemande. Ce ne sont pas seulement les institutions officielles des États autrichiens, suisses, prussiens ou autres, qui accomplissent ces grands travaux, mais aussi des institutions privées, comme, par exemple, l'illustre établissement que dirige à Gotha le docteur Petermann, avec la collaboration de géographes tels que Berghauss, Sydow, Stieler, etc., et qui a pour organe la célèbre Revue les *Mittheilungen;* ou celui de Reimer à Berlin, qui édite les œuvres du géographe Kiepert. Nous devons mentionner comme tenant une place honorable à côté de ceux-là, les instituts géographiques de Mullhaupt, à Berne, et de Randegger, à Winterthur, en Suisse. Il y en a bien d'autres ailleurs, qu'il serait trop long de citer, et dont les produits, mis en comparaison de ce qu'avait publié l'initiative privée en France, avant la guerre, ne peuvent que nous faire sentir combien nous avaient mis en arrière notre apathie et notre routine d'autrefois.

Mais la France s'est réveillée et s'est remise à l'œuvre; de tous côtés paraissent d'intelligents et sérieux travaux destinés à aider la réforme de l'enseignement géographique, qui s'opère prudemment, mais irrésistiblement : le congrès de 1875 a donné la première impulsion, qu'augmentera encore l'exposition de 1878, et la génération qui s'élève montrera que la fougue française sait tout rattraper, même un retard d'un quart de siècle.

Un mot, avant de terminer ce chapitre, sur les moyens employés dans les bonnes cartes pour représenter la forme des montagnes.

Le meilleur système, si ses produits pouvaient être transportables, serait évidemment de figurer le relief du sol, en sculptant un relief géométriquement semblable. Quelques chefs-d'œuvre de ce genre de sculpture, notamment ceux de Bardin, ont une notoriété méritée. Le musée des Invalides a jadis été célèbre dans toute l'Europe. De nombreuses villes, à proximité des pays de montagnes, offrent à la curiosité des étrangers des plans-reliefs plus ou moins fidèlement exécutés, mais qui ont toujours un grand succès, parce que les voyageurs ont le plaisir de refaire en imagination leur voyage dans ces monts et ces vallées en miniature.

Le problème consiste à rendre l'effet de ces reliefs sur une surface plate, de manière à donner au spectateur le même plaisir, et à lui faire la même illusion. Quand on a un bon relief exécuté, un moyen simple consiste à le faire photographier. Les bons reliefs sont si rares, que ce moyen est loin d'être pratique. Déjà cependant de nombreuses photographies des reliefs de Bardin ont été répandues. Les épreuves ainsi obtenues sont des modèles très utiles pour montrer aux dessinateurs par quels jeux d'ombre ou de lumière on peut donner aux montagnes l'effet de relief. C'est précisément la tâche à laquelle s'appliquent, quand les contours sont déterminés au trait, les artistes dessinateurs et graveurs des cartes topographiques.

Mais le dessin au trait, la minute, doit leur fournir les renseignements précis sur la forme de la surface dont ils doivent rendre le relief. On y parvient par la méthode des *lignes de niveau équidistantes*.

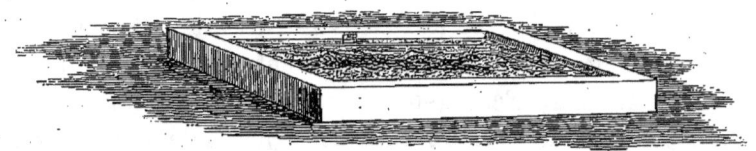

Fig. 20. — Appareil Bardin.

Supposez qu'on entoure un bon plan-relief (fig. 20), comme le faisait Bardin, d'une bordure imperméable, formant avec la surface du plan un vase étanche. La base du plan étant dressée bien horizontalement, versons de l'eau jusqu'à ce qu'il y en ait uniformément une certaine hauteur, marquée par un trait sur les quatre faces.

Nous déterminerons ainsi sur le relief, par cette sorte d'inondation, une ligne de rivage; dessinons-la sur notre plan, puis versons une seconde couche d'eau de même épaisseur; dessinons le nouveau rivage, et ainsi de suite, jusqu'à ce que le dernier sommet disparaisse sous l'eau, nous aurons les lignes de niveau équidistantes. Elles seront d'autant plus rapprochées que la pente sera plus forte, et dessineront fidèlement toutes les inflexions de la surface dont l'importance atteindra la distance des couches.

Ce sont ces lignes de rivage, intersection du terrain par des plans horizontaux équidistants, que l'on détermine par les instruments de nivellement, et que l'on dessine sur les minutes (fig. 21); les cartes sur lesquelles sont tracées ces lignes ou *courbes de niveau* donnent une idée bien plus précise que toutes les autres de la forme du sol. Notre carte des Vosges, p. 95 à 98, et celle du mont Dore, au chapitre ix, réduite des minutes de l'état-major, donnent une idée de ce que devront devenir toutes les cartes des pays de montagnes, lorsque la géographie physique sera plus appréciée et devenue populaire, ce qui arrivera peut-être prochainement, si nous nous mettons sérieusement à la besogne.

Quand on a l'habitude de ces cartes, on *lit* très clairement la forme du terrain; même sans ombres : l'erreur possible consiste à confondre les bosses avec les creux. C'est pour empêcher cette erreur que, dans la carte d'état-major, on exécute le travail artistique des hachures, qui ajoute l'illusion du relief (fig. 22).

L'inconvénient de ces hachures, c'est de faire disparaître le tracé primitif des lignes de niveau, d'autant plus complètement que l'échelle est plus petite. Dans la carte de l'état-major, les hachures sont toujours soigneusement perpendiculaires aux lignes de niveau, c'est-à-dire que ce sont les *lignes de plus grande pente*, celles qui suivraient les ravins de la montagne, si la surface était régulière.

De plus, les traits de ces hachures sont d'autant plus *gras* que la pente est plus forte, et cela très régulièrement, par des outils de calibres gradués.

Enfin ces mêmes traits doivent être *interrompus* aux lignes de niveau, ce qui rend celles-ci perceptibles. Il en est ainsi, en effet, avec les grandes échelles du 20 000ᵉ et du 40 000ᵉ; mais déjà difficiles à retrouver dans la carte ordinaire au 80 000ᵉ, les lignes de niveau sont complètement perdues par le travail des ombres dans la réduction au 320 000ᵉ.

On peut vérifier tout ce que nous venons de dire, en considérant attentivement les figures 21 et 22, qui représentent au 40 000ᵉ, avant et après le travail des hachures, le même fragment de la carte d'état-major de la figure 19.

Il est évident que, pour toutes les échelles, il y aurait avantage à rendre apparentes les lignes de niveau, en indiquant le relief, soit par une ombre, comme dans notre carte du mont Dore, et dans la carte du dépôt des fortifications, soit par des teintes graduées, comme dans notre carte des Vosges, et dans la belle carte hypsométrique de Suisse de Ziegler.

Pour les petites échelles mêmes, notre carte I montre que cette indication des niveaux est possible jusqu'à un certain point. L'obligation actuelle d'enseigner sérieusement la géographie physique de la France va rendre le système des courbes d'un usage

FIGURÉ
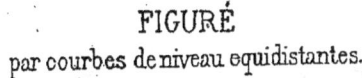
par courbes de niveau equidistantes.

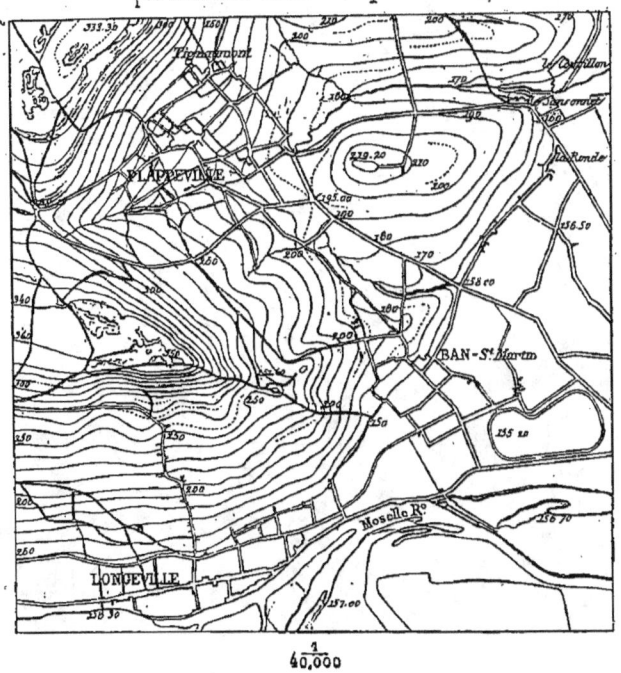

Fig. 21. — Banlieue de *Metz*, courbes de la minute, réduites à moitié de l'échelle.

aussi général que celui des hachures. L'administration de l'état-major français a publié une carte de France au 800 000ᵉ, en 4 feuilles, dite « nivellement général de la France », qui donne les courbes de niveau de 100 en 100 mètres, avec les rivières en bleu pour lignes de repère, et sera d'un grand secours pour faire ainsi de bonnes petites cartes pour l'enseignement.

Les cartes suisses, la carte du dépôt des fortifications et un grand nombre d'autres, sont sur des échelles qui ont l'avantage d'être *métriques*, c'est-à-dire qu'on peut y prendre les distances avec un décimètre ordinaire. Nos cartes de l'Etna et du Vésuve, au chapitre IX, sont au 500 000ᵉ, comme celle des Vosges (carte II), et par conséquent comme la carte Prudent : un millimètre y représente juste un demi-kilomètre.

Quand la géographie sera plus populaire, on prendra peut-être le parti de créer l'uniformité des échelles, en faisant toutes

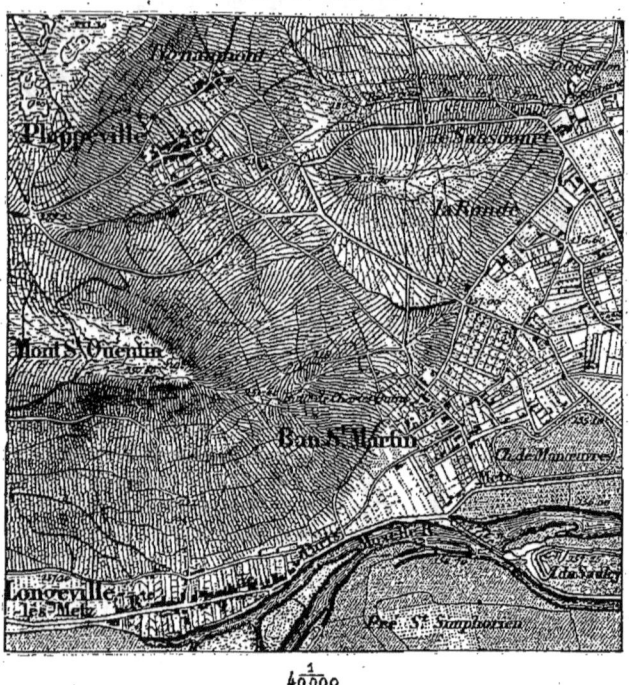

Fig. 22. — Banlieue de *Metz*, ombres suivant les lignes de plus grande pente.

les cartes à des échelles décimales, au 20 000ᵉ, au 50 000, au 100 000ᵉ, au 200 000ᵉ, au 500 000ᵉ, au 1 000 000ᵉ, etc. On y gagnera de pouvoir toujours comparer facilement, sur des cartes d'origine différente, les distances et les grandeurs. Ainsi notre carte des Pyrénées est au 2 000 000ᵉ, et celle des Alpes suisses est au 1 000 000ᵉ ; un centimètre représente dix kilomètres sur celle-ci, et vingt sur celle-là.

Les cartes à très petite échelle, comme nos cartes I, III, IV, V, sont dites *géographiques;* on n'y peut qu'indiquer les traits les plus saillants de la configuration d'un pays; elles emploient aussi, pour figurer les montagnes, les hachures dirigées dans le sens de la pente, et d'autant plus grasses que celle-ci est plus prononcée. Mais on tombe tout à fait dans l'à-peu-près, et les meilleures cartes ne peuvent s'y soustraire, parce que la première condition de leur existence est le bon marché.

Toutefois il est possible d'arriver, sans dépenser davantage, à des résultats supérieurs à ceux obtenus jusqu'ici en France. Avec les procédés actuels de gravure, on peut donner une idée approchée de la forme véritable du sol, en représentant les massifs montagneux avec leur vraie largeur et une vigueur d'ombre proportionnée à leur hauteur, en distinguant, par une teinte plate, les plaines basses des plateaux et des hautes vallées, surtout en s'attachant à indiquer à leur vraie place, telles qu'elles existent, les directions des grandes lignes de faîte d'un côté, et de l'autre celles des cours d'eau, sans se préoccuper avant tout de la théorie du partage des eaux en bassins.

Nous avons essayé de donner l'exemple en même temps que le précepte. Les cartes de ce livre montrent ce que pourraient être déjà, avec les conditions actuelles, les atlas élémentaires destinés à l'enseignement scolaire de la géographie. Mais nous sommes persuadé que l'on fera, dans peu de temps, beaucoup mieux encore. Les progrès de la chromolithographie, dont M. Érhard a fait une première application géographique dans sa jolie carte murale de la France au 800 000e, nous promettent l'apparition prochaine de cartes géologiques, agricoles, etc., dont l'aspect pittoresque et parlant aux yeux rendra l'usage populaire. Les cartes d'enseignement élémentaire adopteront bien vite cet élément de succès.

Pour l'enseignement plus avancé, il y a lieu de croire que pour tous les pays dont les levés topographiques complets ont été faits et publiés, les cartes par courbes deviendront rapidement d'un usage général, pour les petites comme pour les grandes échelles.

L'effet d'à-peu-près, obtenu par les hachures, sera réservé aux pays dont on n'a pas de levé topographique exact, et qui sont de beaucoup les plus nombreux. Il pourrait bien arriver alors qu'on adoptât pour les autres le procédé de faire les ombres par des hachures dirigées dans le sens des lignes de niveau, au lieu d'être, comme aujourd'hui, dans le sens des lignes de plus grande pente. A l'exposition du congrès de Paris, il y avait une carte de la Suisse, admirablement gravée par Leuzinger, qui employait avantageusement ce genre de hachures. En propageant dès maintenant cette manière d'ombrer la montagne, on habituerait l'œil à l'aspect que donnent les courbes de niveau aux cartes de grande valeur, en attendant qu'on puisse figurer toujours, même dans les cartes à bon marché, la montagne par des lignes horizontales suivies et exactes. Or ce moment ne peut manquer d'être proche, par ce temps d'inventions et de perfectionnements où nous sommes.

Pour les cartes topographiques, l'union des courbes de niveau avec une ombre à l'estompe bien modelée, comme dans les cartes de Mullhaupt à l'exposition de 1875, nous paraît être ce qu'il y a de mieux à l'heure qu'il est.

Mais tous ces progrès si rapides nous sont un sûr gage pour l'avenir de découvertes plus fécondes encore.

Il arrivera nécessairement, pour les cartes géographiques, ce qui est arrivé pour la gravure et la sculpture artistiques par l'invention des machines à réduire et de la galvanoplastie, qui ont permis de multiplier indéfiniment les exemplaires d'un chef-d'œuvre, sans plus de dépense que pour une médiocrité. La photographie et la photogravure nous vaudront ce bienfait, qui rendra plus facile et plus profitable la réforme actuelle de l'enseignement géographique.

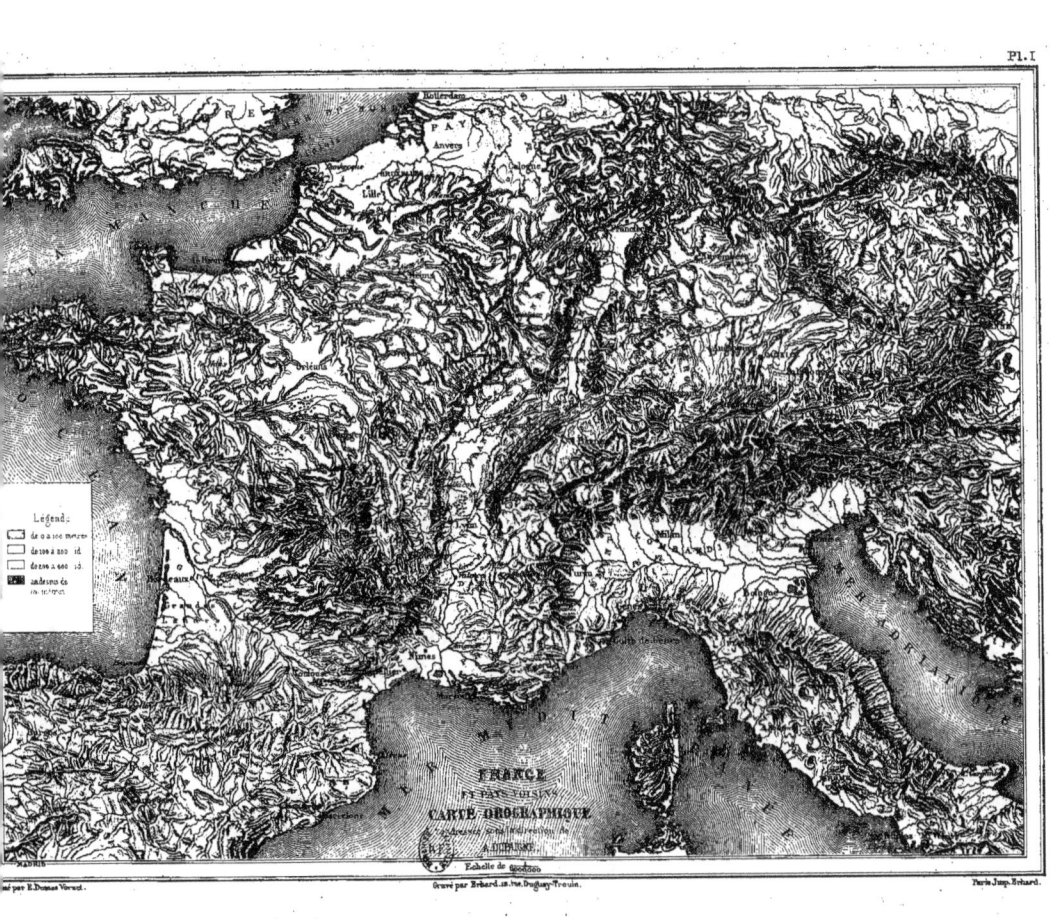

CHAPITRE III

OU SONT LES MONTAGNES

I

LA FORME DE LA FRANCE ET LE BASSIN DE PARIS

> Une si heureuse disposition des lieux, par cela même qu'elle semble être l'ouvrage d'un être intelligent plutôt que l'effet du hasard, suffirait pour prouver la Providence.
>
> STRABON, *Géographie*, trad. Letronne [1].

Où sont les montagnes? Quelles sont les plus proches, les plus belles, les plus visitées? Se ressemblent-elles toutes, ou présentent-elles des aspects différents? Commençons naturellement par les plus voisines, celles qui nous appartiennent et nous touchent.

Jetons les yeux sur la carte I, qui représente la France et les contrées voisines, et voyons comment sont disposés autour de nous les pays de plaines, les pays de collines et les pays de montagnes.

Au nord est une vaste dépression arrondie qui a Paris pour

---

[1] L'admirable disposition de la contrée qui est aujourd'hui la France n'avait pas, comme on le voit, échappé aux anciens : le géographe grec Strabon écrivait sous le règne d'Auguste.

centre, et qui semble bordée, surtout vers l'est, de ressauts successifs, comme seraient en petit les bords de crêpes superposées de plus en plus grandes, placées dans une cuvette les unes sous les autres; c'est le *bassin de Paris*.

Il est entouré, sauf vers le nord-ouest du côté de la Manche, d'une ceinture de pays accidentés plus ou moins élevés, la Bretagne et la basse Normandie, à l'ouest; puis les collines de la Vendée et du Poitou, les talus du plateau central de Montmorillon à Saint-Amand; puis le Morvan, la Côte-d'Or et le plateau de Langres; puis le massif des Vosges; puis un ensemble de plateaux ravinés, le Hardt, le Hundsrück, l'Eifel et les Ardennes. Excepté peut-être le Morvan, et certainement les Vosges méridionales, qui sont de vraies montagnes, toute cette ceinture ne renferme guère que des collines, basses à l'ouest, hautes au sud, à l'est et au nord.

Le bord du bassin, relevé un peu vers le nord, d'abord par le pays de Bray, puis par les collines de l'Artois et du Boulonais, aboutit sans défense aux plaines des Pays-Bas; c'est la frontière ouverte de la France, où Vauban a remplacé les limites naturelles par une double et triple ligne de forteresses. Au delà du dernier bord oriental, formé par l'épaisse masse des Vosges, est la belle plaine du Rhin, dont nous n'avons plus, hélas! à partager la possession avec l'Allemagne.

Au sud du bassin de Paris s'élève un plateau, aussi à peu près circulaire et presque de même superficie, figurant en relief la boucle inférieure d'un 8, dont le bassin de Paris serait en creux la boucle supérieure. On l'appelle le *plateau central*.

Ce plateau, toujours fortement saillant, généralement granitique, sauf au sud, où il est flanqué de masses calcaires, est surmonté lui-même de hauteurs considérables, formant le système des Cévennes et des monts d'Auvergne; ce sont le plus souvent des montagnes volcaniques superposées à la masse granitique. Au milieu d'elles sont le Cantal et les monts Dore, points culminants de l'intérieur de la France.

Autour de ce plateau est une ceinture de plaines généralement étroites à l'est et au sud, s'élargissant à l'ouest. On y trouve Dijon, Mâcon, Lyon, Valence, Avignon, Nîmes, Montpellier, Carcassonne, Toulouse, Agen, les grandes Landes, Bordeaux, Saintes, la Rochelle et Niort.

Derrière les parties rétrécies s'élèvent les remparts de trois chaînes montagneuses, sur la crête desquelles est la limite du territoire français; à l'est le Jura et les Alpes, et au sud, entre les deux mers, les Pyrénées.

On voit que de tous côtés, sauf vers la Belgique et l'Allemagne, le territoire français est ceint de limites du premier ordre, c'est-à-dire de mers et de hautes montagnes. On voit, de plus, que la disposition de la partie nord est symétrique de celle de la partie sud, mais en sens inverse : le bassin de Paris étant ceint de collines, puis de plaines ou de mers; le plateau central étant ceint de plaines, puis de hautes montagnes.

Cette disposition du sol de la France est très remarquable et trop peu connue. Elle avait cependant été mise en lumière par tous les grands travaux géologiques et géographiques de ce siècle, et le rôle qu'elle est appelée à jouer dans la défense de notre territoire aurait dû la rendre classique et populaire.

Voici comment s'exprime à son sujet M. Élie de Beaumont, l'illustre et regretté géologue français, dans son *Introduction à la Carte géologique de France*, un des grands travaux qui font le plus d'honneur à notre pays :

« Les deux parties principales du sol de la France, le dôme de l'Auvergne (plateau central) et le bassin de Paris (Neustrie), quoique circulaires l'un et l'autre, présentent des structures diamétralement contraires. Dans chacune d'elles, les parties sont coordonnées à un centre; mais ce centre joue dans l'une et dans l'autre un rôle complètement différent.

« Ces deux pôles de notre sol, s'ils ne sont pas situés aux deux extrémités d'un même diamètre, exercent en revanche autour d'eux des influences exactement contraires; l'un est en creux et attractif; l'autre, en relief, est répulsif.

« Le pôle en creux, vers lequel tout converge, c'est Paris, centre de population et de civilisation. Le Cantal, placé vers le centre de la partie méridionale, représente assez bien le pôle saillant et répulsif. Tout semble fuir en divergeant de ce centre élevé, qui ne reçoit du ciel qui le surmonte que la neige qui le couvre pendant plusieurs mois de l'année. Il domine tout ce qui l'entoure, et ses vallées divergentes versent les eaux dans toutes les directions. Les routes s'en échappent en rayonnant comme les rivières qui y prennent leur source. Il repousse ses habitants, qui, pendant une partie de l'année, émigrent vers nos climats moins sévères.

« L'un de nos deux pôles est devenu la capitale de la France et du monde civilisé; l'autre est resté un pays pauvre et presque désert. Comme Athènes et Sparte, dans la Grèce, l'un réunit autour de lui les richesses de la nature, de l'industrie et de la pensée; l'autre, fier et sauvage, au milieu de son âpre cortège, est resté le centre des vertus simples et antiques, et, fécond malgré sa pauvreté, il renouvelle sans cesse la population des plaines par des essaims vigoureux et fortement empreints de notre ancien caractère national.

« La structure de la plus méridionale des deux parties de territoire que nous venons d'opposer l'un à l'autre, se dessine par des traits qui doivent frapper bien plus, au premier abord, que ceux de la partie septentrionale, puisque ces traits sont les montagnes les plus élevées de l'intérieur de la France. Cependant, lorsqu'on y regarde de plus près, la structure en forme de bassin de la partie septentrionale se dessine, de son côté, avec une netteté toute particulière, au moins dans sa partie orientale.

« La partie orientale est, en effet, celle dans laquelle le contour jurassique du bassin s'élève à la plus grande hauteur. Les différentes assises dont il se compose ont été usées inégalement par les révolutions du globe, et, suivant les divers degrés de dureté, elles forment comme une série de moulures concentriques les unes aux autres. Il est arrivé la même chose aux assises, de solidités diverses, qui se trouvent appliquées successivement l'une sur l'autre dans l'intérieur du bassin. De là une série de crêtes saillantes formées par les extrémités des couches les plus solides. Ces crêtes tournent parallèlement les unes aux autres autour de Paris, qui est leur centre commun. Les rivières qui, comme l'Yonne, la Seine, la Marne, l'Aisne, l'Oise, convergent vers le centre du bassin parisien, traversent les crêtes successives dans les défilés que les révolutions du globe ont ouverts pour elles. Ces mêmes crêtes forment les lignes naturelles de défense de notre territoire, et les opérations stratégiques de toutes les armées qui l'ont attaqué ou défendu, s'y sont toujours coordonnées par la force même des choses.

« Jamais cette vérité n'a été mise plus vivement en lumière que dans la mémorable campagne de 1814. Sur la crête la plus intérieure, formée par le terrain tertiaire, où tout près d'elle, se trouvent les champs de bataille de Montereau, de Nogent, de Sézanne, de Vauchamps, de Montmirail, de Champaubert, d'Épernay, de Craone, de Laon.

« Sur la deuxième, formée par la craie, se trouvent Troyes, Brienne, Vitry-le-Français, Sainte-Menehould. Là aussi se trouve Valmy!

« La troisième crête, beaucoup moins prononcée et plus inégale, présente cependant les défilés de l'Argonne.

« Près de la quatrième ligne saillante, qui déjà appartient au terrain jurassique, se trouvent Bar-sur-Seine, Bar-sur-Aube, Bar-le-Duc, Ligny.

« Près de la cinquième, qui est également jurassique, sont Châtillon-sur-Seine, Chaumont, Toul, Verdun.

« La sixième, déjà un peu excentrique, est formée par les coteaux élevés qui dominent Nancy et Metz, et qui s'étendent sans interruption depuis Langres jusqu'à Longwy, Montmédy, et jusqu'aux environs de Mézières.

« Paris est placé au milieu de cette sextuple circonvallation, opposée aux incursions de l'Europe, et traversée par les vallées convergentes des rivières principales.

« L'emplacement de Paris avait été préparé par la nature, et son rôle politique n'est, pour ainsi dire, qu'une conséquence de sa position. Les principaux cours d'eau de la partie septentrionale de la France convergent vers la contrée qu'il occupe d'une manière qui nous paraîtrait bizarre, si elle nous était moins utile, et si nous y étions moins habitués. Ce n'est donc ni au hasard ni à un caprice de la fortune que Paris doit sa splendeur, et ceux qui se sont étonnés de ne pas trouver la capitale de la France à Bourges, ont montré qu'ils n'avaient étudié que d'une manière superficielle la structure de leur pays.

« La France, malgré la variété que présente son sol, ou plutôt à cause de la manière dont sont disposés les éléments de cette variété, est un des pays de la terre dont la population est le plus naturellement homogène, ou du moins le mieux reliée dans toutes ses parties.

« La disposition du terrain, dont ce qui précède donne déjà un aperçu, y atténue, autant que possible, la diversité des climats; et, si la France doit à la forme de son territoire certains désavantages, elle lui doit, d'un autre côté, des avantages marqués.

« C'est la réunion des terres élevées du midi avec les plaines du nord qui présente ce caractère d'homogénéité de climat dont toute la France ressent l'influence, et qui fait que la nation française est une des plus grandes réunions d'hommes d'une complexion analogue.

« L'unité de la France est due, en grande partie, à ce que le noyau montagneux du midi, à cause de son élévation, est beaucoup plus froid, proportionnellement à sa latitude, que le bassin du nord; d'où il résulte que, abstraction faite de la Gascogne et du littoral de la Méditerranée, le sol de la France présente, jusqu'à un certain point, dans tous les départements la même température moyenne.

« Si les relations de hauteur dont nous venons de parler étaient renversées, si les terres basses du nord de la France étaient portées au centre, et que les terres élevées du centre fussent portées au nord, la France serait partagée en deux nations presque distinctes, comme la Grande-Bretagne entre les Anglais et les Écossais.

« La Gascogne et le littoral de la Méditerranée sont les deux exceptions les plus notables qu'on puisse citer aux observations générales qui viennent d'être présentées; aussi remarque-t-on que les noms de *Gascons* et de *Méridionaux* désignent les distinctions les plus tranchées qu'on puisse signaler parmi les Français. »

La ceinture des plaines du nord, c'est-à-dire du bassin de Paris, est plutôt formée de collines que de montagnes.

C'est un fait général en France que les parties situées au nord et à l'ouest, avec des accidents analogues à ceux des pays du sud-est, sont généralement plus basses. Pour que l'idée que nous avons essayé d'en donner par ce 8 à double bordure se rapproche encore plus de la vérité, il faut supposer que toute la surface de la France ait subi un petit mouvement de bascule autour d'une ligne droite allant de Bayonne à Metz, la partie nord-ouest s'enfonçant un peu, et la partie sud-est se relevant; le bord normand du bassin de Paris se trouve un peu envahi par la Manche, tandis qu'il y a augmentation de saillie dans le plateau central du côté du Rhône et dans la ceinture montagneuse formée par les grandes Alpes, qui présentent précisément, de ce côté, leurs plus gigantesques sommets.

La Bretagne (fig. 23) et le sud-ouest de la Normandie présentent un peu l'aspect de pays de montagnes : les côtes sont élevées, découpées et hérissées de rochers de granit, alternant avec des falaises de schiste; dans l'intérieur, la chaîne normande

Fig. 23. — Plateau breton.

de Mortagne à Mortain, les hauteurs de Saint-Brieuc à Brest, dites les montagnes d'Arrée, celles de Pontivy à Châteaulin, dites montagnes Noires ou Échine de la Bretagne, et bien d'autres points, sont accidentés de ravins, d'escarpements abrupts, de sites pittoresques. Mais leur altitude ne dépasse pas 400 mètres [1].

[1] Deux points seulement (la forêt d'*Écouves* et les *Avaloirs*) atteignent 416^m, dans la chaîne normande qui domine à l'O. Alençon et Séez. La chapelle de Saint-Michel de *Brespart*, point culminant de la Bretagne, n'a que 391 mètres.

Les collines du Poitou sont moins élevées encore. Cependant le plateau de Gâtine et le Bocage vendéen sont aussi de nature granitique ; ils rappellent tout à fait le sol de la Bretagne.

A l'autre bout de l'escarpement qui borde le plateau central, et d'où descendent, en le coupant par des gorges, la Vienne, la Gartempe, la Creuse, l'Indre et le Cher, au delà de l'entrée de la riche vallée de la Limagne, est la contrée qu'on appelle le Morvan. Voici ce qu'en dit Joanne :

« Le Morvan, dont le nom vient sans doute des deux mots celtiques *mor*, noires, et *vand*, montagnes, est l'une des contrées de la France les plus intéressantes à visiter.

« La nature, en effet, semble s'être complu à y réunir, à l'exception des lacs et des glaciers, — et encore y trouve-t-on de nombreux et vastes étangs, — tout ce que peut désirer un voyageur pédestre : forêts immenses, fraîches et grandes prairies, eaux abondantes et pures, cascades écumantes, roches primitives, sommets élevés, solitudes profondes, accidents de terrain d'une variété infinie, mœurs originales des habitants. Cependant, bien qu'il soit actuellement sillonné de nombreuses routes, le Morvan est peu visité des touristes. Il se trouve compris, en effet, entre plusieurs grandes voies de communication qu'on suit généralement sans s'arrêter.

« Il se compose d'une chaîne de montagnes granitiques ayant du nord au sud, c'est-à-dire d'Avallon à la chaîne de l'Appenelle qui domine Luzy, 88 kil. de longueur, sur une largeur qui varie de 32 à 48 kil. Ces montagnes, couvertes de grandes forêts, sont entrecoupées de bas-fonds, de rivières, de ruisseaux et d'étangs ou flaques d'eau, dont un grand nombre ont été desséchés depuis le commencement de ce siècle. Les *ouches*, terres fertiles au milieu de montagnes arides, ne se reposent jamais [1]. »

Le point culminant du Morvan, le pic du Bois-du-Roy, atteint 904^m d'altitude. Le mont Beuvray, plus connu à cause de ses ruines romaines, où l'on croit retrouver l'ancienne Bibracte, et qui se dresse sur le bord du massif, dans les environs de Château-Chinon, s'élève à 830^m. Cette altitude considérable fait de la partie qui est située entre Château-Chinon et Autun un véritable pays de montagnes, qu'on s'étonne de voir si inconnu en

---

[1] *Itinéraire général de la France*, t. III.

France, quoiqu'il soit le massif montagneux le plus voisin de Paris, et l'accident orographique le plus remarquable du bassin.

La raison de cet oubli, hélas! c'est qu'il est partagé entre quatre départements, et que les cartes administratives n'en représentent jamais qu'un morceau à la fois. Nous protestons doublement et contre cet oubli immérité, et contre la mauvaise habitude d'arrêter les détails des cartes départementales aux limites administratives. D'un côté comme de l'autre de ces limites, c'est toujours la France.

De l'autre côté de la vallée d'Autun, qui limite le Morvan au sud-ouest, s'étend, du Creusot à Dijon, le massif qui porte le nom fameux de la *Côte-d'Or*. Ce massif est traversé par le chemin de fer de Lyon avant d'arriver à Dijon ; son nom est dû aux vignes qui couvrent la base de ces pentes du côté de la vallée de la Saône, et qui portent des noms connus dans le monde entier : Clos-Vougeot, les deux Romanée, Richebourg, Volnay, Pomard, Chambertin et autres localités de la côte de Beaune et de la côte de Nuits. Sur l'autre versant, autres richesses, le fer, la houille et les intelligentes institutions de la ville d'usines du *Creusot*.

La *Côte-d'Or* est presque entièrement calcaire, et les roches siliceuses anciennes ne s'y montrent qu'à l'état d'exception. Ses points culminants atteignent et dépassent 600^m (Bois Janson, 626^m; mont Afrique, qui domine Dijon, 584^m). Un peu monotone et nue du côté de la Saône, elle présente dans son épaisseur des vallées escarpées et pittoresques assez analogues à celles du Jura, dont elle semble un diminutif.

On peut regarder comme ses dépendances le frais massif du *mont Auxois* (418^m), au sommet duquel les voyageurs de Paris à Lyon aperçoivent de loin la statue colossale de Vercingétorix, et au nord de la vallée de l'Ouche, où passe le canal de Bourgogne, le grand plateau découpé qui porte [1] les sources de la Seine,

---

[1] Une foule de cartes, même élémentaires, portent ici l'indication d'un prétendu *mont Tasselot* que personne ne connaît dans le pays, et qui n'est pas même nommé sur la carte d'état-major. Le mythe géographique du mont Tasselot est une erreur de Cassini comme le mont Iseran une erreur de Corabeuf; après avoir eu la même fausse renommée, les deux dénominations doivent être condamnées au même oubli.

(signal de Malain, près Blaisy, 608^m) et se nomme un peu plus loin *plateau de Langres* (ville, 473^m).

A partir des sources de la Meuse et de l'Amance, commence autour de Bourbonne-les-Bains, à la suite du plateau de Langres, un plateau de grès, découpé par les affluents de la Saône, autour desquels il se recourbe, sous le nom de monts Faucilles. Comme le plateau de Langres, il n'a guère d'escarpements que du côté de la plaine de la Saône, mais il reste le plus souvent au-dessous de l'altitude de 400^m; des géographes ont imaginé de le joindre au rameau des Vosges situé au sud de la Moselle pour en faire une seule chaîne, afin de mieux justifier par sa forme le nom de monts Faucilles, et ils y comprennent les montagnes au S. de Remiremont jusques et y compris le ballon de Servance.

Plombières et le Val d'Ajol sont parfaitement dans les Vosges et veulent y rester. Les hauteurs des Faucilles s'arrêtent à la dépression du chemin de fer d'Épinal, et leur prolongement se ferait plutôt vers le nord, entre Mirecourt et la Moselle. Dans tous les cas, il n'y a rien là qui mérite le nom de montagnes.

Il en est de même des arêtes parallèles formant les rebords des cuvettes superposées, que nous avons dit sortir successivement les unes de dessous les autres depuis Paris jusqu'aux Vosges, et que l'on voit sur la carte I. Les premières crêtes sont crevées perpendiculairement par la Seine et ses affluents; mais les dernières forcent à leur rester parallèles les rivières qui, coulant entre elles, se dirigent vers le nord, l'Aisne, l'Aire son affluent, la Meuse et la Moselle; l'une d'elles, la moindre peut-être, mais jadis mal fournie de routes et obstruée de marécages, est célèbre dans l'histoire militaire sous le nom d'Argonne, et les cinq chemins praticables qui la traversaient sont décorés du nom de défilés dans tous les traités classiques. Peut-être surprendrons-nous bien des lecteurs, en leur apprenant que l'Argonne n'est pas une haute chaîne de montagnes, et que la Croix-aux-Bois et le Chêne-Populeux ne sont pas des gorges ni des cols. Il n'y a plus là aujourd'hui d'obstacle naturel qu'une armée d'invasion puisse regarder comme sérieux.

Toutes ces petites hauteurs s'allongent vers le nord et viennent s'appuyer contre un épais massif formant une suite de plateaux infertiles où dominent les schistes et les roches anciennes dites de transition. Ce massif plat et aride, qu'on appelle en France et en Belgique les *Ardennes*, et dont l'altitude moyenne se maintient entre 400 et 700^m, est creusé d'étroites et abruptes vallées.

C'est son prolongement vers l'ouest, en Allemagne, qui porte les volcans de l'Eifel et du Siebengebirge, et constitue, au sudest de la coupure qu'y font la Moselle et la Lahn, les petites chaînes du Hundsrück et du Taunus. Le Rhin là-bas, comme chez nous la Meuse, le traverse de part en part. Nous n'avons sur le territoire français que sa pointe occidentale, dominant les plaines qui l'entourent de tous côtés par des talus escarpés d'une hauteur uniforme. Les vallées de ce massif le découpent en plateaux partiels, absolument plats, sur lesquels les eaux privées d'écoulement forment souvent des marécages tourbeux appelés *fagnes*. Leur altitude, de 400 à 500^m dans la partie française, s'élève à près de 700 dans la partie belge.

La tranchée qu'y a faite la Meuse de Charleville à Givet, profonde de plus de 200^m, est très pittoresque, et digne de servir d'excursion d'essai avant une course de montagnes. On peut en dire autant de la profonde et sinueuse vallée qu'y a creusée le Semoy, affluent de la Meuse, qui n'est pas moins curieuse à visiter.

A peine connue des touristes il y a quinze ans, cette région des Ardennes est aujourd'hui parcourue par un chemin de fer, et l'été y amène de nombreux promeneurs.

« Cette vallée profonde, dit Joanne, admirablement accidentée, est couverte de forêts, coupée de gorges agrestes, pleines de verdure, qui descendent jusqu'aux bords de la rivière. Des masses de magnifiques roches ardoisières, tantôt s'élèvent, du milieu des arbres, sur le flanc de vallons latéraux, tantôt viennent, en certains endroits, serrer le fleuve de si près que c'est à peine si la voie ferrée a pu s'y ouvrir un étroit passage; par moments, elle domine le fleuve comme une galerie. Sauf la différence des altitudes, et l'absence de ces vieilles ruines qui donnent un caractère si intéressant aux montagnes de l'Alsace, cette partie de la vallée de la Meuse peut se comparer aux beaux sites des Vosges. Comme eux, elle est animée, sur tout le parcours du chemin de fer, par de nombreuses usines et par des villages industrieux. »

On pourrait la comparer, à plus juste titre, au célèbre défilé qui s'ouvre, dans le même terrain, de Bingen à Coblentz, et dont les sites pittoresques ont rendu les bords du Rhin si célèbres; le défilé de la Meuse ne le cède pas à celui du Rhin, sous bien des rapports, et les Dames de Meuse, les rochers de Laifour, les paysages de Revin, valent bien l'escarpement de Lurlée; les rochers de Caub (fig. 24) et les paysages de Saint-Goar.

Fig. 24. — Le Pfalz et les rochers de Caub, sur les bords du Rhin.

LES VOSGES. CARTE HYPSOMETRIQUE. Pl. II.

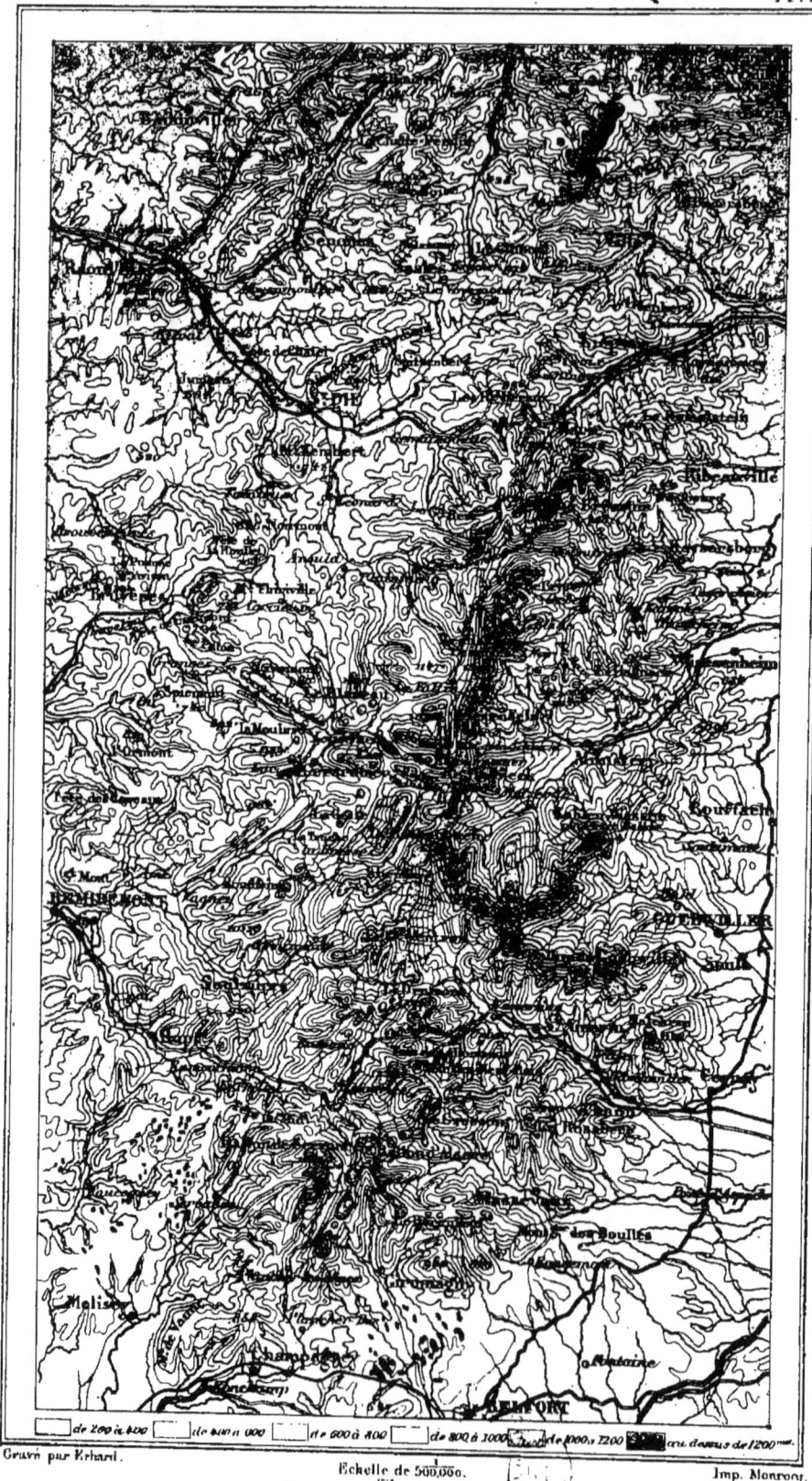

II

LES VOSGES

> Oui, c'est un de ces lieux où notre cœur sent vivre
> Quelque chose des cieux qui flotte et qui l'enivre ;
> Un de ces lieux qu'enfant j'aimais et je rêvais,
> Dont la beauté sereine, inépuisable, intime,
> Verse à l'âme un oubli, sérieux et sublime,
> De tout ce que la terre et l'homme ont de mauvais !
>   Victor Hugo, *Feuilles d'automne*.

Revenons en arrière vers l'est, derrière la ligne de collines que nous avons suivie. Nous trouvons enfin une vraie chaîne de montagnes, les *Vosges*.

Montagnes charmantes, montagnes aimées de tous ceux qui les ont une fois visitées. On y trouve sur une moindre échelle, avec moins de fatigues et de dangers, tout ce qu'on va chercher en Suisse : les verts pâturages, les sombres forêts, les eaux limpides, les torrents sauvages, les cascades écumantes, les lacs tranquilles, les populations intelligentes, patriotiques, braves, honnêtes et hospitalières.

La chaîne des Vosges a sa direction générale du sud au nord ; sa longueur est de 260 kil. du pied du ballon d'Alsace au pied opposé du mont Tonnerre ; mais la chaîne réellement montagneuse n'a que 110 kil. et se termine au sud de la profonde dépression de Saverne, où passe le chemin de fer de Strasbourg. La partie septentrionale, qui appartenait encore à la France, en 1869, jusqu'à la petite rivière de la Lauter, et qui porte ensuite dans la Bavière rhénane le nom de *Hardt*, n'est qu'un plateau de grès rouge d'une hauteur moyenne de moins de 500^m, large de 20 kil. au plus, découpé par de fertiles vallées. Les Vosges septentrionales ne sont pas une barrière ; leur sommet plat, sablonneux, sans forêts, peut être traversé partout.

La partie montagneuse, qui s'annonce par les beaux escarpements de grès au sud de Saverne, et s'affirme bientôt par la sommité du Donon (1010^m), émet de longs contreforts vers la Lorraine, et atteint, entre Colmar et Épinal, 54 kil. de largeur.

Les sommets au nord du Donon jusqu'à Saverne, comme le Dabo, le Schneeberg, le Katzenberg et le Donon lui-même, sont encore formés par le grès vosgien; mais, au sud du col de Schirmeck, la chaîne devient granitique, et s'élève au-dessus de 1000^m, en s'élargissant des deux côtés. C'est précisément à partir de ce point que le versant lorrain, le plus large des deux, a été laissé à la France par les traités de 1871.

Les sommets, dans cette partie haute de la chaîne, s'arrondissent en forme de dômes; les vents violents ne permettant pas aux arbres d'y croître, ils ne sont recouverts que de broussailles et de pelouses verdoyantes appelées *chaumes,* où les bruyères et les myrtilles sont surtout abondants.

Les pentes sont douces du côté de la Lorraine, abruptes du côté de l'Alsace. Les plus grandes hauteurs sont en saillie du

Fig. 25. — Ballon d'Alsace.

côté de l'Alsace, vers laquelle elles tournent leurs hardis escarpements. Les vallées alsaciennes creusées dans la chaîne échancrent donc la ligne des sommets, et aboutissent à des cols, dont les principaux sont ceux de Schirmeck, de Sainte-Marie-aux-Mines, du Bonhomme, de la Schlucht, de Bussang. (Voir la carte II.)

Le col de la Schlucht, où passe une magnifique route toute neuve, qui va de Colmar à Gérardmer, traverse la chaîne dans sa partie la plus épaisse et la plus belle, au milieu des plus hauts sommets, le Gazon de fête, le Tanet, le Kruppenfels, le Honech (1366^m), point culminant de la chaîne centrale, le Rothembach et le Rheinkopf, qui entourent la pittoresque vallée de Munster; une autre belle et industrieuse vallée, devenue allemande comme la précédente, celle de Saint-Amarin, part du même point et est dominée par un contrefort qui contient le plus haut sommet des Vosges, le ballon de Soultz ou de Guebwiller (1426^m). De l'autre côté de cette vallée est le ballon d'Alsace (fig. 25), flanqué du Bœrenkopf et du ballon de Servance, qui forment la terminaison méridionale de la chaîne.

Il y a encore du côté alsacien, plus au nord, de charmantes vallées profondément encaissées entre des escarpements couverts de forêts et couronnés de vieux châteaux, comme celle de Ribeauvillé, celle de Sainte-Marie-aux-Mines, au-dessus de laquelle se dressent les ruines gigantesques de Hoh-Kœnigsburg, et celle d'Andlau, au pied de la belle terrasse de Sainte-Odile, derrière laquelle se cache, au bas du Champ-du-Feu, la charmante retraite du *Hohwald*.

Mais la perle des Vosges est du côté lorrain, et par conséquent est restée française; c'est la vallée de Gérardmer, dont un vieux proverbe dit : « Sans Gérardmer et un peu Nancy, qu'est-ce que ça serait de la Lorraine ? »

La vallée de Gérardmer est au milieu de la partie granitique des Vosges, au centre du triangle qui a pour sommets Remiremont, Saint-Dié et Colmar, au milieu des montagnes arrondies dont les prolongements, enfermant Saint-Dié et Remiremont, se continuent par de hautes collines de grès jusqu'à Plombières, Épinal et Raon-l'Étape.

Une suite de trois lacs délicieux, appelés de Gérardmer (fig. 26), de Longemer et de Retournemer, alimentés d'eaux limpides, entourés de vertes pelouses et de frais vallons, dominés par de belles forêts de sapins, a fait de cette vallée un rendez-vous de plus en plus aimé des touristes. L'amphithéâtre de forêts solitaires qui entoure le lac de Retournemer est un de ces spectacles que les plus beaux sites des Alpes ne font pas oublier.

La chaîne des Vosges doit être visitée avant les Alpes; mais on ne regrettera pas la saison qu'on y aura passée. Les jeunes gens s'y feront le pied à la montagne, dans des excursions qui ne seront que des promenades, mais développeront presque autant que celles des Alpes le sentiment du pittoresque et le goût de la nature.

Si l'on ne peut la visiter qu'en passant, il faut au moins la traverser à loisir par Gérardmer et ses trois lacs et le col de la Schlucht, d'où on peut descendre à Colmar par la vallée de Munster. Les bons marcheurs peuvent encore, de la Schlucht, monter au Honeck, suivre les sommets jusqu'au Rothenbach et descendre la belle vallée de Saint-Amarin, d'où le chemin de fer conduit à Mulhouse. (Voir la carte II.)

En ajoutant, du côté alsacien, une excursion de Strasbourg à Sainte-Odile et au Hohwald, une de Saverne à Dabo, et du côté lorrain, une de Plombières au Val d'Ajol, à Remiremont, et de là à Belfort par Saint-Maurice et le ballon d'Alsace, on aura pris en huit ou dix jours une idée assez complète d'une des contrées les plus admirables qui soient à proximité de Paris, la plus pittoresque des petites chaînes de montagnes.

Quant aux moyennes montagnes, nous avons deux contrées dont les plus hauts sommets les représentent en France : d'un côté le plateau central surmonté de ses volcans et des Cévennes, de l'autre le Jura.

Fig. 26. — Lac de Gérardmer.

III

LE PLATEAU CENTRAL

> Ces énormes étendues sans abri, mais largement ondulées, quelquefois jetées en pente douce jusqu'au sommet des grandes montagnes, d'autres fois enfermées comme des cirques irréguliers dans une chaîne de cimes nues, ont un caractère particulier de mélancolie rêveuse.
>
> G. SAND.

« Le plateau central de la France, dit Dussieux, ou plateau d'Auvergne, tombe à pic sur le Rhône à l'est, et sur la plaine littorale du bas Languedoc au sud-est. Ailleurs, il s'abaisse sur des terrasses dont les principales sont : la terrasse du Rouergue au sud-ouest, la terrasse du Limousin à l'ouest, et la terrasse du Bourbonnais au nord, continuée par les monts du Morvan au nord-est. Ces terrasses s'abaissent elles-mêmes sur les plaines de la Gascogne, de la Guienne et du Berri, et forment ainsi le premier gradin par lequel on arrive à la partie la plus élevée du plateau.

« Le plateau central s'étend de l'est à l'ouest, depuis le Rhône jusqu'à la Vienne, et du nord au sud, depuis le parallèle de Dijon jusqu'à l'Aude. C'est là que sont situées les provinces de Beaujolais, Lyonnais, Forez, Velay, Vivarais, Cévennes, Gévaudan, Auvergne, sur le plateau ; et les provinces de Rouergue, Limousin, Marche, Bourbonnais, Morvan, Charolais et Mâconnais, sur les terrasses. La forme du plateau est presque circulaire ; son plus grand diamètre est d'environ 300 kil. ; sa hauteur moyenne est de 750^m.

« Partout, à l'exception de la terrasse du Rouergue et de la Limagne, le sol est composé de terrains primitifs (gneiss, micaschistes et talcschistes) et de terrains granitiques ; çà et là, au nord-est, quelques masses porphyriques ; et, au centre, quelques masses trachytiques et basaltiques. Le plateau forme ainsi une grande île granitoïde, au milieu du terrain calcaire qui l'entoure de toutes parts et qui, dans la terrasse du Rouergue, forme lui-même une partie du plateau. (Voir la carte géologique, au chapitre VII.)

« La surface de ce massif granitoïde est ravinée par une prodigieuse quantité de ruisseaux et de rivières, dont les principales sont: la Loire, la Dore, l'Allier, la Sioule, le Cher, la Creuse, la Gartempe, la Vienne, la Vézère, la Corrèze, la Dordogne, la Cère, la Trueyre, le Lot, l'Aveyron et le Tarn. Elle est aussi accidentée par de nombreuses chaînes de montagnes : ce sont les monts du Charolais, du Beaujolais, du Lyonnais, les Cévennes, la montagne Noire, les monts du Forez, la Margeride, les monts du Limousin, et les massifs volcaniques des montagnes d'Auvergne.

« La terrasse du Rouergue, composée de plateaux calcaires, appelés Causses, est fort différente, par l'aspect et sous le rapport de la végétation, du plateau central [1]. »

Deux caractères particuliers rendent ce plateau intéressant à visiter : sur sa partie la plus élevée, dans l'Auvergne, le Velay et le Vivarais, se trouvent les volcans éteints, les cratères et les coulées de laves, dont nous parlerons plus au long au chapitre IX. Puis, sur le pourtour du plateau, et sur le plateau même, sont situés nos grands dépôts houillers de Saint-Étienne, d'Alais, d'Aubin, de Commentry, du Creuzot, etc., qui sont une des grandes richesses de la France.

La terre végétale, sur le plateau, est partout siliceuse et très légère; aussi le sol est-il peu favorable aux céréales, et recouvert principalement de prairies et de forêts. Jusqu'à 1200^m, les hêtres dominent dans ces dernières, alternés de bouquets de pins et de fourrés de genêts. De 1200 à 1500, le sapin à son tour garnit les pentes, la végétation forestière cesse alors, et on ne trouve plus que des hauts gazons sur les sommets du Puy-de-Dôme, du mont Dore, du Cantal, des montagnes du Forez et de la Margeride. Au milieu du plateau, dans la vallée de l'Allier, la Limagne forme une plaine haute seulement de 350 à 400^m, longue de 60 kilom., et s'étendant depuis Gannat jusqu'à Issoire; elle est bordée à l'ouest par les monts Dômes, et à l'est par les montagnes du Forez. On sait quelle est la fécondité prodigieuse de cette région pittoresque.

---

[1] *Géographie générale.*

Le plateau central est peu connu et trop peu visité des touristes. Les seules régions souvent parcourues sont celles qui avoisinent les villes importantes ou les rendez-vous d'eaux minérales.

Tout près de la capitale de l'Auvergne, de la ville savante, Clermont-Ferrand, est la curieuse chaîne des *Puys*, amas (fig. 27) confus de gigantesques pustules volcaniques, avec leurs cratères et leurs coulées de laves, que domine (1465^m) le célèbre Puy-de-Dôme (voir la carte au chapitre ix); les bains de Royat y attirent chaque année de nombreux étrangers, qui ont contribué, avec les géologues et les Clermontais, à faire connaître ces singulières montagnes.

Fig. 27. — Chaîne des Puys d'Auvergne, vue du Puy Chopine.

Un peu plus au sud, presque contigu, est le groupe du mont Dore (voir la carte en couleur au chapitre ix), dont les bains, beaucoup plus fréquentés, ont rendu fameux les sites sauvages et pittoresques, les ravins, les cascades et les escarpements. Le Puy-de-Sancy, qui domine ce groupe (1886^m), est le point le plus élevé du plateau central, le Plomb-du-Cantal étant plus bas que lui de 30^m.

En dehors de ces deux régions, nous trouvons encore, ayant une assez grande célébrité, les environs de la ville du Puy (fig. 28), avec ses singuliers *dikes* ou obélisques volcaniques, le rocher Corneille, surmonté de la statue colossale de Notre-Dame de France, et l'*aiguille* qui porte la chapelle de Saint-Michel; avec ses chaussées basaltiques d'Expally, ses vieux châteaux bizarrement perchés, ses belles cimes du Mézenc (1754^m) et du Gerbier-des-Joncs (1562^m).

Au sud, quelques points du Vivarais, voisins des eaux de Vals, et riches aussi en accidents basaltiques ; au nord, les pittoresques montagnes du Forez (Pierre-sur-Haute, 1634^m), entre Saint-Étienne et Clermont ; au nord-est, le mont Pilat (1433^m), promenade favorite de l'industrieuse ville de Saint-Étienne, sont encore souvent parcourus par les touristes.

Fig. 28. — La ville du Puy, le rocher Corneille et le rocher d'Aiguille.

Mais beaucoup de régions curieuses et pittoresques, trop éloignées des centres, sont délaissées. Il en est ainsi du massif du Cantal, que quelques voyageurs ont essayé de réhabiliter, et qui vaut certes bien un voyage à l'une des petites villes situées à sa base. Nous y reviendrons au ch. IX, et nous verrons que ce massif, comme celui du mont Dore, avec lequel il rivalise en hauteur, est un groupe d'origine volcanique, quoique sans cratères apparents. Son principal sommet est le Plomb-du-Cantal, haut de 1856^m, qui termine un demi-cercle de sommets presque aussi élevés que lui. (Voir la carte au chapitre IX.) Le pied du massif s'arrondit autour de ces points culminants, décrivant une circonférence de près de 200 kilom., et coupé par un grand nombre de vallées rayonnantes, profondes et fertiles, qui sont arrosées par de petits cours d'eau, tributaires de l'Allier, de la Dordogne et du Lot. La plus grande et la plus riche de ces vallées est celle de la Cère, qui se jette dans la Dordogne, après avoir arrosé Vic-les-Bains et reçu la Jordane, la rivière d'Aurillac. (Voir le chapitre IX.)

Beaucoup d'autres grands massifs montagneux, qui seraient moins intéressants à visiter, recouvrent le plateau central de leurs escarpements sauvages ; tels sont, à l'ouest, les monts du Limousin, qui entourent le plateau de *Mille-Vaches*, aujourd'hui nu, stérile, indigne de son nom ; au sud-est, les monts de la Margeride, où l'on a plus de chance de rencontrer des loups que des auberges, l'âpre chaîne de la Lozère (pic de Finiels, 1702^m), les Cévennes proprement dites (mont Aigoual, 1564^m; Espérou, 1420^m), et les sommets incultes des Garrigues, flanqués au nord-ouest de ces plateaux calcaires sans eau, de ces déserts français qu'on nomme le Larzac et les Causses.

Nous n'y enverrons pas nos lecteurs, à moins qu'ils n'aient trouvé le moyen de rendre à ces régions désolées la terre végétale, les cultures et les forêts qui les couvraient au moyen âge, mais que les guerres religieuses et le vandalisme révolutionnaire ont détruites sans retour.

IV

LE JURA

> Vois, ce spectacle est beau : ce paysage immense
> Qui toujours devant nous finit et recommence,
> Cette montagne, au front de nuages couvert,
> Qui dans un de ses plis porte un beau vallon vert,
> Comme un enfant des fleurs dans un pan de sa robe..
>
> Victor Hugo, *Chants du crépuscule.*

Arrivons aux trois chaînes de montagnes qui se trouvent aux limites de la France, et qui sont, par ordre croissant d'importance, le Jura, les Pyrénées et les Alpes.

Le Jura, dont le territoire est partagé entre la France et la Suisse, est encore une chaîne d'étendue et de hauteur médiocres. Sous ces deux rapports, elle est évidemment inférieure aux monts d'Auvergne; mais elle l'emporte peut-être par les caractères qui rendent un pays de montagnes agréable pour les voyageurs : la facilité des communications, la mise en lumière des beautés naturelles, le grand nombre et l'intelligence de ses habitants, caractères que nous avons déjà trouvés dans les Vosges, que nous retrouverons, faiblement, il est vrai, dans les Pyrénées, mais au plus haut degré dans certaines parties des Alpes.

Le Jura couvre, en France, la plus grande partie des départements du Doubs et du Jura, et la moitié orientale de celui de l'Ain; en Suisse, le canton de Bâle, et la partie nord-ouest des cantons d'Argovie, de Soleure, de Berne, de Neufchâtel et de Vaud. La carte IV (Alpes centrales et plaine suisse) renferme sa partie la plus intéressante. En le limitant au coude du Rhône au sud, et au confluent de l'Aar et du Rhin au nord (voir la carte I), il a 280 kilom. de longueur, sur 45 à 60 de largeur. Il est entièrement constitué par un terrain où le calcaire domine, et qui a pris, à cause de lui, le nom de terrain jurassique. C'est donc une chaîne à aspect tout spécial, offrant à la fois l'exemple d'une chaîne calcaire, et le meilleur type d'une certaine formation de montagnes, celles dites de plissement.

Ce sont des « rangées parallèles, dit M. Reclus, et presque uniformes, qui vont en s'élevant comme des étages successifs de l'occident à l'orient. Des vallées intermédiaires séparent ces murailles parallèles, dont la plus orientale, qui, sur nombre de points, est aussi la plus élevée, domine de toute sa hauteur les plaines de la Suisse. Des cirques ou *combes*, en forme d'amphithéâtres, s'ouvrent dans l'épaisseur des remparts du Jura, et çà et là des *cluses* ou défilés transversaux (fig. 29), animés par des torrents, coupent en entier les chaînes, et les séparent en tronçons isolés. On a souvent comparé ces plateaux fragmentaires,

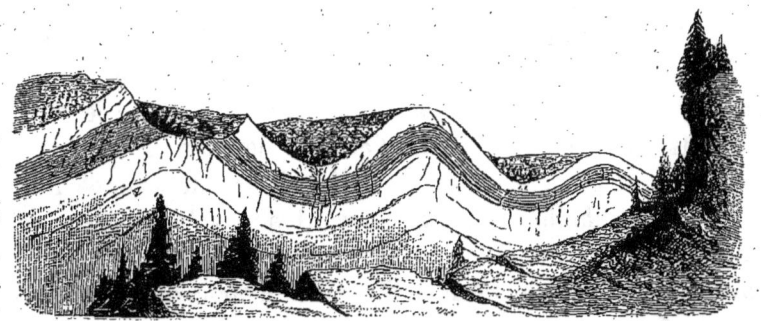

Fig. 29. — Plissements du Jura, vus d'une cluse ou coupure transversale.

qui s'allongent et se suivent uniformément dans la même direction, à ces espèces de chenilles qui rampent sur le sol en longues processions. En ne tenant pas compte des cluses qui partagent en plusieurs morceaux les murs parallèles du Jura, on a aussi comparé ces monts, plus poétiquement, aux rides qui se produisent sur une surface liquide à la chute d'une pierre[1]. »

« La disposition du Jura, dit à son tour Dussieux[2], est l'un des exemples les plus remarquables de ce qu'on appelle, en géologie, plissement de terrains. Il semble, en effet, que les couches du terrain jurassique, d'abord horizontales, se soient plissées et contournées sous une forte pression agissant à l'est et à l'ouest, de manière à produire ces chaînes et ces vallées parallèles, dans lesquelles la crête des chaînes présente le sommet des courbes formées par le terrain plissé, tandis que le fond des

---

[1] Élisée Reclus, *la Terre* : 1ᵉʳ volume, *les Continents*.
[2] Dussieux, *Géographie générale*.

vallées en offre la concavité. Des fissures perpendiculaires à la direction des chaînes permettent de voir cette structure bizarre. »

Toutefois ces ondulations ne sont pas toutes égales. La plus haute s'élève brusquement au-dessus de la plaine suisse, à une hauteur moyenne de plus de 1200^m, avec des exhaussements qui, vers le sud, vont à 1700^m (Chasseral, 1609^m; mont Tendre, 1682^m; la Dôle, 1681^m; le Reculet, 1720^m; le Crêt-de-la-Neige, point culminant, 1724^m; le Credo, 1690^m). Les suivantes s'abaissent à mesure qu'elles suivent de l'est à l'ouest, et ne sont plus qu'à 500 ou 600^m d'altitude, quand elles viennent border les hautes plaines de la Bresse et de la Franche-Comté.

La chaîne du Jura mérite d'être visitée en détail. On y admirera d'abord l'intelligence et l'industrie de ses habitants, qui, ne pouvant tirer un grand parti pour l'agriculture de leurs secs et froids plateaux, ont tourné l'activité de leur esprit vers des travaux spéciaux, demandant à la fois de la patience, de l'intelligence, de l'habileté et l'union disciplinaire de la famille, savoir : l'horlogerie et la bijouterie. On sait que le Jura suisse et français a aujourd'hui, pour ainsi dire, le monopole de la fabrication des montres.

Mais on y admire aussi des forêts splendides, de magnifiques vallées, comme celle de Travers, que descend le chemin de fer de Pontarlier à Neufchâtel, la plus belle entrée de la Suisse, ou comme celle de Joux, avec ses lacs pittoresques; des gorges et des escarpements d'un effet grandiose; des grottes curieuses, des cirques de rochers, comme le Creux-du-Vent (1465^m), comparables à ceux des Pyrénées.

Un voyage à pied, de Bâle à Genève par Mariastein, le Val-Moutier, le Weissenstein, Pierre-Pertuis, le Chaumont, la Chaux-de-Fonds, le saut du Doubs, Neufchâtel, le Creux-du-Vent et le Val-Travers, Pontarlier, Saint-Point, Vallorbe, la Dent-de-Vaulion, le lac de Joux, le mont Tendre, la Dôle et la Faucille, serait une charmante tournée de montagnes, donnant une idée complète des beautés du Jura.

Cet itinéraire comprend surtout la partie suisse du Jura, la plus fréquemment parcourue, parce qu'on y trouve cette intelligente organisation des services de transport et des hôtels, cet esprit hospitalier, cette mise en lumière des beautés naturelles qui rendent si singulièrement faciles et agréables les excursions en Suisse, comparativement à la France. Mais il serait injuste de ne pas dire que les parties plus complètement françaises de la chaîne, la route de Salins au col de la Faucille par Champagnolle, Morez et les Rousses, celle de Nantua à Bellegarde et tant de points du Bugey ou d'ailleurs, riches en gorges, cascades, lacs, et illustrés par les descriptions de Lamartine, ne sont nullement au-dessous de celles que nous avons citées.

Toutefois le voisinage trop grand de la chaîne des Alpes est une concurrence qui nuira toujours aux excursions dans le Jura. Un des principaux mérites, sinon le principal, des sommités jurassiques est évidemment de servir d'admirable belvédère pour la vue des Alpes.

« C'est du haut des crêtes du Jura, dit Berlepsch dans son *Guide en Suisse*, qu'on embrasse le mieux l'ensemble du soulèvement alpin; les chaînes apparaissent les unes derrière les autres, et, par un temps clair, on peut les voir se dérouler sur une longueur de 80 lieues et plus. Ces vues varient peu, sauf les premiers plans, à moins qu'on ne franchisse des distances considérables. Des Lægern (à l'extrême nord), ce sont les Alpes de Glaris qui forment le centre de la vue; celles de Berne d'un côté, d'Appenzell et du Tyrol de l'autre, se développent sur les ailes. Le Weissenstein est peut-être le point d'où l'on embrasse le mieux l'ensemble des Alpes suisses. Du Chasseral et du Chaumont, les lacs de Bienne, Neufchâtel, Morat occupent le premier plan, et c'est le massif bernois qui se trouve au centre du panorama alpin. De la Dent-de-Vaulion, la vallée de Joux et ses lacs pittoresques forment une gracieuse idylle au milieu d'une scène immense. De la Dôle, c'est le mont Blanc qui fait centre.

« Mais indépendamment de ces grandes vues, le Jura mérite d'être visité pour lui-même... Géologiquement il est peu de chaînes de montagnes plus intéressantes, et dont l'étude ait fait faire de plus grands progrès à la science. »

V

LES PYRÉNÉES

Pyrene celsa nimbosi verticis arce
Divisos Celtis late prospectat Iberos,
Atque œterna tenet magnis divortia terris.
SILIUS ITALICUS.

L'œil, d'abîme en abîme,
Voit le gave rouler et bondir furieux,
Et les monts hérissés qui portent jusqu'aux cieux
De leurs rocs décharnés l'inaccessible cime...
Comte de MARCELLUS.

Nous voici arrivés aux Pyrénées, la chaîne la plus gigantesque en Europe, après les Alpes et le Caucase, simple et presque rectiligne comme cette dernière, véritable type des chaînes de montagnes. Nous résumerons, pour la décrire, un excellent travail de M. Élisée Reclus[1], un des maîtres de la géographie nouvelle, un des hommes qui auront le plus contribué à ses progrès depuis Ritter et Humboldt.

La chaîne des Pyrénées gallibériques, comme l'appelle Bruguière, parce qu'elle sert de frontières à la France et à l'Espagne, a environ 450 kilom. de longueur sur 100 de largeur. (Carte III.) Sa superficie est d'environ 33 000 kilom. carrés. Elle forme une masse isolée et distincte du côté de la France, et ne se rattache point aux Alpes par les Cévennes, comme plusieurs auteurs le prétendent. Elle est, en effet, limitée au nord par la grande plaine de Toulouse, qu'a suivie le canal du Midi ; le point culminant de ce canal, aux Pierres-de-Naurouse, n'atteint pas 190^m de hauteur au-dessus du niveau de la mer.

« Peu de chaînes de montagnes, dit notre auteur, offrent une disposition aussi régulière que les Pyrénées. De même qu'une branche d'arbre, ou mieux encore, une feuille de fougère se divise et se subdivise, à droite et à gauche, en petits rameaux,

---

[1] Joanne, *Itinéraire général de la France*, t. VI; *Pyrénées*, Introduction par Élisée Reclus.

PYRÉNÉES. Pl. III.

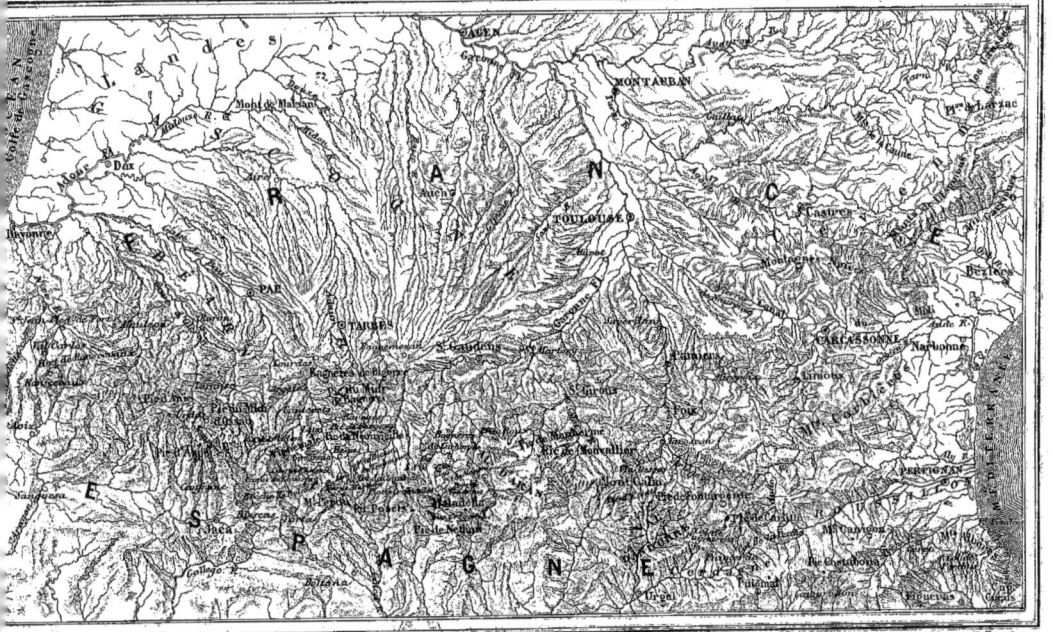

Echelle de 2,000,000ème

en feuilles et en folioles; de même aussi chaque *nœud* de la crête donne naissance, de côté et d'autre, à une chaîne transversale en tout semblable à la chaîne mère, si ce n'est qu'elle est beaucoup plus courte et s'affaisse par chutes successives jusqu'au niveau des plaines avoisinantes. Les arêtes transversales sont parallèles entre elles et séparées les unes des autres par de profondes vallées où descendent les glaciers, où mugissent les torrents, où circulent les sentiers. Les vallées correspondent d'un côté à l'autre de la chaîne principale, et communiquent ensemble par le *col, port* ou *passage,* c'est-à-dire par la dépression formée entre deux cimes. Comme la crête principale, chaque chaînon transversal se compose également d'une succession de cimes, séparées l'une de l'autre par autant de cols, dont la hauteur diminue en proportion; chaque cime donne naissance à deux contreforts latéraux, qui ne sont autre chose qu'un rudiment de chaîne tertiaire parallèle à la grande chaîne; et les cols secondaires servent à faire communiquer de courts vallons déversant leurs eaux au torrent de la vallée principale. Cette régularité remarquable des Pyrénées pourrait faire admettre qu'elles ne formaient autrefois qu'un énorme bourrelet de soulèvement, dressé comme un rempart d'une mer à l'autre mer, et qu'elles ne doivent leurs cols, leurs gorges et leurs vallées qu'au travail incessant des eaux qui en découlent. S'il en est ainsi, la vraie pente de la chaîne est indiquée par l'inclinaison des chaînons transversaux, depuis le point le plus élevé de la crête jusqu'au niveau des plaines qui s'étendent à leur pied. Sur le versant français, cette déclivité n'est que de 4^m sur 100. Ce qui rend ces montagnes souvent difficiles à gravir, ce n'est donc pas la pente réelle du système entier, ce sont les précipices qui en interceptent les versants : ce sont les roches éboulées, les torrents, les champs de neige. »

Quoiqu'elles soient peut-être la plus régulière des chaînes de montagnes, les Pyrénées s'écartent en plusieurs points du type idéal qui vient de nous être présenté. Une première irrégularité s'observe vers leur centre à égale distance des deux mers. Là on s'aperçoit que la chaîne n'est pas simple, comme on pourrait le croire au premier abord, mais qu'elle est en réalité formée de deux chaînes distinctes, et à peu près parallèles, qui viennent se rencontrer l'un au nord, l'autre au sud du bassin, connu sous le nom de val d'Aran. Ce bassin, véritable remous terrestre autour duquel les montagnes se dressent comme d'énormes vagues, est le centre des Pyrénées, et, bien que ses eaux s'écoulent par la Garonne dans les plaines de la France, il n'appartient orographiquement à aucun des deux bassins. A bien meilleur titre que le pays d'Andorre, le val d'Aran aurait pu rester une république neutre entre les deux États limitrophes la France et l'Espagne.

On peut donc considérer les Pyrénées comme une chaîne normale, qui aurait été coupée en deux, et dont les moitiés auraient tourné légèrement et en sens inverse autour de leurs extrémités maritimes, jouant le rôle de pivots.

Fig. 30. — Le pic du Midi d'Ossau.

Une seconde irrégularité consiste en ce que les plus hauts sommets ne sont pas situés sur la crête elle-même. Ainsi le mont Perdu, le pic Posets et la Maladetta, s'élèvent au sud de la chaîne. Les deux premières de ces montagnes sont, il est vrai, directement rattachées à l'axe central dont elles sont des contreforts plus hauts que lui; mais la Maladetta forme un groupe complètement isolé du côté de l'ouest et du nord : c'est à l'est seulement qu'une arête neigeuse la relie à la chaîne. Un fait analogue se produit du côté français : le pic du Midi d'Ossau (2885^m) (fig. 30) est isolé en avant de l'arête générale, qu'il dépasse de plusieurs centaines de mètres. Le pic du Midi de Bigorre (2877^m), qui domine la belle vallée de Campan, et le massif de Néouvielle (pic Long, 3194^m), sont bien plus avancés encore; et surtout, à l'extrémité orientale, la superbe cime du Canigou, qui domine de 2700^m les plaines du Roussillon, et a été longtemps regardée comme le plus haut sommet des Pyrénées.

« A son extrémité occidentale, la chaîne des Pyrénées proprement dites est assez basse et n'a guère plus de 800 à 1000ᵐ; graduellement elle exhausse ses pics en s'avançant vers l'est, mais elle n'a le caractère d'une chaîne alpestre qu'au pic d'Anie (2584ᵐ), situé à vol d'oiseau à 140 kilom. de la mer; ce pic lui-même n'atteint pas la limite des neiges éternelles, et le premier sommet qui dépasse cette limite, le pic du Midi d'Ossau, ne se trouve qu'à 30 kilom. plus à l'est, à 170 kilom. de l'Atlantique. C'est là que la chaîne atteint son élévation la plus grande; jusqu'au delà du val d'Andorre, elle se maintient à 2600ᵐ de

Fig. 31. — Les montagnes de Gavarnie, vues du pic de Bergons.

hauteur moyenne. Au delà du col de la Perche, elle s'abaisse graduellement, après avoir toutefois projeté au nord l'énorme contrefort qui se termine par la masse du Canigou; elle se termine à l'est par le chaînon comparativement insignifiant des Albères, qui n'a que 600ᵐ en moyenne... La rapide inclinaison ou la *chute* de la crête à son extrémité orientale se continue jusque sous les flots, et, non loin du cap Creus, on ne trouve déjà plus le fond à 2000ᵐ de profondeur. »

C'est à l'ouest du val d'Aran que sont les points culminants de la chaîne, et la partie française porte à juste titre le nom de Hautes-Pyrénées. Autour de la vallée dont la petite ville de Lourdes est l'issue, et qui contient les bains renommés de Cauterets, de Luz avec Saint-Sauveur, et de Barèges, se trouvent les superbes cimes du Vignemale (3290ᵐ), point culminant des Pyrénées françaises, le mont Perdu (3351ᵐ), le Cylindre (3327ᵐ), et tous les accidents de cette haute crête du Marboré (fig. 31), interrompus par la brèche de Roland, et entourant le célèbre cirque de Gavarnie. Puis les pics d'Estaubé (2810ᵐ) et de Troumouse, dominant les cirques du même nom, les glaciers de Néouvielle, et au centre du demi-cercle formé par ces gigantesques sommets, le belvédère du pic de Bergons (2112ᵐ). Au fond de la vallée de Bagnères-de-Luchon et de sa voisine la vallée de la Neste, le spectacle n'est pas moins sublime : les glaciers de Clarabide et les lacs étagés de la vallée d'Oo, les pics de Maupas (3110ᵐ) et de Crabioules (3219ᵐ), dominant la pittoresque vallée du Lys ; enfin, au delà du port de Venasque,

Fig. 32. — La Maladetta (au 1ᵉʳ plan, le port de Venasque).

les hautes cimes espagnoles du pic Posets (3367ᵐ), de la Maladetta (3354ᵐ) (fig. 32), dont un sommet postérieur, le Néthou, élevé de 3404ᵐ, est le point culminant de toute la chaîne des Pyrénées.

De l'autre côté du val d'Aran, la hauteur moyenne de la chaîne est presque la même ; les pics de Maubermé (2880ᵐ), de Monvallier (2839ᵐ), d'Estats (3073ᵐ), et le superbe mont Calm (3080ᵐ), le pic de Fontargente (2988ᵐ), et bien d'autres, se maintiennent aux altitudes neigeuses. Au delà du pic de Carlitte (2931ᵐ), la chaîne s'abaisse brusquement au col de la Perche (1621ᵐ), donnant entrée dans la vallée de la Sègre, pour se relever immédiatement au Puigmal (2909ᵐ), par une ligne de hauts sommets neigeux projetant en avant le gigantesque Canigou (2787ᵐ) : le pic Costabona (2465ᵐ) termine réellement la grande chaîne, en s'abaissant sur le chaînon des Albères.

Des massifs du val d'Aran, de Bigorre et de Foix, s'écoulent en rayonnant dans tous les sens les cours d'eau les plus importants du versant français. Le val d'Aran, placé au centre, fournit la Garonne, le fleuve le plus considérable des Pyrénées. A l'ouest l'Adour, la Neste, le gave de Pau et ses principaux affluents sortent des massifs de Gavarnie, de Néouvielle et de ses contreforts ; à l'est du massif du Puy-de-Carlitte et des monts de Foix descendent la Têt, l'Aude et l'Ariège.

La constitution des Pyrénées est beaucoup plus régulière du côté de la France que du côté de l'Espagne. Du côté de la France, les sommets et les vallées s'abaissent vers les plaines d'une manière graduelle ; tandis qu'au sud des excavations s'ouvrent immédiatement à la base de la chaîne centrale, creusées comme d'énormes abîmes ; il faut ordinairement descendre jusqu'à 1000 à 2000^m de profondeur le long des parois abruptes, avant d'atteindre le village qu'on avait aperçu d'en haut.

Par un contraste remarquable, si les gorges ouvertes immédiatement au pied méridional des Pyrénées sont plus profondes, le pays lui-même est beaucoup plus élevé. L'Espagne tout entière n'est qu'un vaste plateau qui s'élève en moyenne de 5 à 600^m au-dessus du niveau de la mer. Des chaînes latérales, parties de la crête des Pyrénées, traversent ce plateau dans diverses directions pour y tracer les divisions naturelles entre les provinces.

Sur le versant français, le chaînon des Corbières, dirigé obliquement au nord-est de la crête centrale, forme une sorte de ramification en *patte d'oie* à l'extrémité de la chaîne. L'accident le plus apparent de ce versant français de la chaîne est constitué par le système rayonnant des hautes collines du Gers, immense talus en forme de demi-cône très aplati, raviné régulièrement sur son pourtour par 30 rivières ; ces collines ne prennent pas leur origine dans les Pyrénées elles-mêmes, mais dans le plateau de Lannemezan, haute lande infertile formant une terrasse en face de la chaîne, dont elle est séparée par les vallées longitudinales de la Neste et de la Garonne.

La patte d'oie des Corbières et l'éventail des vallées d'érosion qui divergent autour de Lannemezan n'ont aucun rapport géologique ni aucune attache avec le plateau central. C'est bien une vraie plaine qui les en sépare. Il n'y a pas plus de col de Naurouse entre les Pyrénées et les Cévennes que de col de Valdieu entre le Jura et les Vosges.

Les Pyrénées, autrefois admirablement boisées, ont perdu la plupart de leurs forêts, et présentent de vastes surfaces dénudées. Leur climat est devenu plus sec : la limite des neiges perpétuelles y est en moyenne de 2700 à 2800^m au-dessus du niveau de la mer sur le versant français; sur le versant espagnol on ne trouve plus de neiges, au mois d'août, que dans quelques cavités abritées des vents du sud et du soleil. On remarque aussi que, sur le versant septentrional, la limite des neiges éternelles va en s'élevant de l'ouest à l'est, du pic d'Anie au Canigou, parce que le bassin de la Méditerranée a une plus haute température que celui de l'Atlantique.

VI

COMPARAISON DES PYRÉNÉES ET DES ALPES

> J'ai vu les hautes Alpes... Mais quiconque s'est rassasié de leurs horreurs, trouvera encore ici des aspects étranges et nouveaux. Du mont Blanc même il faut venir au mont Perdu : quand on a vu la première des montagnes granitiques, il reste encore à voir la première des montagnes calcaires.
>
> RAMOND, *Voyage au mont Perdu.*

C'est une querelle fréquente entre voyageurs qui n'ont vu qu'une des deux chaînes, de comparer les beautés des Pyrénées avec celles des Alpes. Nous ne pouvons citer, pour vider cette querelle, de témoignage plus impartial et plus décisif que celui de M. Élisée Reclus.

« Dans leur ensemble, dit-il, les Pyrénées sont beaucoup moins variées que les Alpes, et n'offrent, en comparaison, qu'une organisation rudimentaire. Elles bornent l'horizon de leur muraille uniforme, hérissée de pointes comme une longue scie (*sierra*), et, vus de la plaine, les contreforts sur lesquels elles s'appuient apparaissent à peine. Bien que, d'après Humboldt et Ritter, la hauteur moyenne de la crête centrale des Pyrénées soit d'environ 100^m plus élevée que celle des Alpes, et que les plaines de la France soient plus basses que celles de la Suisse, cependant cette plus grande élévation relative fait moins d'effet à cause de la disposition régulière des pics et de la ressemblance de leurs formes.

« C'est à peine si quelques sommets des Pyrénées dépassent de 6 à 800^m la hauteur moyenne de 2450^m; tandis que, dans les Alpes, beaucoup de montagnes s'élèvent à 1500 et 2000^m au-dessus de la hauteur moyenne de 2350^m; et le mont Blanc dresse son sommet jusqu'à plus de 4800^m. En même temps, les cols des montagnes alpines sont beaucoup plus profondément entaillés, et s'ouvrent comme d'immenses coupures dans la masse de la chaîne. Dans les Pyrénées, les cols sont souvent de simples plateaux régnant sur le sommet de la crête, ou bien des *cheminées*, sombres ravines creusées dans le roc par le travail séculaire des agents atmosphériques..

« Les grands pics de la Suisse sont isolés : gigantesques pyramides, dont la base seulement est engagée dans le massif, ils se dressent dans leur superbe et fière majesté, hérissant leur crête de pitons, d'aiguilles et de dents; tandis que les monts des Pyrénées sont le plus souvent de simples cônes posés sur le bourrelet de soulèvement. Des montagnes d'une grande importance géologique, comme le Néouvielle et les monts d'Oo et de Clarabide, se distinguent à peine par le relief des hauteurs qui les environnent. Les pics qui se dégagent nettement du reste de la chaîne, comme le Canigou, le pic du Midi d'Ossau et la Maladetta, sont peu nombreux. »

La supériorité principale des Alpes est la grande diversité d'aspect que produit la disposition rayonnante de ces montagnes autour de certains points centraux. Quand on est dans la vallée du Rhône ou dans celle du Tessin, on voit, au nord comme au sud, se dresser les sommets couverts de neige, et de tous les côtés l'horizon est borné par les glaciers et les aiguilles; on est tout à fait dans le cœur d'un pays de montagnes; la plaine a complètement disparu; rien ne la rappelle plus au souvenir. La chaîne plus simple des Pyrénées, au contraire, est trop uniforme et trop étroite pour que l'on perde complètement de vue les campagnes étendues à la base; il suffit de descendre le cours d'un torrent pendant quelques heures, ou de monter sur la cime de la première montagne, pour voir aussitôt reparaître à l'horizon la plaine bleuâtre derrière les contreforts abaissés.

A cause de l'absence des vallées longitudinales, les grands lacs, une des beautés spéciales aux Alpes, manquent presque absolument aux Pyrénées. La pente presque uniforme des versants a partout procuré à l'eau un écoulement facile, et c'est à peine si l'on trouve çà et là quelques petits bassins d'eau, le plus souvent glacée, suspendus aux flancs de la montagne : pauvres et simples cuvettes que l'on décore du nom de lacs, et qui sont à peine des étangs.

Une autre grave infériorité des Pyrénées, c'est qu'elles ne possèdent pas, à vrai dire, de véritables glaciers; on n'y trouve que ces larges champs de glaces que Ritter appelle *glaciers de sommets*, pour les distinguer des *glaciers de pentes* qu'on trouve dans les Alpes, et qui descendent toujours bien au-dessous de la région des derniers arbres. Il en résulte que cet admirable contraste qu'offrent les Alpes, où l'on voit, dans de fertiles vallées, la verdure des prairies et des arbres fruitiers touchant presque l'âpre muraille de glace, ne se trouve pas dans les Pyrénées.

Au point de vue purement géographique, les Pyrénées n'ont qu'une importance locale, tandis que les Alpes forment le relief central de l'Europe autour duquel se sont groupés tous les plateaux et toutes les plaines de l'Europe. « Environ un quart de l'eau qui tombe en Europe, dit Reclus, s'accumule dans les réservoirs des Alpes. Les Pyrénées, plus modestes, n'en recueillent que les trois centièmes environ, et n'alimentent que deux fleuves de quelque importance : au sud, l'Èbre, actuellement rendu navigable dans sa partie inférieure par un système d'écluses ; au nord, la Garonne, bordée d'un canal latéral dans tout son cours supérieur et moyen, vraiment navigable seulement dans sa partie inférieure, qui se termine par un estuaire d'eau salée. Sous tous les rapports, il est donc certain que les Pyrénées sont, en comparaison des Alpes, une chaîne d'importance secondaire ; et même ce fier Castillan qui, par orgueil national, avait fait une carte d'Europe représentant une femme dont l'Espagne était la tête, n'avait pu faire des Pyrénées que le collier de la souveraine, tandis que les Alpes en étaient la ceinture. »

Il faut dire cependant, pour être juste, que les Pyrénées ont des beautés qui leur sont propres, surtout aux deux extrémités, où les masses rocheuses viennent plonger dans les deux mers. Une beauté spéciale est due au climat du côté de l'Espagne et dans le Roussillon, où les rochers arides et blancs réfléchissent cette splendide lumière des pays méditerranéens ; où les oliviers, les palmiers, les herbacées gigantesques transforment l'aspect des paysages. On sent la justesse du mot de Michelet : « Les Pyrénées séparent l'Europe de l'Afrique, cette Afrique qu'on nomme l'Espagne. »

D'un autre côté, des spectacles aussi grandioses que ceux des Alpes se rencontrent dans le massif central, où sont les parties calcaires de la chaîne ; c'est là que sont creusés ces cirques immenses, Bielsa, Troumouse, Estaubé, Gavarnie (fig. 33), « environnés de gradins, dit notre auteur, où pourraient siéger des nations entières ; c'est là que les montagnes se dressent en tours, en murailles, en escaliers, comme si, d'après l'expression de Ramond, un peuple de géants eût appliqué l'équerre et le niveau à la superposition de leurs assises. D'ordinaire, la nature nous semble d'autant plus belle que nous sentons davantage notre infériorité en sa présence ; or l'homme ne peut que se sentir d'une petitesse infinie dans ces cirques vastes et déserts, où croissent à peine quelques herbes, où les rares bestiaux semblent perdus dans l'étendue des pâturages, où la seule voix est celle des avalanches, des cascades et des torrents, où les seuls spectateurs sont les pics neigeux se dressant au-dessus des gradins verdoyants. »

Fig. 33. — Cirque et cascade de Gavarnie.

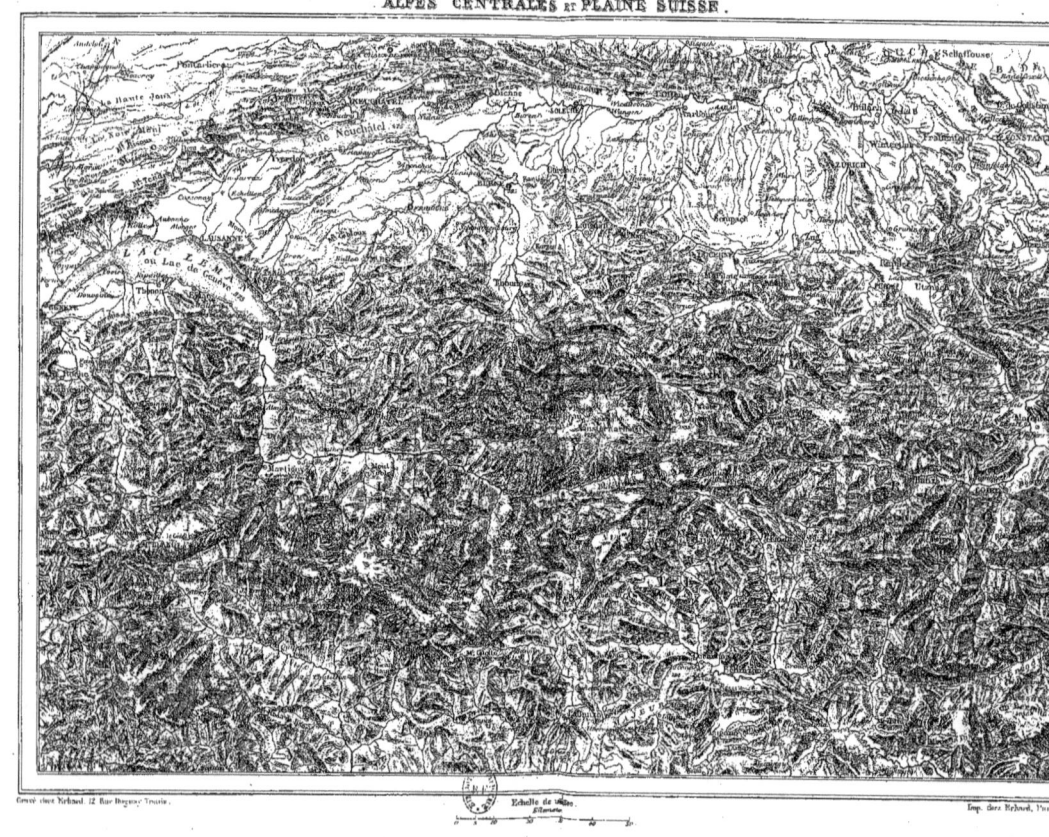

VII

LES ALPES

> Alpes! forêts, glaciers ruisselants de lumière,
> Sources des grandes eaux où j'ai bu si souvent,
> Sommets! libres autels où, dans ma foi première,
> J'ai respiré, senti, touché le Dieu vivant.
>
> Victor de Laprade.

Quelles que soient donc les beautés des Vosges, du Jura, des Pyrénées, et des autres monts d'Europe et du monde entier, les montagnes par excellence, celles qu'il faut voir, connaître et admirer, celles dont on ne se lasse jamais, parce qu'elles présentent réunies toutes les beautés séparées dans les autres, ce sont les *Alpes* (carte I), qui sont, pour ainsi dire, l'épine dorsale de l'Europe, et dont les diverses branches, se ramifiant comme les pièces d'un squelette, déterminent les contours de notre continent.

Les populations de toute l'Europe centrale doivent pour la plus grande partie leurs eaux, et par suite la fertilité de leur sol, leur vie et leur richesse, à ce massif de 25 millions d'hectares, et aux immenses réserves que constituent ses neiges et ses glaciers. Cinq nations, la France, l'Italie, la Suisse, la Bavière et l'Autriche se partagent cette énorme surface, ce sol bouleversé, cet enchevêtrement de crêtes hérissées, de sillons profonds et de contournements bizarres, qui va du golfe de Gênes au Rhône, au Jura, au Danube, et dont toutes les autres chaînes du centre de l'Europe peuvent être regardées comme des appendices.

Les Alpes proprement dites forment, autour de la haute Italie, une large zone arquée dont l'axe mesure au moins 1 200 kilom. de développement, du col de Cadibone, près de Savone, qui forme la limite des Apennins, jusqu'à Fiume ou jusqu'à Vienne.

La largeur va toujours en croissant de l'ouest à l'est; les Alpes Maritimes, épaisses de 60 kilom. au col de Tende, arrivent à

120, entre Digne et Coni ; les Alpes Grées à 150, entre Grenoble et Turin, comme les Alpes Pennines entre Genève et Ivrée ; le système entier, limité encore à 160 entre Lucerne et Côme, atteint 190 entre le lac de Constance et Bergame, 250 entre Munich et Vérone, 350 entre Fiume et Vienne.

Il est à remarquer que les Alpes ont leur versant le plus abrupt et tous leurs grands escarpements tournés du côté de l'Italie. La chaîne se presse au-dessus des plaines du Milanais et du Piémont « comme une muraille qui environne un jardin ». Du côté de la France, de la Suisse et de l'Allemagne, au contraire, les Alpes s'abaissent doucement par des gradins successifs. On ne monte ordinairement au mont Blanc, par exemple, que du côté de la Savoie ; du côté de l'Italie ce n'est plus une pente, c'est un escarpement effroyable.

Une des choses qui donnent aux Alpes sur les autres chaînes montagneuses une supériorité incontestable, c'est qu'au pied même de chacun de leurs deux versants, s'enfonçant le plus souvent dans les découpures qui terminent ses vallées, est une rangée de lacs célèbres par la beauté de leurs rives et de leur aspect. Au pied du versant extérieur se trouvent les lacs du Bourget et d'Annecy, en Savoie ; les lacs de Genève, de Thun, de Brienz, de Lucerne, de Zug, de Zurich, de Wallenstadt et de Constance, en Suisse ; les lacs Kochel, Ammer, Wurm et Chiem, en Bavière ; les lacs Trummer, Waller, Aber, Mond, Atter et de la Traun, en Autriche ; les lacs Neusiedl et Balaton, en Hongrie. Au pied du versant intérieur, en Italie, sont les beaux lacs Majeur, de Lugano, de Côme, d'Iseo et de Garde.

Tandis que la formation générale du Jura et des Pyrénées est d'une régularité frappante, les Alpes semblent n'être qu'un affreux désordre, et il faut les avoir longtemps étudiées ou parcourues pour arriver à comprendre la disposition générale de leurs crêtes. On peut considérer l'ensemble de ces monts comme formé de grands massifs séparés, dominés par des groupes de cimes neigeuses, et se rejoignant par des rameaux qui s'entrecroisent dans tous les sens.

On ne pourrait guère les décrire en suivant une ligne unique et continue de l'ouest à l'est ; car il y a plusieurs rangées parallèles de grands massifs séparés par des vallées longitudinales. Pour donner de leur disposition une idée abrégée, nous partirons d'un point central, suivant vers l'est le côté italien, puis retournant sur nos pas par les massifs allemands et suisses, et terminant par les parties qui appartiennent à la France.

Fig. 34. — Route du Saint-Gothard, entrée en Italie.

Le point de départ, qu'on peut regarder comme le centre des Alpes sous le rapport géographique, est le nœud du Saint-Gothard, situé au centre de la Suisse, où viennent se rencontrer six vallées principales, qui divergent dans tous les sens : l'Aar et la Reuss au nord, vers l'Allemagne ; le Rhin à l'est, vers l'Autriche; le Tessin et la Toccia au sud, vers l'Italie; et le Rhône à l'ouest, vers la France [1].

Ce massif central, sorte de nœud où viennent se rattacher les chaînes principales, est assez peu élevé relativement à ses puissants voisins : ses quatre points culminants ont environ 3200^m. Il est probable que les érosions des eaux qu'il fournit ont fortement abaissé son relief primitif. Il est traversé par une dépression où passe une route (fig. 34) qui est déjà une des principales des Alpes. C'est par la même dépression que va prochainement passer ce fameux chemin de fer reliant l'Allemagne à l'Italie, qui n'est pas seulement une concurrence au chemin français du mont Cenis, mais évidemment un premier pas dans l'absorption qui menace la Suisse au profit de l'empire allemand.

Fig. 35. — Thusis, entrée de la Via-Mala.

Indiquons, à partir de là, les massifs principaux, que leurs neiges font bien distinguer sur la carte IV (Alpes centrales et plaine suisse).

Entre le Tessin et les Grisons, on trouve d'abord le massif d'*Adula* (3398^m) ou du Rheinwald, au pied duquel passent les deux routes du Bernardino et du Splugen. Cette dernière, la voie la plus belle et la plus fréquentée pour aller d'Allemagne en

---

[1] Il est curieux de remarquer la façon presque pareille, quoique symétriquement inverse, dont sont disposés les cours du Rhin et du Rhône, l'un vers le nord, l'autre vers le sud. Tous deux se coudent à angle droit, traversent un grand lac régulateur, après lequel ils ont une chute (Schaffouse et Bellegarde) : à leur coude principal se trouve une grande ville de commerce (Bâle et Lyon), etc. Ce sont deux pendants parfaits.

Italie, va de Coire au lac de Côme, en traversant l'escarpement qui barre la vallée de Thusis (fig. 35) par la célèbre gorge de la Via-Mala (frontispice).

A l'est du Splugen se trouve un massif beaucoup plus important, celui de la Haute-Engadine ou de la *Bernina* (4052^m), aujourd'hui un des plus visités de la Suisse; Pontresina est devenu, pour la Bernina, ce que sont Zermatt pour le mont Rose et Chamounix pour le mont Blanc. Viennent ensuite, dans le Tyrol (carte générale), le massif de l'*Ortler* (3917^m), que traverse, par le col du Stelvio (2797^m), une des plus belles routes des Alpes, la plus haute de l'Europe; presque attenant, au sud, est le massif de l'*Adamello*, puis, de l'autre côté de l'Adige, le massif des Alpes Cadoriques, dominé par la *Marmolata*, et dont le prolongement, appelé les Alpes Carniques et les Alpes Juliennes, fait le tour de la Vénétie, et va se rattacher, derrière Trieste, aux plateaux de la péninsule hellénique.

Le dernier mont toujours neigeux à l'est des Alpes est dans les Alpes Juliennes : c'est le Terglou (les trois pointes, 2850^m), entouré par les sources de la Save. De son sommet se voit le plus beau panorama, dit-on, de l'Autriche.

Au nord de la vallée de la Drave est un long et considérable massif, celui des Alpes de *Salzbourg*, dont les sommets culminants, le *Gross-Clockner* (3894^m) et le *Venediger* (3768^m), sont les derniers, à l'est, qui dépassent 3500^m et portent des glaciers. Une ligne parallèle de sommets neigeux, plus rapprochés de Salzbourg, et dont les monts de *Hallstadt* (3085^m) contiennent les plus élevés, atteint à peine la hauteur des Pyrénées. Toutefois cette région autrichienne des Alpes renferme des beautés du premier ordre; ses lacs notamment peuvent rivaliser en nombre et en beauté avec ceux de la Suisse.

Si nous revenons de Salzbourg vers l'ouest, en rentrant dans le Tyrol, nous rencontrons, après la profonde coupure du Brenner (1420^m), où passe le chemin de fer d'Autriche en Vénétie, le premier qui ait franchi les Alpes, un massif neigeux très considérable, l'*Œtzthal* (Wildspitz, 3750^m), auquel se rattache le *Stubaier*, presque aussi important. Ces deux groupes, compris entre les vallées de l'Inn et de l'Adige, sont parmi les plus remarquables des Alpes par la puissance et le nombre de leurs glaciers. Au nord de la vallée de l'Inn, le massif des Alpes bavaroises et celui du Vorarlberg ne sont que des montagnes de taille secondaire; mais ils contribuent à compléter cette belle contrée du Tyrol, bien peu connue des voyageurs français, quoiqu'elle puisse soutenir, sous bien des rapports, la comparaison avec la Suisse.

Rentrons dans ce dernier pays : nous y trouverons, au nord de la partie de la vallée de l'Inn qu'on nomme la *basse Engadine*, le massif de la *Silvretta*, avec le *Piz-Linard* (3416^m) pour point culminant. Mentionnons, en passant, le petit et pittoresque massif des Alpes d'Appenzell, dominé par le Sœntis (2504^m), et arrivons au massif des Alpes de Glaris avec ses beaux sommets du Glœrnisch (2913^m), des Clarides et du *Tœdi* (3623^m), sa pittoresque vallée de la Linth, célèbre par le site sauvage de la Pantenbrücke (fig. 36). Il vient se terminer sur la vallée de la Reuss, qui suit la route du Saint-Gothard, par la belle cime du Bristenstock (3075^m), qui fait si bien tableau au fond du lac d'Uri, au-dessus d'Altorf.

Fig. 36. — La Pantenbrücke.

De l'autre côté de la vallée de la Reuss commence le massif des Alpes d'Uri et d'Unterwald, dominé au nord par la cime du *Titlis* (fig. 16) (3229^m), et au sud par celle du *Galenstock* (3598^m), d'où descend le beau glacier du Rhône. (V. ch. XIII.)

C'est au nord de ces deux derniers massifs que se rattachent les montagnes de cette région, si connue et si visitée, qui entoure le lac de Lucerne ou des quatre cantons. Ces quatre cantons, Uri, Schwitz, Unterwald et Lucerne (auquel on pourrait ajouter Zug), les cantons primitifs de la Suisse (Urkantonen), qu'on appelle aussi cantons forestiers, petits cantons, cantons

Fig. 37. — Escarpement du Wetterhorn sur la Grande-Scheideck et Grindelwald.

catholiques, et qu'on pourrait appeler les pays les plus beaux et les plus heureux de la terre, ne renferment que des montagnes du second ordre, qui sont loin d'atteindre, en général, les altitudes neigeuses. Mais ces montagnes, les belvédères préférés des grandes Alpes, s'appellent le *Righi* (1800^m), couvert d'hôtels et de pensions ; les *Mythen* de Schwitz (1903^m), la *Frohnalp* de Brunnen (1911^m), le *Seelisberg* (1928^m ; l'hôtel, 843^m), qui porte sur son flanc le légendaire *Grutli*, berceau de la liberté suisse ; le *Burgenstoek* (1134^m), centre de ce lac des IV cantons que le poète appelle « une étoile tombée du ciel entre les montagnes » ; le *Stanzerhorn* (1900^m), qui domine les délicieuses vallées de Sarnen et de Melchtal, et, en face de lui, le fameux *Pilate* (2133^m), sombre repoussoir des riantes campagnes de Lucerne ; enfin, au fond de l'Unterwald, les « charmantes montagnes du *Brunig*, faites exprès pour les peintres », comme dit Töpffer, et dont le point culminant, le *Rothhorn* (2351^m) de Brienz, sert de belvédère au massif suivant.

Celui-ci, le plus accessible et le mieux connu des grands massifs neigeux des Alpes, dont il est, pour ainsi dire, détaché et isolé par le Valais et le col du Grimsel, est désigné sous le nom d'*Alpes Bernoises*, et son versant nord-ouest sous celui d'*Oberland*. Sa cime la plus célèbre est la *Jungfrau* (fig. 14), dont nous avons parlé p. 37. Le sommet le plus élevé est le *Finsteraarhorn* (4275^m), trop reculé dans le massif pour être bien connu, et auquel font d'ailleurs concurrence, sous ce rapport, outre la Jungfrau, le *Schreckhorn* (4083^m) et l'*Aletschhorn* (4207^m) (aussi perdus dans les glaces), le *Mœnch* (4096^m), l'*Eiger* (3975^m) et le *Wetterhorn* (3708^m), qui dominent la belle et célèbre vallée de Grindelwald (fig. 37). Les glaciers les plus célèbres sont, dans le Valais, ceux d'Aletsch et de Viesch, et, dans l'Oberland, les deux glaciers de l'Aar, le glacier de Rosenlauï et les deux glaciers de Grindelwald. Les cols ou passages intérieurs les plus fréquentés et les plus pittoresques sont ceux de la *Grande-Scheideck* (2038^m), entre Meyringen et Grindelwald ; de la *Wengernalp* (2069^m), entre Grindelwald et Lauterbrunnen, et de la *Gemmi* (2302^m), entre la vallée de Kandersteg et les bains de Louèche (fig. au ch. XI) ; enfin les belvédères les plus fameux et les plus souvent gravis sont : le *Faulhorn* (2683^m), près de la Grande-Scheideck ; le *Niesen*

(2366ᵐ), du côté de Thun ; le *Moléson* (2005ᵐ), du côté de la plaine suisse ; le rocher de *Naye* (2040ᵐ) au-dessus de ce fond abrité du lac Léman, où sont les tièdes plages de Vevey, Montreux et Chillon (fig. 65, p. 175) ; du côté du Valais, le *Torrenthorn*, qui domine la pittoresque vallée des bains de Louèche, et l'*Eggischhorn*, d'où le regard peut plonger dans les immenses plaines des neiges d'où descend le glacier d'Aletsch (Voir la fig. au ch. xi.)

Au sud du Valais, vient le massif du mont *Rose*, le plus considérable de tous ceux des Alpes, par sa masse, par sa hauteur moyenne et par ses glaces ; ne le cédant à celui du mont Blanc

Fig. 38. — Le massif du mont Rose, vu du Gornergrat.

qu'en un seul point, l'altitude du point culminant. Les cimes au-dessus de 4000ᵐ sont très nombreuses. Outre les sept sommets du mont Rose proprement dit, dont le plus élevé (4638ᵐ) a reçu le nom du général *Dufour*, il faut citer le *Lyskamm* (4538ᵐ), le *Breithorn* (4171ᵐ), le célèbre mont *Cervin* ou Matterhorn, la plus élancée des hautes cimes d'Europe (4482ᵐ, fig. 44, p. 129), la *Dent-Blanche* (4364ᵐ), le splendide *Weisshorn* (4512ᵐ), que Tyndall appelle la plus belle cime des Alpes, le dôme du *Mischabel* (4554ᵐ), et bien d'autres, dans la partie centrale ; aux extrémités, le *Fleschhorn* (4016ᵐ), au-dessus du col du Simplon (2010ᵐ), et le grand *Combin* (4317ᵐ), au-dessus de celui du grand Saint-Bernard (2472ᵐ). Le village de *Zermatt* (1620ᵐ), au milieu du massif, est devenu un des principaux et des plus animés rendez-vous des touristes qui soient dans les Alpes. Le sommet du Gornergrat (3136ᵐ), voisin de l'hôtel

(2569ᵐ) bâti sur la haute arête du Riffel, offre un des plus étonnants panoramas que puissent offrir aux touristes, sans fatigue ni danger, les hautes régions des grandes Alpes. Les figures 38 et 39 représentent les principaux sommets vus de ce point, mais ne peuvent donner qu'une idée bien mesquine d'un spectacle d'une grandeur incomparable.

Fig. 39. — Du Cervin au Weisshorn (suite de la précédente).

Les beaux glaciers de ce groupe, en dehors du grand glacier de Gorner, qui, fourni par tous les monts de la fig. 38, s'étend au pied de l'arête du Gornergrat, sont trop nombreux pour être énoncés ici. Toutes les vallées du massif en renferment d'admirables.

Pour visiter en détail le mont Rose, il faudrait une saison entière. Mais les hautes régions y sont d'un accès assez facile pour qu'on puisse conseiller une visite à Zermatt, de préférence à d'autres, à ceux qui voudraient en peu de jours se faire une idée des déserts neigeux des grandes Alpes.

Le massif du mont Blanc (carte au chap. XIII), qui suit immédiatement, à l'ouest, celui du mont Rose, est moins compliqué et moins considérable; mais il renferme la plus haute cime des Alpes, et même de l'Europe, si on regarde le Caucase comme appartenant aux massifs asiatiques. Il a beaucoup plus d'unité que les autres; tous ses sommets sont subordonnés au sommet principal (4810ᵐ), autour duquel ils se rangent comme des courtisans autour d'un souverain (fig. 40). Nous avons dit comment l'amour de Saussure pour le mont Blanc a donné l'élan aux ascensionnistes et aux touristes, et a fait de Chamounix, jadis pauvre village perdu, un bourg riche et célèbre. Nous parlerons longuement, au chapitre XI, de son principal glacier, celui des *Bois*, connu sous le nom de *Mer-de-Glace*; mais il y en a beaucoup d'autres remarquables, notamment ceux de l'*Argentière* et des *Bossons*, sur le revers français, et sur le revers italien, dans cette étrange vallée que l'on nomme *Allée-Blanche*, ceux de *Miage* et de la *Brenva*. Les points élevés les plus propres à servir de belvédères sont, du côté français, le mont *Buet* (3111^m), le col de *Balme* (2204^m), le *Brévent* (2525^m) et le mont *Joli* (2530^m); et le *Cramont* (2734^m), du côté italien.

Fig. 40. — Mont Blanc.

Tous ces noms sont aujourd'hui populaires, étant rendus fameux par mille relations, tandis qu'il est loin d'en être ainsi de la région des Alpes qui vient ensuite, quoiqu'elle soit (peut-être, hélas! faudrait-il dire : parce qu'elle est) sur le territoire français. Les Alpes de la Savoie méridionale, du Dauphiné et de la Provence sont à peu près inconnues, au moins dans le monde des touristes.

La Savoie méridionale possède, au sud du col du petit Saint-Bernard (2200^m), un massif neigeux considérable, que les géographes désignent sous le nom d'Alpes Graïes; il est compris entre les vallées de la Tarentaise et de la Maurienne, et se prolonge, dans le Piémont, par un massif contigu non moins important, situé au sud de la vallée d'Aoste; le premier est dominé par les cimes de la *Vanoise*, des *Aiguilles-Rousses* et de la *Grande-Casse* (3883^m); le second, par celles du *Ruitor*, de la *Levanna* et du *Grand-Paradis* (4177^m). Ces montagnes étaient si peu parcourues, que depuis trente ans on mettait sur toutes les cartes, d'après l'état-major piémontais, un certain mont Iseran, avec une cote dépassant 4000 ^{m}, lorsqu'un Anglais visitant le pays constata et annonça à l'*Alpine-Club* que ce fameux mont Iseran n'existait pas! A la place indiquée il n'y avait qu'une crête basse, et aucune haute cime en vue dans un rayon de plusieurs lieues. Cet incident a peut-être contribué à hâter la fondation du club alpin italien, qui s'est constitué d'abord dans la haute Italie, et met une grande ardeur à explorer et à faire connaître les massifs neigeux de son versant. Mais nous voici arrivés à la partie des Alpes qui est tout à fait française.

Les Alpes du Dauphiné (fig. 41), qui se développent au sud du chemin de fer d'Italie, dans le triangle ayant pour sommets le coude du Rhône, près de Chambéry, le mont Viso et le mont Ventoux, comprennent d'abord, à l'ouest, deux petits massifs très pittoresques : celui de la *Grande-Chartreuse*, où est situé le fameux couvent de Saint-Bruno, si visité aujourd'hui par les touristes, qui y affluent par Saint-Laurent-du-Pont et la belle gorge de Fourvoirie, et celui du *Vercors*, entre Sassenage et Die, qui semble être le prolongement du précédent de l'autre côté de l'Isère; ces deux massifs semblent se rattacher : vers le nord, à la chaîne du Jura et aux montagnes plissées qui entourent Annecy; vers le sud, aux monts décharnés du Dévoluy.

Grenoble est situé entre les deux, à l'entrée d'un système de vallées rayonnantes qui séparent les principaux massifs dauphinois; la vallée de la Romanche et la route du col du Lautaret limitent, au sud, le beau massif de *Belledonne* (2990^m) et des *Sept-Laux*, continué par la chaîne de la *Maurienne*, dont les cimes culminantes sont celles des Grandes-Rousses (3130^m), des aiguilles d'Arve (3882^m) et du Thabor (3180^m), et qui aboutit au col du mont Cenis (2066^m).

La route de Gap, par Corps et la Salette, limite à l'ouest le gigantesque massif neigeux de l'*Oisans*, dominé par les splendides cimes de la *Grave* ou plutôt de la *Meige* (3987^m) et des *Escrins* (4105^m), du *Pelvoux* (3954^m) et du mont *Olan* (3578^m). Le massif de l'Oisans, que son importance et sa saillie moyenne mettent au premier rang parmi les montagnes françaises, domine toutes les Alpes situées au sud du mont Blanc. Il forme une enceinte de hauts pics et de glaciers (voir la carte fig. 41) recourbée en demi-cercle autour d'une sorte de gouffre en entonnoir, au centre duquel est la Bérarde, hameau de la commune de Saint-Christophe-en-Oisans. Il est limité, au nord, par la vallée de la Romanche; au sud, par le triste Valgodemar (Saint-Mau-

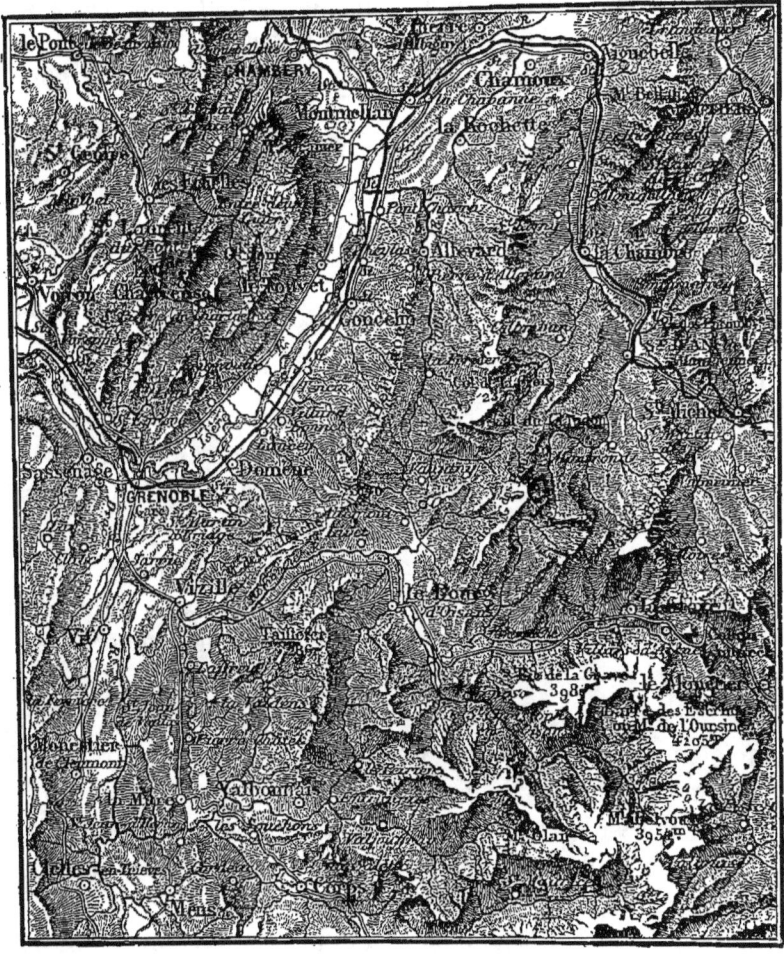

Fig. 41. — Alpes du Dauphiné.

rice); et à l'ouest, par la riante Vallouise, comparable aux plus belles vallées de la Suisse. Le mont *Pelvoux*, qui plonge superbement sur cette dernière, étant le plus en vue, sinon tout à fait le plus élevé des sommets du massif, lui donne souvent son nom, comme la Jungfrau aux Alpes bernoises.

Autour de lui rayonnent de tous côtés des chaînes moins élevées, mais remplies d'accidents pittoresques, de sites grandioses, qui suffiraient pour illustrer un pays. A l'ouest de la vallée du Drac sont les sauvages montagnes du Dévoluy (*devolutus*, écroulé); puis les montagnes étranges de la Drôme (mont Aiguille et mont Glandaz, près de Die, forêt de Saou), dont le chaos vient se terminer, au sud, par un massif à rangées parallèles orientées de l'est à l'ouest, dominé par le célèbre mont Ventoux (1911^m), qui plonge si superbement dans les plaines de Vaucluse.

Au sud-est de l'Oisans s'étend, entre la France et l'Italie, le massif du mont Genèvre, dont le col (1860^m) est le plus facile à franchir de ce côté des Alpes, et le massif que domine la splendide pyramide du mont *Viso* (3840^m). Le contrefort de ce dernier, qui descend au sud de la Durance et d'Embrun, termine le Dauphiné et les Hautes-Alpes.

Sauf deux ou trois hauts sommets isolés, qui dominent les deux routes d'Italie par Barcelonnette et par le col de Tende, les chaînons compliqués qui s'épanouissent vers la Provence, sous le nom d'Alpes Maritimes, méritent le nom de Basses-Alpes, que leur doit un de nos départements. Ce sont, comme dit Reclus, « de tristes montagnes aux flancs ravinés et dépourvus de toute végétation. » Il faut aller au delà de ce désert français, dont l'affreuse Durance et ses affluents ont emporté le sol fertilisable.

En arrivant au voisinage de la Méditerranée, la nature change complètement : ce ne sont plus les spectacles grandioses des hautes montagnes, mais les paysages gracieux, les plaines fertiles parsemées de villas, dominées par les petites chaînes de la Sainte-Baume, des Maures et de l'Esterel, dont la mer vient directement baigner les pieds.

Celles-là sont suffisamment connues et célébrées, servant de promenades aux visiteurs de Marseille, Toulon et Nice. Il n'y a pas de voyageur dans ces pays qui n'ait admiré, par exemple, les gorges si connues d'Ollioules (fig. 42), aux portes de Toulon. Mais toutes ces montagnes de la Provence sont à celles du Dauphiné ce que l'Ardenne ou le Morvan sont à la Suisse.

Il faut rendre justice à nos grandes Alpes méconnues et délaissées. La ville de Grenoble, si merveilleusement placée pour être un centre d'excursions montagneuses, les bains voisins d'Uriage et d'Allevard, et aussi le célèbre pèlerinage de la Salette, attirent, il est vrai, quelques visiteurs et donnent quelque renommée aux merveilles du Dauphiné, mais certainement bien moins qu'elles ne méritent. Voici l'opinion d'un juge impartial et compétent, de Joanne : Le Dauphiné est la plus belle partie de la France ; il l'emporte de beaucoup sur le Jura et les Pyrénées ; il possède une grande vallée et des gorges que la Suisse elle-même pourrait lui envier ; quelques-uns de ses glaciers étonnent, par

Fig. 42. — Gorges d'Ollioules, près de Toulon.

leur magnificence et leur étendue, les touristes qui reviennent de l'Oberland bernois ou de Chamounix. Si cette grande et belle province est beaucoup moins connue et visitée que les Pyrénées, c'est, il faut le dire, la faute de ses habitants. Les Dauphinois n'ont jamais su rien faire pour attirer et retenir les étrangers dans leur pays. Où la propreté la plus vulgaire manque complètement, il serait insensé de chercher le confortable. Nulle part, en Europe, on ne trouverait des populations et des administrations plus insouciantes. Mais qu'importent ces petites misères à ceux qui aiment la grande et belle nature des Alpes, si leur âge et leur santé leur permettent de braver les ennuis et de surmonter les difficultés ? Qu'ils aillent visiter le Dauphiné ; ils y seront amplement récompensés de leurs privations et de leurs fatigues; ils auront, en outre, la satisfaction d'y faire de véritables découvertes. Certaines de ces régions de notre belle France n'ont encore été explorées par aucun voyageur, décrites dans aucun livre. La plupart des massifs des hautes Alpes françaises attendent encore leur Saussure. »

Il est juste d'ajouter que ces lignes datent de 1860, et que, depuis cette époque, des efforts sérieux ont été faits pour rendre le séjour dans les montagnes du Dauphiné plus agréable aux voyageurs. Le Club Alpin français a pris ces montagnes sous sa protection, et six sections sur vingt leur sont spécialement consacrées [1]. Encore un peu de temps, et ces efforts patriotiques donneront au Dauphiné des hôtels, des chemins, des guides, des moyens de transport et des billets de circulation, et notre pays pourra offrir à l'instruction de sa jeunesse, pour compléter l'échelle croissante qu'offrent les Vosges, l'Auvergne et les Pyrénées, les mâles et les grandioses beautés d'une *Suisse française*.

Nous ne voulons pas ici, comme pour les Vosges et le Jura, indiquer un itinéraire qui permette de se faire en peu de temps une idée sommaire des principales beautés des Alpes : d'abord, parce que la chose a été faite cent fois, au commencement des nombreux *Guides des voyageurs* qui ont entrepris la difficile mais très utile tâche de donner aux excursionnistes les détails et renseignements nécessaires en chaque point de leur itinéraire; mais aussi parce que nous sommes tout à fait de l'avis d'E. Rambert, qui dit dans un charmant chapitre de ses *Alpes suisses* :

« De combien de jouissances ne se prive-t-on pas, lorsqu'on se borne, comme tant de voyageurs, à des tournées superficielles, qui vous font passer en quelques jours de Chamounix à Zermatt, de Zermatt à l'Oberland, etc. etc.! Les voyages en zigzag sont excellents pour amuser une troupe d'écoliers en vacances, ou pour prendre une première idée générale des chaînes

---

[1] Le Club Alpin publie chaque année un *Annuaire* extrêmement intéressant, dont nous recommandons beaucoup la lecture aux jeunes gens qui veulent être initiés tout à fait au monde des montagnes. Dans les deux premiers volumes de cet Annuaire, un bon tiers des récits, des cartes et des gravures est consacré aux Alpes dauphinoises.

alpines; mais de même que ce n'est pas le moyen d'acquérir l'expérience de la montagne, ce n'est pas non plus celui de jouir de cette splendide nature et d'en faire sentir la beauté. Il faut vivre avec les Alpes; celui qui est né montagnard voudra les voir souvent, longuement et de près. Il choisira pour ses courses rapides, pour ses échappées d'un jour ou deux, quelque contrée plus rapprochée, et il les combinera de manière à l'explorer à fond et à la posséder entièrement. Partant, je suppose, de Zurich, il pourra se faire un centre du lac des Quatre-Cantons, et gravir successivement toutes les pointes qui ont vue directe sur l'un ou l'autre de ses golfes, la Frohnalp, le Mythen, tous les Righi, sans oublier la Hohe-Fluh, les divers sommets du Pilate, et ainsi de suite, en passant par l'Uri-Rothstock et le Bristenstock, jusqu'à ce que le cercle soit fermé. Mille combinaisons de ce genre sont possibles. Et si l'on a la bonne fortune de disposer de plusieurs jours ou de quelques semaines, on n'ira pas courir d'un bout de la Suisse à l'autre; on jettera son dévolu sur quelque groupe plus important : on élira domicile à sa portée, afin d'y multiplier les courses, et de ne lâcher prise qu'après en avoir fouillé tous les vallons, escaladé toutes les hauteurs. A voyager ainsi, on n'apprend pas seulement à bien connaître la montagne, on apprend à l'aimer. Le paysage ne passe pas devant les yeux comme une scène fugitive, il y grave son image et se dessine dans la mémoire. Les lignes ont le temps de se faire sentir; on en saisit tous les mouvements et jusqu'aux plus délicates inflexions; les sommités se montrent différemment éclairées selon les jours et selon les heures, et donnent à connaître la succession de leurs aspects changeants et la mobilité de leur physionomie. »

Ajoutons que cette méthode n'a pas seulement pour elle les avantages de l'instruction et du bien-être, mais aussi celui de l'économie : on sait qu'entre un voyageur de passage et un « pensionnaire » il y a pour le prix de la vie, comme pour les égards et la facilité d'informations, une énorme différence.

VIII

UNE OCCASION DE VOIR LES ALPES

> Si vous allez en Italie pour l'hiver, ce sera votre chemin. Je voudrais vous montrer les Alpes, les sapins, les torrents, d'immenses vues, quelque chose de tout à fait digne d'une imagination comme la vôtre, un lieu que vous aimeriez pour lui-même, et auquel vous garderiez fidélité.
>
> (Lettre du P. Lacordaire à l'abbé Perreyve.)

Un cas qui se présente assez fréquemment, et met beaucoup de personnes dans la nécessité de faire un peu connaissance avec les Alpes, sans pouvoir y consacrer cependant beaucoup de temps, est celui d'un voyage en Italie. Si l'on n'est pas trop pressé, si l'on ne tient pas à faire une autre connaissance plus désagréable, celle du mal de mer, en prenant la voie de Marseille, on est forcé de traverser la chaîne des Alpes en un point quelconque.

Les timides et les frileux, qui craignent les neiges et le froid des hauteurs, et qui préfèrent le gracieux au grandiose, sacrifient les grandes Alpes, font un détour, et prennent la *Corniche*. On désigne, par ce mot qui fait image, une route admirablement pittoresque, suspendue au flanc des contreforts des Alpes Maritimes et des Apennins, qui plongent directement dans la mer Méditerranée entre Nice et Gênes; on peut la suivre jusqu'en Toscane; mais on peut aussi de Gênes passer l'Apennin en chemin de fer par un col peu élevé (la Bocchetta, 777^m).

Nous ne parlerons pas des cols de Tende, de l'Argentière, d'Abriès et de Mont-Genèvre, qui ne sont sur la route d'Italie que pour les habitants de nos provinces les plus méridionales. Ils font d'ailleurs connaître seulement les Alpes de la Provence et du Dauphiné méridional, que le déboisement et le défaut d'agriculture ont rendues décharnées et tristes. Le dernier col toutefois mérite d'être recommandé spécialement, si l'on veut visiter en passant la Vallouise et voir le mont Pelvoux.

Le col qui est sur la route la plus courte et donne passage aux voyageurs pressés, c'est celui du mont Cenis (fig. 43), sur lequel la poste a d'abord été détrônée par le chemin de fer Fell à rail central, lequel est aujourd'hui détrôné à son tour par le chemin de fer ordinaire, passant par ce gigantesque tunnel qui troue la montagne à 1500^m au-dessous de sa crête. Ce tunnel ne passe pas, comme on le croit, sous le mont Cenis, mais à plus de 20 kilom. au sud-ouest; sous le col de *Fréjus* auprès du

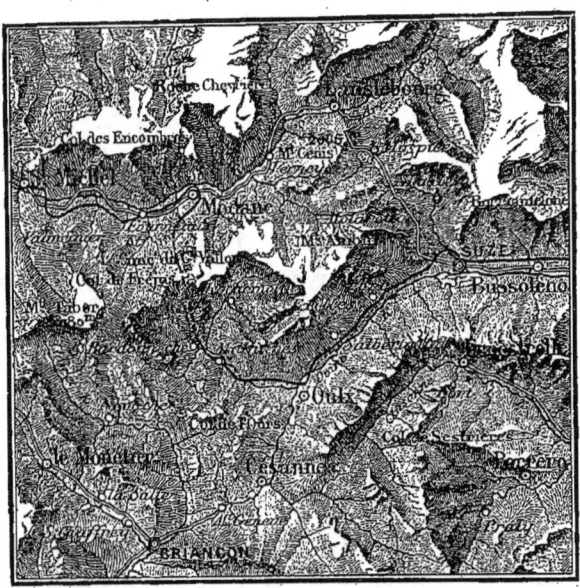

Fig. 43. — Environs du mont Cenis.

mont Thabor. Il a 12200 mètres de longueur entre son entrée à Modane et sa sortie à Bardonnèche (le tunnel du Saint-Gothard devra avoir 16 kilom.). C'est certainement l'œuvre la plus étonnante que notre siècle ait eu l'audace de concevoir et la persévérance de terminer.

Mais aux voyageurs qui peuvent sacrifier une semaine de leur temps pour voir les spectacles les plus grandioses et les plus splendides qu'il soit donné à l'homme d'admirer ici-bas, je conseillerai d'envoyer seulement leurs bagages dans ce merveilleux mais obscur souterrain, et de s'engager à pied, un petit sac au dos ou au flanc, dans un de ces magnifiques passages qui, de la Savoie ou de la Suisse, conduisent à Turin ou à Milan.

Nos lecteurs nous sauront gré de corroborer notre opinion par l'avis de Topffer, qui est presque un auteur classique en cette matière.

« C'est toujours, dit-il dans ses *Voyages en zigzag*, une bonne fortune pour des voyageurs à pied que d'avoir à franchir ces belles montagnes, où la marche est si légère, si animée, où les spectacles sont si variés et si beaux. On ne se lasse pas de serpenter dans les hautes vallées, de s'élever au travers des bois, des rocs, des cascades, jusqu'à ces sommités chauves et solitaires où la nature est moins parée, mais bien plus grande, et au delà desquelles on se retrouve, au bout de deux à trois heures de facile descente, rendu aux charmes un peu suspects de la civilisation, et aussi aux charmes plus vrais d'une végétation admirable de vigueur et d'éclat.

« Pour l'instruction des voyageurs à pied qui voudront bien avoir confiance en notre opinion, nous dirons un mot sur les différents passages que nous avons pratiqués à plusieurs reprises. Le moins intéressant, c'est le mont Cenis, qui n'a presque que les charmes d'une grande route. Vient ensuite, en allant de l'ouest à l'est, le petit Saint-Bernard, le plus facile et le moins terrible de tous, qui ne présente pas de grandes beautés pittoresques, mais où l'on arrive et d'où l'on sort par une contrée à la fois charmante et tranquille, sans bruit de grelots, sans poussière de chaises de poste. Si, parti de Genève en compagnie de deux amis, je voulais n'être pas trop distrait de leur société par les aspects environnants, et cheminer en goûtant à la fois le plaisir d'un intime entretien et celui d'un spectacle habituellement doux et agreste, je choisirais pour me rendre en Italie le passage du petit Saint-Bernard.

« Le troisième passage (au pied du mont Blanc) est merveilleux pour ceux qui sont amateurs de solitudes alpestres, de cimes terribles, de glaciers formidables. Il faut s'élever sur le col du Bonhomme, puis sur le col des Fours, d'où l'on redescend pour s'élever de nouveau sur le col de la Seigne. Au delà, on côtoie le lac Combal et les sonores glaciers de l'allée Blanche. Point de route, mais d'abrupts sentiers où il ne faut pas s'aventurer sans guide. Point de voyageurs, mais une ou deux caravanes de touristes, et parfois un chasseur de chamois qui passe d'une cime à une autre. Point d'auberges enfin, mais seulement un misérable chalet adossé au glacier du mont Blanc. Vous tous qui aimez la marche libre, indépendante, la poésie grande et neuve, l'immensité, le silence, le mystère, et ces confuses émotions que fait naître une brute et colossale nature, passez par l'allée Blanche.

« Le quatrième passage, c'est celui du grand Saint-Bernard, assez mal connu de nos jours, parce que c'est de nos jours qu'on l'a le plus décrit. Il est remarquable à cause de l'hospice surtout, à cause de cette sainte maison où, depuis tant de siècles, la charité chrétienne veille avec une affectueuse sollicitude sur ceux qui s'engagent dans ces mornes vallées. Celle qui conduit à l'hospice est d'abord champêtre plutôt que pittoresque, jusqu'à ce qu'elle devienne belle de nudité et de désolation, plutôt encore que de grandeur ou d'éclat. Choisissez donc cette voie, faites votre pèlerinage à l'hospice, vous qui trouvez, avec raison, plus de beauté dans ce monument d'une chrétienne pensée que dans les merveilles des glaces éternelles ou dans la majesté des forêts séculaires.

« Au delà du grand Saint-Bernard, le mont Cervin et le mont Rose élèvent dans les cieux leurs cimes argentées; une glace continue recouvre leurs épaulements; il faut suivre la base des Alpes jusqu'aux gorges du Simplon pour retrouver un passage... » Interrompons un instant Töpffer. Les choses ont un peu changé depuis son temps. Il y aurait aujourd'hui, dans cet intervalle, un admirable passage par Zermatt et le glacier de Saint-Théodule (3300^m). Ce passage, au milieu des masses glacées les plus colossales des Alpes, est devenu très possible maintenant, à peu près dans les conditions où était l'allée Blanche du temps de Töpffer. Les merveilles du mont Blanc y sont remplacées par celles du mont Rose et du mont Cervin. Le col, qui est plutôt un passage de glacier, est immédiatement au pied de l'écrasante pyramide du Cervin (fig. 44). Il est traversé, à chaque belle saison, par près de mille personnes, grâce aux excellents guides de Zermatt et de Valtournanche, et à l'auberge récemment bâtie au sommet, et habitée pendant deux mois [1].

---

[1] Pour des voyageurs au pied montagnard, on pourrait encore ajouter, un peu plus à l'ouest, dans des conditions de difficultés analogues, le col de Monte-Moro (2989), au fond de la vallée de Saas : sa descente sur Macugnaga offre, sur le revers du mont Rose, le spectacle du plus gigantesque escarpement des Alpes.

Fig. 44. — Zermatt et le mont Cervin.

Revenons à notre auteur. « Le passage du Simplon, dit-il, est le plus célèbre de la chaîne; mais il a cessé d'en être le plus merveilleux. Les routes du Saint-Gothard et du Splugen présentent aussi d'admirables travaux ; cependant il l'emporte par un caractère de grandeur et de majesté qui tient à ces immenses profondeurs au-dessus desquelles la route serpente lentement, mollement, et par le contraste qu'offrent entre eux les deux revers : l'un frais, verdoyant, onduleux ; l'autre caverneux, étroit, tourmenté, où retentit incessamment le fracas d'une onde furieuse. Au sortir de ces horreurs, le lac Majeur, avec ses îles flottantes et ses rives fleuries, enchante et semble sourire. Pour qui ne veut ou ne peut voir qu'un des passages des Alpes, c'est, à tout prendre, celui qu'il doit choisir.

« Vient ensuite le Saint-Gothard, nu, sévère, monotone, où la route s'élève graduellement avec la vallée, court en ligne droite sur le plateau du sommet, puis se tourmente en mille replis sur les parois d'un abîme au fond duquel elle se perd dans l'ombre pour déboucher sur les riantes prairies d'Airolo. C'est Bonaparte qui a ouvert la route du Simplon. C'est le petit canton d'Uri qui a ouvert celle du Saint-Gothard. » Une parenthèse : Depuis Töpffer, la route du Saint-Gothard a été prolongée le long du lac des Quatre-Cantons, dans des parois à pic, et présente en beaucoup de points des travaux et des sites extrêmement pittoresques (fig. 45). Le voyageur y trouvera d'autant plus vrai ce que va dire ici Töpffer : « Passez donc par le Saint-Gothard, vous qui aimez à voir les merveilles qu'enfante la liberté ; c'est par elle seule que le zèle et les efforts d'une peuplade de montagnards ont pu accomplir ce que Bonaparte lui-même n'a pas fait sans attirer les regards et l'admiration de l'Europe entière.

« Non loin du Saint-Gothard, le Saint-Bernardin ouvre au voyageur une route que le voyageur délaisse ; c'est que, sans être aussi intéressante que les autres, elle n'offre aucun avantage en compensation. Le Splugen l'a tuée.

« Comme passage à grande route, le Splugen lutte à tous égards avec le Simplon, et il l'emporte sur lui peut-être par ses magnifiques abords et par ses immenses galeries : c'est, ce nous semble, le passage des artistes. Sur le revers italien, les sites ne sont pas *vue*, mais *tableau*, et l'on croirait, en mille endroits, que le vieux Poussin a visité ces lieux.

« Enfin, au delà, le passage du Stelvio, qui commence à devenir fameux, présente, comme ouvrage de l'homme, ce que les Alpes renferment de plus hardi et de plus merveilleux. » Malheureusement la guerre d'Italie l'a fort endommagé, et puis il est bien loin pour des voyageurs allant de France en Italie.

Nos préférences, à nous, seraient pour le Splugen. Pour y arriver, on peut mettre sur son chemin la belle entrée de Pontarlier à Neufchâtel à travers le Jura, les charmants lacs et les sites les plus célèbres de la Suisse allemande, Thun, Interlaken, les cascades et les glaciers de l'Oberland, le Brunig et l'Unterwald, le lac des Quatre-Cantons et le Righi, le Grutli et Altorf, Einsiedeln par Schwitz, les lacs de Zurich et de Wallenstadt, Pfeffers, Coire, et enfin la Via-Mala. C'est la traversée de huit à dix jours la plus propre à donner l'envie de revenir.

Fig. 45. — La nouvelle route de l'Axemberg, le long du lac des Quatre-Cantons.
(Route du Saint-Gothard.)

IX

LES AUTRES MONTAGNES D'EUROPE

Ossaque cum Pindo, majorque ambobus Olympus.
OVIDE.

Quand vous verrai-je, Espagne,
Et Venise et son golfe, et Rome et sa campagne,
Toi, Sicile, que ronge un volcan souterrain ;
Grèce qu'on connaît trop, Sardaigne qu'on ignore,
Monts du septentrion, du couchant, de l'aurore ?
VICTOR HUGO. (*Feuilles d'automne.*)

Nous n'avons parlé jusqu'ici que des montagnes situées, comme disent aujourd'hui les géographes, dans la région gauloise. Ce sont, en effet, celles que nos lecteurs ont le plus de chances de visiter un jour ou l'autre, ce sont en même temps les plus belles ; celles de la Savoie et de la Suisse sont, pendant la belle saison, le rendez-vous général des touristes de tous les pays civilisés.

Toutefois, pour être juste, il faut dire quelques mots des autres pays de montagnes qui, à cause de leurs beautés naturelles, sont aussi l'objet de l'admiration de nombreux visiteurs.

Tout près de nos frontières, vis-à-vis des Vosges, et séparées du Jura par la vallée du Rhin bâlois, est la charmante chaîne de la *Forêt-Noire*. Figurez-vous le Rhin, sur toute la longueur de l'Alsace, remplacé par un miroir, et les Vosges s'y mirant ; vous aurez la Forêt-Noire. Ces deux chaînes sont, en effet, tout à fait le pendant l'une de l'autre : mêmes dimensions, mêmes terrains, même diminution de hauteur du sud au nord, pareils escarpements du côté du Rhin, pentes douces en sens inverse, pareilles vallées fécondes et industrieuses, pareilles croupes boisées couronnées de vieux châteaux.

La vogue de la Forêt-Noire est même plus ancienne que celle des Vosges. Bade et Fribourg-en-Brisgau sont plus connus que Saverne et Gérardmer. Le val d'Enfer (fig. 46) était célèbre avant la Schlucht. Lorsqu'on aura visité les Vosges, il faudra mettre la Forêt-Noire sur son chemin pour aller aux Alpes, auxquelles elle servira de charmante préface.

Dans le nord de l'Allemagne, entre le Rhin et la Pologne, s'étendent des contrées montagneuses, dont quelques-unes ont une célébrité méritée.

Nous avons cité le Taunus et les montagnes des bords du Rhin, qui servent de promenades aux baigneurs de Wiesbaden et d'Ems; il faut y ajouter le *Harz*, massif granitique des plus pittoresques, cher aux étudiants allemands, situé entre le Hanovre et la Saxe, et dominant d'un millier de mètres les plaines de la Prusse, qui commence à ses pieds. Le Brocken, son point culminant (1115^m), les gorges du Ross-Trappe et le plateau des Sorcières, ont la vogue du Righi suisse, et sont, comme lui, couverts de routes et d'hôtels pour les promeneurs.

Les groupes montagneux les plus remarquables de l'Allemagne centrale sont réunis autour du plateau de la Bohême, qu'ils entourent d'une bordure en losange, un peu moins régulière cependant que n'ont l'habitude de la représenter les cartographes français.

Entre la Bohême et les montagnes des bords du Rhin (Forêt-Noire, Taunus, Westerwald, etc.), depuis le Harz au nord jusqu'aux Alpes au sud, l'Allemagne centrale est formée par un plateau qui contient la Bavière, le Wurtemberg, les Hesses et les Saxes. Ce plateau, raviné par les eaux du Danube et de ses affluents, du Neckar et du Mein, du Weser et des deux affluents de l'Elbe, présente quelques saillies qui arrivent à l'altitude montagneuse; tels sont les bords peu à peu relevés de ce grand pan de terrain plat qui traverse le Wurtemberg, porte au sud les sources du Danube, tombe à pic, au nord, sur la vallée du Neckar, et s'appelle *Rauhe-Alp*, Alpes rudes ou Alpes de Souabe : tel est, plus au nord, le gracieux et pittoresque Taunus; telle l'énorme masse basaltique du Vogelsberg et celle non moins nue, non moins stérile du Rhœne; tels les points culminants de cette région forestière et pastorale du Thuringerwald et Frankenwald (monts de Thuringe et de Franconie), qui vont rejoindre le coin occidental du losange bohémien, les Fichtel-Gebirge ou montagnes des Pins.

Les quatres bordures de la Bohême sont formées par quatre massifs distincts, et les issues sont aux quatre angles.

La bordure nord-ouest est l'arête à pic du haut plateau saxon, riche en mines, et appelé Erz-Gebirge, monts Métalliques,

Fig. 46 — Le val d'Enfer dans la Forêt-Noire.

célèbres dans les légendes populaires et dans les cours de minéralogie.

La bordure sud-ouest s'appelle les monts de Bohême, Bœhmer-Wald; elle est, au contraire, en pente douce vers la Bohême, et escarpée vers la Bavière.

La bordure sud-est s'appelle les hauteurs de la Moravie; c'est

Fig. 47. — La Suisse saxonne, pont naturel du Prebischthor.

une terrasse à peine saillante, en pente douce des deux côtés, et non une chaîne de montagnes; il n'y a donc pas de limites naturelles de ce côté, et c'est avec raison que la Bohême appartient à l'Autriche.

La bordure nord-est, la plus épaisse et la moins régulière, présente d'abord, au nord, l'arête des monts de Lusace, prolongement de l'Erz-Gebirge, derrière lequel se dresse l'épais massif des *Riesen-Gebirge* ou monts des Géants, le plus élevé de l'Allemagne intérieure (Riesenkopfe, 1650ᵐ). Puis vient, jusqu'à l'angle oriental du losange, le massif compliqué des monts Sudètes. C'est par les dépressions de cette dernière bordure que l'armée prussienne a envahi la Bohême en 1866, et c'est au pied des Sudètes et du plateau Morave que sont situés Kœnigsgrætz et Sadowa.

C'est à la pointe nord qu'une pente profonde, qui coupe transversalement l'escarpement de l'Erz-Gebirge et les monts de Lusace, livre passage à l'Elbe, emportant toutes les eaux du plateau. Les gorges sauvages, compliquées d'accidents des plus pittoresques (fig. 47), qu'ont creusées les eaux à travers le massif montagneux qui barrait leur route, ont rendu célèbre cette région, connue en Allemagne sous le nom de *Suisse saxonne*.

Toutes les montagnes que nous venons de mentionner comme les plus facilement accessibles aux voyageurs français, sont comprises dans une ellipse allongée du sud-ouest au nord-ouest, ayant à peu près Besançon pour centre, et mesurant environ 1600 kilom. de long sur 800 de large. Elle est entièrement comprise dans la carte I.

En dehors de cette zone (voir la carte d'Europe, au centre de la planche V), nous trouvons encore quelques massifs intéressants : ainsi, dans les îles Britanniques, les monts d'Écosse (Highlands, Grampians, Cheviots), célébrés par Walter Scott; les Peaks et les monts du pays de Galles (point culminant, Snowdon, 1084ᵐ), les massifs isolés sur le pourtour de la plate Irlande. Ce ne sont que de petites montagnes, qui n'arrivent pas même à la hauteur de nos Vosges; mais elles appartiennent à un peuple qui aime et sait cultiver les beautés naturelles.

Au nord de l'Europe est le grand système des Dofrines (Dovre-fields), qui couvre la plus grande partie de la presqu'île scandinave. C'est un long plateau (*field*) s'abaissant en pentes douces ou terrasses ondulées vers la Baltique, tombant à pic, au contraire, vers l'Atlantique boréal, qui y découpe une immense quantité de golfes longs et étroits, appelés *fiords*, bordés de murailles rocheuses, presque perpendiculaires, d'une effrayante hauteur.

Ainsi devaient être les profondes vallées du versant italien des Alpes, quand ses cinq lacs étaient encore des golfes de la mer qui couvrait la plaine du Milanais.

A l'est de l'Allemagne et de l'Italie, prolongeant les extrémités de l'éventail formé par les Alpes autrichiennes, sont les deux systèmes des Carpathes et des Balkans. Le premier enferme la belle plaine hongroise dans son large demi-cercle, commençant, vers la Bohême, par enfermer au nord de la Hongrie l'épaisse région montagneuse où sont les mines de Schemnitz et la haute cime du Tatra (2700^m), et projetant vers la mer Noire la citadelle de la Transylvanie, dont nous avons parlé au chapitre II. La hauteur moyenne de toute cette chaîne est intermédiaire entre celle du Jura et celle des Pyrénées.

Le système des Balkans, des Alpes dalmates et des Alpes helléniques couvre de sa masse et de ses ramifications presque toute la surface de la péninsule grecque. A l'ouest, un immense plateau ridé, assez analogue au Jura, calcaire, miné de grottes, gouffres et rivières souterraines, s'étend le long de la mer Adriatique. C'est là que sont réfugiées ces indomptables populations, les Bosniaques et Herzégoviniens, les Serbes, les Monténégrins, toujours en lutte pour leur indépendance.

Ce haut plateau s'élargit au centre de la presqu'île, pour s'abaisser vers les mers qui l'entourent par des terrasses ardues, coupées de ravins et de défilés. Les montagnes de ces pays, devenus aujourd'hui presque sauvages, ont abrité jadis les peuples les plus civilisés de la terre, et portent des noms célèbres : ce massif culminant de la péninsule s'appelle le mont Olympe (2972^m), suivi des monts Ossa et Pélion; cette large chaîne, en Thrace, s'appelle Rhodope; cette chaîne centrale, qui descend entre l'Épire et la Thessalie, c'est le Pinde; ce défilé le long de la mer porte le nom de Thermopyles; les sommets de cette crête transversale s'appellent l'Œta, le Parnasse, l'Hélicon, le Cithéron; cette haute terre, si bien découpée en feuille de mûrier par la mer, c'est le Péloponèse; ce plateau arrondi au centre, c'est l'Arcadie, et les vallées âpres et désolées qui en descendent ont autrefois contenu Sparte, Argos et Messène.

Aujourd'hui, à moins d'être bien armé et accompagné, personne ne s'y aventure. S'il n'existait pas une école française d'Athènes pour fournir quelques rares visiteurs à ces contrées mortes, l'existence de leurs montagnes paraîtrait aussi fabuleuse que celle de Jupiter et d'Apollon, auxquels on les avait données pour séjour.

En suivant le cercle de rayon moyen que nous décrivons autour de notre pays, nous rencontrons l'Italie, dont la charpente est formée, de haut en bas, par une chaîne belle et célèbre, au moins de nom, les *Apennins*.

C'est une chaîne de nature variable, mais où le calcaire prédomine : elle atteint une longueur de 1 300 kilom.; sa largeur, qui n'a pas 30 kilom. à Gênes, devient en certains points presque égale à celle de la Péninsule.

La partie septentrionale ou ligurienne est la plus basse : ses sommets ne dépassent pas en hauteur ceux des Vosges, sauf dans le beau contrefort qui fournit les marbres de Carrare.

L'Apennin toscan est plus élevé : les cols dépassent 1000^m, et le mont Cimone, 2000^m. Ces deux parties sont escarpées vers le sud, en pente douce vers le nord. L'Apennin central, romain et napolitain, est une suite de larges plateaux élevés de 1300 à 2000^m, coupés d'âpres arêtes et (fig. 48) de ravins sauvages, les Abruzzes et pays voisins; les plus grandes hauteurs, à l'inverse de la chaîne ligurienne, sont vers l'Adriatique, où se trouvent le *Gran Sasso d'Italia*, qui atteint 2917^m, et le mont Amaro (2800^m). Du côté de Rome se succèdent des terrasses moins élevées, mais toujours âpres et sauvages.

Au-dessous de Salerne, au mont Acuto, la chaîne se bifurque pour dessiner le pied de la fameuse botte; la Calabre, qui en forme le cou-de-pied, est encore montagneuse; mais le talon (Otrante) et le bout du pied (Aspromonte) ne sont plus que des collines.

Les contrées basses qui s'étendent au sud-ouest, des limites de la Toscane et Salerne, par Rome et Salerne, sont semées d'accidents volcaniques célèbres. Ces lacs arrondis, Trasimène, Bolsena, Albano (fig. au ch. IX), sont d'anciens cratères; le lac Lucrin, qui leur ressemblait, a été comblé par une éruption au XVIe siècle. Le mont Epomeo d'Ischia, la Solfatare et d'autres points, ont été en éruption au moyen âge. Aujourd'hui il ne reste plus d'autre volcan actif sur cette côte que le Vésuve.

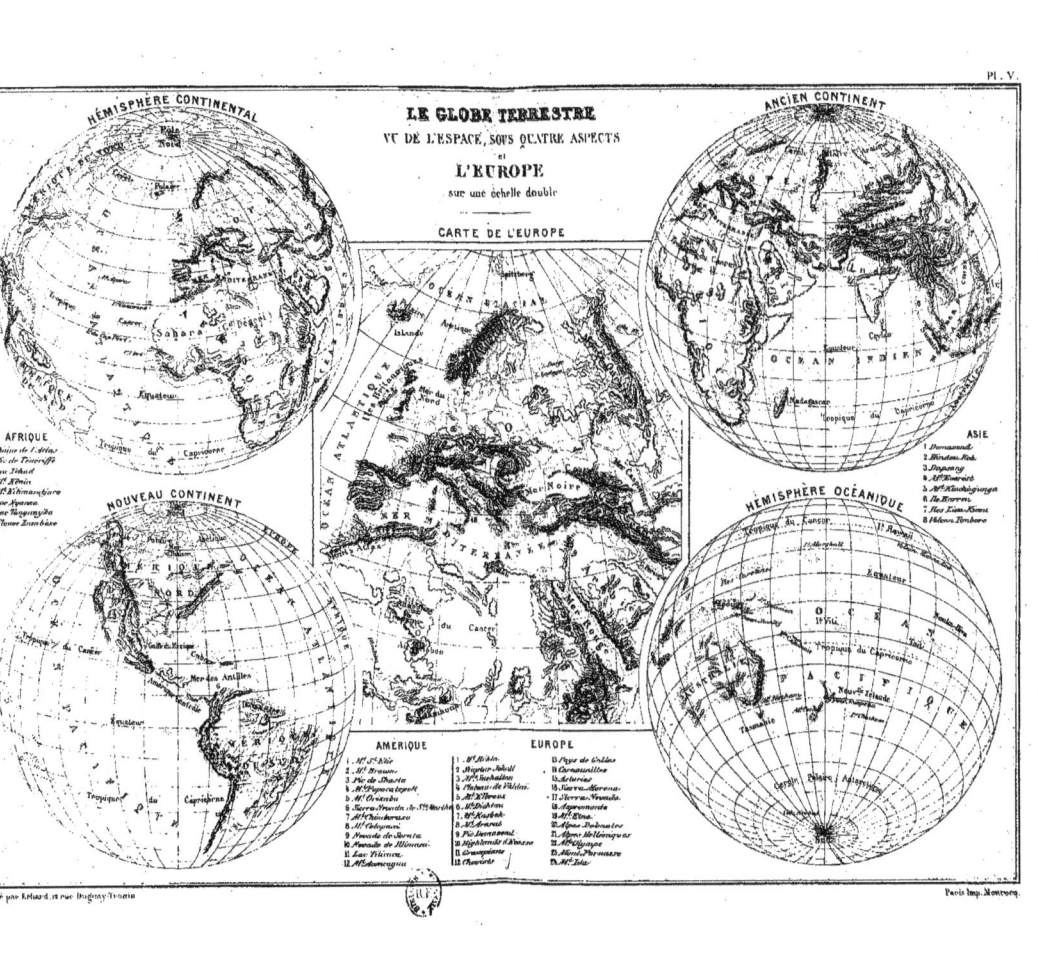

Nous y reviendrons au chapitre ix, ainsi que sur les îles Éoliennes et sur l'Etna, le géant des volcans d'Europe, qui élève à 3320^m sa tête neigeuse par-dessus les prolongements de l'Apennin, formant la charpente de la Sicile.

Fig. 48. — Le mont Cassin (Apennins).

Les régions volcaniques sont à peu près les seules visitées dans les Apennins, dont la chaîne, quoique bien voisine de nous, a contre elle deux fortes raisons qui en éloignent les voyageurs : la concurrence des Alpes et le manque de sécurité.

Nous pouvons presque en dire autant des montagnes d'Espagne : pour les aller voir, il faudrait passer les Pyrénées, qui savent garder leurs visiteurs et les laisser tranquilles sur leur bourse et leur vie.

La péninsule espagnole tout entière est un haut plateau aride et nu, dont la partie centrale, la Castille, a de 700 à 800^m d'altitude moyenne, et s'abaisse vers la mer par des terrasses encore très élevées, où les eaux ont creusé des vallées profondes, presque seules habitées. Le singulier mont Serrato près de Barcelone, avec son couvent, ses grottes et son cirque cratériforme, est presque le seul qui ait des visiteurs. Des faîtes âpres et déboisés, formant à l'horizon des crêtes déchiquetées en dents de scie et appelées *sierras* (fig. 49), séparent les diverses portions du plateau et des terrasses en contrées isolées, dont les parties montagneuses sont peu praticables à une armée offensive, comme le montre toute l'histoire de l'Espagne, aussi bien la plus ancienne que la plus récente. Il n'y a guère de plaines basses de quelques myriamètres d'étendue qu'autour du cours inférieur de l'Èbre, du Tage et du Guadalquivir : cette dernière plaine, nommée l'Andalousie, est bordée, à l'est, par une haute chaîne, la Sierra-Nevada, qui, au delà de Grenade, contient des pics neigeux (Mulhacen, 3554^m) plus élevés que les points culminants des Pyrénées. C'est la région la plus pittoresque et la plus curieuse à visiter pour les amis des montagnes.

Nous pouvons encore ajouter à ce cercle des moyennes distances, comme appendice à la Grèce, à l'Italie et à l'Espagne, les îles et les rivages méridional et oriental de la Méditerranée. Il y a là encore des montagnes françaises bien peu connues, hélas ! et cependant très dignes de l'admiration des voyageurs : celles de la Corse d'abord (Monte Cinto, 2807^m; Monte Rotondo, 2625^m), puis la célèbre chaîne de l'*Atlas* dans notre Algérie, que nous finirons bien par coloniser sérieusement, et qui sans doute un jour, comme le Caucase, aura ses fanatiques partisans. Les points les plus remarquables des montagnes algériennes sont : l'*Aurès* de Batna (Chelia, 2328^m), l'*Ouaransenis* avec son *œil du monde* (1991^m), le *Babor* de Sétif (1990^m), et surtout le pittoresque *Djurjura* de la Kabylie, la Suisse algérienne (Khedidja, 2308^m); la belle ceinture de la fertile Medjana (Dreaf, 1862^m), où mène le défilé des *Portes de Fer;* le *Dira* d'Aumale (1813^m), et enfin la ceinture de la Métidja d'Alger (Mouzaïa, 1608ᵐ; Zaccar, 1580ᵐ).

En ce moment ces montagnes, comme beaucoup de celles que nous avons citées plus haut, comme celles de la Sardaigne, des Baléares, de Malte, de Candie avec son mont Ida, de Rhodes et de Chypre, comme aussi celles de la Syrie et de l'Asie Mineure, dont nous parlerons plus bas, ne peuvent offrir leurs beaux spectacles à un voyageur que s'il sait se passer d'auberges, et se charger lui-même de se nourrir, de s'abriter, et, au besoin, de se défendre.

Fig. 49. — La Sierra-Moncayo et la ville de Calatayud, en Espagne.

X

LES MONTAGNES LOINTAINES

> Quand le souvenir des grands aspects de la nature qui m'ont le plus impressionné vient à s'emparer de moi..., je me représente les vallées boisées des Cordilières.
>
> HUMBOLDT. (*Cosmos*.)
>
> *Inaccessæ brumali frigore rupes,*
> *Sævumque cubile Promethæi.*
>
> VALERIUS FLACCUS.

Nous voici arrivés aux régions lointaines, dont quelques points seulement ont été bien décrits, et ont fixé, au point de vue de leurs montagnes, l'attention publique. Nous ne parlerons que de ceux-là.

C'est d'abord, aux confins de l'Europe orientale, le groupe du *Caucase*. Des officiers russes et anglais ont exploré cette chaîne gigantesque, et leurs récits pourraient bien y envoyer un jour, en grand nombre, les explorateurs de montagnes. Le Caucase va, comme les Pyrénées, d'une mer à l'autre; tombant superbement au nord sur les steppes basses de la Russie, il se lie au sud avec les montagnes de l'Arménie. Il constitue une région bien arrosée, couverte d'une splendide végétation, coupée de vallées pittoresques et d'escarpements grandioses; il renferme au nord de sa ligne de faîte, c'est-à-dire en Europe, des sommets qui s'élèvent plus haut que ceux des Alpes, et enlèvent au mont Blanc la royauté des cimes européennes : l'Elbrouz a, dit-on, 5640^m; le Dichtau et le Kasbek dépassent aussi 5000^m.

En face du Caucase, au sud, est le haut plateau arménien, parsemé de grands lacs et hérissé de hauts pics, parmi lesquels trône superbement le célèbre mont Ararat (5300^m). Il est à remarquer que toutes ces hautes cimes sont d'origine volcanique.

Aux hautes cimes d'Arménie se rattachent, à l'est, les Alpes du Kourdistan, les montagnes neigeuses de l'antique Assyrie, dont les sources abondantes alimentent l'Euphrate et le Tigre, et, à l'ouest, les monts jadis fameux du *Taurus*, qui bordent le plateau d'Asie Mineure, aujourd'hui si peu connu et visité. Le mont Argée, aujourd'hui Arghi-Dagh, qui domine l'antique Césarée (Kaisarieh), atteint 3840^m. C'est aussi un volcan éteint. Le plateau lui-même dépasse 1000^m d'altitude.

Fig. 50. — Le mont Sinaï.

Plus au sud, l'histoire sacrée a rendu célèbres les deux chaînes étroites et parallèles du *Liban*, entre lesquelles est creusé ce singulier bassin de la Cœlé-Syrie (Syrie creuse), aujourd'hui célèbre par les ruines gigantesques de l'antique Balbeck. Le Liban atteint environ 3000^m d'altitude; dans l'Anti-Liban, le grand Hermon, qui domine, au sud, les sources du Jourdain, dépasse aussi 2900^m.

Les deux chaînes du Liban se continuent par les montagnes aujourd'hui arides et désolées qui couvrent la Terre-Sainte, et qui enferment la profonde vallée du Jourdain, sorte de fente terrestre située tout entière au-dessous du niveau de la mer. Le lac de Génésareth est à 189^m, et la mer Morte à 392^m en contre-bas de ce niveau. La dépression continue au sud de cette dernière, mais en se relevant peu à peu, sous le nom d'*Arabah*, jusqu'au bras oriental de la mer Rouge. Dans un espace triangulaire, à l'ouest, entre les deux bras de la mer Rouge, se trouve le célèbre massif du Sinaï (fig. 50), dont les différents pics atteignent de 2300 à 2900^m d'altitude. Toutes ces contrées sont aujourd'hui très visitées, mais plus souvent par des pèlerins ou des littérateurs que par des naturalistes.

En retournant vers l'est, après le désert de Syrie et la plaine basse de la Mésopotamie, à la suite du Kourdistan et de l'Arménie, se trouve le plateau d'*Iran* ou de la Perse, qui s'étend de la mer Caspienne à l'océan Indien, du Tigre à l'Indus. Son altitude moyenne est de 1200 à 1800^m. Sur son bord caspien, au nord de Téhéran, le volcan Demavend porte son cratère, aujourd'hui rempli de glace, à près de 4500^m de hauteur.

Son extrémité orientale augmente rapidement d'altitude; Kaboul, l'entrée de l'Inde, est entre deux chaînes qui atteignent, celle du sud, 4700^m, et celle du nord, 5600^m.

C'est là qu'est le célèbre nœud montagneux de l'Indou-Koh; c'est à partir de là qu'au centre de l'Asie, entre l'Inde, la Chine et les plaines russes (voir les globes de la carte V), se dresse

---

[1] Ces globes, ainsi que la carte d'Europe qui est au milieu, sont construits par un procédé peu employé jusqu'ici, mais qui nous paraît le plus propre à donner une idée juste de la disposition des continents et des mers. C'est ce qu'on nomme la projection *orthographique*, dont on peut avoir, à cette petite échelle, une exécution très suffisante et très facile en photographiant une sphère terrestre à une distance de quinze à vingt fois son diamètre. La construction de nos mappemondes classiques, dites stéréographiques, ne peut que donner des idées fausses aux commençants, faisant voir en creux ce qui est en relief. Pour réaliser l'effet qu'elle présente, il faudrait prendre un gros globe-ballon d'étoffe flexible, renfoncer l'un des hémisphères à l'intérieur de l'autre, et regarder l'hémisphère concave, ainsi obtenu, d'une distance du fond juste égale à son diamètre. Le succès des mappemondes, dû à l'économie de place et à la facilité de tracé, n'empêche pas qu'elles ne soient l'envers de la vérité. Jamais, du reste, on ne remplacera un globe pour l'enseignement sérieux de la géographie élémentaire.

la masse montagneuse la plus colossale du monde entier, « la forteresse centrale des monts d'Asie, » qui est à cette partie du monde ce que les Alpes sont à l'Europe. C'est un immense plateau, d'une altitude moyenne de 3 à 4000^m, hérissé sur ses bords et sur son milieu d'énormes saillies qui constituent les chaînes de montagnes les plus élevées du monde. Il s'abaisse au nord par un grand désert que bordent les chaînes successives des monts Célestes et des monts Altaï, et qui est aujourd'hui le seul obstacle aux conquêtes de l'empire russe sur le Turkestan et l'empire chinois. Sa pointe vers l'ouest, le plateau de Pamir ou *toit du monde*, envoie sur le plateau persan des contreforts gigantesques : il enferme tout près de là la célèbre vallée de Cachemire, le paradis des poètes orientaux, entourée de cimes neigeuses qui dépassent 7000 à 8000^m.

La bordure saillante et escarpée vers le sud du grand plateau, qui barre toute l'Inde au nord, est célèbre sous le nom d'*Himalaya*; une crête au moins aussi haute, qui traverse le plateau de l'ouest à l'est, s'appelle le *Karakorum;* une seconde, presque parallèle, mais plus au nord, s'appelle le *Kouenlun*, et les Chinois la regardent comme la plus élevée des trois.

Explorée par les frères Schlagintweit et par le major anglais Everest, puis actuellement par des Anglais qui ont fondé à Lahore un Himalayan-Club, à l'imitation de l'Alpine-Club, cette masse montagneuse, presque inconnue il y a trente ans, est en ce moment l'objet de véritables découvertes. Déjà on y a mesuré géométriquement plus de soixante sommets dont l'altitude dépasse 7000 mètres.

Jusqu'ici, le plus élevé, c'est-à-dire le point culminant du monde, reste encore le Gaurisankar, ou Gaourichnaka, ou Tschingo-Pamari, ou mont Everest (fig. 51), situé sur le bord indien, dans le Népaul; il atteint 8840^m, presque deux fois la hauteur du mont Blanc.

Le sommet qui a le second rang pour l'élévation n'est pas dans l'Himalaya, mais dans le Karakorum : c'est le Dapsang, au nord-est de la vallée de Cachemire; il a 8630^m.

On cite, dans la même direction, un Snowy-Peak (Pic neigeux) avec le chiffre de 8619^m; peut-être est-ce un autre nom de la même montagne.

Le troisième rang resterait encore, dans ce cas, au Kinchinjunga (8588ᵐ), splendide sommet, qui fait partie de l'Himalaya, mais dans le Sikkim, au nord de Calcutta. A ses pieds, en un point élevé de 2050ᵐ, d'où on peut voir se déployer toute sa majesté, les Anglais ont construit le sanatorium, ou résidence d'été, de Dorjiling.

Fig. 51. — Le Gaurisankar.

Le Dawalagiri, que l'on regardait comme le point culminant il y a trente ans, a 8180ᵐ. Le Nanga-Parbat ou Diarmal, au coude de l'Indus, a 8022ᵐ. Une quinzaine de sommets encore ont été vérifiés dépasser 7500ᵐ.

Schlagintweit évalue la hauteur moyenne des crêtes du massif, abstraction faite des pics qui les accidentent, à 5430ᵐ pour l'Himalaya, à environ 5600ᵐ pour le Karakorum, et 5200ᵐ pour le Kuenlun. On voit que tout est bien là à une échelle double de celle des Alpes.

Toutefois, pour ne pas donner trop de regrets à ceux de nos lecteurs qui espèrent bien voir les Alpes, mais non l'Himalaya, nous leur citerons ce témoignage d'Élisée Reclus : « Si ces monts puissants de la haute Asie sont plus majestueux que les Alpes d'Europe, ils n'ont point en général la même variété d'aspect, la même grâce dans les contours, le même charme dans les paysages. L'Himalaya est uniforme dans sa grandeur : ses pics sont plus hauts, ses neiges plus étendues, ses forêts plus vastes ; mais il a moins de cascades et de lacs, il n'a pas de riantes pelouses ni de bosquets épars, on n'y voit point les pittoresques chalets blottis dans les vallons ou se penchant au bord des abîmes. »

Auprès de ces colosses de l'Asie centrale, il est à craindre que les montagnes qui nous restent à citer ne paraissent avoir que peu d'intérêt.

En Afrique, les voyages de MM. d'Abbadie ont donné de la notoriété au plateau d'Abyssinie, élevé de plus de 2000ᵐ et dominé par des cimes plus hautes que celles des Alpes.

Livingstone et ses émules ont aussi fait connaître la chaîne du Kilimandjaro (6100ᵐ) et du Kenia, les monts de la Lune des anciens, couverts de neige sous l'équateur.

La plus célèbre et la mieux connue des montagnes africaines est dans une île sur la côte atlantique ; c'est le fameux pic volcanique de Ténériffe (fig. 52), se dressant sur la mer à 3700ᵐ de hauteur par-dessus sa ceinture persistante de nuages. L'effet extraordinaire de saillie qu'il produit vu de la mer l'a fait longtemps passer pour le pic le plus élevé du monde.

L'Océanie n'a que peu de montagnes qui puissent rivaliser de hauteur même avec celles d'Europe. La plus élevée, le Mouna-Roa d'Hawaii (4838ᵐ), est un volcan que nous retrouverons sur notre route.

Reste le grand continent d'Amérique, dont les montagnes, visitées par Humboldt, ont été célèbres avant l'Himalaya et longtemps crues les plus hautes du monde. L'Amérique peut garder au moins la gloire de posséder la plus longue chaîne de montagnes du globe : les Andes de l'Amérique du Sud ont 7500 kil. de long, et la chaîne des montagnes Rocheuses de l'Amérique du Nord au moins autant, ce qui fait une ligne continue de hauteurs occupant presque la moitié du tour du monde.

Les montagnes Rocheuses, encore peu connues, vont être parcourues et célébrées, maintenant qu'elles sont traversées par la grande ligne du chemin de fer transcontinental. La crête moyenne et la hauteur des sommets dépassent celle de nos Alpes (mont Hooker, 5086^m). Le mont Saint-Élie, tout à fait au nord, a, dit-on, 5413^m d'altitude. La partie centrale du massif, entre le cours du Missouri et le réseau opulent des vallées

Fig. 52. — Pic de Ténériffe.

de la Californie, s'élargit en un immense plateau, souvent désert et nu (Utah), semé d'accidents volcaniques, surmonté de belles chaînes neigeuses, creusé de pittoresques vallées, et coupé de profondes gorges ou *canons* (Rio-Colorado) dont les escarpements verticaux dépassent quelquefois un millier de mètres.

Le grand plateau du Mexique, qui continue les montagnes Rocheuses au sud, est parsemé de cônes volcaniques gigantesques, dont le plus élevé, le Popocatepetl, entre Mexico et Puebla, atteint 5542^m ; un second volcan, l'Orizaba ou Citlaltepetl, se dresse sur le bord du plateau comme un cône admirablement régulier, descendant jusqu'à la plaine qui borde la mer d'une hauteur d'à peu près 5400^m.

Entre les deux Amériques, la chaîne, quoique nettement accusée, s'abaisse assez pour qu'il soit possible, en cinq ou six endroits, d'espérer franchir, par un canal navigable, cet isthme si gênant pour les communications maritimes.

La Cordilière des Andes, dans l'Amérique du Sud, est un haut plateau, une sorte de bande large de 100 à 500 kilom., sur les bords de laquelle sont des pics généralement volcaniques formant ainsi ordinairement deux, quelquefois trois chaînes presque parallèles, enfermant de hautes terres, tantôt fertiles, tantôt désertes, mais ayant toujours un climat beaucoup plus froid que les terres basses. Quito, situé sur cette terrasse, à près de 3000^m d'altitude, jouit d'un climat analogue au nôtre. De grandes villes, comme Potosi et Cuzco, sont à plus de 4000^m, la hauteur du sommet de la Jungfrau. Il est vrai que les Indiens qui vivent à ces altitudes ont les poumons développés en conséquence, et que les Européens y souffrent du *soroche* ou mal de montagne.

La chaîne entière longe l'océan Pacifique, vers lequel elle tourne son versant le plus escarpé. Plusieurs parties, étant situées sous un ciel sans pluies, sont privées de ces ravinements qui sculptent les formes des montagnes, et présentent de grandes surfaces unies, incultes et désertes. C'est par-dessus cette masse déjà si élevée que se dressent les cônes volcaniques, tantôt sur un bord du plateau, tantôt sur l'autre.

Les chiffres que l'on a publiés sur leur altitude sont peu d'accord; peut-être y a-t-il eu quelquefois exagération par amour-propre national; le résultat est qu'on ne sait pas au juste quelle est la cime la plus élevée. Longtemps le Chimborazo, volcan voisin de Quito, escaladé presque jusqu'au sommet par Humboldt, puis par Boussingault, et élevé de 6530^m, a eu les honneurs de la prééminence. L'Aconcagua dans le Chili, la Sorata et l'Illimani, dans la Bolivie, paraissent décidément plus élevés, quoique, de 7300 à 7600^m, on ait réduit le calcul de leur hauteur à 6800 et 6600^m. Dans les listes les plus récentes, l'Aconcagua tient la tête pour l'Amérique entière, avec la cote 6834^m. Ce qui est certain, c'est que les sommets au-dessus de 6000^m sont nombreux dans les Andes, et que la chaîne se maintient aux altitudes neigeuses sur une longueur de plus d'un quart de tour du globe, depuis le sud du Chili jusqu'au milieu de la Nouvelle-Grenade. Au bord même de la mer des Antilles, s'élève brusquement, tout à fait isolée, et produisant l'effet de saillie peut-être le plus considérable du globe entier, cette superbe masse de la Sierra-Nevada de Sainte-Marthe, élevée de 5850^m, et oubliée sur les cartes classiques françaises parce qu'elle n'est pas sur la ceinture d'un bassin fluvial.

En dehors de cette sorte de colonne vertébrale que forment les Cordilières au continent américain, il y a vers l'ouest des deux parties de ce continent quelques systèmes montagneux d'une importance bien moindre, surtout au point de vue de l'altitude, mais assez connus pour que nous ne puissions nous dispenser d'en dire quelques mots.

Dans la partie la plus florissante des États-Unis s'étend du Mississipi au Saint-Laurent une série de plissements parallèles très analogues à notre Jura, connus sous le nom de monts Apalaches, la partie orientale sous celui de monts *Alleghanys*. Ce sont de petites montagnes, dont les points culminants n'atteignent pas 2000^m; elles renferment une quantité de vallées boisées, dont quelques-unes sont devenues célèbres par leur pétrole, aujourd'hui une des grandes richesses du sol américain. Des mines importantes de houille ou plutôt d'anthracite, qui y abondent aussi, représentent la réserve de l'avenir, et le moyen de recueillir la succession future de l'Angleterre, reine actuelle des mers et du commerce.

Les Antilles, grandes et petites, représentent encore une région montagneuse, dont la courbe vient se rattacher à une branche des Cordilières du Sud qui va de Bogota à Caracas. Les volcans y dominent comme dans ces dernières montagnes. La *Soufrière* de la Guadeloupe (1484^m) est au rang des volcans actifs.

Dans l'est de l'Amérique du Sud, nous devons noter deux systèmes montagneux principaux : celui des *Guyanes*, complètement entouré par les plaines de l'Orénoque et du Rio-Negro, et dont le Cassiquiare, affluent commun de ces deux fleuves, fait avec eux une sorte d'île, a ses points culminants dans la partie occidentale (Parime), atteignant au plus 2000^m. Celui du *Brésil*, developpé surtout dans la province de Minas-Geraes, a ses points culminants (Itacolumi, 2420^m) dans le voisinage de Rio-de-Janeiro. Les montagnes voisines de cette ville présentent même des accidents naturels très pittoresques, notamment les fameuses orgues (fig. 53) basaltiques, qui sont un but d'excursion pour les voyageurs.

Terminons ici cette esquisse générale des montagnes de notre globe, sans doute trop longue au gré de nos lecteurs. Nous n'avons voulu qu'indiquer ce sujet immense; nos lecteurs ne seront pas embarrassés de trouver les documents nécessaires à leurs excursions. Pour chaque contrée du monde aujourd'hui il y a d'excellents itinéraires, et à cet égard au moins notre pays ne peut encourir le reproche d'être en arrière des autres.

Fig. 53. — Les orgues de Rio-de-Janeiro.

CHAPITRE IV

LES FORMES DES MONTAGNES

I

L'ALTITUDE ET SA MESURE

> Son front blanc dans la nuit semble une aube éternelle.
> Le chamois effaré, dont le pied vaut une aile,
> L'aigle même le craint, sombre et silencieux.
> La tempête à ses pieds tourbillonne et se traîne,
> L'œil ose à peine atteindre à sa face sereine,
> Tant il est avant dans les cieux.
>
> VICTOR HUGO, *Feuilles d'automne.*

La première chose qui nous frappe et nous intéresse dans les montagnes, c'est leur hauteur.

Comme la plaine est à peu près plate, l'élévation verticale à laquelle parvient une montagne dépend de l'élévation à laquelle est déjà parvenue la plaine elle-même au pied de la montagne. Il faut prendre un point de départ invariable; on a adopté le niveau moyen des mers; malgré la variation en apparence considérable que causent à ce niveau les vagues, les vents, les marées, la *moyenne* doit donner et donne, en effet, une surface précise et constante au-dessus de laquelle font saillie les plaines et les montagnes.

La distance verticale du sol au niveau de cette surface, ce que nous pouvons supposer être la profondeur d'un puits dont la nappe d'eau serait la continuation horizontale de celle des mers à travers la terre, s'appelle la *cote de hauteur* ou l'*altitude* du point considéré.

En levant la carte d'un pays, on détermine rigoureusement les altitudes de quelques points remarquables de ce pays, angles de bâtiments publics, objets scellés, etc., dont l'immobilité est confiée au soin de l'administration des ponts et chaussées, et qui servent de repères pour les nivellements partiels faits dans chaque pays. A Paris, c'est une échelle fixée à une arche du pont de la Tournelle, dont le point 0 est à environ 30^m au-dessus du niveau de la Manche.

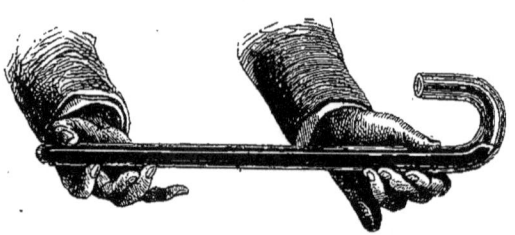

Fig. 54. — Tube barométrique couché.

La détermination de l'altitude de ces points s'obtient par des nivellements, et celle des points inaccessibles, par des mesures d'*angles* formés avec une *base* déterminée avec précision, et des calculs trigonométriques.

Ce sont là de longues opérations, dont les résultats sont consignés par des chiffres sur les cartes d'état-major. Pour les mesures de détail, il existe une méthode rapide; c'est la physique qui l'a fournie, comme elle avait déjà fourni la boussole pour le levé des plans. Cette méthode consiste à apprécier le poids de la colonne d'air qui pèse sur un point d'altitude connue; puis, au même moment, celui qui pèse sur le point dont on veut connaître l'altitude : la différence est le poids de la colonne d'air qui aurait la hauteur cherchée, et de ce poids on conclut cette hauteur par un calcul dont les éléments sont préparés d'avance sous forme de tableaux.

L'instrument qui mesure la pression due au poids de l'air est connu de tout le monde, c'est le *baromètre*.

Supposons (fig. 54) un tube de verre recourbé dont la longue branche, fermée au bout, est complètement remplie de mercure. Redressons ce tube doucement (fig. 55); l'air ne pourra pas entrer dans cette branche, et cependant, si le tube a à peu près un mètre de hauteur, le mercure quittera le sommet bouché, et établira son niveau en un point, plus élevé que celui de l'autre branche, d'environ 7 décimètres et demi. L'intervalle resté entre le mercure et le sommet bouché du tube est le *vide* barométrique.

Fig. 55. — Baromètre redressé.

Prolongeons par la pensée le tube ouvert jusqu'aux limites supérieures de l'atmosphère, nous aurons, pesant l'une contre l'autre, d'un côté une colonne de mercure, de l'autre côté une colonne d'air, qui doivent se faire équilibre. L'une est très courte, l'autre très longue, parce que le mercure est très lourd (13 590.^{gr} le litre à 0°) et l'air très léger (de 1^{gr} à 1^{gr} 3 le litre dans les altitudes habitables); mais elles doivent toujours peser autant l'une que l'autre; donc si on raccourcit la colonne d'air en s'élevant sur une montagne ou dans un ballon, il faut que la colonne de mercure se raccourcisse, c'est-à-dire que le baromètre descende, comme on dit. La colonne d'air qu'on a laissée sous soi pèse autant que la colonne de mercure qui manque dans le tube : la mesure de l'une fera connaître l'autre.

Au niveau de la mer, en hiver, quand il gèle, l'air pèse à peu près 10 400 fois moins que le mercure, en été 11 600 fois : donc le baromètre baisse d'*un millimètre* quand on s'élève d'environ *onze mètres*, c'est-à-dire quand on passe du rez-de-chaussée au second étage d'une maison.

Pascal, le véritable inventeur du baromètre, a fait pour la première fois cette expérience à Paris, à la tour Saint-Jacques-la-Boucherie, sous laquelle on a érigé sa statue. La tour a 60^m de hauteur; le baromètre qu'on monte au sommet baisse de cinq millimètres et demi.

Pour les grandes hauteurs, comme celles des montagnes, la chose n'est pas si simple, parce que le mercure garde toujours le même poids, tandis que l'air devient plus léger à mesure qu'on monte. On trouve dans tous les traités de physique des formules pour effectuer le calcul, et dans l'Annuaire du Bureau des longitudes des tables pour l'abréger. La dilatation qu'éprouve l'air par la chaleur en change le poids, de sorte qu'il faut observer avec soin aux deux stations, en bas et en haut, non seulement le baromètre qui donne la pression de l'air, mais aussi le thermomètre qui donne sa température.

Au moyen de ces quatre mesures et des petites tables qu'on peut avoir dans son portefeuille, n'importe qui, sachant faire une addition, pourra, par une opération de quelques minutes, mesurer la hauteur d'une montagne dont il a fait l'ascension [1].

Aujourd'hui le baromètre fait partie essentielle du bagage des ascensionnistes en excursion dans les chaînes inexplorées. Le commerce s'est ingénié à en fabriquer qui soient à la fois très exacts et très légers; car la première qualité d'un bagage, en montagne, est la légèreté. Le meilleur modèle de baromètre à

---

[1] Voici, en chiffres ronds, le résultat de ce calcul, en supposant qu'au niveau de la mer la pression du baromètre soit 760 millimètres, et la température 20°, celle-ci décroissant ensuite comme nous le verrons au chapitre x.

Le baromètre marquant 760 mill. au niveau de la mer,

il marquera :	à l'altitude :	c'est à peu près celle de	il marquera :	à l'altitude :	c'est à peu près celle du
750 mill.	110 mill.	Versailles.	550 mill.	2680 mill.	Faulhorn.
740	225	Grenoble.	540	2830	Canigou.
730	340	Épinal.	530	2980	Quito (ville).
720	460	Langres.	520	3130	Gornergrat.
710	580	Interlaken.	510	3290	Vignemale.
700	700	Le Puy.	500	3450	Pic Néthou.
690	820	Gap.	490	3610	Tœdi.
680	940	Einsiedeln.	480	3770	Ténériffe.
670	1070	Bains du mont Dore.	470	3940	Pelvoux.
660	1190	Barèges.	460	4110	Jungfrau.
650	1320	Briançon.	450	4280	Finsteraarhorn.
640	1440	Puy-de-Dôme.	440	4460	Mont Cervin.
630	1570	Zermatt.	430	4650	Mont Rose.
620	1710	Righi (hôtel).	420	4830	Mont Blanc.
610	1840	Plomb du Cantal.	....	....	......
600	1980	Simplon.	380	5620	Elbrouz.
590	2110	Mont Pilate.	360	6100	Chimborazo.
580	2250	Mexico.	330	6900	Ibi-Gamin.
570	2390	Col de la Furka.	260	8860	Gaurisankar.
560	2530	Grand St-Bernard.	230	10000	Ballon Glaisher.

mercure sous ce rapport est le baromètre à siphon de Gay-Lussac (fig. 56), perfectionné par Bunsen, dont tous les traités de physique ont donné la description. Dans la figure, A représente l'instrument complet, avec son enveloppe de cuivre, portant au milieu un thermomètre, et vers les deux extrémités les viseurs des niveaux du mercure. B représente le tube intérieur, avec la colonne de mercure dont on a la hauteur à mesurer. L'air entre dans la plus courte branche par un très petit trou latéral. C représente le même tube retourné : le mercure remplit entièrement la longue branche, la plus courte en garde à peine quelques gouttes. On porte cet instrument sur le dos en bandoulière, dans un étui, le sommet en bas, pour éviter les mouvements du mercure.

Pour faire l'observation (fig. 57), on suspend le baromètre verticalement par son anneau supérieur, on affleure successivement les deux viseurs aux deux niveaux du mercure, et on lit aux échelles gravées sur l'enveloppe de cuivre les deux nombres de millimètres, dont la somme est la hauteur cherchée. L'indication du thermomètre permet de corriger l'erreur due à l'échauffement du mercure, qu'il faut toujours supposer à la même température, celle de la glace fondante, pour que les observations soient comparables.

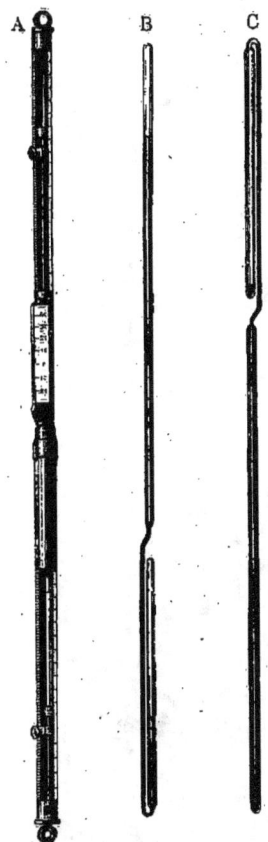

Fig. 56. — Baromètre de Gay-Lussac.

Tous les baromètres à mercure ont le défaut d'être gênants par leur longueur, et fragiles en cas de chute, quoi qu'on fasse pour protéger et emballer le tube de verre. On en fait aujourd'hui fondés sur un tout autre principe, qui ne sont pas fragiles et peuvent se mettre au besoin dans le gousset comme une montre. Ils sont formés essentiellement d'un petit tube ou d'une petite boîte en métal élastique extrêmement mince, qui, enfermant un espace clos, bien vide d'air, est plus ou moins déformé suivant que l'air presse plus ou moins. Cette déformation fait mouvoir une aiguille sur un cadran, qui porte des divisions obtenues en expérimentant l'instrument comparativement avec un baromètre

Fig. 57. — Comment on mesure la hauteur de la colonne barométrique.

à mercure. Il y en a deux excellents modèles, celui de Bourdon (fig. 58), où l'élément élastique est un petit tube aplati et enroulé, et celui de Vidi (fig. 59), où l'air presse le dessus ondulé d'une boîte cylindrique.

On a beaucoup perfectionné dans ces derniers temps ce dernier genre d'instruments, que l'on trouve sous les noms de baromètres *anéroïdes* et de baromètres *holostériques*, à des prix très modérés, expressément construits pour les excursions de montagnes, et portant une graduation qui indique les altitudes où l'on est parvenu.

LES FORMES DES MONTAGNES 173

Avec un de ces instruments on n'est plus exposé à commettre des erreurs grossières, comme on en fait lorsqu'on se rapporte au seul témoignage des yeux.

Il est inouï comme on se laisse tromper sur les distances et les hauteurs quand on n'a pas une grande habitude des montagnes. L'air est souvent tellement transparent, qu'on croirait pouvoir toucher, en jetant une pierre, des parois ou des pentes nues qui sont éloignées de plusieurs kilomètres, et où des roches énormes font l'effet de simples cailloux. On peut redresser jusqu'à un certain point son jugement, quand on peut apercevoir un terme de

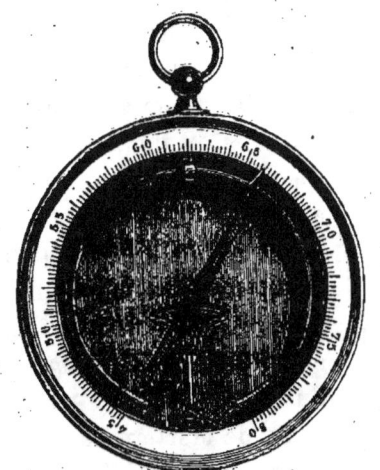
Fig. 58. — Baromètre Bourdon.

Fig. 59. — Baromètre Vidi.

comparaison, un homme, un animal, un chalet; même dans ce cas on se fait illusion : on croit pouvoir descendre en dix minutes à tel village qui est à deux ou trois heures de marche; on croit pouvoir monter en une heure à tel sommet qu'on sera bien heureux d'atteindre en une demi-journée.

On compte qu'en moyenne un bon ascensionniste, dans une longue excursion, s'élève dans une heure de marche d'une hauteur verticale de 300^m (ce qui fait 5^m par minute, 8 à 9 cent. par seconde). Un cheval ou un mulet, dans sa route habituelle, et par conséquent le montagnard qui le conduit, montent facilement de 360^m par heure (10 centimètres par seconde); mais il serait fatigant et dangereux pour des touristes de les suivre trop longtemps à pied.

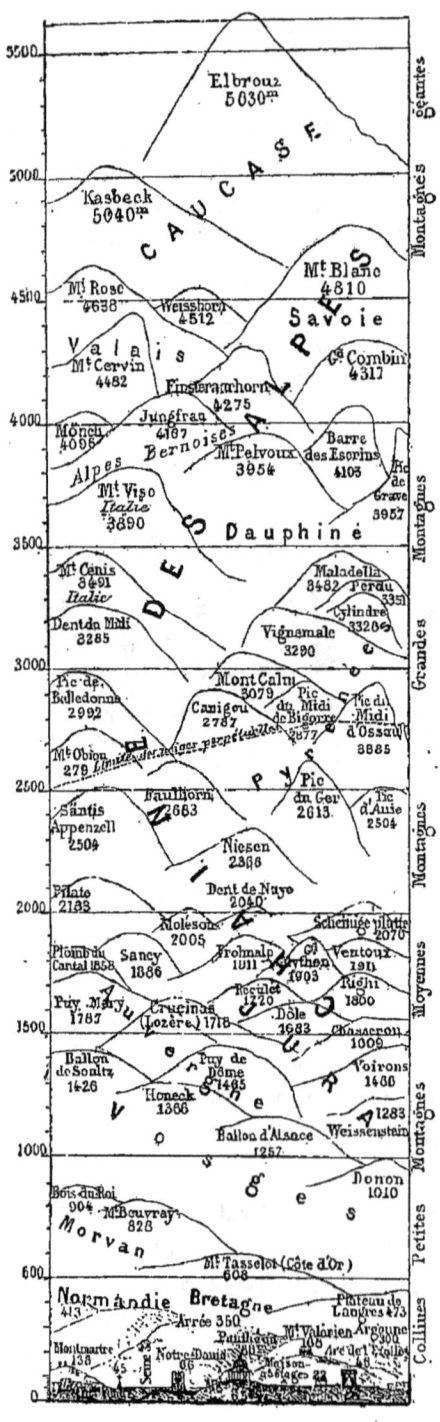

Les voyageurs ordinaires se contentent donc, et ils font fort bien, de monter par heure d'environ 200 à 250 m. N'oublions pas le proverbe, *chi va piano va sano, chi va sano va lontano*, que la Fontaine a traduit :

Qui veut voyager loin, ménage sa monture.

J'ai vu des voyageurs, à Paris, courbaturés pour avoir fait (trop vite) les ascensions du dôme du Panthéon et de cinq ou six autres belvédères. Que serait-ce donc, dans certains chemins de montagnes, même très parcourus, par exemple, dans les zigzags du bois Magnin, sur la route de Martigny au mont Blanc, par le col de Balme, ou dans ceux de la Mayenwand au glacier du Rhône, où l'on monte pendant deux heures sur la même pente raide et uniforme, ou dans cette montée de trois heures de la Gemmi, dont le sentier, bizarrement contourné, taillé dans le roc, gravit dans une fissure une paroi verticale de 800 m, sans qu'on puisse de chaque lacet du chemin voir celui d'où l'on vient ni celui où l'on va ?

Fig. 60. — Hauteurs relatives des montagnes auprès de nos monuments et de nos collines.

La figure 60 est destinée à donner une idée nette des hauteurs relatives de nos monuments et de nos collines comparativement aux petites, aux moyennes et aux grandes montagnes d'Europe. Tout ce que nous avons dit se rapporte surtout à ces montagnes ; pour l'appliquer aux chaînes gigantesques de l'Asie centrale et de l'Amérique équatoriale, il suffirait de doubler peu à peu les dimensions. Dans les climats tropicaux, la zone des forêts et des régions habitables s'élève jusqu'à 3000^m ; la zone des neiges perpétuelles ne commence qu'entre 5000 et 6000^m.

Cette saillie des montagnes, qui nous semble si énorme, n'est rien par rapport aux dimensions du globe terrestre. On a l'habitude de la comparer aux rugosités de la peau d'une orange : cette comparaison est très exagérée. Ces rugosités atteignent facilement plus d'un millimètre sur des oranges qui n'ont pas un décimètre de diamètre. Si elles avaient proportionnellement cette taille, les montagnes terrestres atteindraient 120 kil. de hauteur, c'est-à-dire 15 et 20 fois plus qu'elles n'en ont en réalité. Le disque de la lune, qui nous paraît un cercle si parfait, est accidenté par des montagnes relativement quatre fois plus hautes que les nôtres. Sur un globe d'un mètre de diamètre, les plus hauts pics de l'Himalaya n'auraient que deux tiers de millimètre de saillie, et le mont Blanc un tiers. L'effet n'en serait pas exécutable à cette échelle ; mais la figure 61 le représente sur une échelle six fois plus grande. La courbure de la terre y est indiquée par l'espace blanc laissé entre l'arc correspondant au niveau des mers, et la corde, ligne droite qui en joint les extrémités.

Si la hauteur des chaînes y est bien à l'échelle de la courbure, leur largeur y est fort diminuée. Les Alpes seules occuperaient plus de la moitié de l'étendue de la figure, et les Pyrénées le tiers.

Il ne faut pas s'exagérer la pente générale des chaînes de montagnes. De Genève au sommet du mont Blanc, ou de Lourdes au sommet du mont Perdu, si on pouvait faire une voie en ligne droite, franchissant les vallées sur de gigantesques viaducs, cette voie aurait une pente de 6 centimètres par mètre au plus, c'est-à-dire moins forte que celle de beaucoup de rues où les voitures montent au trot, moins de deux fois plus inclinée que la rampe du chemin de fer de Saint-Germain, que remontent

Fig. 61. — Dimensions respectives de la saillie des montagnes, de la profondeur des mers, de la courbure de la terre, etc., et de l'épaisseur probable de l'écorce terrestre et de l'atmosphère, à l'échelle de 1 : 2,000,000 m.

a Pyrénées (point culmin.), 3400 m.
b Monts d'Auvergne (p. c.), 1800 m.
m Profondeur maxima de la Méditerranée française, 2900 m.
c Alpes, 4800 m.
d Vosges, 1400 m.
n Plateau du télégraphe transatlantique, 4400 m.
n Ballon de Glaisher, 10000 m.
e Pic de Ténériffe, 3700 m.
s Zone des cumulus, 1000 à 3000 m.
т Zone des cirrus, 5000 à 15000 m.
f Dapsang, 8600 m.
g Gaurisankar, 8800 m.
h Asc^{on} de Schlagintweit, 6900 m.
o Prof. de l'Oc. indien, 10000 m.
p Ballon de G. Tissandier, Sivel Crocé-Spinelli, 8600 m.
i Plateau du haut Pérou, 4000
j Chimborazo, 6500 m.
k Aconcagua, 6900 m.

Hauteur de l'atmosphère : environ 80 kilomètres. Épaisseur probable de l'écorce solide du globe, de 15 à 25 kilomètres.
Longueur de l'arc terrestre représenté : 380 kilomètres ou 100 lieues. La flèche, ou distance maximum de l'arc à sa corde, est de 2800 m.

des locomotives ordinaires. L'ancien chemin de fer Fell, au mont Cenis, et le chemin de fer actuel du Righi, ont une pente maximum de 11 centimètres pour mètre.

Ce sont les brisures et les ravinements, produisant des inégalités inverses et successives, qui causent ces fortes pentes montagneuses si difficilement praticables au pied de l'homme. Mais on s'exagère souvent ces pentes elles-mêmes : il est remarquable que les paysagistes, quand ils croient avoir représenté exactement la saillie d'une montagne, se trouvent, si on vient à vérifier par un moyen géométrique les dimensions horizontales et verticales, avoir exagéré la hauteur de plus d'un tiers. Quelques-unes de nos figures, comme le puy de Sancy, au chapitre IX, et le mont Blanc, au chapitre XI, présentent à l'excès ce défaut, que l'usage habituel des photographies fera peu à peu disparaître. Les talus d'éboulement, qui forment la plupart des fortes pentes montagneuses et les cônes volcaniques, ne dépassent pas 30 à 35 degrés, c'est-à-dire 50 à 60 centimètres pour mètre. Ce sont les brusques escarpements qui viennent augmenter çà et là cette moyenne générale; mais les pentes rocheuses abruptes, dépassant d'une seule chute deux ou trois centaines de mètres, sont très rares, et cette rareté explique l'écrasante impression que produisent certaines masses gigantesques dressées de plusieurs milliers de mètres sous un angle de plus de 45 degrés, comme le mont Cervin sur Zermatt, le mont Rose sur Macugnaga, et le mont Blanc sur l'allée Blanche.

Dans les représentations d'une pente par la projection verticale appelée *profil*, on prend ordinairement une échelle des hauteurs, multiple exact de celle des longueurs. La différence de niveau s'accuse plus nettement; mais l'œil y perd la vraie notion des inclinaisons, et c'est peut-être là une des causes du préjugé que nous indiquions tout à l'heure.

Soit, dans la figure 62, le profil ($\frac{1}{1}$), à échelles égales, d'une île assez accidentée. Doublons, quintuplons, décuplons les hauteurs, sans changer l'échelle des longueurs, les sommets deviennent des pains de sucre, et les vallées des gorges.

On trouve même, et ceux-là sont sans inconvénient, des profils où la hauteur a une échelle de 20, 50, 100 fois plus grande. C'est ainsi que dans les profils de chemin de fer on rend sensibles, pour les hommes du métier, les rampes, les remblais et les tranchées, les viaducs et les tunnels, que les profanes n'y reconnaîtraient guère. Les collines, il est vrai, y deviennent des quilles, et les vallées des coups de hache; mais aplatissez-le jusqu'aux échelles égales, le profil sera un ruban où ni les profanes ni les initiés ne distingueront plus rien.

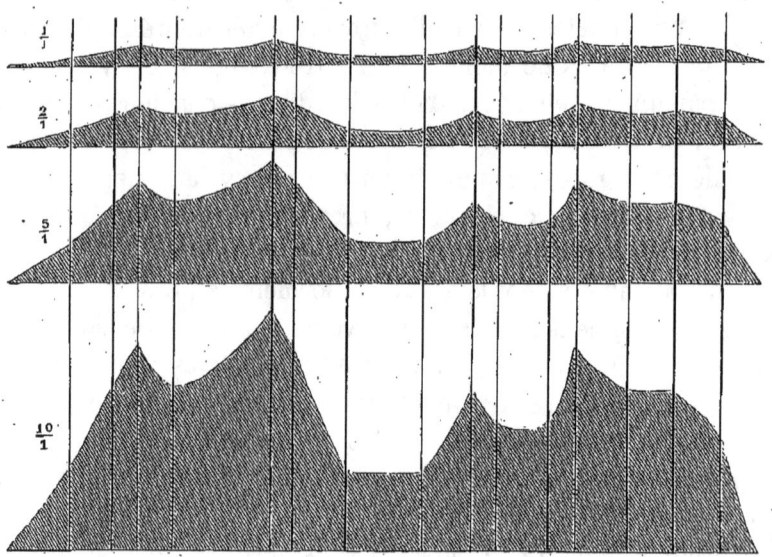

Fig. 62. — Un profil à échelles de hauteur croissantes.

Les reliefs géographiques, très employés aujourd'hui dans l'enseignement élémentaire, exagèrent toujours les hauteurs, l'échelle des distances horizontales étant trop petite pour rendre les saillies sensibles. Mais il est nécessaire que cette exagération ne dépasse jamais 4 ou 5 fois la vraie hauteur, si l'on ne veut pas donner aux enfants une fausse idée des formes montagneuses. Il faut avoir soin même de bien faire remarquer cette exagération par une figure comparative, et de joindre toujours à ces reliefs *géographiques* trop fortement accidentés quelques spécimens de reliefs *topographiques*, à plus grande échelle, qui conservent les vrais rapports des hauteurs aux distances.

II

LES GROUPEMENTS MONTAGNEUX

> ... Les vallons descendant de la terre à la mer
> Et s'y changeant en golfe, et des mers aux campagnes,
> Les caps épanouis en chaînes de montagnes.
>
> Victor Hugo.

Après la hauteur des montagnes, ce qui nous intéresse le plus est leur disposition générale. Remarquons d'abord cette expression que nous avons si souvent employée : « pays de montagnes. » Partout, en effet, les montagnes sont groupées, chaque saillie convexe se reliant aux voisines par une partie concave, et l'ensemble couvrant des espaces considérables en largeur comme en longueur.

Lorsque ces groupes montagneux sont à peu près également étendus dans tous les sens, on les désigne par le mot général « massif ». Tels sont, par exemple, le Harz, en Allemagne ; le Sinaï, dans l'Arabie Pétrée ; le Cantal, en France.

Mais habituellement le groupe a une dimension prédominante ; alors il prend le nom bien connu de *chaîne*. La chaîne des Vosges, qui a 200 kilomètres de longueur, en a 75 de largeur ; celle du Jura, qui a près de 300 kil. de longueur, en a 60 à 70 de largeur ; les Pyrénées en ont 480 de long et 115 de large ; les Alpes, dont l'axe mesure en moyenne 1 200 kil. de longueur de Nice à Vienne, ont une épaisseur minimum de 150 kil. de Genève à Ivrée, de 300 entre Vérone et Munich.

Rien n'est plus rare, en dehors des contrées volcaniques, qu'une montagne isolée de tous côtés et s'élevant tout d'une pièce au milieu d'une plaine. On cite le mont *Soracte*, près de Rome ; mais il a à peine 700^m d'altitude. Un meilleur exemple est le célèbre Montserrat, près de Barcelone. Mais, en général, les montagnes qui ont cette apparence se relient à un massif plus éloigné par un prolongement caché derrière la montagne ; ce sont des promontoires dont on ne voit pas les isthmes ; exemple : le mont Ventoux, vu d'Avignon.

Une île montagneuse peut produire plus souvent cet effet de montagne isolée; mais remarquons que le profil se continue sous l'eau; nous ne voyons en réalité que le sommet de la montagne : si l'eau disparaissait, nous verrions des saillies cachées relier ce sommet aux accidents de la côte voisine.

Le fameux mont Athos dans l'Archipel se relie par un isthme accidenté à la côte de Macédoine : c'est l'isthme que Xerxès fit couper par un canal pour faire passer sa flotte.

Il n'y a qu'une seule classe de montagnes que l'on puisse voir se dresser d'un seul morceau au milieu d'une plaine : ce sont les volcans, c'est-à-dire des cônes de débris lancés en l'air par des gaz sortant d'une fente, et retombés régulièrement autour de l'ouverture; lorsque l'ouverture d'éjection est restée unique, on peut voir, en effet, au milieu d'un pays plat, une haute saillie en forme de cône régulier qui répond assez à l'idée vulgaire que se font d'une montagne ceux qui n'en ont jamais vu. Exemples : l'Etna, l'Orizaba.

Mais les volcans eux-mêmes sont habituellement groupés, la terre donnant ordinairement issue aux produits volcaniques par des ouvertures multiples, et l'entassement de ces monts forme une première classe de chaînes de montagnes tout à fait spéciale : les *chaînes volcaniques*, dont nous traiterons en particulier au chapitre ix. La figure 27, représentant une chaîne volcanique de l'Auvergne, donne une idée de la forme générale de cette classe de montagnes.

Une seconde classe est celle des *montagnes de plissement*, dont le Jura (fig. 29), en Europe, et les Alleghanys, en Amérique, nous offrent des exemples; ce sont des suites d'ondulations comme des vagues parallèles; il semble que l'écorce de la terre, resserrée dans un sens, se soit plissée comme un rideau d'étoffe ou comme une pile de draps comprimée latéralement entre deux planches. Des fractures et des érosions par l'eau se sont produites ensuite, qui ont accidenté la forme générale.

Une troisième classe est formée par les *massifs montagneux*, où l'on ne distingue pas nettement la ligne de faîte et les deux versants, mais où toute une portion du sol est surélevée à peu près également dans toute sa largeur; quelquefois la surface ainsi soulevée est restée à peu près plate, et le massif entier est un haut plateau; quelquefois aussi elle s'est hérissée d'un fouillis de saillies inextricables. Les montagnes de l'Espagne sont souvent dans le premier cas, les parties centrales de l'Himalaya dans le second : les eaux s'écoulent par où elles peuvent, et leur ligne de partage, si chère aux géographes, décrit des zigzags compliqués, très différents de la ligne des principaux faîtes.

Une quatrième classe enfin, la plus fréquente, est celle des groupes allongés, proprement appelés *chaînes de montagnes*, dans lesquels s'accuse nettement une *ligne de faîtes* ou arête principale, de chaque côté de laquelle descend chacun des deux *versants* généraux, directement opposés.

La disposition type est celle dans laquelle on voit partir, de chaque point saillant de l'arête principale, des arêtes perpendiculaires formant ce qu'on nomme des *chaînons*, de manière à ce que le plan de la chaîne figure, en effet, une arête de poisson, ou mieux encore une *feuille de fougère*, parce que les chaînons ont souvent eux-mêmes, partant des points saillants de leur propre faîte, de courts appendices, ou chaînons de chaînons, désignés sous le nom de *contreforts*.

On peut citer comme exemple presque parfait de chaîne ainsi construite la partie occidentale de nos Pyrénées, de Saint-Sébastien à Bagnères-de-Luchon.

Les grands systèmes de montagnes, comme les Alpes ou les Andes, sont rarement des chaînes simples comme cette partie des Pyrénées ; ce sont des *réunions de chaînes*, où sont souvent représentés successivement les quatre types principaux que nous venons d'indiquer, où les lignes de faîtes s'entre-croisent, se divisent, s'élèvent ou s'abaissent d'une manière inattendue. Il suffit, pour s'en convaincre, de jeter les yeux sur les cartes qui accompagnent cet ouvrage.

La topographie détaillée d'un pays de montagnes est une longue étude qui ne peut être connue à fond que par un long séjour dans le pays ; c'est là ce qui fait la difficulté de la guerre des montagnes, ce qui donne, en cas d'invasion, un immense avantage à la défense organisée par les habitants, surtout si l'assaillant n'est pas muni de ces excellentes cartes topographiques qu'on sait aujourd'hui construire.

C'est aussi cette variété dans la hauteur, la forme, la nature des roches, la végétation, la lumière, le climat, qui fait l'individualité de chaque montagne, qui lui donne sa beauté particulière, beauté qui attache et séduit l'homme comme celle d'un être personnel et vivant.

Dans la plupart des groupes montagneux, les cimes les plus élevées sont au centre de la masse ; les sommets des chaînons et les contreforts vont en s'abaissant à mesure qu'ils s'éloignent du centre, comme s'ils étaient portés par les marches sculptées d'un gigantesque escalier ; en sorte que les montagnes du premier ordre, couronnées de neiges éternelles, sont entourées et comme gardées par des montagnes du second ordre dont les verts gazons succèdent à leurs champs de neige ; celles-ci, à leur tour, semblent s'appuyer sur les épaules boisées des montagnes du troisième ordre, dont les pieds se perdent dans la plaine en collines onduleuses.

Cette succession de hauteurs croissantes et décroissantes fait la largeur d'une chaîne de montagnes. On remarque, du reste, comme un fait à peu près général dans les chaînes ordinaires que l'arête principale est loin d'être au milieu de cette largeur, en sorte que la pente moyenne est plus rapide d'un côté que de l'autre. Ainsi les Vosges descendent doucement du côté de la Lorraine, brusquement du côté de l'Alsace ; les Pyrénées, doucement du côté de la France, brusquement du côté de l'Espagne ; les Alpes, doucement du côté de la France et de la Suisse, brusquement du côté de l'Italie.

C'est un fait à remarquer que toutes les montagnes qui entourent la France présentent cette disposition que la pente aisée à monter est tournée de son côté : l'Ardenne et le Jura sont dans le même cas que les Vosges, les Pyrénées et les Alpes ; c'est peut-être une des principales raisons qui font que la France a été plus souvent envahissante qu'envahie.

Lorsqu'on est trop près de la montagne, les dernières croupes cachent complètement les sommets lointains ; pour bien voir une montagne, il faut s'élever à mi-côte d'une autre placée en face d'elle. Beaucoup de lieux d'ascension célèbres en Suisse n'ont pas d'autre raison d'être. On monte au col de Balme, au Brévent, au mont Joli, au Cramont, etc., pour voir le mont Blanc, qu'on voit de trop bas à Sallanches, et surtout à Chamounix, situé tout à fait à ses pieds.

Les sommets les plus élevés sont souvent si loin derrière des hauteurs déjà très considérables, qu'ils paraissent plus bas que celles-ci quand on les regarde de la plaine, et sont, par conséquent, peu visités et peu connus. Vus de près, d'ailleurs, comme ils s'élèvent sur une sorte de plateau déjà très élevé, le sommet de la pente moyenne, ils paraissent ordinairement beaucoup moins majestueux que certaines extrémités des chaînons ou contreforts.

C'est une illusion contre laquelle il faut se mettre en garde, et qui est d'ailleurs très naturelle quand on est au pied d'un massif montagneux, que de prendre pour les points culminants les extrémités des contreforts avancés, surtout quand il s'y trouve, en effet, quelque relèvement faisant sommet, et plongeant directement dans la plaine par un escarpement hardi.

C'est dans ce dernier cas que sont, en effet, presque tous les pics *anciennement* célèbres; ce ne sont souvent que des montagnes du second ordre; mais elles sont des relèvements projetés comme des sentinelles avancées sur le premier plan de profondes chaînes, qui renferment des monts neigeux du premier ordre restés longtemps inconnus.

Ainsi, dans les Pyrénées françaises, le Canigou et les pics du Midi de Bigorre et d'Ossau ont été longtemps regardés comme les cimes les plus élevées de la chaîne, tant qu'on n'a pas eu les moyens de mesurer les nombreux sommets lointains qui, en réalité, les dépassent de 4 à 500^m.

Ainsi le mont Ventoux, dans la Provence, qui, de la vallée du Rhône, semble dominer de si haut le reste des Alpes, n'a que 1911^m d'altitude; le Righi et le Pilate, qui, de Lucerne, attirent bien plus les regards que les montagnes neigeuses du fond du lac, n'ont que 1800 et 2130^m d'élévation, et ils sont plus célèbres que les sommets beaucoup plus élevés situés derrière eux.

Il en est souvent ainsi dans le monde moral: la célébrité, la popularité exigent le facile accès. Les grandes intelligences d'une nation sont comme les sommités des Alpes, ce ne sont pas toujours les plus élevés qui sont le plus en vue. Il y a des Righi et des Pilate. Les plus hautes, souvent inabordables, ne sont connues que par les récits des investigateurs.

Mais nous voici ramenés à nos sommets. Après ces notions sur leur hauteur et leur disposition, prenons une idée de leurs diverses formes.

III

LES SOMMETS ET LES COLS

> Et le mont, dont la tête à l'horizon s'élève,
> Semble un géant couché qui regarde et qui rêve,
> Sur son coude appuyé.
>
> Victor Hugo.

La forme de chaque montagne dépend d'une multitude de causes, surtout de la nature des roches, de leur disposition en masses ou en couches, horizontales ou inclinées; elle dépend aussi du climat, de la fréquence et de l'intensité des pluies, des gelées, des vents et autres agents qui ont enlevé ici, déposé là, creusé, démoli, en un mot, sculpté des contours variant à l'infini et donné à chaque cime l'aspect particulier qui la fait reconnaître du montagnard.

Il serait très difficile de faire une classification, d'autant plus que la langue française est très pauvre en expressions propres à désigner les formes des monts. On voit que notre langue est née dans les plaines. L'espagnol, l'italien et l'allemand sont riches de termes variés, dont les nuances sont pour nous intraduisibles. Ces termes paraissent toutefois bien séparer ces trois sortes de sommets: les sommets arrondis, les sommets aplatis et les sommets pointus.

Les sommets arrondis se rencontrent fréquemment soit dans les montagnes granitiques, soit dans les masses volcaniques dépourvues de cratères, en général dans les éminences formées d'un sol compacte, bien protégé ou difficilement attaquable. On les désigne quelquefois sous le nom de *dôme* ou de *soum*. Exemple : le puy de Dôme (fig. 63). Nous avons vu qu'on appelle *ballons* certains sommets granitiques ou porphyriques des Vosges méridionales, couronnés de gazons, comme le ballon d'Alsace (fig. 25). Des sommets ronds surmontant des parois escarpés sont souvent désignés sous le nom de *tête* (kopf) ou de *turon*, quand ils jouent le rôle de contreforts. On nomme *mottes* des saillies secondaires moins escarpées ou isolées des parois montagneuses.

Les sommets aplatis sont formés par des roches en bancs horizontaux ou peu inclinés, rompues à arêtes vives.

Fig. 63. — Puy de Dôme.

S'ils sont très larges par rapport à leur hauteur, ils forment des *plateaux* (Gergovie, près de Clermond-Ferrand); s'ils sont plus étroits et à pic de tous côtés, on les appelle des *tours;* les montagnes calcaires des Pyrénées nous en offrent de magnifiques exemples; nous citerons seulement les tours de Marboré, à Gavarnie (p. 111) : plus étroits encore, on les nomme *pènes*. Les bancs inclinés, coupés d'un seul côté, sont désignés par les mots *culm* (le Righi, par exemple), *caires* ou *queyres* (la région dauphinoise du *Queyras* en tire son nom; on dit dans les Pyrénées *esquerras*) : on les appelle quelquefois *taillantes* quand ils deviennent très inclinés et à longue arête.

Les sommets pointus sont formés, ou par des couches très inclinées presque verticales, comme des schistes, ou par des roches éruptives fendues, ou des filons verticaux de matière dure dont le moule est détruit, ou autre cause analogue; il y a des degrés dans cette acuité; les termes par lesquels on l'indique sont toutefois exagérés.

Le nom générique est *pic*, qui reste appliqué au plus grand nombre. Citons comme exemples le fameux pic de Ténériffe, aux Canaries (fig. 52), et le pic du Midi d'Ossau (fig. 30), qui, vu de Pau, semble si bien dominer les Pyrénées. C'est ici que les synonymes employés dans les divers pays sont le plus nombreux. Dans les Alpes du Dauphiné et de la Provence, on dit : *bric* et *brec*. Exemple : le bric du Viso (fig. 64). On dit aussi

Fig. 64. — Bric du Viso.

pelve, d'où le Pelvas, le Pelvo et le Grand-Pelvoux, et même *barre* (des Escrins). Dans les Pyrénées, outre les pics du Midi d'Ossau, de Bigorre et autres, nous trouvons la *pique* longue du Vignemale et la pique d'Estats; mais le mot bric est remplacé par le mot *tuc :* on dit les *tucs* de Maupas, de Mauberme, de Montarqué ; les sommets à peu près aussi escarpés, et de moins en moins hardis, sont nommés les *tuques*, les *trucs* et les *truques*, les *tusses* et les *tausses*.

L'expression de *dent* s'applique quelquefois à une pointe unique, comme la *dent de Jaman*, mais ordinairement aux montagnes couronnées de plusieurs pointes, comme celles qui entourent le fond du lac de Genève (fig. 65), la dent du Midi, véritable mâchoire, la dent d'Oche, etc. Il se rapproche sous ce rapport du terme espagnol *sierra*, qui veut dire *scie*, et s'applique, en Espagne et en Amérique, à toutes les grandes chaînes.

Dans la Suisse française et la Savoie, on emploie le mot *pointe*. Exemples : la pointe de Sales, la pointe de Dronaz, et, pour les cimes tout à fait élancées et étroites, le mot d'*aiguille*. Exemples : les fameuses aiguilles qui entourent le mont Blanc; aiguille Verte, aiguille du Dru, aiguilles des Charmoz, du Géant, du Plan, etc.

Dans la Suisse allemande, les cimes pointues sont désignées par les mots *stock* (barre ou bâton), *spitze* (pointe de bâton), et surtout *horn* (corne). Exemples : Uri Rothstock (barre rouge d'Uri), Bristenstock, Orteler spitze, Matterhorn ou Cervin (fig. 44), Schreckhorn, Wetterhorn, etc. Le mot *grat*, arête aiguë (Gornergrat), a plutôt la signification des mots queyre ou taillante.

Dans les Grisons, le mot *piz* s'applique à tous les sommets indistinctement, comme le mot *puy* dans les Cévennes, et ses équivalents *puig*, *pech* ou *puch* dans les autres pays celtiques. Dans la langue des pays montagneux se trouvent d'ailleurs une multitude d'autres expressions pittoresques souvent mal comprises des étrangers.

Fig. 65. — Château de Chillon, à l'extrémité du lac Léman.

Il faut remarquer, en passant, que l'acception des mots de la langue ordinaire est souvent changée. Une *alpe*, en Suisse, est un pâturage élevé; dans d'autres contrées des Alpes et dans les Pyrénées, le mot *montagne* a la même signification, une certaine étendue de pâturage; enfin le mot *colline*, chose plus extraordinaire, a pris un sens inverse de son sens classique : il désigne une surface creuse, ce que nous appelons un vallon.

A côté des points les plus élevés de la crête d'une montagne, dont nous venons de voir les formes multiples, nous en trouvons d'autres au moins aussi intéressants : ce sont les points les plus bas, par lesquels on pourra le plus facilement franchir cette crête; on les appelle les *cols*, quelquefois *passes*, *passages;* dans les Pyrénées, *ports*.

Dans les montagnes à formes arrondies, les cols méritent bien leur nom; ils sont constitués généralement par une surface à deux courbures inverses, s'infléchissant comme le cou d'une personne couchée s'infléchit entre l'épaule et la tête, ou encore comme certaines surfaces géométriques ressemblant assez à une selle de cheval. Ce sont les cols les plus praticables, ceux où la douceur des pentes permet le plus facilement de tracer des sentiers et de construire des routes.

Dans les montagnes à formes rompues et anguleuses, les cols sont formés par le fond des cassures ou l'angle rentrant entre deux pics : ils méritent très bien le nom de *fourches*, qu'on leur donne souvent. Le col de la Furca, en Suisse, près de la source du Rhône, est célèbre; certains passages étroits sont désignés par le nom de *hourquettes*. Parmi ces profondes fissures entre des parois escarpées, nous pouvons citer le port de Venasque (fig. 32, p. 112), dans les Pyrénées.

On en voit même qui offrent des parois perpendiculaires comme deux murailles; telle est, au-dessus de Gavarnie, la célèbre brèche de Roland (fig. 31, p. 111), que la tradition attribue à un coup d'épée du légendaire neveu de Charlemagne.

Une question intéressante, et dont la solution donne bien l'idée de la saillie générale d'une chaîne de montagnes, consiste à comparer la hauteur des cols à celle des sommets d'un groupe donné. Le résultat est bien différent dans les diverses chaînes. Ainsi dans les Alpes, en général, les cols n'atteignent que la moitié de la hauteur des sommets, tandis que, dans les Pyrénées, ils s'élèvent généralement jusqu'aux deux tiers. Il en résulte que les Pyrénées, quoique ayant des sommets moins élevés que les Alpes, sont une barrière plus difficilement franchissable.

En prenant la moyenne générale de toutes les hauteurs des sommets et des cols situés entre chacun d'eux, on obtient la saillie moyenne d'un massif montagneux, ce qui permet de comparer ensuite ces massifs entre eux. M. W. Huber a fait ce travail pour les Alpes centrales, et a montré que le massif le plus puissant est celui du mont Rose, dont la hauteur moyenne s'élève à 4102^m. Viennent ensuite : celui du mont Blanc, 3858^m ; puis celui de l'Oberland bernois, 3753^m ; puis celui de la Bernina, dans les Grisons, 3458^m ; puis celui de la Silvretta, en face du précédent, 3226^m, et celui du Tœdi, 3143^m. Notre massif du mont Pelvoux viendrait probablement au quatrième ou au cinquième rang dans cette liste.

M. W. Huber a aussi fait, sur la situation relative des cols et des sommets, deux remarques intéressantes : la première, c'est que les cols sont situés sur la ligne droite qui joint les sources des fleuves opposés ; la seconde plus importante, c'est que les cols les plus profondément échancrés d'un massif débouchent précisément en face des sommets les plus élevés du massif opposé : ainsi le Simplon est en face du massif de la Jungfrau ; la Gemmi, en face du mont Rose ; le port de Venasque, en face de la Maladetta. Ce fait peut trouver son explication aussi bien pour les montagnes sculptées par les agents atmosphériques que pour les montagnes primitives ; car, d'un côté, les plus fortes érosions doivent avoir lieu au pied des pentes les plus longues et les plus prononcées, et, de l'autre, les cassures de l'écorce terrestre les plus larges et les plus profondes doivent être voisines des fragments les plus soulevés et les plus considérables.

IV

LES VALLÉES

> Tandis que sous tes pieds l'odorante vallée,
> Toute pleine de brume au soleil envolée,
> Fume comme un beau vase où brûlent des parfums.
> Le pré vert, le sentier qui se noue aux villages,
> Et le ravin profond, débordant de feuillages
> Comme d'ondes la mer. . . . .
>
> Une rivière au fond, des bois sur les deux pentes !
>
> Victor Hugo.

Arrivons à l'étude des espaces creusés entre les saillies montagneuses, à ces dépressions qui, en faisant ressortir la majesté des sommets, en leur donnant la variété et la vie, font la beauté comme la richesse de la montagne. Sans elles, chaque saillie du globe serait un bloc informe, nu, mort; par elles, la masse fouillée, sculptée, ornée et enrichie, devient comme la statue que l'artiste a fait sortir du bloc, personnelle et vivante. Ces parties creuses, ces coups de ciseau de la nature dans la montagne, ce sont les *vallées*, avec leurs vallons, leurs élargissements et leurs rétrécissements, leurs cirques et leurs gorges.

On a cherché à distinguer les vallées *primitives*, dépressions contemporaines de la montagne, lorsque, récemment formée, elle avait encore ses formes simples de bosses ou de cassures, et les vallées d'*érosion*, fouillées par les eaux, comme le sont celles des plaines, mais beaucoup plus profondément, parce que les pentes étaient plus rapides.

Le plus souvent il y a une combinaison des deux systèmes, où il est presque impossible, si les roches ne sont pas stratifiées, de reconnaître la part de la dépression primitive et la part de l'érosion qui a creusé, élargi, fait ébouler, changé entièrement la forme première.

Une distinction plus facile à faire serait celle des vallées *longitudinales*, c'est-à-dire à peu près parallèles à la direction principale de la chaîne, et des vallées *transversales*, c'est-à-dire plus ou moins voisines d'être perpendiculaires à cette direction.

Dans les montagnes de plissement, comme le Jura, les vallées sont presque toutes longitudinales, et en même temps primitives. Elles sont quelquefois réunies par une fente transversale à la montagne qu'on nomme *cluse*, au moyen de laquelle un cours d'eau peut passer d'une vallée dans la vallée parallèle.

Dans les chaînes de montagnes du type ordinaire, il n'y a de vallées longitudinales que lorsque la chaîne se bifurque en deux rameaux à peu près parallèles et de même importance. C'est ainsi que du nœud du Saint-Gothard, dans les Alpes (voir la carte IV), partent en sens inverse deux grandes vallées longitudinales et évidemment primitives, le *Valais* ou vallée du Rhône, et l'*Oberland des Grisons* ou vallée du Rhin antérieur. Souvent la direction des longues vallées change; c'est qu'elles sont composées de plusieurs vallées primitives que réunissent des fentes transversales élargies par érosion. La Valteline, par exemple, est dans ce cas. Du reste, les Alpes, formées par plusieurs soulèvements successifs en sens divers, sont remplies de ces vallées multiples. Au contraire, dans les chaînes sans bifurcation, comme les Pyrénées, il ne peut guère y avoir que des vallées transversales.

Il vaut mieux, dans les grandes chaînes, classer les vallées en vallées *principales*, ordinairement parcourues par un grand cours d'eau, et en vallées *latérales* ou secondaires, qui apportent un affluent à ce grand cours d'eau. Le *Valais* est un type de vallée principale. Le Rhône y reçoit une cinquantaine d'affluents venant d'autant de vallées latérales, dont quelques-unes sont des plus charmantes et des plus visitées de la Suisse (Zermatt, Saas, Tourtemagne, Louèche, etc.).

Une vallée latérale est souvent elle-même construite comme une vallée principale, c'est-à-dire qu'elle reçoit des vallées affluentes ou vallées tertiaires, dont la direction redevient parallèle à celle de la grande chaîne. Mais ces vallées sont nécessairement courtes; elles sont entre les contreforts, comme les vallées secondaires entre les chaînons. On les distingue par le nom de *vallons*, quand elles sont en pente douce, bordées de hauteurs accessibles; si elles sont inaccessibles et bordées de parois à pic, on les désigne quelquefois du nom de *creux* (creux d'Enfer, au mont Dore), de *combes*, de *clus*, de *cirques*.

Nous avons vu qu'il faut séparer des vallées proprement dites, espaces plus ou moins étroits s'allongeant entre les chaînes d'un même système, les *vallées-plaines*, larges espaces s'étalant entre deux chaînes différentes, et du milieu desquels les parties élevées de ces chaînes limites semblent, dans le lointain, reposer sur une ligne horizontale unique, formée par le sol de la plaine vu de profil (ainsi que paraissent, par exemple, les Vosges vues de Mulhouse, ou les Alpes vues de Milan).

Fig. 66. — Hellin (vallées à parois escarpées).

Parmi les vallées proprement dites, il faut distinguer avec soin les vallées *entières*, s'étendant d'une seule pièce, sans coude brusque ni étranglement qui intercepte la vue, depuis leur origine, à la crête des montagnes, jusqu'à l'abaissement des deux lignes de faîte latérales dans la plaine, ou dans un grand lac, ou dans la mer (exemples : la Limagne, en Auvergne; la vallée de Saint-Amarin, dans les Vosges); et les vallées *composées*, divisées par des coudes, des couloirs, des barrages ou des entre-croisements de contreforts en espaces successifs, auxquels on donne aussi le nom de vallées, en y ajoutant le nom du chef-lieu ou l'épithète de supérieure, moyenne ou inférieure, si elle est désignée par le nom du cours d'eau qui en occupe le fond. On désigne encore souvent ces portions de vallée par le mot *val*. Exemples : val d'Andorre, val d'Aran; souvent aussi le mot val désigne des vallées fermées, latérales à une grande vallée. Exemples : dans le Valais, val Ferret, val d'Hérins, val d'Anniviers, etc.

Fig. 67. — Le Staubach et la vallée de Lauterbrunnen.

Une vallée, qu'elle soit entière, ou fasse partie d'une vallée composée, peut commencer par un escarpement, qui la fait paraître fermée à sa partie supérieure, ou commencer par un col praticable vers lequel s'élève régulièrement sa pente. Le second cas est plus fréquent que le premier. Comme exemple d'escarpement fermant une vallée, on pourrait citer celui d'où sort la fameuse fontaine de Vaucluse, près d'Avignon; Vaucluse veut dire *Vallis clausa*, vallée fermée : la vallée de Gavarnie (fig. 33), celle d'Héas (fig. 70), sont encore de meilleurs exemples. La vallée de Grindelwald est un bon exemple du second cas.

Ce que nous disons pour la terminaison supérieure des vallées, nous pouvons le dire pour les parois latérales, qui peuvent être des escarpements inaccessibles (fig. 66) ou des pentes douces. La vallée si célèbre de Lauterbrunnen, en Suisse, est dans le premier cas; les deux escarpements de l'un desquels tombe la fameuse cascade du Staubach (fig. 67), se continuent presque verticaux des deux côtés de la vallée, depuis son entrée, pendant 10 à 12 kilom., comme deux immenses murs pareils et parallèles bordant une voie gigantesque. On sent que ces deux surfaces rocheuses, dont les veines et tous les détails se reproduisent identiques à droite et à gauche, ont fait partie de la même masse, et que la vallée, provenant d'une fente dont les deux parois s'étaient un peu écartées, est une tranchée régulièrement taillée par l'eau dans une masse continue.

Cette disposition parallèle des parois d'une vallée, gardant sensiblement la même largeur dans son parcours, n'est pas la plus fréquente. On voit des vallées dont la largeur va toujours en augmentant à partir de l'origine, et qui finissent par se confondre insensiblement avec la plaine; cela vient de ce que les chaînons qui les bordent vont en s'abaissant peu à peu, sans émettre de notables contreforts.

D'autres fois les chaînons latéraux, après s'être écartés, émettent de puissants contreforts, qui vont à la rencontre l'un de l'autre, fermant la vallée, et ne laissant entre eux qu'un étroit passage qu'on appelle *porte* ou *défilé*. Nous avons vu qu'il peut y en avoir plusieurs successifs dans une vallée multiple. Ces défilés ont une grande importance stratégique : ils sont, comme on dit, la *clef* de la vallée; sur les frontières, ils sont défendus par une forteresse; plusieurs sont célèbres dans l'histoire par la résistance qu'un petit nombre de défenseurs a pu y opposer à une nombreuse armée. Les Thermopyles de Léonidas, il est vrai, n'en font pas partie : elles ne sont qu'un étroit passage entre la montagne et la mer; mais les portes du Caucase, les portes de Cilicie, sont célèbres dans l'histoire; c'est ainsi que Saint-Maurice (fig. 68) garde l'entrée du Valais; Bellinzone, celle du haut Tessin.

Quelquefois ces deux contreforts, qui viennent ainsi l'un audevant de l'autre, n'en sont réellement qu'un, formant barrage, mais divisé en un point par une immense fente (exemple : le Kirchet, à Meiringen).

Ces fentes gigantesques, partageant en deux une masse montagneuse, et ne laissant entre leurs parois qu'un espace très étroit, comparativement à leur immense hauteur, sont assez communes, et constituent une des beautés naturelles les plus visitées dans les pays de montagnes. Il peut s'en présenter, produites par écartement ou écroulement, au travers d'une crête montagneuse, comme la brèche de Roland et certaines cluses du Jura; mais les plus belles et les plus curieuses ont été creusées par l'eau à travers ces contreforts qui barrent les vallées, et alors le cours d'eau auquel elles donnent passage en remplit ordinairement toute la largeur, de sorte que les routes qu'on y fait passer doivent être taillées dans la paroi rocheuse.

Fig. 68. — Saint-Maurice et l'entrée du Valais.

Quand elles sont à la fois longues et profondes, on les appelle des *gorges*. Il y en a trois très célèbres en Suisse, qui comptent parmi les principales curiosités de ce beau pays. C'est d'abord la *Via-Mala* (frontispice), que traverse la route de Suisse en Italie, par le Splugen. La crevasse qui porte ce nom a une lieue de long, et 500^m de profondeur. Le Rhin en occupe le fond; la route est suspendue aux parois rocheuses; au pont du milieu, que représente la gravure, le Rhin passe sous l'arche unique qui traverse la crevasse à 130^m au-dessous de sa voûte : deux fois la hauteur des tours de Notre-Dame! Une pierre lâchée met cinq secondes à tomber jusqu'à l'eau, et le sommet des rochers domine le pont d'une hauteur trois fois plus grande que cette énorme profondeur.

Dans la même région des Alpes, à 50 kilom. plus au nord, est la gorge de la *Tamina*, d'où sortent les eaux thermales de *Pfeffers* (fig. au chap. xi). De Ragatz aux Bains, c'est déjà une tranchée étroite et profonde, dont la largeur est à peine suffisante pour donner passage à la rivière et à la route; mais au delà

Fig. 69. — Entrée de la gorge du Trient.

des Bains, ce n'est plus qu'une immense crevasse dans la montagne, dont les parois se dressent à 200 ou 250^m de hauteur, laissant à peine arriver la lumière du jour. En un point même, elles se touchent, et un chemin passe au-dessus de ce pont naturel, sans que le voyageur puisse se douter qu'il a un abîme sous les pieds.

Dans le Valais, tout près de la célèbre cascade de Pissevache, est la gorge du Trient (fig. 69), autre crevasse profonde de plus de 100^m, dont le fond est entièrement occupé par la rivière qui lui donne son nom. Les Valaisans ont eu l'idée de suspendre aux parois à pic une solide galerie de bois qui permet d'y pénétrer jusqu'à près d'un kilomètre de l'entrée, et d'en admirer les grandioses horreurs. Les gorges du Fier, près d'Annecy, et celles de la Diozaz, nouvellement découvertes par M. Cazin près de l'entrée de la vallée de Chamonix, ont été rendues accessibles au public de la même manière.

Ces sortes de crevasses ne sont pas rares dans les montagnes, donnant une issue à des cours d'eau qui sortent ainsi de leur bassin naturel ; mais elles sont généralement inaccessibles, et leur ouverture béante, seule ouverte, est redoutée à juste titre comme un objet d'effroi. Sur le chemin du glacier de Rosenlaüi, on en franchit une sur un pont ; l'œil n'en peut apercevoir le fond ; mais on se fait une idée de sa profondeur en y jetant une grosse pierre, qui disparaît dans l'ombre, et qu'on entend, rejetée d'une paroi à l'autre, plonger enfin dans l'eau, environ six secondes après l'instant où on l'a lâchée. Au pied du mont Cervin, dans le val Tournanche, on vient d'explorer et de rendre accessible une crevasse de ce genre, le gouffre de Busserailles, qui sera bientôt célèbre.

Il y a dans les Pyrénées et dans quelques chaînes calcaires de hautes vallées presque circulaires, à parois escarpées de tous côtés en forme de gradins horizontaux, que les géologues appellent *cirques*, mais que les gens du pays désignent du nom expressif d'*oules* ou marmites. Le plus célèbre des cirques des Pyrénées est le cirque de *Gavarnie* (fig. 33), qui a 400^m de profondeur, 3600 de tour, trois étages de murs perpendiculaires, et sur chaque étage des gradins innombrables sur lesquels bondissent des centaines de cascades. La plus grande de ces cascades, qui a 422^m de haut, est la plus élevée de l'Europe. Le site est dominé par les plus belles cimes neigeuses des Pyrénées, le Marboré et le mont Perdu (voir page 111).

Le cirque de Troumouse ou d'Héas (fig. 70) est plus grand et plus remarquable encore que celui de Gavarnie : il est cependant moins célèbre, parce qu'il n'a pas de cascade et qu'il est plus difficilement accessible. Ses dimensions dans tous les sens sont au moins doubles : 900^m de profondeur et plus de deux lieues de tour ! On peut citer encore, dans les Pyrénées, le cirque d'Estaubé, celui du Lys et quelques autres plus petits.

Dans le Jura et les parties calcaires des Alpes, il y a des vallées profondes, arrondies et coupées à pic, qui ont quelque analogie avec des cirques de petites dimensions : on les appelle *combes*. Quelques-unes approchent des dimensions des cirques des Pyrénées, comme dans le Jura le Creux-du-Vent, qui domine la vallée de Travers, à l'entrée de la Suisse par Neufchâtel; il y en a même de tout aussi grands, comme, dans la chaîne du mont Blanc, le Fer-à-Cheval de Sixt, dont la forme et les cascades rappellent le cirque du Lys dans les Pyrénées.

Fig. 70. — Cirque de Troumouse ou d'Héas.

Nous laissons de côté pour le moment les *cratères* des volcans, qui sont de véritables cirques; ils seront l'objet de détails spéciaux au chapitre IX.

Nous verrons aussi plus tard, dans le chapitre des glaciers, ce que deviennent les hautes vallées, les cirques et leurs défilés, quand ils sont situés assez haut pour que les neiges accumulées y deviennent permanentes. Nous verrons enfin, dans deux chapitres spéciaux, ce que deviennent et ce que font les eaux courantes dans les montagnes.

Il nous reste, pour terminer celui-ci, à dire quelques mots des formes du *fond* des vallées : il y en a deux bien distinctes, suivant que ce fond a été produit par des eaux courantes ou par des eaux tranquilles. Dans le premier cas il est plus ou moins irrégulier, soit ondulé, soit raboteux ; dans le second cas il est tout à fait plat.

Les pentes opposées des montagnes qui bordent une vallée, dans le premier cas, viennent se rencontrer suivant une ligne, la plus basse de la vallée, que l'on désigne par le mot *thalweg*, qui veut dire en allemand *chemin de la vallée*. Le thalweg n'est pas toujours au milieu de la vallée. Il est évident que si la vallée a un côté escarpé et un côté en pente douce, le point de rencontre des deux profils est primitivement plus près du côté escarpé. Mais l'écoulement doit se faire par le thalweg ; si les eaux sont abondantes et souvent chargées de boues et de cailloux, débris d'un sol dénudé, ces débris déposés par le courant exhausseront le fond de la vallée, qui pourra devenir plus ou moins plat, et dans les élargissements les mieux aplatis le cours d'eau pourra décrire des méandres et former des îles. Toutefois il restera toujours une tendance naturelle à se rapprocher du côté le plus escarpé, et si dans une vallée suivie par un fleuve on remarque un point de ses flancs présentant une paroi escarpée, on peut être à peu près sûr de trouver le fleuve au pied de cette paroi (fig. 71).

Dans les vallées si nombreuses que des contreforts croisés divisent en bassins successifs, il est arrivé très souvent que des éboulements de ces contreforts formaient en travers d'un défilé un barrage qui retenait les eaux et transformait le bassin immédiatement supérieur en un lac. Les boues et les débris entraînés par le cours d'eau tombaient au fond de ce lac, en diminuaient peu à peu la profondeur, et finissaient, après des siècles, par le combler entièrement et le transformer en marécage, puis en tourbière, et celle-ci finit par devenir une prairie parfaitement plate, à travers laquelle le cours d'eau, prenant un instant l'allure d'une rivière de plaines, décrit de tranquilles contours.

Cet effet s'est souvent produit dans tous les élargissements successifs d'une même vallée composée. Il en résulte une charmante succession de grasses prairies entourée d'une enceinte de montagnes, séparées les unes des autres par des pentes et des défilés.

Ces pays enfermés, dont les habitants ont tant d'intérêts communs, sont le véritable type de ce qu'on nomme une *commune*, et la réunion de toutes les communes d'une même vallée et de toutes les petites vallées latérales à une grande, le meilleur type de ce qu'on nomme un *canton*.

Encore aujourd'hui, en Suisse, un certain nombre de cantons souverains ont leur territoire exactement correspondant aux limites naturelles d'une grande vallée. Le canton du Valais en est un excellent exemple; on peut citer avec lui les cantons de Glaris, d'Uri, d'Unterwalden, d'Appenzell, qui sont dans le même cas. On peut aussi donner comme exemple le val d'Andorre dans les Pyrénées.

Dans les pays de montagnes qui appartiennent à de grands États, quoi que puisse vouloir y changer le caprice administratif, la communauté d'intérêts établit ces même rapports entre les habitants d'une même vallée, et la division naturelle se retrouve presque toujours, soit en droit, soit en fait.

Fig. 71. — Château de Brünn.

CHAPITRE V

DE QUOI SONT FAITES LES MONTAGNES

I

LA TERRE ET LES PIERRES

> Le ravin, plein d'humidité et de nuit, serpentait, tantôt étroit, tantôt large, entre deux parois de granit décomposé, qui fondait en sable de différentes couleurs, rouge, jaune, gris, verdâtre, comme ces galets de vert antique qu'on trouve dans les sables de la mer de Syrie.
>
> LAMARTINE, *Le Tailleur de pierres de Saint-Point.*

De quoi sont faites les montagnes? Eh bien, me répondrez-vous, de terre et de pierres. Mais qu'est-ce que la terre, et qu'est-ce que la pierre?

Je connais un jeune bachelier ès sciences, intelligent et réputé « fort en chimie », qui, à cette question : Qu'est-ce que la terre? ouvrit de grands yeux et courut consulter ses livres... sans succès. Il me revint tout scandalisé de ce que de savants traités classiques pleins de détails sur l'acide hydrofluosilicique, le pentasulfure de sodium et le sesquioxyde de chrome, ne disaient pas un mot sur la nature de la terre, ce point ayant été oublié dans le programme du baccalauréat.

La question me paraissant cependant intéresser d'autres que

les agriculteurs, et notamment les lecteurs de ce livre, commençons par elle.

Rien n'est plus variable que la terre, et il est, au premier abord, assez difficile de la définir d'une manière précise. On appelle ordinairement de ce nom isolé de *terre* la matière meuble qui forme la surface du sol, et dans laquelle les plantes envoient leurs racines. L'expression terre éveille à la fois deux idées : celle d'une facile division et celle d'une certaine fertilité, celle d'une matière à terrassement et celle d'une matière à végétation.

Pour dissiper cette confusion, remarquons qu'on prend la terre fertile par-dessus et la terre à remblai par-dessous ; appelons la seconde *sol minéral* et la première *sol végétal* ou *humus*, la terre sera la superposition ou le mélange de ces deux couches.

Le sol minéral est constitué par un mélange de fragments de toutes les roches superficielles du pays, fendillées par des alternatives de chaleur et de froid, de sécheresse et d'humidité, de gelée et de dégel, décomposées par l'action chimique de l'eau des pluies et des sources, choquées, brisées, pulvérisées, transportées et triées par les eaux courantes, par les animaux fouisseurs, souvent même par le travail de l'homme.

Lorsque les fragments dépassent la grosseur d'une noix, on les appelle des *cailloux*, ou des *galets*, si le frottement a arrondi leurs angles et poli leur surface. S'ils ont un volume compris entre celui d'une noix et celui d'un grain de blé, on appelle leur mélange du *gravier*. S'ils sont plus fins encore, mais toujours visibles à l'œil nu, ils forment ce qu'on nomme du *sable*. Réduits en poudre impalpable, ils ne resteraient plus, s'ils étaient secs, à la surface sans être emportés par le moindre vent ; mais l'eau des pluies peut alors les agglomérer et en former une *boue*, qui, comprimée et séchée, pourrait reprendre de la consistance et redevenir une roche à son tour.

Le sol est en général un mélange de toutes ces sortes ; il contient à la fois des cailloux, du gravier, du sable et de la boue. L'élément boue est nécessaire pour retenir l'eau dans ses pores, et l'élément gravier ou sable, pour laisser écouler l'excès de cette eau et introduire à sa place l'air dans le sol. L'air et l'eau sont à la fois nécessaires à la vie végétale, et ce mélange irrégulier de petits pores pleins d'eau et de gros pores pleins d'air est précisément le seul milieu convenable aux racines des plantes.

Toutefois ce sol minéral blanc, jaunâtre ou rougeâtre, prend une couleur de plus en plus foncée en s'approchant de la surface; c'est que les racines des végétaux morts et les produits de leurs excrétions, les débris des larves d'insectes et autres petits fouisseurs, plus haut, les débris des herbes, des feuilles, des animaux, en un mot, de tout ce qui a vécu à la surface de la terre, ont subi cette décomposition qu'on nomme fermentation, puis cette demi-combustion qu'on nomme putréfaction; d'où résultent d'un côté des substances solubles, les matières fertilisantes des engrais, de l'autre des débris solides, charbonneux, imprégnés de ces matières, et le tout peut arriver à donner au sol végétal une couleur tout à fait noire; la tourbe et le terreau, qui présentent cette couleur, sont presque entièrement constitués par ces débris charbonneux.

Le sol végétal est donc le mélange des matériaux meubles du sol minéral avec les débris organiques putréfiés et carbonisés, plus ou moins arrivés au point de décomposition où le fumier prend le nom de *terreau*.

La matière charbonneuse de la terre végétale augmente par la végétation, au lieu d'être dépensée; car ses éléments son extraits de l'air par la plante sous l'influence de la lumière. Le charbon que la terre donne à la plante naissante lui est rendu avec usure par la plante adulte. La vie est multipliée par la vie, et la surface primitivement nue des roches, pulvérisée et fécondée par les siècles, se couvre partout, avec le temps, de son riche vêtement de verdure, asile et aliment de la vie animale.

C'est sous ce vêtement, et sous sa doublure de matériaux ameublis, qu'il faut aller chercher et étudier *en place* les grandes masses minérales dont la raclure a fourni les éléments minéraux du sol. Les occasions de pénétrer dans le sol, ce que les géologues appellent les *coupes* naturelles ou artificielles, ne sont pas très fréquentes; ce sont les éboulements récents, les falaises, les fissures, en général les escarpements à pic, incapables de végétation; puis les carrières et les mines, les puits, les fondations des édifices, et surtout deux genres de grands travaux qui pénètrent en ligne droite à de grandes distances, les forages artésiens pour la direction verticale, les tunnels et les tranchées de chemins de fer pour la direction horizontale.

Pour peu que le lecteur ait voyagé, il doit avoir remarqué que, dans les pays de plaines, les carrières et les escarpements montrent que le sol est formé de couches horizontales (fig. 72), d'épaisseur et de nature très variables, mais dont l'étude révèle

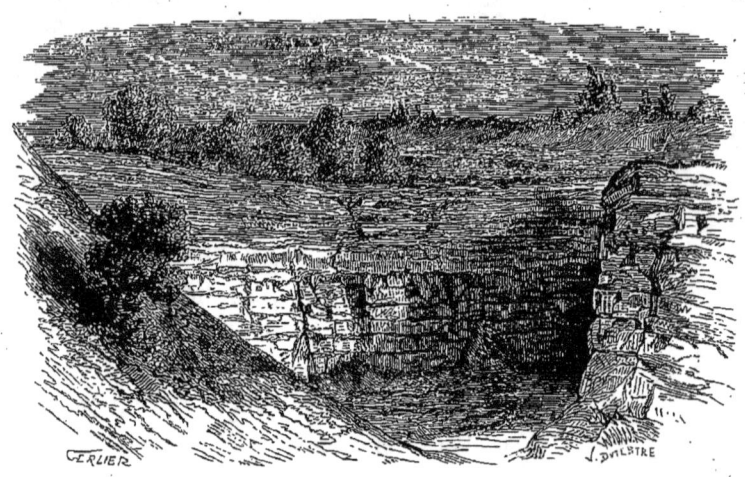

Fig. 72. — Couches horizontales.

l'origine aqueuse. Ce sont, nous l'avons déjà dit, d'anciens fonds de mers ou de lacs superposés comme les feuillets d'un livre, et portant, comme cachet d'origine, les *fossiles*, c'est-à-dire les débris des animaux et des végétaux qui ont vécu dans ces mers et dans ces lacs, ou qui s'y sont noyés, ou que les cours d'eau y ont amenés, et qui, tombés et enfouis dans la boue du fond, s'y sont moulés quand cette boue s'est consolidée par l'action du temps.

Ces masses formées de couches superposées, déposées par les eaux, généralement fossilifères, nous les appelons *terrains sédimentaires*, terrains *stratifiés*, terrains *neptuniens*. Exemples : la pierre de taille, la craie, la marne, l'argile, le sable.

Dans les pays de montagnes, et même dans beaucoup de pays de collines, soit isolés comme la Bretagne, les Ardennes, la Finlande, soit formant le contour des pays de montagnes, comme les pentes du plateau central français, on trouve encore ces mêmes bancs parallèles à fossiles, mais ils sont *inclinés* (fig. 73), souvent durcis comme s'ils avaient subi une sorte de cuisson; ce sont cependant bien les mêmes, car ils contiennent les mêmes fossiles; et ils avaient été déposés horizontalement avant de s'incliner, car les corps plats ou allongés, galets, coquilles, etc., sont aussi dans une position inclinée, parallèle à la direction des bancs. Ceux-ci ont été dérangés depuis leur dépôt.

Fig. 73. — Couches inclinées.

On trouve, en effet, en les étudiant sur de grandes étendues, qu'ils ont été soulevés, brisés ou plissés, comme par des pressions souterraines ou latérales : les couches inclinées se relèvent le long des premières pentes des montagnes, et leurs extrémités, arrachées de leur place, se dressent en cimes secondaires, ravinées et découpées par les pluies.

Si l'on continue à s'avancer vers le centre de la masse montagneuse, il arrive très souvent, par exemple dans les Vosges méridionales, dans le plateau central, dans les Alpes, dans les Pyrénées, que les couches parallèles cessent tout à coup, et sont remplacées par des masses minérales tout à fait différentes.

Ce sont des roches compactes, sans trace de stratification, ne contenant jamais de fossiles ni de traces d'êtres vivants, formées le plus souvent d'éléments cristallins mélangés. Les sondages montrent que ces roches existent sous les bancs parallèles soulevés, partout où l'on a assez creusé pour les traverser.

L'une d'elles, le *granit*, semble former comme le fond des mers primitives, car on le retrouve sous les couches le plus anciennement déposées ; aucun sondage n'est arrivé à le traverser lui-même, de sorte que nous ignorons quelle est son épaisseur et sur quoi il repose. Il se lie par mille intermédiaires au *porphyre*, lequel varie par degrés jusqu'au *basalte*, qui lui-même est une des formes de ces *laves*, que nous voyons aujourd'hui sortir à l'état de fusion ignée des volcans. L'examen de la forme du *trachyte*, autre roche volcanique à grains cristallisés comme le granit, nous prouve qu'il est aussi sorti des entrailles de la terre, se gonflant comme une sorte de boue pâteuse.

Or le porphyre et certains granits ont tout à fait l'apparence d'être sortis de la terre d'une manière analogue, plus lentement peut-être, et plus en grand. On les voit souvent par-dessus des terrains sédimentaires, comme s'ils s'étaient déversés. La communauté d'origine de toutes ces roches est évidente ; ce ne sont pas des sédiments déposés par l'eau, mais des masses rocheuses qui sont arrivées au jour fondues ou au moins ramollies par la *chaleur* terrestre, soulevant et souvent crevant les couches sédimentaires.

Nous les appelons roches *éruptives, roches en masses non stratifiées*, roches *plutoniques ;* celles qui constituent les volcans ou en proviennent prennent en outre le nom de roches *volcaniques*.

La pénétration des vapeurs chaudes venant des régions de fusion et l'action des roches plutoniques sur les terrains sédimentaires en contact avec elles, ont produit sur ces derniers, avec un *changement* de composition chimique par échange d'éléments entre la masse minérale et les gaz qui la traversent, un *changement* de structure, une sorte de cuisson à vapeur à haute pression accompagnée de pénétration de la matière des roches chaudes, de remplissage des pores et de cristallisation des roches froides. Ces transformations se sont étendues souvent à de nombreuses séries de couches formant des terrains entiers ; désignées sous le nom de *métamorphisme*, elles nous fournissent une troisième classe de masses minérales, intermédiaire entre les deux autres : nous la désignerons sous le nom de *roches métamorphiques*. Exemples : les ardoises, les marbres.

Les plus inférieurs des terrains sédimentaires ont, pour ainsi dire, toujours subi cette action métamorphique, et étaient souvent, à cause de cela, appelés terrains de transition. On croyait qu'ils constituaient toujours les montagnes avec les roches plutoniques. Mais on sait aujourd'hui, par l'examen de leurs fossiles, que les ardoises et les marbres des Alpes ne font pas nécessairement partie des terrains les plus anciens; ce sont souvent, au contraire, des terrains relativement très récents, qui ont subi, aussi profondément que les plus anciens, cette transformation ou ce métamorphisme.

Jetons un coup d'œil rapide sur les matériaux les plus importants de ces divers terrains. Comme la grande majorité des roches sédimentaires ont été formées des débris des roches plutoniques, nous allons commencer par celles-ci.

II

ROCHES PLUTONIQUES

> La roche qu'on taille dans l'épaisseur vive du globe est une roche sauvage, plus ou moins décidément quartzeuse.
>
> BUFFON.

> Les flancs des monts s'élargissent, et prennent à la fois un air plus grand et plus stérile ; une teinte rouge et ardente succède à la pâleur des rochers.
>
> CHATEAUBRIAND.

Les roches plutoniques sont d'aspect extrêmement varié, et cependant leurs éléments chimiques sont toujours à peu près les mêmes. Le principal est la *silice,* qui forme souvent, isolée ou combinée, plus des deux tiers de leur masse, et paraît avoir joué et jouer encore dans le monde plutonique le rôle prédominant que joue l'*eau* dans le monde neptunien.

La silice pure et cristallisée est connue sous le nom de *cristal de roche* ou *quartz.* Tout le monde connaît cette substance limpide, plus dure que le verre et l'acier, infusible au feu de forge, dont les cristaux en prismes pyramidés abondent aux étalages des marchands de minéraux et des opticiens.

La bijouterie utilise les variétés colorées nommées améthyste, fausse topaze, hyacinthe, aventurine, et celles concrétionnées en nodules arrondis qui constituent l'agate, la cornaline, etc.

Le sable blanc, le grès, les meulières et pierres à feu, les cailloux durs qu'on casse pour ferrer les chemins, sont de la silice. Elle est l'élément constituant qui donne la dureté aux verres, émaux, porcelaines, poteries et briques de toutes sortes.

Ses variétés grossières, cristallines ou concrétionnées, et ses combinaisons entrant dans la plupart des roches, aussi bien sédimentaires qu'éruptives, on peut dire que la silice est le corps solide le plus abondant qu'il y ait au monde. Elle constitue certainement à elle seule plus de la moitié de la masse de l'écorce terrestre connue.

Le composé de silice le plus abondant dans les roches plutoniques s'appelle le *feldspath*. La silice y est combinée avec deux bases, dont l'une est l'alumine, l'autre la potasse, la soude ou la chaux. Le feldspath est un corps cristallisé, tantôt blanc comme de la porcelaine, tantôt teinté de rose ou de vert clair. Opaque dans les granits et les porphyres, il devient vitreux dans les roches volcaniques. C'est le plus altérable des éléments de toutes ces roches. Nous verrons que c'est sa décomposition qui donne naissance à l'argile. Ses variétés s'appellent *orthose*, *albite*, *labrador*, etc.

Après ces deux éléments dominants des roches éruptives, le quartz et le feldspath, il faut citer le *mica*, cristallisé en lames minces, élastiques, brillantes comme un métal : c'est un fluosilicate d'alumine et de quelques autres bases. La poudre à sécher l'encre, que les papetiers nomment poudre d'or ou poudre d'argent, n'est que du mica jaune ou blanc en petits fragments.

Très analogue au mica est le *talc*, aussi en lames minces, mais doux au toucher comme du savon, le plus tendre des minéraux; c'est un silicate de magnésie hydraté. La poudre glissante des bottiers est faite avec du talc.

L'*amphibole* et le *pyroxène* sont deux silicates de magnésie et de chaux ou de fer, ordinairement colorés en vert ou en noir par ce fer, et assez analogues entre eux d'aspect. Le premier hante les roches granitiques et porphyriques; le second, les roches volcaniques (son nom de pyroxène signifie hôte du feu).

Ce sont ces quelques minéraux qui se groupent d'une manière très variée pour former les principales roches éruptives; nous pouvons rapporter celles-ci à trois types, analogues de substance, mais différents de structure :

1º Les roches *granitiques*, entièrement formées de *cristaux* accolés formant une masse *compacte*;

2º Les roches *porphyriques*, formées d'une *pâte* entourant des *cristaux* ou *noyaux* de couleur différente;

3º Les roches *volcaniques*, toujours plus ou moins *poreuses* comme du sucre, ou *bulleuses* comme du pain levé.

Cet ordre est en même temps celui de l'antiquité de leur apparition à la surface du sol. Les premiers ont pris le nom de la plus ancienne, la plus abondante et la plus importante des roches, celle qu'on nomme le *granit*.

Le granit dit à grain fin forme, sur une profondeur inconnue, le sol de certains pays dont la surface n'offre aucune trace de sédiments, et qui semblent, par conséquent, n'avoir jamais été recouverts d'une manière stable par des mers analogues aux nôtres.

Un granit un peu différent, dit « à gros grains », et des variétés nommées *pegmatite, protogyne, syénite*, etc., forment des veines ou des masses sortant à travers le granit primitif, souvent aussi à travers des terrains sédimentaires anciens. Dans plusieurs chaînes de montagnes, comme les Vosges, les Pyrénées et les Alpes, ces derniers terrains sont soulevés pour former les pentes, et les parties centrales et culminantes sont formées par les roches granitiques.

Comme exemples des pays granitiques, nous pouvons citer en France les plateaux maritimes de la Bretagne, les collines de la Vendée et du Bocage normand, et surtout le plateau central français dans la plus grande partie de sa surface.

Le granit proprement dit est formé du mélange de trois sortes de cristaux : *quartz, feldspath* et *mica*. Le feldspath est l'élément clair qui donne sa teinte à la roche; il est souvent blanc, souvent aussi verdâtre ou rose; il forme ordinairement plus de la moitié du poids du granit. Le quartz est transparent, mais ordinairement un peu sale, quelquefois même foncé comme du verre à bouteilles. Le mica est en petite quantité; mais ses lamelles brillantes miroitent à la lumière.

Les cristaux à peine visibles à l'œil nu, dans le granit à grain fin, deviennent très faciles à distinguer dans le granit à gros grain. Il y a même du granit *à grandes parties* dont les cristaux atteignent plusieurs décimètres et plusieurs mètres. On les exploite alors chacun à part : le quartz pour les cristalleries, le feldspath pour la couverte de la porcelaine, et le mica pour faire des vitres de vaisseaux de guerre ne se brisant pas au bruit du canon, des verres de lampes incassables, des miniatures transparentes, etc.

On appelle *pegmatite* un granit sans mica, c'est-à-dire uniquement formé de quartz et de felspath, et *greiszen* ou hyalomicte, un granit sans feldspath, c'est-à-dire uniquement formé de quartz et de mica.

On trouve même quelquefois des bandes rocheuses ou filons formées d'un seul des trois éléments : le *quartzite* n'est formé que de quartz, la *leptynite* (ou *weisstein*) seulement de feldspath, la *minette* seulement de mica.

La *protogyne* est du granit où le mica est remplacé en grande partie par le *talc ;* toute la masse du mont Blanc et de ses aiguilles est formée de cette roche.

La *syénite* (granit de Syène, en Égypte) est du granit où le mica est remplacé par de l'amphibole. C'est celui de l'obélisque de Louqsor. Enfin dans la *diorite* le quartz a disparu, et il ne reste plus que du feldspath et de l'amphibole.

Les granits deviennent quelquefois *schisteux,* c'est-à-dire que les lames de mica prenant toutes la même direction, la roche se fend facilement en lames minces. La schistosité est le résultat d'une pression très énergique exercée dans un sens unique sur une masse plastique de structure assez homogène. Sa production, très fréquente à la surface du granit, semble indiquer un remaniement par des mers primitives, probablement très chaudes. La protogyne a subi cette action dans les aiguilles du mont Blanc.

On trouve ainsi tous les passages des roches granitiques à certaines roches métamorphiques dont nous parlerons bientôt : le granit proprement dit devient la *gneiss ;* et le greiszen devient le *micaschiste.*

Le *porphyre*, au lieu d'être entièrement cristallin comme le granit, a ses cristaux empâtés dans une masse amorphe formée des mêmes éléments qui n'ont pas eu le temps de se cristalliser. Il en résulte que cette roche se taille et se polit merveilleusement, tandis que le vrai granit s'égrène comme du sucre. On trouve d'ailleurs tous les passages entre les deux roches. Le granit dont on fait des bordures de trottoir, des pierres d'appareil, des auges, etc., est réellement un porphyre, ou au moins un granit porphyroïde.

Le porphyre est très fréquent, et forme quelquefois des pays entiers : ainsi la moitié méridionale du Morvan en est entièrement formée, ainsi qu'une grande partie du mont du Beaujolais et du Forez, les monts de l'Esterel entre Fréjus et Cannes; de nombreux points des Vosges, notamment le point culminant ou ballon de Guebwiller, les environs de Framont, Bussang, etc. Dans l'Ouest, on les retrouve près des Sables-d'Olonne, dans la forêt de Perseigne près d'Alençon, et ailleurs.

Les variétés de roches porphyriques sont au moins aussi nombreuses que celles des roches granitiques; la plus commune est le porphyre quartzifère, qui fait d'excellents pavés, employés à Paris dans les rues étroites et très parcourues par les voitures.

En Corse le feldspath étant en nodules arrondis, la roche est célèbre sous le nom de porphyre orbiculaire de Corse.

Le porphyre rouge antique, dont le musée du Louvre a de si beaux spécimens, venait de la chaîne égyptienne qui sépare la vallée du Nil de la mer Rouge; c'est un porphyre feldspathique.

Le porphyre vert antique, aussi très recherché des anciens, qui le tiraient de la Laconie, a la composition de la diorite; ce sont des cristaux de feldspath vert clair, empâté dans de l'amphibole vert foncé. Ce vert antique fait partie des *mélaphyres*, dont la pâte, toujours très ferrugineuse, devient souvent entièrement noire. Les *ophites* (*ophis*, serpent) des Pyrénées ont une composition analogue.

On peut en rapprocher aussi la *serpentine*, roche verdâtre, beaucoup moins dure, tachée comme une peau de serpent, compacte et homogène, douce au toucher, formée surtout de silicate de magnésie, très abondante sur le revers piémontais des Alpes et dans les Apennins. La variété dite serpentine noble prend un beau poli et est employée dans les arts. La pierre ollaire des environs de Côme, dont on faisait des marmites pour cuire les aliments, est une serpentine.

Le haut prix des colonnes et des objets de porphyre n'est pas dû à la rareté de cette roche, mais à la longueur et à la difficulté du travail nécessaire pour polir une matière aussi dure. Les anciens y employaient des armées d'esclaves; beaucoup des magnifiques colonnes qui ornent les monuments de Rome ont été polies par des milliers de chrétiens martyrs des premiers siècles de l'Église, condamnés aux mines avant d'être jetés en pâture aux bêtes féroces et en spectacle au peuple romain.

Aujourd'hui nous regarderions comme un luxe insensé d'employer même nos machines à vapeur à polir une pierre plus dure que l'acier et plus inattaquable que le verre ; nous trouvons déjà très beau de polir le marbre, qui est moins dur que les dents, rayé par tous les métaux et rongé par tous les acides.

La limite qui sépare les porphyres des roches volcaniques nous est offerte par le *trapp*, roche noirâtre, compacte et homogène, assez analogue de composition aux mélaphyres, mais s'étendant entre les couches sédimentaires, et à leur surface, comme une roche qui a coulé, qui a été liquide à la manière des basaltes et des laves. Son nom de *trapp* vient de *trappa*, escalier, parce qu'en s'infiltrant entre les joints horizontaux des sédiments, il forme sur les flancs des coteaux des espèces de gradins successifs. On trouve de ces trapps en Irlande, aux îles Féroé, au Harz. C'est dans un trapp qu'on trouve les belles agates d'Oberstein, sur le chemin de fer de Sarrebrück à Mayence.

Les roches volcaniques sont d'une nature très variable : beaucoup sont formées de fragments pulvérisés plus ou moins remaniés par l'eau, mais beaucoup forment les coulées continues que nous pouvons voir à l'état de fusion ignée lors des éruptions, et que nous appelons *laves*. On y distingue surtout deux types bien tranchés : le trachyte et le basalte.

Le mot *trachyte* signifie rude au toucher. C'est une roche formée de petits cristaux enchevêtrés, où domine le feldspath à base de potasse, et qui laissent entre eux des pores comme le sucre et la craie. Certains trachytes ont presque la composition et l'aspect du granit ou du porphyre. Il y a lieu de croire que le trachyte n'est que le granit fondu et remanié par la chaleur centrale, en présence de l'eau. Celui du Puy-de-Dôme, appelé *domite*, est friable comme la craie, mais toujours âpre au toucher.

On appelle *phonolithe*, ou pierre tuilière d'Auvergne, un trachyte dont les pores ont été pénétrés d'un minéral appelé zéolithe, où l'eau entre en combinaison avec les silicates, et qui a fait devenir la roche compacte et sonore, en même temps que facile à diviser en plaques propres à couvrir les maisons.

On désigne du nom d'*obsidienne* une sorte de verre noirâtre qui paraît être du trachyte fondu et vitrifié. Certaines laves vitreuses peuvent s'étirer, quand elles sont projetées en l'air, en filaments déliés flottant au vent comme des cheveux.

Les trachytes n'ont pas été aussi liquides que les laves ordinaires; ils sont sortis de la terre comme à l'état pâteux, leurs cristaux devenant mobiles et séparés par la vapeur d'eau qui se dégageait de tous les points de la masse. Ils sont souvent en amas gonflés, formant le noyau central de montagnes volcaniques. A la récente éruption de Santorin, on a vu saillir de la mer, en augmentant peu à peu, des éminences trachytiques.

Fig. 74. — Basaltes de l'île de Staffa.

Les *basaltes* sont beaucoup plus compacts; leur substance est lourde, toujours noirâtre, formée d'un feldspath à base calcaire, le labrador, uni intimement avec du pyroxène augite, sans que l'œil nu puisse distinguer les deux éléments. Quand les cristaux d'augite deviennent visibles dans leur gangue de labrador, la roche s'appelle *dolérite*.

Les basaltes sont ordinairement étendus en nappes très régulières et très vastes. On regarde comme un de leurs caractères distinctifs ce fait qu'ils contiennent en abondance un minéral verdâtre appelé péridot. Leur structure est généralement très homogène. Ils doivent à cette structure de présenter plus souvent que les autres roches en nappes la propriété de s'être fendus d'une manière régulière en se contractant par refroidissement.

Fig. 75. — Grotte de Fingal.

Ce caractère spécial, qui a rendu célèbres les basaltes, est surtout apparent lorsqu'un phénomène de ravinement a entamé inégalement la masse. Les fentes, s'étant produites suivant des plans verticaux inclinés l'un sur l'autre de 60 degrés environ, ont formé des prismes dont les gros sont presque régulièrement hexagonaux et les petits triangulaires. Ceux-ci s'altèrent et s'émiettent les premiers par les eaux courantes; les gros restent saillants ou isolés, en forme de colonnes ou de pilastres groupés, et produisent des accidents naturels extrêmement pittoresques (fig. 74).

La surface supérieure de la nappe basaltique, lorsqu'elle est nue, semble divisée par les fissures comme un carrelage gigantesque, formant une sorte de chaussée naturelle.

La plus célèbre des régions basaltiques est au nord de la mer d'Irlande; là se trouve la fameuse grotte de Fingal (fig. 75) dans l'île de Staffa, l'une des Hébrides, et, sur la côte irlandaise, la chaussée des Géants.

En France, le Velay, le Vivarais et le Cantal ont une célébrité méritée par leurs accidents basaltiques. Tout près de la ville du Puy, on va voir les orgues d'Expally; dans l'Ardèche, les colonnades de Montpezat, Burzet, Jaujac, et celles de la montagne du Coiron, au bout de laquelle est la chaussée de Chenavari; près de Murat, dans le Cantal, la montagne de Bonnevie, et au nord du Cantal, dont les a séparées la Dordogne, les orgues de Bort. Nous avons eu l'occasion de citer, en Amérique, les orgues de Rio-de-Janeiro (fig. 53). La nappe est souvent subdivisée par des plans horizontaux; si la matière est altérée sur les angles, il peut en résulter la curieuse configuration que présente la grotte des Fromages près Bertrich, dans l'Eifel.

Les *laves* présentent une composition chimique assez variée. La nature et la proportion des silicates qui les constituent varient souvent d'un volcan à un autre : celles d'Islande sont très différentes de celles du Vésuve, qui ne sont pas pareilles à celles de Santorin, de Ténériffe, de l'île d'Hawaii.

Celles de Volvic, en Auvergne, se débitent à la scie en belles plaques, indestructibles à l'air et à l'eau, sur lesquelles se font les peintures en émail qui décorent les façades de nos monuments. D'autres coulées, même voisines, ne fourniraient qu'une pierre friable et sans durée. Ici des coulées modernes sont couvertes de végétation au bout de quelques années; là des coulées plus anciennes que l'homme sont toujours stériles et impraticables; l'Auvergne nous offre une quantité de ces *cheires* (fig. 76), comme on les nomme dans le pays, que les siècles n'ont pu transformer en sol végétal, et qui semblent refroidies d'hier.

Fig. 76. — Cheire ou coulée de lave, près de Pontgibaud, en Auvergne.

C'est le plus souvent à la surface des bosses trachytiques et des courants de lave que se sont formées, par le dégagement des gaz dissous, ces écumes pierreuses, les unes nommées pierres *ponces*, blanches ou grisâtres, très légères, à pores fins et allongés, les autres, appelées *scories*, rouges ou noires, très ferrugineuses, quelquefois à parois plus ou moins vitrifiées, à pores bulleux, à fragments tranchants. Mais la masse intérieure est ordinairement spongieuse elle-même comme du pain levé. Nous verrons, à l'occasion des éruptions volcaniques, comment apparaissent au jour ces dernières roches ignées, les seules que l'homme ait pu voir naître.

Nous devons toutefois remarquer, dès à présent, que la même cause qui a rendu poreuses, ponceuses ou scoriacées les roches volcaniques, qui a tourmenté, brisé, roulé, accidenté la surface des courants de lave, je veux dire la vapeur d'eau se dégageant avec violence des matières fondues, a projeté par les cheminées volcaniques d'énormes quantités de fragments de ces matières à l'état de boules ou bombes volcaniques, de ponces ou de scories, et surtout de fine poussière d'un aspect analogue à la cendre de nos foyers.

Ces fragments ou *lapilli* retombés sur le sol, et ces *cendres* rabattues par les pluies diluviennes qui accompagnent toujours les éruptions, constituent, par leur accumulation, alternativement avec les courants de laves et les tuméfactions de trachyte, toute la masse des montagnes volcaniques et tout le sol des plaines environnantes.

Quoique dus à une cause ignée, ces amas de matières meubles peuvent avoir exactement le même aspect que les amas de fragments dus à l'eau courante, qui, d'ailleurs, les a ordinairement traversés et remaniés. Ce sont les *conglomérats* et les *tufs* ponceux, trachytiques, etc., qui forment le sol si fertile des environs de Clermont et du Puy, comme de Naples et de Rome.

Ils nous serviront de transition naturelle pour arriver à l'étude des roches de sédiment.

III

ROCHES NEPTUNIENNES

> *Quodque fuit campus, vallem decursus aquarum*
> *Fecit, et eluvie mons est deductus in œquor.*
> OVIDE.
>
> Les cailloux les plus durs se convertissent en terre argileuse par la longue impression de l'humidité de l'air.
> BUFFON.

Nous appelons roches *neptuniennes*, roches des terrains sédimentaires, celles dans la structure et le dépôt desquelles est intervenue l'action de l'eau. Il faut dire l'eau liquide; car l'eau à l'état de vapeur, principal élément de l'atmosphère primitive, a dû jouer un rôle considérable dans la formation des roches ignées. Elle entre plus ou moins dans la composition de beaucoup d'entre elles, et nous venons de voir que c'est surtout son dégagement du sein des roches volcaniques qui a donné à celles-ci la structure vacuolaire qui les caractérise.

L'influence de l'eau s'est exercée de *trois* manières bien distinctes, quoique souvent simultanées, sur la formation des sédiments : on peut y distinguer :

1° Les *actions mécaniques*, c'est-à-dire l'érosion, le transport, le frottement, le triage, le dépôt et le tassement des fragments, etc.;

2° Les *actions chimiques*, c'est-à-dire la dissolution, l'échange de certains éléments, la formation de départ ou composés nouveaux, leur précipitation ou leur cristallisation, la cimentation des fragments, le remplissage des pores, etc.;

3° Enfin les *actions vitales*, c'est-à-dire la production de composés organiques par la nutrition des êtres vivants, le travail de sécrétion de tissus pierreux par les animaux, de tissus charbonneux par les végétaux, tissus qui ont pu, dans certains cas, échapper à la décomposition qui suit la mort, ou plutôt laisser après cette décomposition des masses solides, fruit de cette circulation vitale à laquelle l'eau est nécessaire.

Faisons-nous d'abord une idée de la formation des roches

sédimentaires les plus communes, celles dont le mélange constitue la *terre* ordinaire des plaines et qui sont : 1° l'*argile*; 2° les *sables*, *grès* et *silex*; 3° le *calcaire*.

———

On sait que l'eau est le corps le plus dissolvant de la nature. Soit par elle seule, soit grâce au gaz acide carbonique qu'elle rencontre dans l'air, elle peut à la longue attaquer et dissoudre les rochers qui semblent les plus insolubles. Les corps que la chimie appelle insolubles sont ceux dont l'eau dissout en réalité des fractions infimes, que l'analyse chimique est impuissante à reconnaître. Mettons de l'eau dans une bouteille et secouons-y une pierre; il est certain que nous ne saurons pas trouver en dissolution dans cette eau la moindre trace de la substance de la pierre ou du verre de la bouteille, laquelle n'éprouvera aucune diminution appréciable de poids; mais que cette pierre ou ce verre restent quelque dix à vingt ans en contact continuel avec de l'eau, et l'altération de la matière et du poids deviendra bientôt évidente.

Laissez seulement deux à trois ans sans réparation aucune les constructions d'une ville, et vous verrez si les pierres à bâtir, les mortiers et les plâtres, et même les ardoises et les tuiles sont attaquables par la pluie. Attendez dix à vingt ans, et vous aurez à peu près ce que sont devenues Babylone, Thèbes, Palmyre, Carthage..., ce qu'on nomme en bon français des ruines.

Eh bien, le granit et toutes les roches plutoniques, sous l'action de la pluie pendant des siècles, finissent par faire comme les villes antiques : leur substance est inégalement rongée, divisée, mise en poudre, en boue ou en fragments; elles tombent en ruines.

L'élément le plus rapidement attaquable des rochers granitiques est le feldspath, parce que le silicate de potasse ou de soude, qui entre dans sa composition, est très soluble dans l'eau quand il est seul. C'est lui qu'on appelle le verre soluble ou bouillon de cailloux. L'eau de pluie l'enlève peu à peu, isolant en poudre impalpable la silice et l'alumine, et laissant séparés les cristaux de quartz et de mica. En s'écoulant, l'eau courante entraîne en suspension la poussière la plus menue; elle roule les petits fragments dont la chute émousse les angles et arrondit les aspérités. Les gros fragments, isolés ou déchaussés, s'écroulent ou s'affaissent, et les eaux d'orage savent les déplacer et les entraîner à leur tour. La grosseur et le poids des matériaux emportés ainsi par l'eau sont, en effet, d'autant plus grands que le courant est plus rapide. Quand le courant diminue de vitesse, il dépose les corps entraînés, en commençant par les plus gros. Il en résulte que les fragments déposés au même endroit sont à peu près de même dimension, et qu'il se forme de vastes amas de cailloux, de gravier, de gros sable, de sable fin, et enfin d'argile.

Ces deux dernières matières, le *sable* et l'*argile,* peuvent être regardées comme le produit final de la destruction du granit, après sa décomposition complète. Le sable est le résultat des cristaux de quartz désagrégés et roulés; et l'argile est ce qui reste du feldspath lorsque l'eau courante en a enlevé le silicate alcalin; c'est-à-dire qu'elle est formée par la poudre impalpable du silicate d'alumine, modifié en route par l'action chimique de l'eau; celle-ci s'est substituée à une certaine quantité de silice, mise en liberté à l'état de dissolution gélatineuse dans l'eau.

L'argile est loin d'être un corps chimiquement défini. C'est un mélange et non une combinaison; mais le mélange est d'une finesse qui défie le microscope. Sa composition chimique moyenne l'a fait appeler un *hydrosilicate d'alumine.* Parfaitement pure, elle est blanche, et s'appelle kaolin ou terre à porcelaine. On ne la trouve à cet état que lorsque le feldspath très blanc, sans mélange de mica, a été décomposé *sur place,* loin de toute roche ferrugineuse ou colorée. Tel est le kaolin de Saint-Yrieix, près de Limoges.

Mais l'alumine possède, comme on sait, la propriété d'attirer à elle les matières colorantes en suspension dans l'eau; c'est elle dont les teinturiers imprègnent les étoffes à teindre, pour servir de *mordant;* c'est en la formant dans une liqueur colorée que l'on rencontre toute la couleur au fond du vase sous la forme d'une boue qui, desséchée, s'appelle une *laque.*

L'argile, en se déposant lentement au fond de l'eau, a précisément produit cet effet. L'eau est devenue claire; mais l'argile est devenue jaune, verte, rouge, bleue, noire, suivant les matières qui salissaient l'eau.

Sa composition est d'ailleurs très variable, même en dehors de ces matières colorantes étrangères ; on peut ranger toutes les argiles en deux groupes principaux : les argiles *plastiques* et les argiles *smectiques*.

Les argiles plastiques sont appelées aussi terres à modeler, terres à potier, terres *glaises ;* ce sont elles qui, perdant leur eau en se solidifiant par l'action de la chaleur, donnent ce que l'on appelle les *terres cuites* ou poteries. Ces argiles se pétrissent facilement ; elles ne contiennent en moyenne que 12 % d'eau ; leur silice n'est pas à l'état gélatineux, car elle n'est pas soluble dans les acides.

L'argile smectique est celle qu'on nomme vulgairement *terre à foulon*. Elle se gerce et se pétrit mal ; les foulonniers utilisent sa propriété d'absorber les huiles grasses dont on imprègne la laine pour la filer. Elle contient deux fois plus d'eau, en moyenne, que l'argile plastique. Sa silice est en grande partie restée gélatineuse, car elle est soluble dans les acides.

L'argile est, sinon la plus abondante, du moins la plus répandue des roches sédimentaires. Elle a des pores si fins, et retient l'eau qui la mouille avec une telle force, que sa masse ne la laisse filtrer qu'avec une extrême lenteur. Au point de vue de l'eau courante, elle se comporte donc comme une roche imperméable. Elle a sous ce rapport, comme nous le verrons, un rôle prédominant dans la production des sources et des nappes artésiennes, ainsi que dans le régime des étangs et des rivières. Dans les pays à sol perméable, on garnit d'argile le fond des réservoirs et des pièces d'eau.

Le *sable* et le *gravier* ou gros sable sont d'une nature plus variable encore que l'argile ; ils peuvent être formés de menus fragments de toutes sortes de roches dures. Cependant les petits cristaux de *quartz*, brisés, roulés et triés par ordre de grosseur, forment la plus grande partie du sable plus ou moins fin qui provient des roches granitiques. Le mica y est quelquefois mêlé, comme dans le sable de Fontainebleau ; d'autres fois il se mêle à l'argile, à laquelle il donne une structure feuilletée. Le gravier et les cailloux sont des morceaux de la roche incomplètement désagrégés ; le transport les arrondit et les transforme en galets.

La grande plaine de la Crau est formée uniquement par des cailloux roulés que la Durance a jadis apportés des Alpes.

Mais les masses ainsi accumulées en couches plus ou moins épaisses ne restent pas toujours meubles ou fragmentaires. Comme elles sont éminemment poreuses, elles sont continuellement traversées par l'écoulement des eaux absorbées par le sol. Or ces eaux contiennent en dissolution des substances dont les moins solubles ne demandent qu'à se solidifier dans les intervalles libres, et finissent par former entre les fragments un ciment plus ou moins tenace, soudant les fragments meubles en une masse résistante.

Les matières qui peuvent servir ainsi de ciment sont nombreuses; mais deux surtout jouent à ce titre un rôle considérable dans la nature : ce sont la *silice* et le *calcaire*, déposés de leur dissolution dans l'eau, c'est-à-dire concrétionnés.

La silice, que nous avons vue jouer le principal rôle dans la constitution des roches ignées, est loin d'avoir le dernier dans celle des roches sédimentaires. Les chimistes la disent insoluble dans l'eau, parce que des cristaux de quartz ou des nodules d'agate ne subissent au contact des eaux pures ou acides aucune altération ; mais il n'en est pas de même, d'abord, au contact des eaux alcalines : puis le bouillon de cailloux, dont nous parlions plus haut, et qui contient la combinaison soluble de la silice et de l'alcali, rencontrant un acide, fût-ce le plus faible, fût-ce l'acide carbonique de l'air, perd sa silice, qui se combine avec l'eau pour former une *gelée* transparente, invisible, entraînée par l'eau froide, soit en suspension, soit en dissolution. Or les traces de cette silice en gelée sont partout. Des expériences optiques et chimiques de précision ont montré récemment qu'on ne chauffe pas l'eau, même distillée, dans un vase de verre, sans qu'elle dissolve une partie de la substance du vase, et contienne ensuite de la silice gélatineuse en suspension.

La plupart des eaux naturelles contiennent donc en très petites quantités, soit de la silice gélatineuse, soit les silicates solubles qui la produisent. Cette gelée se dépose dans les espaces vides des roches à travers lesquelles l'eau filtre, et, perdant son eau, finit par devenir une matière aussi dure que le quartz, dont elle ne diffère que parce qu'elle n'est pas cristallisée. Cette matière dure, c'est le *silex* ou pierre à feu, lorsqu'elle est en nodules compacts; c'est la pierre *meulière*, quand elle est en masses spongieuses, servant à faire des meules ou à bâtir des murs de forts, de prisons, de caves, que les outils d'acier ne peuvent percer; c'est même l'*agate* ou la *cornaline*, quand elle est transparente et agréablement colorée.

Quand la gelée siliceuse pénètre dans les roches poreuses, elle y forme des veines dures, ou durcit toute la masse suivant qu'elle l'a imprégnée plus ou moins uniformément; c'est ainsi que se forment les *calcaires siliceux*.

Les contrées où jaillissent les geysers d'Islande (voir au chapitre IX) et autres sources d'eaux très chaudes, ont toutes leurs roches modifiées par des accidents de ce genre, et c'est par des phénomènes analogues qu'on explique les nombreuses roches siliceuses que l'on trouve dans certains pays, comme, par exemple, dans la presqu'île que forme la Marne à Champigny, près de Paris.

Toutefois l'effet le plus apparent de la silice gélatineuse dans les roches est la formation des *grès*. On appelle ainsi les roches formées de sable dont les grains plus ou moins fins sont soudés par un ciment. Le grès peut être compact ou poreux, suivant que les intervalles des grains ont été plus ou moins remplis par le ciment. La silice, étant le plus dur de tous ces ciments, fournit les grès les plus résistants, qu'on nomme grès siliceux. Le grès à paver est un grès siliceux à grain fin. Le grès bigarré, qui a servi à bâtir les cathédrales de Strasbourg, de Bâle, de Fribourg-en-Brisgau, est un grès plus facile à tailler. Coloré en rouge par l'oxyde de fer, il renferme un peu de mica; aussi certains échantillons se divisent-ils facilement en plaques.

Quand les fragments soudés deviennent assez gros, on nomme la roche une *brèche*, si les fragments sont anguleux; si ce sont des cailloux roulés, on a la roche appelée *poudingue* à cause de sa ressemblance avec le gâteau anglais (*plum-pudding*) si connu : les cailloux roulés y font l'office de raisins.

Quelques grès ont des noms particuliers que les géologues ont fini par faire entrer dans la langue habituelle, et qui sont souvent mentionnés dans les ouvrages descriptifs sur les montagnes.

Ainsi l'on nomme *arkose* un grès formé de fragments de feldspath, mêlés souvent d'un peu de mica, et soudés par la silice.

La composition de la roche se trouve ainsi très voisine de celle du granit, quoique l'origine soit parfaitement sédimentaire.

Le grès grossier, appelé par les Allemands *grauwacke*, est formé de débris granitiques réunis par un ciment schisteux, c'est-à-dire formé d'argile modifiée.

L'argile fine et cohérente peut, en effet, quelquefois jouer le rôle de ciment, mêlée à des matériaux en petits fragments : il se forme quelquefois ainsi des roches se rapprochant beaucoup des grès par l'aspect, sinon par la solidité.

L'oxyde de fer hydraté (la rouille) peut cimenter des sables, et même assez solidement. Parmi les grès à ciment ferrugineux, on peut citer, par exemple, cet *alios* imperméable qui cause la stérilité des Landes.

Le calcaire, dont nous allons parler tout à l'heure, sert souvent aussi de ciment, moins dur, il est vrai, que la silice ; ainsi le grès de Fontainebleau, dont le ciment est le plus souvent calcaire, ne fait que de mauvais pavés ; tandis que, dans le prolongement de la même couche, le grès d'Orsay, à ciment siliceux, en fournit d'excellents.

On appelle *molasse*, en Suisse, un grès formé de fragments de granit décomposé, c'est-à-dire de quartz, de mica et d'argile, soudés par un ciment calcaire. Souvent ce même grès est, en outre, mélangé de gros galets quartzeux qui, beaucoup plus résistants que le reste de la roche, sont en saillie partout où une paroi est exposée à l'air, ressemblant à des têtes de gros clous enfoncés dans le rocher. Il est connu sous le nom de *nagelfluhe*, rocher aux clous ; les escarpements du Righi et l'éboulement du Goldau l'ont rendu célèbre.

Passons maintenant au *calcaire*. On appelle ainsi les variétés de tout ordre de *carbonate de chaux*, corps qui nous est présenté à l'état de pureté par les cristaux nommés *spath d'Islande* ; ceux-ci sont célèbres en physique à cause de la propriété qu'ils ont de doubler les objets vus au travers de leur épaisseur, propriété qu'on nomme double réfraction.

Le calcaire est, comme la silice, une des matières les plus abondantes qu'il y ait au monde. Les pierres à bâtir, la craie, le marbre, les pierres à chaux, sont du calcaire. Quand on heurte du pied un caillou sur son chemin, il y a vingt à parier contre un que c'est, ou un caillou calcaire, ou un caillou siliceux.

Ce n'est pas au poids ou à la couleur qu'on pourra distinguer l'une de l'autre ces deux pierres si communes ; mais voici deux moyens faciles :

Premier moyen : Prenez un couteau ; il fera une raie bien marquée sur la pierre calcaire, même mouillée et essuyée, tandis que la pierre siliceuse ne conservera aucune trace du couteau : elle pourrait, au contraire, faire elle-même une raie sur la lame.

Deuxième moyen : Versez sur la pierre quelques gouttes d'un acide liquide quelconque, vinaigre, jus de citron, esprit de sel ; la pierre siliceuse n'éprouvera rien, tandis que la pierre calcaire fera, comme on dit, effervescence ; c'est-à-dire que le liquide semblera bouillir par le dégagement du gaz acide carbonique.

L'apparition de cette roche, et son extrême abondance dans le monde, n'ont pas encore été suffisamment expliquées.

Le calcaire n'existe pas originairement dans les roches granitiques qui ont formé le sol primitif du globe. Les filons de marbre qu'on y trouve peuvent y avoir été formés depuis. Les traités de géologie disent que le calcaire est arrivé à la surface du sol en dissolution dans des sources ; mais où ces sources l'ont-elles été chercher en quantité suffisante pour devenir l'élément prédominant dans les roches les plus récentes ?

On associe souvent l'origine du calcaire à celle du sel marin, en supposant qu'au temps des premières mers, il serait sorti du sol des veines salines, les unes formées de chlorure de calcium, les autres de carbonate de soude ; de l'action réciproque de ces deux sels se seraient formés, au contact de l'eau, par échange d'éléments, suivant les lois de Berthollet, le chlorure de sodium (sel marin) soluble, et le carbonate de chaux (calcaire) insoluble.

Cette hypothèse n'est pas nécessaire : il y a assez de feldspaths et autres minéraux à base de chaux dans les roches ignées, pour que leur altération par l'air et par l'eau ait mis en liberté, à l'état moléculaire, des silicates de chaux que l'acide carbonique de l'air a transformés en carbonates. Nous savons encore si peu de chose sur la décomposition chimique des roches silicatées, que nous n'avons pas le droit de forger des hypothèses hasardées.

Cette dernière a toutefois cet avantage d'expliquer, mieux encore que les houilles, cette disparition graduelle de l'acide carbonique dans l'air atmosphérique qui rend probable l'apparition successive, durant les périodes géologiques, des types d'animaux à respiration de plus en plus parfaite.

Un fait remarquable et riche en conséquences est que le carbonate de chaux, insoluble dans l'eau distillée, est nettement

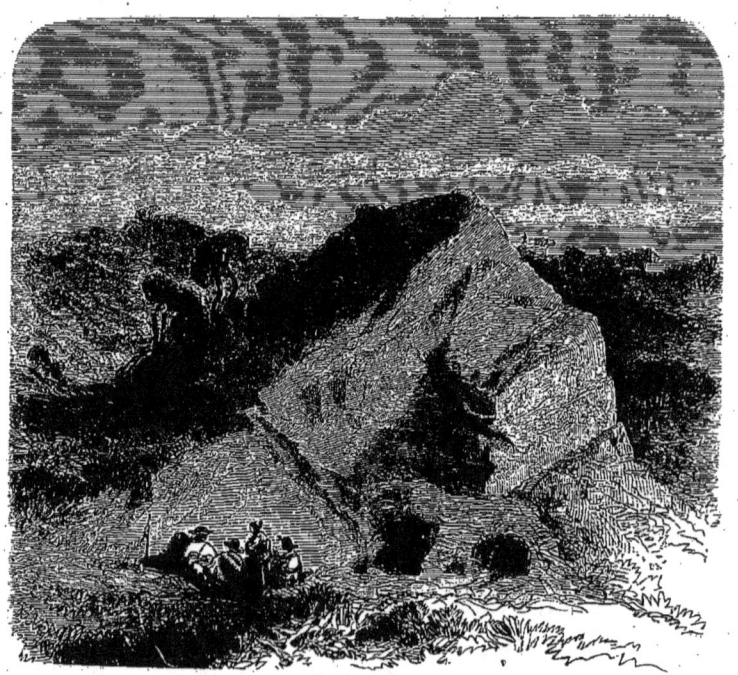

Fig. 77. — Entrée de grottes dans un terrain calcaire.

soluble dans l'eau qui a dissous du gaz acide carbonique, dans l'eau de Selz, par exemple, parce qu'il est transformé en bicarbonate de chaux soluble. Si on vidait pendant quelque temps des siphons d'eau gazeuse au même endroit d'une dalle calcaire, on finirait par la percer.

Or les eaux naturelles contiennent toutes en dissolution de l'acide carbonique. Elles peuvent même, lorsqu'elles traversent la terre végétale, qui en est imprégnée par la fermentation de l'hu-

Fig. 78. — Stalactites et stalagmites de la grotte d'Adelsberg, en Carniole.

mus, en dissoudre beaucoup plus qu'elles n'en pourraient garder au contact de l'air. Si, dans cet état, elles traversent ou rencontrent du calcaire, elles pourront emporter en dissolution une certaine proportion de cette substance. Mais, arrivées à l'air, elles dégageront lentement leur excès de gaz acide carbonique, et laisseront en même temps déposer le calcaire que cet excès de gaz leur avait permis de dissoudre.

C'est ce qui arrive dans la plupart des *grottes* creusées dans les terrains calcaires (fig. 77), où se forment ces beaux pendentifs et ces saillies coniques qu'on nomme *stalactites* et *stalagmites* (fig. 78), et que les anciens prenaient pour des végétations pierreuses. C'est la matière de ce qu'on nomme l'*albâtre* oriental. (L'albâtre commun est du gypse ou pierre à plâtre.)

Si l'eau ainsi sursaturée de calcaire sort assez abondamment pour former une source, cette eau sera dite *incrustante*, parce qu'elle formera un dépôt calcaire sur tous les objets qu'elle touchera. Plusieurs de ces sources, comme celles de Saint-Allyre à Clermont-Ferrand et de Saint-Philippe en Toscane, sont devenues célèbres, et donnent lieu à un petit commerce d'objets appelés à tort *pétrifications*, qui sont, non pas transformés en pierre, mais simplement recouverts d'une mince couche pierreuse assez cohérente, moulée sur leur surface.

Si les sources assez chargées pour former un dépôt résistant en quelques heures sont rares, il y en a réellement un assez grand nombre capables de former de notables dépôts en quelques semaines ou en quelques années. Or celles-ci encroûtent leur lit, c'est-à-dire qu'elles déposent, sur le sol qui les porte, des couches formant une roche compacte qui peut envahir tout le fond d'une vallée; on nomme cette roche *travertin*. C'est avec le travertin formé par l'Anio, près de Tivoli, qu'ont été bâtis la plupart des monuments de Rome ancienne et moderne. Nous avons à Châteaulandon un travertin d'origine analogue qui a fourni des parapets de beaucoup de quais et de ponts de Paris, et dont on fait aussi de bonnes pierres lithographiques.

Le calcaire travertin, c'est-à-dire déposé purement par voie chimique, est une rare exception dans la nature. Les énormes couches calcaires d'où sont tirées nos pierres de taille, comme celles où sont creusées les catacombes de Paris, la craie dont les puits artésiens de Grenelle et de Passy traversent plus de

500ᵐ d'épaisseur, les masses dont les plissements forment les montagnes entières du Jura, de la base au faîte, celles qui constituent les escarpements du mont Perdu et des cimes qui entourent Gavarnie, en un mot, l'immense majorité des calcaires de tout âge et de tout pays, ont une origine bien différente.

C'est l'*œuvre de la vie animale*, c'est le résultat du travail de sécrétion pierreuse de myriades de générations de tous ces petits ouvriers de la mer, mollusques, zoophytes, foraminifères, d'autant plus féconds qu'ils sont plus petits; c'est l'amas des innombrables coquilles, têts, piquants, coraux, carapaces microscopiques de la grouillante population que nourrit la mer, et dont les cadavres s'accumulent sur son fond.

L'eau de la mer reçoit sans cesse, des rivières qui ont lavé les continents, les matières minérales qu'elles ont dissoutes en route, et parmi lesquelles prédomine le calcaire : l'évaporation n'enlevant que l'eau pure, la mer se trouve saturée de calcaire. Les animaux à coquille en consomment la plus grande partie et l'accumulent en couches toujours croissantes. Ils n'ont pas, en effet, comme les mammifères, d'état adulte, et leurs éléments pierreux ne se résorbent pas par le travail nutritif. Après leur mort, les parties molles sont mangées ou décomposées ; les parties dures restent, soit entières, soit pulvérisées ou brisées. L'accumulation peut quelquefois former une masse friable; mais souvent, si l'abondance d'animaux n'a pas suffi pour enlever à la mer autant de calcaire que les eaux terrestres lui en fournissent, l'évaporation qui se fait à la surface provoque au fond une petite quantité de dépôt chimique qui soude ensemble les fragments gros et petits, et produit une roche consistante.

Quand la masse coquillière reste friable par défaut de ciment, elle forme ce qu'on appelle les *faluns* en Touraine, les *crags* en Angleterre et en Belgique.

On connaît sous le nom de *craie* le mélange, avec un peu d'argile fine, de poussière calcaire produite par la désagrégation des coraux et des coquilles, et d'une multitude de carapaces microscopiques de ces infimes animalcules, les foraminifères, qui grouillent au fond des hautes mers. Un trait fait à la craie sur un tableau noir renferme des millions de ces dépouilles de myrmidons de la création. La figure 79 donne une idée des formes singulières et quelquefois élégantes de ces petits êtres.

Les calcaires durs et capables de fournir de bonnes pierres de taille contiennent les mêmes débris d'animaux souvent aussi nombreux et aussi visibles. Le calcaire grossier parisien dont sont construits tous les monuments de la grande ville, est formé d'innombrables coquilles bien reconnaissables, parmi lesquelles dominent les cérithes, en forme de tire-bouchon, noyées dans une masse de têts microscopiques de foraminifères analogues à ceux de la craie. Le ciment est en quantité peu sensible.

Fig. 79. — Parcelles de craie vues au microscope.
(La partie supérieure éclairée par transparence, l'inférieure par réflexion.)

Les calcaires appelés *oolithiques*, si fréquents dans le terrain du Jura, ressemblent à des masses d'œufs de poisson. On pense qu'ils se sont formés dans des mers très agitées et très saturées, où les mêmes débris minuscules restaient en suspension par l'agitation, jusqu'à ce que l'encroûtement produit à leur surface par l'évaporation les eût rendus assez lourds pour tomber au fond, et, tous devenus ronds et de même dimension, donner en se soudant cette singulière apparence.

Nous voyons aujourd'hui se former sous nos yeux, dans la mer des Indes et dans l'océan Pacifique, des masses calcaires énormes qui, en Océanie, constitueraient, s'il se produisait un soulèvement de quelques dizaines de mètres, un nouveau continent plus grand que l'Australie. Ce sont les coraux et les madrépores qui bâtissent ainsi des terres nouvelles, et le plus souvent sous une forme singulière et très reconnaissable, celle d'immenses enceintes circulaires enfermant à leur centre un lac limpide et paisible au milieu de l'Océan furieux (fig. 80). Ces îles construites par les coraux s'appellent *Atolls*.

L'examen de certaines couches calcaires de terrains anciens y a fait découvrir de véritables Atolls. L'une des couches jurassiques que nous verrons au chapitre VII doit à sa remarquable richesse en coraux son nom anglais de *coral-rag*.

D'autres substances que le calcaire peuvent servir à former la coquille des animaux inférieurs, et par conséquent fournir des roches d'origine vitale. Les naturalistes ont décrit beaucoup de petits animaux dont la carapace est formée de silice, et d'autres moins nombreux où elle se compose d'oxyde de fer. Or l'examen d'une poudre siliceuse très dure, vendue sous le nom de *tripoli*, a montré qu'elle est formée uniquement de carapaces d'infusoires. Un certain nombre de minerais de fer pulvérulent sont absolument dans le même cas. Toutefois le calcaire est la seule roche qui présente cette origine sur une grande échelle.

Fig. 80. — Atoll ou île à coraux.

IV

ROCHES MÉTAMORPHIQUES

> Avancez sous ces monts : dans leur sein recélés
> Combien d'autres trésors y sont accumulés !...
>
> . . . .
>
> Les schistes feuilletés, les lames de l'ardoise,
> Le quartzite noirâtre et les marbres divers...
>
> . . . .
>
> Enfin tous ces amas de matières terreuses,
> Dans leurs noirs magasins confusément épars,
> Trésors qu'à la nature emprunteront les arts.
>
> DELILLE.

Les roches que nous venons d'étudier, déposées horizontalement au fond des eaux, ont formé lors de leur émersion le sol plat des pays de plaines. Nous avons dit qu'on les rencontre aussi dans les pays de montagnes, mais soulevées et inclinées, et en général modifiées dans leur structure, qui est devenue notablement plus compacte. Lors de leur dépôt, en effet, la plupart des roches sédimentaires ont nécessairement une structure grossière et poreuse, puisqu'elles sont formées de poussières agglomérées. Les roches compactes sont ordinairement devenues telles par suite de changements postérieurs au dépôt primitif.

Les changements qui peuvent se produire après coup dans la structure et même dans la nature des roches sont nombreux; nous avons vu qu'ils sont connus sous le nom de métamorphisme des roches.

La cause la plus fréquente du métamorphisme est la pénétration des pores de la roche par des substances gazeuses ou liquides agissant chimiquement sur elle. La chaleur terrestre et la pression, résultat du poids des couches supérieures sur une couche profonde, peuvent aussi produire de notables effets.

Nous voyons s'échapper des volcans, et par conséquent nous savons qu'il se forme dans les profondeurs de l'écorce terrestre des vapeurs nombreuses de corps susceptibles d'attaquer les roches poreuses, ou de former, en se rencontrant dans les cavités de ces roches, des corps solides précipités chimiquement. Les chlorures de silicium, de magnésium, de fer, de toutes sortes de métaux, certains fluorures ou sulfures volatils de diverses natures, se rencontrant en présence de la vapeur d'eau et des gaz de l'air dans les pores et dans les fentes des roches, y donnent naissance à des substances cristallisées, silice, silicates, fluosilicates, sulfures ou oxydes métalliques, sels variés.

On a pu répéter en petit, dans les laboratoires de chimie, dans les fours à porcelaine et les fourneaux métallurgiques, une partie de ce qui se passe en grand dans la nature sous ce rapport, et obtenir des changements artificiels tout à fait analogues à ceux qu'éprouvent les roches par le métamorphisme.

Des vapeurs de chlorure de magnésium, en traversant du calcaire, l'ont transformé en *dolomie* (carbonate double de chaux et de magnésie) tout à fait pareille à des morceaux qu'on a vus arrachés par des éruptions volcaniques aux parois de cheminées produites à travers des couches calcaires. Ces mêmes vapeurs avaient de plus produit artificiellement, dans les roches expérimentées, des pierres cristallines, idocrase, périclase, etc., les mêmes que l'on trouve fréquemment au milieu des roches volcaniques.

Des eaux thermales, filtrant à travers des murs poreux, en ont, après des siècles, changé en certains endroits la composition chimique en déposant des cristaux dans les pores. Ce fait a notamment été constaté à Plombières dans un mur romain dont les briques et le ciment ont été transformés chacun d'une manière différente par le silicate de potasse, dont les eaux contiennent une faible proportion.

Nous avons vu que les eaux, même froides, emportent et déposent tour à tour des éléments dissous, notamment du calcaire et de la silice. Cette action étant favorisée par la chaleur des couches profondes, on conçoit que les roches anciennes, qui ont été continuellement traversées ainsi pendant des durées incalculables, aient dû prendre peu à peu, par le remplissage de leurs pores, une structure compacte, semi-cristalline, se rapprochant beaucoup de celle des roches plutoniques.

L'énorme pression qui se produit à de grandes profondeurs a sur le résultat une grande influence, en changeant les conditions des actions chimiques et celles de la cristallisation. On connaît l'expérience de Hall : de la craie remplissant un canon de fusil dont la lumière et l'entrée sont hermétiquement fermées par des vis, est soumise à la chaleur rouge dans un fourneau. A l'air libre, la craie chauffée eût dégagé son gaz acide carbonique, et laissé pour résidu de la chaux vive. Ici la craie fond sans se décomposer, et on trouve dans le canon refroidi une baguette de marbre blanc.

Voici une expérience non moins instructive, due à M. Daubrée : de l'argile plastique est imprégnée d'une dissolution bouillante d'acide borique, corps qui cristallise en petites paillettes plates très minces. On la comprime fortement au moyen d'une presse hydraulique : après refroidissement on desserre la presse, et on trouve l'argile devenue *schisteuse*, c'est-à-dire se fendillant en lames minces comme de l'ardoise. Les paillettes ont toutes cristallisé parallèlement sous l'influence de la pression.

Ces expériences nous donnent une idée de la manière dont ont dû se former les roches métamorphiques, qui sont si abondantes dans les pays de montagnes.

Les roches calcaires sont presque toujours devenues des *marbres*, c'est-à-dire que leurs pores visibles sont comblés, la pierre est compacte et polissable. Les impuretés, quelquefois les fossiles plus ou moins déformés, forment les taches. La chaleur, en décomposant leurs tissus organiques, a souvent imprégné la roche de produits bitumineux et fétides qui la noircissent. Beaucoup de marbres noirs, quand on les calcine, donnent de la chaux blanche. Dans d'autres marbres on trouve que la magnésie a souvent remplacé en partie la chaux. Quelquefois même un peu de silice a imprégné la masse, grave défaut au point de vue de l'exploitation, car la pierre trop dure use les scies et le temps des machines.

Le marbre blanc statuaire, de Carrare ou de Paros, est du calcaire pur. Mais c'est une rareté qui enrichit les montagnes assez heureuses pour la posséder. Les marbres colorés n'acquièrent leur valeur que par le polissage. Dans la carrière ce sont des pierres comme d'autres, plutôt moins bonnes pour bâtir que les calcaires grossiers, parce qu'elles sont dures à tailler et prennent moins bien le mortier.

Les sables, grès et silex n'ont pas changé de nature par le métamorphisme. Mais, tous les pores s'étant remplis de ciment siliceux, le grès métamorphique est devenu compact, lustré, imperméable : son grain a disparu, il fait feu au briquet, et ressemble à du quartz massif.

Les *argiles*, par le métamorphisme, sont devenues des *schistes* (fig. 81), c'est-à-dire des pierres luisantes s'effeuillant facile-

Fig. 81. — Schistes ardoisiers, dominant le glacier du Rhône.

ment en plaques minces, et dont les *ardoises* nous présentent la variété la plus dure se fendant suivant une direction plane. C'est probablement en s'imprégnant de mica, sous une forte pression, par la filtration de vapeurs fluorées, que l'argile a acquis cette fissilité. La cause de cette action est démontrée postérieure au dépôt de l'argile et aux mouvements terrestres qui en ont produit le plissement, par ce fait que très souvent la direction du feuilletage est indépendant du contournement des couches (fig. 82).

Les mines de belles ardoises, comme celles de l'Anjou et des Ardennes, sont rares; mais rien n'est plus commun dans les montagnes que les schistes, à clivage plus ou moins régulier, plus ou moins facile, tantôt micacés et brillants, tantôt noirs et terreux, se délitant sur les escarpements en escaliers d'aiguilles fantastiques.

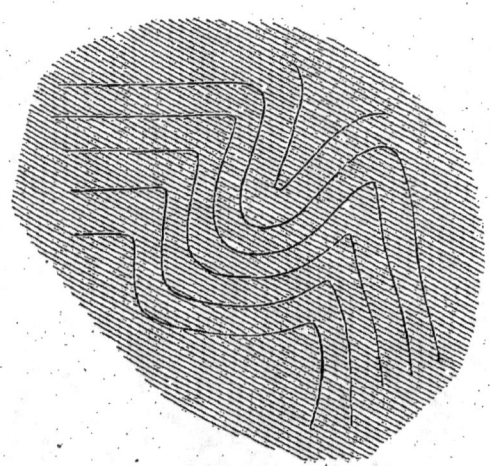

Fig. 82. — Schistosité de couches contournées.

Il y a des schistes argileux tellement friables, que la pluie les pénètre et les transforme en boue; par contre, il y a des schistes très durs, parce qu'ils sont imprégnés de silice : par exemple, les pierres à rasoirs. On voit même au milieu des schistes des sortes de veines tellement dures, qu'elles font feu au briquet, et méritent le nom de *quartzites,* donné aussi à des filons de quartz fondu. Une imprégnation du même genre, mais par du talc ou du mica, fournit les *schistes talqueux* et les *schistes micacés.*

Au voisinage du granit, on trouve une roche schisteuse qui ne contient que du mica et du quartz; on la nomme *micaschiste.* En s'approchant du granit, la roche se mélange de feldspath, et devient ce qu'on appelle du *gneiss.* Le gneiss ne diffère du granit que par une plus grande abondance de mica, et surtout parce que ce mica, ayant ses lamelles parallèles, rend la roche fissile. Il est d'ailleurs difficile de trouver la démarcation entre le gneiss et le granit proprement dit.

On voit que les roches métamorphiques présentent tous les intermédiaires entre les roches sédimentaires et les roches plutoniques, et méritent parfaitement le nom qui a été donné dès l'abord aux terrains qu'elles constituent, le nom de *terrains de transition*.

Fig. 83. — Calcaire en place et calcaire en œuvre.

V

MINES ET FILONS

> La terre dans son sein recèle ses trésors ;
> Il faut les arracher, il faut, par nos efforts,
> Lui ravir de ses biens la pénible récolte.
> L. RACINE.

Nous connaissons maintenant la nature et l'origine des matières *les plus communes* des roches qui forment partout le sol de la terre, et, par conséquent, la masse des montagnes.

Il nous reste à dire quelques mots des matières moins abondantes, mais souvent plus intéressantes et plus précieuses, dont l'exploitation peut faire la richesse des pays qui les possèdent. Les *carrières*, et surtout les *mines*, sont ordinairement plus abondantes dans les pays de montagnes que dans les pays de plaines, dans les masses bouleversées que dans les sédiments restés en place.

Nous avons vu que les pierres exploitées en carrière pour les constructions sont le plus souvent des calcaires, quelquefois des grès ou des silex. Nous n'y reviendrons pas.

Parmi les pierres d'une moyenne abondance, mais d'une grande utilité, qu'on exploite aussi en carrière, il faut citer le *gypse* ou pierre à plâtre. C'est du *sulfate de chaux hydraté*, cristallisant très facilement en forme de lames allongées qui ont tendance à se grouper en fer de lance. On trouve souvent autour de Paris de ces cristaux que les enfants s'amusent à cliver, c'est-à-dire à fendre avec un couteau en lames minces et transparentes comme du mica, mais très fragiles et rayées par l'ongle.

Le gypse a été produit par l'arrivée de sources sulfureuses dans des lacs déposant du calcaire. Le gaz des eaux sulfureuses devient, par l'action de l'air et de l'eau, de l'acide sulfurique qui chasse l'acide carbonique du calcaire et se met à sa place.

Le gypse est notablement soluble dans l'eau, qu'il rend *dure* ou *crue*. On sait que c'est le défaut de celle des puits de Paris. Beaucoup d'eaux minérales de montagnes sont aussi très chargées de sulfate de chaux en dissolution. C'est le cas des eaux de Louèche-en-Valais. On a calculé que ces eaux apportent ainsi, du sein de la terre, tous les ans, des milliers de tonnes de sulfate de chaux; il doit se former par leur enlèvement d'énormes cavités souterraines, et il se pourrait que l'écroulement de ces cavités fût pour beaucoup dans les tremblements de terre, si fréquents dans le haut Valais.

Aussi abondant au moins que le gypse, et bien plus important pour nous, est le *sel gemme,* qui se trouve ordinairement en couches dans le même genre de terrains. Le sel de cuisine est du *chlorure de sodium.* La mer en contient déjà en proportion telle, que le sel extrait de tous les océans formerait une masse montagneuse aussi considérable que le système de l'Himalaya. Toutefois elle n'en fournit, par ses marais salants, qu'aux provinces maritimes. Les pays éloignés de la mer tirent le sel de mines nommées *salines.* Les plus connues se trouvent situées au pied des montagnes : les salines de Lorraine sont au pied des Vosges, celles de Galicie au pied des Carpathes, celles de Bex en Suisse au pied des Alpes du Valais, etc.

Quand la mer disparaît peu à peu d'un bassin fermé, par évaporation, elle y laisse une couche de sel. C'est ce que nous voyons se faire sous nos yeux dans la mer Morte en Palestine, dans les Bugors de la mer Caspienne, dans maintes dépressions de la Tartarie, du Sahara, etc., qui ont tous les caractères de fonds de mers récemment disparues.

Après le gypse et le sel, il faut citer les exploitations de substances plus rares encore ou plus précieuses, qu'on désigne plus spécialement sous le nom de *mines,* et dont l'intelligence de l'homme peut faire pour les pays de montagnes une source inépuisable de richesses.

En première ligne sont les mines de *charbon.* Les charbons fossiles sont le vrai trésor de l'homme. La houille et l'anthracite nous fournissent la chaleur, la force, les métaux, tout ce qui fait, après les produits de la vie animale et végétale, la puissance et l'éclat matériel des peuples.

Ces charbons d'ailleurs sont aussi des produits de la vie;

comme tous nos combustibles, ils sont les fils du soleil, qui, par un admirable décret de la Providence divine, a ainsi travaillé pendant des milliers de siècles avant l'homme pour l'utilité de ce roi futur de la création.

Si donc le gypse et le sel ont leur place parmi les roches sédimentaires d'origine chimique, les combustibles fossiles doivent trouver la leur dans les roches sédimentaires d'origine vitale.

La *houille*, ou charbon de terre, est le résultat de la décomposition, à l'abri du contact de l'air, d'énormes entassements végétaux. Le tissu charbonneux y est imprégné de résines, huiles volatiles et autres combinaisons hydrogénées du carbone, qui la font brûler avec flamme et peuvent fournir, par la distillation, le gaz d'éclairage.

A côté de la houille, et au même titre, il faut citer les bitumes et le *pétrole*, devenu chez nous si tristement célèbre, mais dont les gisements dans les monts Alleghanys pourront un jour être pour les États-Unis ce qu'a été la houille pour l'Angleterre. Le pétrole n'est, à proprement parler, qu'une houille liquide.

L'*anthracite*, ou charbon de pierre, au contraire, est de la houille dépourvue de matières hydrogénées et volatiles. Il brûle sans flamme comme le coke, et comme lui à la condition, s'il est seul, de former plusieurs couches bien allumées. Quelques auteurs pensent qu'il pourrait être regardé comme de la houille *métamorphique*. La longue action de la chaleur centrale aurait produit une distillation lente de la houille; de leurs produits volatils les uns se seraient dégagés peu à peu; les autres, restés pour la plupart liquides, seraient allés plus ou moins loin se condenser dans les pores ou les cavités de roches plus froides; ce serait peut-être un des modes de formation des corps exploités sous le nom d'huiles de schistes. Le charbon presque pur qui serait resté, au lieu d'être gonflé et spongieux comme le coke de nos usines, aurait été par la pression maintenu compact et brillant.

Quand nous aurons gaspillé la houille, que notre siècle gaspille sans souci de ses successeurs, ceux-ci seront heureux de trouver l'anthracite, et sauront mieux que nous l'estimer ce qu'elle vaut. Du reste, les monts Alleghanys, aux États-Unis (on voit que l'avenir est décidément pour ce pays-là), renferment de quoi alimenter le monde entier plus longtemps que ne l'a fait la houille européenne.

Après les mines de charbon, viennent comme importance les mines de fer. « Le fer est le roi des métaux, » dit avec raison la vieille chanson des forgerons. Il est certes le plus résistant et le plus indispensable. Quoique le plus commun et le moins cher, il entre en ligne de compte pour la plus forte somme totale. Une mine de fer vaut bien mieux pour un pays qu'une mine d'or ou d'argent. Le fer moralise, et l'or corrompt : c'est que le fer est le métal du travail, et l'or celui de la jouissance. Soyons fiers pour l'humanité que pour elle le fer ait encore plus de valeur que l'or.

Les *minerais* de fer, c'est-à-dire les roches naturelles d'où on pourrait tirer ce métal, sont excessivement nombreux dans la nature. Remarquons que, sauf le charbon, toutes les roches que nous avons mentionnées, silices, feldspaths, calcaires, argiles, etc., sont blanches ou incolores quand elles sont pures : si les pierres, la terre, les sables, offrent des nuances jaunes, brunes, rouges, vertes, grises ou même noires, c'est, dans l'immense majorité des cas, à cause des composés de fer qu'ils renferment. En effet, la rouille, oxyde de fer hydraté, est brune à poussière jaune; la sanguine, oxyde de fer anhydre, est rouge; les sels de protoxyde de fer, comme la couperose et le verre à bouteilles, sont verts; enfin l'oxyde intermédiaire appelé magnétique, parce qu'il fournit les aimants naturels, est d'un beau noir d'encre.

A cause du bas prix du fer, on ne peut exploiter de ce métal que les minerais très riches. Si jamais ceux-ci manquaient, la terre brune de nos champs, toutes les pierres rouges et les roches volcaniques noires, seraient à leur tour des minerais de fer.

Pour le moment, la France exploite surtout ses minerais bruns, dits limonites ou *fers en grains,* couches de véritable *rouille,* probablement produites par les dépôts d'antiques sources ferrugineuses; l'Angleterre, plus heureuse, trouve entre ses couches de charbon de terre des rangées de rognons de *fer carbonaté,* pierres d'un gris noirâtre, donnant un fer de meilleure qualité que le nôtre, et surtout moins cher, à cause de l'économie des frais de transport auprès du combustible. L'île d'Elbe a son fer *oligiste*, à poussière rouge brique, oxyde de fer *pur*, en filons de l'épaisseur d'une montagne. La Suède enfin possède, dans le granit de ses montagnes, au milieu de ses forêts, d'inépuisables filons de son noir *fer aimant*, le plus riche et le meilleur minerai de l'Europe.

Ces deux derniers minerais nous ont fait sortir des terrains sédimentaires pour nous ramener dans les roches plutoniques ou tourmentées des pays de montagnes.

Nous avons prononcé le mot *filons*. On appelle ainsi des fentes (fig. 84) produites dans les roches par les mouvements du sol ou

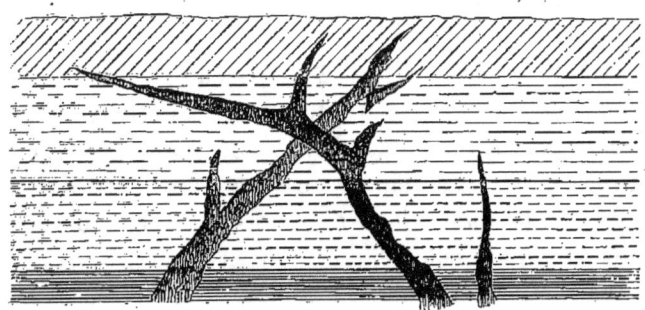

Fig. 84. — Filons.

tremblements de terre, et qui, se continuant jusque dans les profondeurs inconnues où sont les températures ignées, ont servi de réfrigérant à la distillation qui s'opère dans ses profondeurs, et se sont à la longue remplies de matériaux variés, pour la plupart cristallisés et, par conséquent, purs et faciles à isoler.

C'est là qu'on trouve les minerais de tous ces métaux divers qu'étudie la chimie et qu'utilise l'industrie, comme les milliers d'espèces de pierres brillantes qui remplissent les collections des minéralogistes et les magasins des joailliers. C'est des filons ou de leurs débris que viennent le cuivre, l'étain et le plomb, comme l'argent, l'or et les pierres précieuses ; c'est l'exploitation séculaire des filons communs qui fait vivre les habitants des bruyères rocheuses de l'Erz-Gebirge saxon et de l'Erz-Gebirge hongrois, du Harz, aujourd'hui prussien, de la Dalécarlie suédoise, de maintes sierras espagnoles (fig. 85), de notre petite et pittoresque Cornouaille bretonne, et de la belle et riche Cornouaille anglaise. C'est la chasse aux filons rares qui a successivement attiré les chercheurs d'aventures vers les régions accidentées de l'Inde et du Brésil, du Mexique et du Pérou, de la Californie et de l'Australie.

Il serait trop long d'indiquer, même en abrégé, les substances utiles et intéressantes que l'on rencontre dans les filons. Nous ferons simplement remarquer que, comme elles sont nombreuses et déposées les unes sur les autres, celle qu'on exploite, le *minerai*, se trouve, au sortir de la mine, mélangée de matériaux étrangers qu'on appelle la *gangue* du minerai. Il y a la gangue terreuse, provenant des débris de la roche encaissante, et la gangue cristalline, provenant des substances formées dans le filon lui-même à côté du minerai.

Les plus fréquentes de ces substances cristallisées sont : 1º la silice cristallisée ou quartz; 2º le calcaire cristallisé ou spath d'Islande, dont nous avons suffisamment parlé (p. 208 et 226); 3º le *spath pesant* ou sulfate de baryte, qui accompagne ordinairement les minerais de plomb : c'est le plus lourd des minéraux pierreux; 4º le *spath fluor* ou fluorure de calcium, en beaux cristaux cubiques colorés de nuances diverses, qui servent à produire le puissant acide des graveurs sur verre.

Quant aux minéraux métalliques que peuvent le plus souvent rencontrer sous leurs pas les promeneurs en montagne, nous citerons : 1º la *pyrite* de fer, en cubes ou en nodules durs et brillants comme de l'or, corps excessivement commun, qui n'est même pas un minerai de fer [1], et n'est utilisé que pour fabriquer de l'acide sulfurique et du sulfate de fer. Il n'y a guère de géologue qui n'ait eu dans ses courses l'ennui d'être obligé de détromper à cet égard de pauvres gens qui croyaient avoir découvert une mine d'or, et se trouvaient avoir perdu leur temps et leur peine pour une pierre sans valeur. (J'engage les touristes novices à se méfier des pyrites dans leurs achats de minéraux aux marchands ambulants.)

2º La *galène* ou sulfure de plomb, gris et tendre comme la plombagine des crayons (c'est cette ressemblance qui a fait

---

[1] Dans beaucoup d'usines aujourd'hui, la pyrite grillée qui a servi à la fabrication de l'acide sulfurique donne un oxyde assez débarrassé de soufre pour faire du fer, encore un peu cassant, mais déjà passable.

donner à celle-ci le nom de *mine de plomb,* quoiqu'elle ne contienne absolument que du charbon minéral très pur); la galène fournit à peu près tout le plomb du commerce, et par suite la litharge, le minium ou vermillon commun, le blanc de céruse, etc. Comme elle est presque toujours mélangée de sulfure d'argent, ou, comme on dit, argentifère, elle fournit de plus une notable partie de l'argent du commerce. On sait quelles rapides fortunes se firent, lors de la découverte de ce fait, par le remplacement ou la coupellation des vieux plombs de nos monuments et de nos maisons.

3º L'oxyde d'étain (acide stannique pour les chimistes), principal minerai de ce métal, qui se trouve dans des filons toujours distincts de ceux de la galène, et plus anciens que ceux-ci, car ils sont coupés par eux.

4º La *blende,* sulfure de zinc (son nom veut dire éclatant), et les deux calamines, carbonate et silicate du même métal, minerais accaparés par la société de la Vieille-Montagne, qui a su faire du zinc, à peine connu il y a cent ans, le plus usuel des métaux après le fer.

5º Les brillants sulfures de cuivre et les pyrites cuivreuses, à l'aspect métallique, le cuivre gris argentifère, le carbonate bleu de cuivre ou azurite, et le carbonate vert de cuivre ou malachite, dont on fait en Russie de si beaux objets d'ornement. Ce sont les minerais actuels de cuivre. Il y avait bien autrefois le cuivre natif, et le cuivre oxydulé, terre rouge produisant 80 0/0 de cuivre; mais les peuples de l'âge de bronze, et depuis eux les Romains, grands amateurs de ce métal facile à travailler, en ont fait une consommation telle qu'il n'en reste, pour ainsi dire, plus dans l'ancien monde.

Citons encore le sulfure d'antimoine (stibine), les arséniures de cobalt et de nickel (smaltine et mispickel), le fer chromé et le fer titané, l'oxyde de manganèse, cet important minerai, non pas d'un métal, mais de deux gaz précieux, le chlore et l'oxygène, et nous omettrons encore forcément vingt à trente substances exploitées pour fournir d'utiles produits chimiques et pharmaceutiques.

Nous ne parlerons pas des minerais des métaux rares et précieux, parce qu'on est peu exposé à les heurter du pied sur les chemins.

Dans les pays granitiques et volcaniques, on aura assez souvent occasion de rencontrer, enchâssés dans les roches, de petits échantillons de pierres de joaillerie d'ordre inférieur, comme des grenats, des tourmalines, des zircons, des émeraudes et des topazes communes, des variétés de quartz ou de feldspath agréablement colorées, améthystes, rubis de Bohême, diamants d'Alençon, aventurines, pierres de Labrador, etc., des zéolithes, des idocrases, des péridots, des opales communes, des jaspes variés, des agates transparentes, rubannées, arborisées, etc.

La bijouterie que les voyageurs se procureront ainsi aura deux avantages : celui de leur rappeler le souvenir de charmantes excursions, et celui de ne pas tenter les voleurs.

Fig. 85. — Route des mines de Linarès, dans la sierra Morena.

CHAPITRE VI

L'ORIGINE DES MONTAGNES

I

L'HYPOTHÈSE DU FEU CENTRAL ET CELLE DE LAPLACE

> Plus ce ressort qui conduit la machine de l'univers est juste, simple, constant, assuré et fécond en effets utiles, plus il faut qu'une main très puissante et très industrieuse ait su choisir ce ressort, le plus parfait de tous.
>
> FÉNELON, *De l'Existence de Dieu.*
>
> Nous voyons les effets, Dieu seul connaît les causes.
> DELILLE.

Lorsqu'on voit pour la première fois ces immenses entassements de rochers, ces énormes masses fendues, soulevées, plissées, bouleversées par des forces auprès desquelles tous les efforts et les moyens humains sont d'une stupéfiante petitesse, une des premières questions que l'on se pose est celle-ci : Comment tout cela s'est-il fait ? Quel est donc l'état originaire du sol terrestre ? Pourquoi est-il plat ici, bouleversé là ? Y a-t-il, pour de si gigantesques phénomènes, une explication possible, par les lois qui gouvernent encore le monde ?

Une science toute moderne a essayé de répondre ; elle a pris nom : la *Géogénie*. S'inspirant des résultats acquis par l'admirable essor des sciences astronomiques, physiques et naturelles depuis deux cents ans, raisonnant par analogie sur des observations très exactes, mais malheureusement encore trop peu étendues dans le temps et dans l'espace, cette science donne de la formation du sol et de ses accidents une théorie qui n'est pas jusqu'ici démentie par les faits.

Mais il reste encore bien des points d'interrogation, et les sciences sur lesquelles elle s'appuie sont encore bien jeunes elles-mêmes, pour que nous puissions la proclamer définitive. Les exemples ne manqueraient pas, dans ce siècle même, de théories scientifiques acceptées comme de l'histoire sur la grande autorité de leurs créateurs, et qui, vingt ans plus tard, n'étaient plus que du roman.

Ne soyons donc pas trop ambitieux dans nos affirmations ; ayons la modestie d'admettre qu'il reste quelque chose à faire pour nos petits-enfants, et contentons-nous d'appeler hypothèses les opinions qui ne sont pas mathématiquement ou expérimentalement démontrées.

Le point de départ des notions aujourd'hui acceptées sur l'origine des montagnes est un fait observé, la chaleur intérieure du sol, fait sur lequel se fonde l'hypothèse dite « du *feu central* », c'est-à-dire de la liquidité ignée de l'intérieur du globe. Voici les raisons à l'appui de cette opinion, qui règne aujourd'hui dans la science.

Les chaleurs de l'été et les froids de l'hiver n'influent sur la température du sol que jusqu'à une certaine profondeur : à quelques mètres de la surface libre, là où sont nos caves, un thermomètre garde la même indication pendant toute l'année, et c'est la moyenne de toutes celles qu'il aurait données, placé en plein air.

Or, à partir de cette couche à température invariable, si on pénètre dans le sein de la terre à des profondeurs croissantes, on trouve partout, sans exception, que la température s'accroît aussi régulièrement. Suivant la nature du sol, ce sera ici d'un degré pour 20 ou 25^m, là pour 30, 33, 35 ; dans le voisinage des volcans, pour 12, 15, 18 ; on peut prendre 30^m pour moyenne à Paris. Toutes les galeries de mines, tous les forages d'essai, tous les puits artésiens, dans tous les pays du monde, ont confirmé cette loi. L'eau du puits artésien de Grenelle, qui nous vient de 500^m, est à 28°, c'est-à-dire à 17° au-dessus de la température des caves, qui est 11° à Paris. Il y a des galeries de mines (à Kuttenberg, en Bohême, et à Guanaxato, au Mexique) qui atteignent 1000^m de profondeur verticale; leur température dépasse de 30° celle de l'extérieur, c'est-à-dire qu'elle est plus élevée que celle du sang, comme au Sénégal en été, et l'homme ne la supporte que grâce à la transpiration. On a beau refroidir les parois par des courants d'air froid, il faut abandonner le filon précieux qui descend encore, ou payer le minerai par des vies d'hommes.

Au mont Cenis, on vient d'achever, au bout de quatorze ans de travail sans interruption, l'entreprise gigantesque de percer la montagne par un tunnel de 12000^m, qui passe à 1500^m au-dessous du sommet. Ce tunnel coupe obliquement les couches à température croissante qui s'infléchissent avec la surface, et l'on a craint pendant quelque temps que l'élévation de la température ne fût un des plus sérieux obstacles à l'achèvement de cette œuvre colossale.

Voilà donc un fait établi : les couches de plus en plus profondes sont de plus en plus chaudes, et si on les limite en épaisseur par l'augmentation de température d'un degré, les 25 ou 30 jusques auxquelles on a pénétré paraissent à peu près équidistantes et parallèles, n'offrant que de légères inflexions, causées par la courbure de la surface et la conductibilité variable des roches.

Or la physique nous apprend que telle doit être, en effet, la disposition de la chaleur dans les masses épaisses de matériaux à peu près homogènes, chauffés d'un côté et refroidis de l'autre : l'épaisseur des couches qui diffèrent d'un degré reste sensiblement constante, dépendant seulement de l'épaisseur totale de la masse solide. Ce sont les plus froides que nous pouvons explorer dans le sol : il est bien certain qu'il y en a beaucoup d'autres ; mais nous ne savons pas jusqu'à quelle limite. L'hypothèse du feu central consiste à supposer que la croissance de la chaleur continue partout jusqu'à pleine fusion. Les roches terrestres que nous connaissons fondent entre 1200°, la température rouge vif, et 2000°, le blanc éblouissant, la température de fusion de platinè. La première de ces températures serait atteinte vers 30 kilomètres de profondeur, la seconde entre 50 et 60 kilomètres.

Remarquons que, les couches pesant les unes sur les autres, il se produit à ces profondeurs d'énormes pressions, dont l'influence vient modifier celle de la chaleur, changer, par exemple, les températures de fusion, et nous ôter le droit d'appliquer dans cette circonstance les conclusions de nos expériences de laboratoire. Nous savons cependant que la pression favorise le maintien des combinaisons chimiques : témoin la célèbre expérience de la fusion de la craie en marbre blanc, dans un canon de fusil, par James Hall. D'un autre côté, la chaleur favorise les dissolutions physiques et chimiques ; et, par conséquent, les roches les premières liquéfiées agiront sur certaines autres, comme font l'eau sur le sucre, le mercure sur l'or, l'étain fondu sur le cuivre, la potasse fondue sur les cailloux siliceux ; elles aminciront çà et là la croûte solide, elles y creuseront des poches et des fissures.

Il ne sera pas étonnant que certaines de ces fissures s'approchent assez de la surface pour qu'une augmentation de pression, un écroulement, surtout une action chimique tendant à développer les gaz, fassent craquer l'écorce solide, et poussent, par les fentes produites, la matière fondue jusqu'au dehors. Or cette expulsion de pierre en fusion sous l'action de gaz comprimés existe, ce sont les éruptions volcaniques (chap. IX). Les volcans nous fourniraient ainsi une seconde preuve à l'appui de l'hypothèse de la fluidité intérieure du globe.

On donne souvent comme troisième preuve la forme de la terre, qui n'est pas rigoureusement sphérique, mais un peu aplatie aux pôles et renflée à l'équateur. Or, dit-on, les mathématiciens ont prouvé que c'est précisément la forme d'équilibre que prendrait, en vertu de la force centrifuge, une sphère parfaitement liquide, ayant la dimension et la masse de la terre, et tournant sur son axe avec la même vitesse.

Ne comptons pas cette preuve : on a récemment démontré qu'avec le temps, sous un effort suffisant, les solides se déforment et *coulent* comme les liquides, seulement avec une extrême lenteur. (Nous en verrons une autre conséquence, le mouvement des glaciers.) Ici ce n'est pas le temps qui fait défaut, nous pouvons le compter par milliers d'années.

Il nous reste donc, pour appuyer l'hypothèse du feu central, ces deux faits, la chaleur toujours croissante avec la profondeur, et les éruptions volcaniques. Ils prouvent évidemment la liquidité de certaines roches à certaines profondeurs ; mais ils ne nous apprennent rien sur la nature et l'état du noyau du globe, au delà de 40 ou 50 kilom., jusqu'où pénètrent nos arguments, et qui sont encore la surface pour une sphère de plus de 12 000 kilomètres de diamètre.

Au-dessous de cette couche liquide, la partie centrale est-elle aussi liquide ? est-elle solide ? Elle pourrait être solide sans infirmer l'hypothèse de la fluidité primitive ; car les fragments solidifiés peuvent aussi bien couler à fond d'un liquide que former une croûte à sa surface. Le plomb, le fer et la plupart des corps sont dans le premier cas ; l'eau et la fonte sont dans le second, ainsi que les oxydes formés sur les métaux et en général les scories sur les matières en fusion.

On n'a sur l'intérieur du globe qu'un seul document : c'est sa densité moyenne, déterminée par les délicates expériences de Maskeline, Cavendish et Baily. Si on pouvait mélanger uniformément toutes les substances qui forment le globe et en peser un litre, ce litre pèserait 5 kilogr. et demi ; or l'eau des mers et des lacs ne pèse que 1 kilogr., et les roches connues qui constituent d'épaisses couches, granits, porphyres, grès, calcaires, argiles, guère plus de 2 kilogr. ou 2 kilogr. et demi par décimètre cube. Les roches volcaniques arrivées à la surface pèsent un peu plus, 3 à 4 kilogr. Pour arriver à la moyenne 5 et demi, les matériaux inconnus du centre doivent peser au moins 7 ou 8 kilogr. par litre. Nous ne connaissons d'aussi denses que les *métaux* solides ou liquides.

Il ne serait pas étonnant que ce noyau central fût du fer, par exemple. L'immense majorité des aérolithes, débris de planètes brisées qui tombent quelquefois du ciel sur la terre, peut être regardée comme constituée en grande partie, et souvent presque uniquement, de fer métallique. D'autres se rapprochent des roches volcaniques ; un petit nombre seulement, des roches quartzeuses et calcaires. Dans quelques rares échantillons on a constaté la présence de matière carbonée, de nature organique. La moyenne des densités de tous les aérolithes connus serait à peu près celle de notre globe.

Si, comme l'opinion en a été émise, ces aérolithes sont les débris d'un ancien petit satellite de la terre, pulvérisé par une explosion intérieure, la conclusion d'analogie avec la composition de notre globe aurait pour elle de grandes probabilités.

Nous ne réfuterons pas l'opinion étourdie de quelques livres populaires et même classiques, qui continue la loi de croissance de la température jusqu'au centre du globe, admettant pour ce centre l'effroyable chiffre de 140 000° et l'état gazeux : il serait aussi absurde de conclure, de ce que la chaleur diminue de 1 degré par 200^m en s'élevant dans l'air, que la température à la distance de la lune est de 360 000° au-dessous de la glace [1].

Une opinion plus sérieuse à citer est celle d'un groupe de savants astronomes, parmi lesquels sont MM. Hopkins en Angleterre et Liais en France. Trouvant que les raisons ci-dessus donnent à l'écorce terrestre une minceur inquiétante, ils veulent nous rassurer en nous prouvant, par de hautes considérations mathématiques, que nous sommes sur une voûte étayée, et que les laves, variant d'un volcan à l'autre, ne peuvent remplir que de petites poches voisines de la surface, séparées par d'épais piliers fondés sur un noyau entièrement solide.

Cette opinion n'a pas trouvé de nombreux partisans, malgré les bonnes raisons sur lesquelles on l'a appuyée. La plupart des astronomes et des géologues s'en tiennent à l'hypothèse de la liquidité, primitivement complète, et encore aujourd'hui générale au-dessous de l'écorce terrestre. Celle-ci serait soutenue sur les matières fondues comme l'est sur l'eau la glace, où les patineurs se trouvent en sûreté dès qu'elle a un pied d'épaisseur; comme l'est en hiver la surface des mers ou des lacs des pays septentrionaux, où circulent et campent tranquillement des populations entières, avec chevaux et bagages, sans craindre courants ni marées, quoique la couche solide qui les porte n'ait que quelques pieds de profondeur. Or celle qui nous porte, nous, aurait au moins 30 kilomètres.

Rien n'empêche d'admettre comme très probable l'opinion qu'il y a déjà un noyau solide à l'intérieur du globe, au-dessous d'une couche liquide plus ou moins profonde, dont la partie qui

---

[1] Les dernières recherches évaluent la température des espaces célestes à 97° centigrades au-dessous de la glace fondante.

touche l'écorce terrestre est constituée par les laves volcaniques. L'important est de ne pas abandonner l'hypothèse qui donne au noyau terrestre une chaleur encore assez considérable, quoique bien moindre qu'autrefois.

Cette opinion a au moins l'avantage de former un ensemble très satisfaisant pour l'esprit, lorsqu'on la complète par la magnifique théorie cosmogonique de Laplace. Voici en quelques lignes comment les deux hypothèses se rattachent l'une à l'autre.

Puisque la terre est un globe chaud, qui perd de sa chaleur par rayonnement dans l'espace froid, et que, malgré cette perte continuelle à la surface, la température ne paraît pas s'être abaissée depuis les temps antéhistoriques (nous en verrons des preuves à propos des glaciers), la chaleur perdue vient de l'intérieur, et chemine lentement à travers les couches solides. Avec l'hypothèse de la liquidité intérieure, cette chaleur constante s'explique facilement; c'est celle que dégagent les liquides en se solidifiant, cette chaleur dite *latente* qu'il faudrait rendre aux roches pour les fondre.

La croûte solide s'épaissit donc continuellement par-dessous; donc elle a été mince : en reculant suffisamment dans les temps passés, nous pouvons concevoir le moment où elle n'était pas encore formée, où cette température de 2000°, éloignée aujourd'hui jusqu'à 50 kilom. de profondeur, existait à la surface du globe, qui était alors entièrement à l'état de fusion ignée, et étincelant comme un soleil.

Reculons toujours dans le passé ; avant d'être liquide par refroidissement, la matière devait être à l'état gazeux; avant d'être combinée, condensée et brillante, elle devait être dissociée, immensément étendue et à peine lumineuse, comme celle des comètes. Nous voici arrivés à l'hypothèse de Laplace.

Nous ne pouvons qu'en présenter un tableau rapidement esquissé en quelques traits.

L'état originaire de la matière, dont notre globe est une portion, aurait été, lors de sa création, un mélange de gaz excessivement raréfiés, remplissant uniformément l'immense espace au milieu duquel est aujourd'hui le système solaire. Les queues de comètes, et les nébuleuses que l'analyse spectrale démontre être irréductibles en amas d'étoiles, sont des témoins au ciel de la vraisemblance de cette hypothèse.

Un mouvement général de rotation, d'occident en orient, a dû animer la masse entière, par suite, dit Laplace, d'une « impulsion initiale ».

Mais la propriété fondamentale de *l'attraction* ou gravitation, dont Newton a donné la loi si admirablement simple, et la perte de chaleur par refroidissement, devaient tendre à attirer vers le centre la matière des bords. La masse a donc dû se contracter peu à peu ; mais cette contraction accélérait le mouvement de rotation : la force centrifuge, sans cesse accrue, aplatissait la masse et la déprimait en immense lentille.

A un certain degré de contraction, la vitesse de rotation s'est trouvée assez grande pour que la force centrifuge, qui croît du centre à la circonférence, fît équilibre à l'attraction de la masse intérieure, sur les régions extrêmes de la lentille; alors un anneau s'est séparé sur les bords; le même résultat se produisant à plusieurs reprises à mesure que la lentille se contractait, elle en a abandonné successivement une série d'autres, en tout neuf; la masse principale s'est condensée au centre en un énorme globe lumineux, le soleil.

Les anneaux gazeux, dès qu'un de leurs côtés présentait un endroit par hasard un peu plus dense, et exerçant une attraction prédominante, se sont amincis du côté opposé, puis rompus, et réunis chacun en une seule masse tournant sur elle-même, sauf le cinquième peut-être, aujourd'hui représenté par une quantité d'astéroïdes.

Les huit masses qui sont aujourd'hui les planètes ont imité la grande masse primitive; elles sont devenues lenticulaires par la rotation, se sont contractées, et la plupart ont abandonné aussi sur leurs bords des anneaux qui se rompaient ensuite et devenaient des satellites : seule la planète Saturne a gardé dans leur primitif aspect quelques-uns de ces anneaux, qui nous prouvent la possibilité des autres.

Les astres, ainsi isolés, se sont refroidis d'autant plus vite qu'ils étaient plus petits : la lune et d'autres satellites sont entièrement refroidis, tout à fait solides et privés d'atmosphères; tandis que les plus grosses planètes, Jupiter et Saturne, ont encore une énorme atmosphère, complètement nuageuse par les substances pulvérulentes en suspension; tandis que le soleil, dont les planètes ne sont que d'infimes fractions, est encore à l'état igné, restant très probablement gazeux dans sa masse, et brillant par une couche superficielle de matière nuageuse et ardente, qui garde un éclat et une température pour longtemps invariables, parce que l'astre y dégage une immense provision de chaleur auparavant latente, la chaleur de combinaison de ses éléments dissociés et la chaleur de liquéfaction de ses gaz.

Voilà, avec les compléments que lui a apportés le progrès récent des sciences, cette fameuse théorie, sublime conception d'un homme de génie.

Pourquoi faut-il être obligé d'ajouter qu'ébloui de ce trait de lumière, et gonflé d'un coupable orgueil, l'auteur de « l'Exposition du système du monde » n'a pas su reconnaître et proclamer la main toute-puissante qui a créé la substance et imprimé le mouvement, la suprême intelligence qui a réglé les lois, suscité la vie, formé enfin à son image l'homme, capable de comprendre et d'admirer son œuvre!

II

LA FORMATION DES INÉGALITÉS DU GLOBE

> Il convient de tirer nos explications de choses qui tombent sous les sens, et qui, telles que les inondations, les tremblements de terre, les éruptions volcaniques et les soulèvements spontanés de terrains sous-marins, se reproduisent en quelque sorte tous les jours.
>
> STRABON, *Géographie.*

> *Et mare contrahitur, siccæque est campus arenæ*
> *Quod modo pontus erat; quosque altum texerat æquor*
> *Existunt montes.*
> OVIDE, *Métamorphoses*, II.

Nous avons maintenant les données nécessaires pour nous faire une idée de l'origine des montagnes, dans l'hypothèse que nous admettons.

Prenons la terre au moment où sa surface était encore entièrement liquide, et formait une mer lumineuse de minéraux en fusion. L'atmosphère qui recouvrait cette surface devait être 140 ou 150 fois plus considérable que la nôtre. Rien que l'eau des mers, qui, répandue uniformément sur le globe aplani, le couvrirait d'une couche d'au moins 1000^m; rien que cette eau réduite en vapeur pèserait cent fois plus que l'air, puisqu'il n'en faut que 32 pieds ou 10^m pour peser autant que lui. Or avec l'eau se trouvaient dans cette atmosphère toutes les autres substances volatiles, les éléments des êtres vivants, ceux du sel de la mer, les gaz des calcaires et d'une foule de roches.

Des pluies de matières incandescentes, des ouragans et des tempêtes, d'une violence proportionnée à l'épaisseur et à la complication de cette atmosphère prodigieuse, devaient agiter continuellement la surface bouillante de l'océan igné. Les premières scories flottantes qui s'y formèrent devaient avoir, sur une échelle gigantesque, les formes âpres et déchirées que nous présentent celles que nous pouvons voir aujourd'hui sur les courants de lave.

Quand il y eut assez de ces scories, ballottées à la surface du liquide ardent, pour se toucher, se souder et former une croûte continue, cette croûte était hérissée d'aspérités dues à l'entassement de ces blocs irréguliers.

Nous pouvons, du reste, assister, plus facilement que dans une éruption volcanique, à un phénomène analogue, dû aussi à la solidification par refroidissement d'une surface liquide, quoique produit sur une plus petite échelle : c'est la congélation en hiver des grands fleuves et la formation des banquises des mers polaires. Nous voyons se former des fragments irréguliers, qui se heurtent, basculent, s'arc-boutent, se soudent en croûte ; puis les mouvements du liquide brisent la croûte en fragments plus grands, qui chevauchent, basculent et s'arc-boutent en saillies plus hautes ; l'eau sort par les fissures, et se gèle en solidifiant et épaississant les saillies ; la condensation des vapeurs atmosphériques assure les lignes et harmonise les contours.

Grandissons par la pensée la taille des fragments soudés, l'énergie des impulsions et la durée des entassements, nous nous ferons une idée de ces inégalités primitives de la croûte terrestre.

De même que la croûte glacée des fleuves, la croûte ardente de la terre a dû se briser à plusieurs reprises en fragments d'autant plus grands qu'ils étaient plus épais, et par conséquent d'autant plus saillants, lorsqu'ils basculaient en s'arc-boutant : les fractures des croûtes successives se faisaient plutôt là où chacune d'elles était plus irrégulière par ses deux faces, c'est-à-dire là où elle s'était déjà brisée. Ainsi s'accusèrent dès le principe des surfaces relativement unies et des surfaces bouleversées, devenues depuis des pays de *plaines* et des pays de *montagnes*.

Mais en même temps que ces mouvements du sol en multipliaient les inégalités, commençait un ordre inverse de phénomènes. Dès que la surface fut solidifiée, elle s'assombrit en perdant rapidement de sa chaleur. A mesure qu'elle se refroidissait, se précipitaient en pluies sur elles les substances liquéfiables contenues dans l'atmosphère, notamment cette immense quantité d'eau aujourd'hui rassemblée dans les mers.

L'eau dut commencer à mouiller définitivement le sol dès que quelques points, les plus saillants naturellement, furent refroidis au-dessous de 320°, température à laquelle l'eau bouillirait sous une pression de 140 atmosphères.

Ce que durent être ces premières pluies, chaudes comme du plomb fondu, il est impossible de s'en faire une idée : les roches du sol, attaquées chimiquement, se transformaient en boues brûlantes : celles-ci, s'écoulant dans les vallées plus chaudes, entraient en ébullition, ou, s'engouffrant dans des fissures à la rencontre de la chaleur centrale, provoquaient de violentes éruptions, de nouvelles ruptures de la croûte et de nouveaux épanchements de roches ignées.

Nous n'avons plus, probablement, aucune des roches qui formaient la surface de l'écorce terrestre avant la précipitation de l'eau atmosphérique. Il est évident que le rôle chimique de celle-ci sur les matériaux de l'écorce primitive a dû être considérable en général, et on pense que le granit à grain fin, surmonté de sa couverture de gneiss, micaschistes, etc., nous représente le résultat de cette action de l'atmosphère aqueuse du globe sur sa première enveloppe.

Les premières mers ont dû être d'abord de grands courants boueux, délayant le sol et rasant ses rides; lorsqu'elles se sont fixées avec un niveau stable, les saillies émergentes devaient être des îlots pâteux toujours lavés par les pluies chaudes, toujours modifiés par les plissements et les ruptures du sol, par les éruptions de gaz et les épanchements de roches fondues, par un combat acharné entre le feu central et l'eau, ou, comme on dit classiquement, entre *Pluton* et *Neptune* (fig. 98).

Ce combat ne s'est pas borné à ces temps primitifs; il n'a pas cessé par le refroidissement des mers, l'épaississement inférieur de la croûte du globe et l'établissement de la vie végétale et animale à sa surface. Pendant le dépôt lent de ces énormes couches sédimentaires dont la *géologie* va nous montrer la formation, ont toujours continué de se produire les plissements et les fissurations, les éruptions et les épanchements, les ruptures et les basculements de grands fragments de l'écorce terrestre, qui tantôt s'arc-boutaient en montagnes, tantôt restaient soulevés en plateaux, tantôt s'effondraient en vallées.

Ces grands mouvements de l'écorce terrestre ont produit, sur les portions disloquées qui sont aujourd'hui les pays de montagnes, des dérangements qui rendent assez difficile la détermination de l'ordre de superposition de ces couches. Il est rare que les portions séparées soient restées à peu près en face l'une de l'autre à la même hauteur, comme le représente la figure 86.

Ordinairement l'un des deux fragments est retombé plus bas que l'autre, comme dans la figure 87. Cette dénivellation, très commune dans les terrains anciens, s'appelle une *faille*. Souvent plusieurs failles consécutives, formant un tout continu par l'action d'arasements postérieurs, rendent très laborieuse la recherche de la suite d'une couche exploitée dans l'épaisseur du sol. Ce fait se présente souvent dans les mines de houille, où une seule couche ainsi brisée peut produire l'apparence de plusieurs. La figure 88, où l'ordre des lettres montre l'ordre des couches primitives, en est un bon exemple.

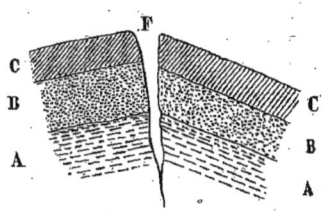

Fig. 86. — Fracture du sol soulevé.

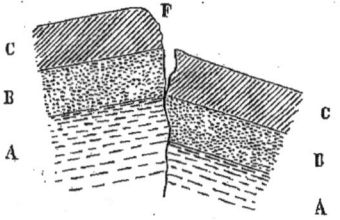

Fig. 87. — Fracture avec faille.

Dans les terrains les plus anciens, on rencontre souvent des séries de couches presque verticales qui présentent périodiquement les mêmes roches se succédant

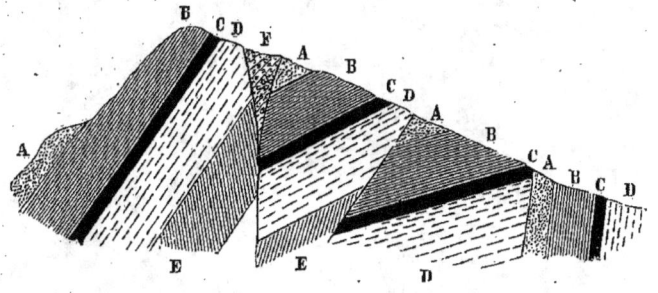

Fig. 88. — Couches houillères disloquées par des failles.

en sens inverse. On explique cette apparence par un plissement de couches molles dont les phénomènes d'érosion, en délayant le sol plus tard, ont enlevé la partie supérieure (fig. 89). Ces mêmes terrains anciens permettent souvent, en effet, de vérifier dans leur masse l'existence de plissements aussi complets, résultat de compressions latérales très énergiques.

Nous avons vu que le Jura est formé par des plissements analogues, mais beaucoup plus en grand. Des couches rocheuses d'une telle épaisseur, quand elles ont la rigidité du calcaire et

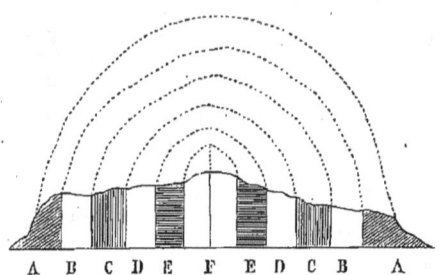

Fig. 89. — Explication d'une succession de couches verticales.

des grès, se brisent plus souvent qu'elles ne plient. Dans les chaînes calcaires, on trouve souvent de grandes parois verticales qui résultent évidemment d'une grande fracture (fig. 90).

Fig. 90. — Escarpements calcaires à la Sainte-Baume (Var).

Toutefois il ne faut jamais oublier, devant l'extrême complication des formes montagneuses, qu'après les grands mouvements qui ont produit la saillie générale, deux causes distinctes ont exercé successivement leur action, savoir : les érosions et les éboulements; à la suite de longues séries de siècles, ces deux causes ont altéré énormément les formes primitives résultant de ces grandes fractures qui ont créé les montagnes.

Il est à remarquer que, par les progrès du temps, plus la croûte à briser devenait épaisse et résistante, plus les catastrophes devenaient rares; mais aussi plus elles étaient violentes, et plus les saillies produites étaient colossales. La science géologique a su trouver, comme nous le verrons, l'ordre de succession de ces saillies; mais elle ne nous a rien appris encore, ni sur la durée, ni sur le mode d'action de ce grand phénomène à nous inconnu, qu'on nomme le *soulèvement d'une montagne*.

Nous sommes réduits aux conjectures et aux hypothèses sur ce sujet. Nos petits tremblements de terre et nos petites éruptions volcaniques sont tout à fait insignifiants, comme résultat, auprès de ces brisements de toute l'épaisseur de l'écorce terrestre, de ces effroyables basculements soulevant à des milliers de mètres des masses de plusieurs myriamètres de largeur, tandis que d'autres masses semblables s'engouffraient dans les profondeurs inconnues, d'où leur pression faisait sortir les matériaux ignés qui se moulaient dans les intervalles. Seulement ces grands mouvements se sont-ils produits rapidement ou lentement? Ont-ils duré des jours, des années ou des siècles? Ont-ils détruit ou non toute vie à la surface du globe, au moins à des centaines de lieues de distance? L'action créatrice a-t-elle dû repeupler les contrées qui avaient été le théâtre de ces cataclysmes, ou a-t-il suffi des migrations des espèces des contrées épargnées?

Voilà bien des questions auxquelles la géologie n'a pas encore pu donner de réponse catégorique.

La seule solution qu'elle ait pu donner, c'est l'époque des soulèvements des principales montagnes relativement à la série des couches sédimentaires; il a suffi pour cela, par exemple, d'étudier à la base des flancs de chaque montagne quelles couches avaient été inclinées par le mouvement du sol, et quelles couches étaient ensuite venues se déposer horizontalement le long de ces couches inclinées.

Les figures 91, 92, 93 et 94 représentent les diverses positions que prendront trois couches A, B, C, par l'action d'une série de soulèvements opérés avant, pendant et après leurs dépôts.

La seule inspection de ces figures fera connaître comment on peut assigner, pour ainsi dire, son âge à chaque pan de montagne au pied duquel on a examiné avec soin la disposition des couches.

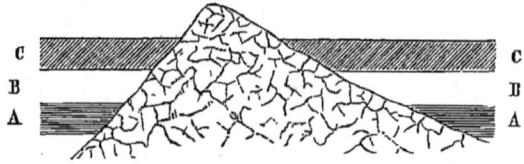

Fig. 91. — Soulèvement antérieur aux trois couches A, B, C.

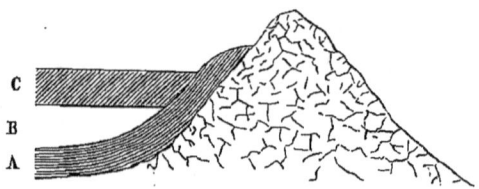

Fig. 92. — Soulèvement postérieur à A. antérieur aux couches B, C.

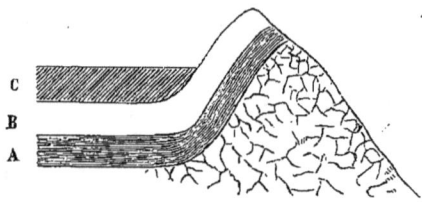

Fig. 93. — Soulèvement postérieur à A, B, antérieur à la couche C.

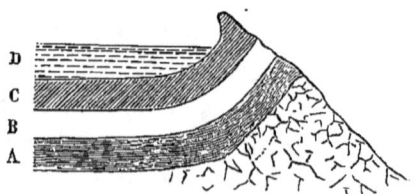

Fig. 94. — Soulèvement postérieur aux trois couches A, B, C.

Cet examen a donné ce premier résultat, qu'une chaîne montagneuse est rarement le produit d'une seule époque de soulèvement ; généralement plusieurs mouvements, à des périodes très différentes, ont concouru à donner à un système de montagnes sa disposition générale et ses formes primitives, que les érosions ont ensuite modifiées d'une manière plus ou moins compliquée.

M. Élie de Beaumont, une des gloires de la science française, a remarqué un second résultat, qui, s'il se confirmait par l'étude géologique des montagnes de tous les pays du monde, serait une des plus admirables lois de la nature, en même temps qu'une des plus grandes découvertes des temps modernes, c'est que, dans les pays les mieux explorés jusqu'ici, les *soulèvements contemporains* seraient *parallèles*.

L'observation d'un grand nombre de faits de ce genre, où la contemporanéité des ruptures rectilignes ayant la même orientation est bien établie, amènerait à cette conclusion, que les soulèvements des montagnes sont la conséquence d'un fait géométrique, savoir: la rupture ou le plissement de l'écorce terrestre, par suite du retrait dû à son refroidissement, suivant un système régulier des grands cercles de la sphère. Ce système, où les directions principales des ruptures paraîtraient se trouver en rapport avec les côtés d'un pentagone régulier, a reçu de M. Élie de Beaumont le nom de *réseau pentagonal*.

Quelle que soit la cause théorique des soulèvements de montagnes, l'étude détaillée de toutes les chaînes d'Europe a mis en lumière un fait très favorable à l'hypothèse de la fluidité primitive du globe et de l'épaississement progressif de son écorce. Lorsqu'on examine la liste chronologique des montagnes étudiées, on voit que les plus anciens soulèvements sont relatifs à de faibles saillies, tout au plus des collines (Bretagne, Ardennes, bords du Rhin), puis ceux de l'époque moyenne à des montagnes de second ordre (Vosges, Jura, Cévennes), tandis que les derniers sont sur une échelle gigantesque. Ce serait une conséquence naturelle de l'épaississement graduel de l'écorce terrestre par sa base. La croûte ne peut être rompue que par un effort plus violent, qui porte plus haut le bourrelet plus épais produit par la rupture. Ainsi les montagnes les plus récemment produites sont successivement les grandes chaînes des Pyrénées, puis plus tard des Alpes, plus tard encore des Andes et probablement de l'Himalaya.

Les pics les plus élevés du monde, qui couronnent ces deux dernières grandes chaînes, paraissent être des pics volcaniques; or c'est à des apparitions de volcans que l'on pourrait attribuer la dernière grande catastrophe, contemporaine de l'homme, dont toutes les traditions primitives ont gardé le souvenir ; je veux dire *le déluge*. Nous reviendrons sur cette grave question.

Les dernières convulsions du globe, qui ont dû être les plus épouvantables, ont déterminé la forme générale des saillies qui forment le squelette de nos continents actuels.

Le creusement des vallées actuelles, le remplissage de leurs lacs, etc., sont l'effet de la circulation des eaux, que nous étudierons plus tard.

Mais le dépôt des couches, leur changement de nature, leur interruption, sont dus au déplacement des lits de mers, causé lui-même par des actions lentes, dont l'importance ne le cède pas à celle des soulèvements que nous venons d'étudier : il nous reste à donner sur ce sujet quelques détails.

Lorsque l'on considère, sur une plage, l'oscillation continuelle des flots de la mer, on est naturellement porté à attribuer l'idée de la mobilité à cette mer qui avance et recule, et l'idée de fixité au sol sur lequel on est porté. Aussi, lors des premières observations de changements dans la forme des rivages, a-t-on attribué l'abandon d'une plage ou l'envahissement d'une contrée riveraine à l'abaissement ou à l'élévation du niveau des eaux. Mais la connaissance que nous avons des lois de l'hydrostatique nous fait aujourd'hui renverser la proposition : nous savons que le niveau *moyen* des mers est une surface géométrique invariable, et que s'il y a un changement dans la forme du rivage, c'est le rivage qui a bougé.

On avait déjà signalé beaucoup de ces changements ; tout le monde sait que la Hollande, par exemple, s'est enfoncée graduellement au-dessous du niveau de la mer du Nord ; que le Zuyderzée, la mer de Harlem, les bras de mer qui séparent les îles de la Zélande, se sont formés successivement depuis l'époque où les vaisseaux de César sortaient par l'embouchure du Rhin aujourd'hui ensablée. Tout notre rivage de la Manche a été, depuis l'époque romaine, le théâtre d'envahissements semblables, quoique sur une moindre échelle.

D'un autre côté, il y a un siècle que Spallanzani avait signalé, comme preuve de la mobilité du sol, les fameuses colonnes du temple de Sérapis à Pouzzoles (fig. 95), dont le pied baigne aujourd'hui dans la mer, mais dont le marbre, rongé jusqu'à plus de 6^m par des pholades et couvert de serpules, dénonce une immersion dans la mer jusqu'à cette hauteur. Si cette

Fig. 95. — Colonnes du temple de Sérapis, à Pouzzoles.

preuve est bien authentique (on a parlé de piscines sacrées où l'eau de la mer aurait pu être envoyée par des pompes), les deux mouvements inverses qui auraient immergé, puis relevé ces colonnes, seraient en ce cas très locaux, car ils ne se seraient pas fait sentir à Naples. Ils pourraient être attribués aux mouvements qu'éprouve souvent le sol voisin des éruptions volcaniques, dont cette région offre de nombreux exemples; il y a eu, en effet, deux grandes éruptions assez récentes à très peu de distance de ce temple (voir la carte au chapitre ix), celle de la Solfatare de Pouzzoles en 1198, et celle du Monte-Nuovo en 1538.

Mais nous avons des faits plus concluants. Depuis un siècle et demi, que Celsius et Linné ont fait les premières observations authentiques, il est aujourd'hui bien établi par de nombreuses mesures que la Scandinavie tout entière s'élève peu à peu, surtout par sa partie septentrionale, et que la mer Baltique a diminué notablement depuis les temps historiques. Il paraît même prouvé que le nom de la contrée, qui veut dire « île de Scand », a été justifié à une époque où ces régions étaient déjà habitées par l'homme, la région des lacs finlandais et russes d'un côté, et celle des lacs suédois de l'autre, étant les restes de deux bras de mer qui joignaient directement la mer Blanche au Skager-Rack.

Des recherches analogues dans d'autres pays, où les descriptions de la géographie ancienne ne sont plus d'accord avec l'état actuel des choses, ont amené cette conclusion générale, que l'étendue totale de l'écorce du globe subit de très lentes ondulations, presque imperceptibles dans une période de quelques années, mais changeant très sensiblement, au bout de quelques siècles, la situation relative des mers et la forme de leurs rivages. Alors, non seulement ces traditions qui nous racontent, soit la formation des détroits de Constantinople, de Messine et de Gibraltar, soit l'engloutissement de l'Atlantide, mais mille autres détails des textes antiques, nous montrent qu'une bonne carte du monde connu des anciens aurait une tout autre forme de rivages que nos cartes actuelles. Il y a tout lieu de croire que, quelques milliers d'années avant l'ère actuelle, la mer d'Aral, la mer Caspienne et la mer Noire réunies, mais isolées de la Méditerranée par un barrage à Constantinople, devaient avoir leur issue vers l'océan Glacial par le golfe d'Obi; l'Inde formait une île séparée de l'Himalaya par une mer occupant les vallées actuelles de l'Indus et du Gange; la Méditerranée ne communiquait avec l'Océan que par une mer (aujourd'hui la dépression du Sahara algérien) longeant l'Atlas au sud et aboutissant au golfe actuel de Cabès; la Manche actuelle était probablement beaucoup moins large, etc. etc.

Il faudrait un changement de niveau bien peu considérable, moindre assurément que beaucoup de ceux qu'on a constaté s'être produits en certains points depuis l'établissement de l'homme dans nos contrées, pour changer complètement la disposition des régions où sont des plaines basses et des mers peu profondes.

Supposons, par exemple, un simple soulèvement du sol de cent brasses (180^m), ce qui ne changerait sensiblement rien aux pays de montagnes, la carte d'Europe prendrait l'aspect que représente la figure 96; c'est-à-dire que les mers Baltique, du Nord, d'Irlande, de la Manche, Adriatique et d'Azof disparaîtraient; Amsterdam, Londres, le Havre, seraient en plein continent comme aujourd'hui Moscou et Vienne.

Supposons, au contraire, un abaissement général du sol de cette même quantité, qui n'est après tout que deux fois la hauteur d'un de nos clochers, c'est-à-dire rien auprès des saillies montagneuses, nous aurions une Europe comme la représente la figure 94: Paris, Londres, Berlin, Moscou, etc., sous l'eau; Prague, Vienne et Dijon devenus ports de mer; le Danemark et la Hollande entièrement disparus; l'Angleterre, la Prusse et la Russie, ainsi que la Roumanie, réduites à bien peu de chose; la France, l'Italie et l'Autriche profondément déchiquetées; l'Espagne, la Grèce et la Turquie à peine entamées.

Ces changements lents et continuels de la forme d'équilibre de l'écorce terrestre peuvent donc, avec le temps, déplacer les mers, et couvrir les plaines immergées de nouvelles couches de sédiments ajoutées à celles qui constituaient la terre ferme, pendant que les anciens fonds des mers disparues redeviennent des plaines à leur tour.

Il est aujourd'hui bien démontré que c'est par des changements lents de cette nature que l'écorce terrestre s'est accrue peu à peu de couches successives à sa surface extérieure; pendant ce temps, la perte lente de sa chaleur centrale devait l'accroître en épaisseur par sa surface intérieure, et d'un autre côté, par intervalles, la contraction du volume liquide enfermé produisait sur l'enveloppe rigide, mais encore trop mince, des plissements et des fractures.

Fig. 96. — Carte d'Europe, après un relèvement du sol de 100 brasses.

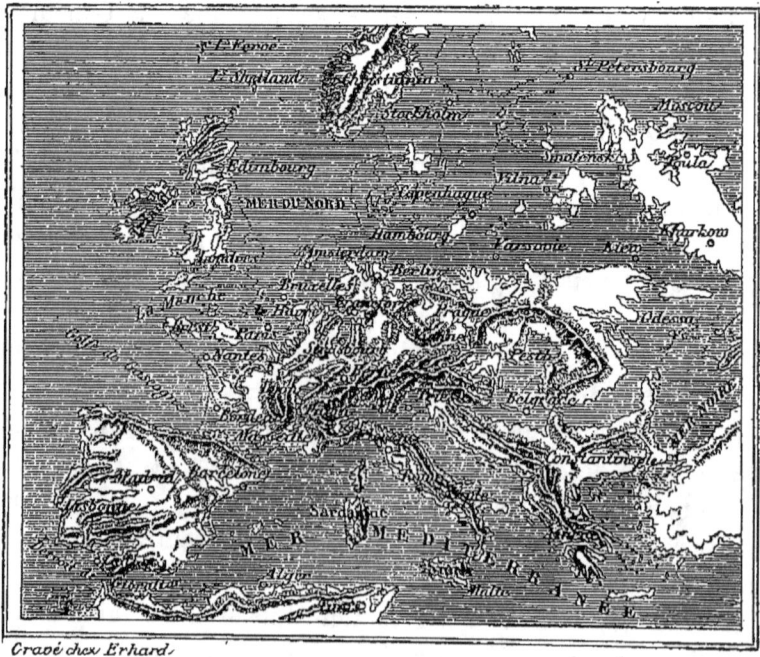

Fig. 97. — Carte d'Europe, après un abaissement du sol de 100 brasses.

Par toutes ces causes réunies, la surface de la terre est arrivée à l'état voulu par Dieu pour nous la donner pour demeure.

Le temps des grandes catastrophes est terminé. Depuis les temps historiques au moins, si ce n'est depuis l'arrivée de l'homme sur la terre, l'écorce terrestre solidifiée n'a plus jamais éprouvé aucune de ces grandes ruptures dénivelant tout un pays, et en changeant entièrement la carte. Elles sont remplacées par des phénomènes d'un tout autre ordre, les phénomènes volcaniques, qui jouent pour la terre le rôle de soupapes de sûreté, et nous garantissent probablement contre le retour des brusques fractures.

Mais aujourd'hui nos volcans et nos tremblements de terre ne sont que des accidents locaux qui ne changent pas la carte d'un pays. C'est donc au commencement de l'histoire de l'homme que l'on peut, en faisant abstraction des volcans, terminer l'histoire de la formation des montagnes.

Dans le résumé rapide que nous venons de faire de cette histoire, qui n'est autre que celle de la terre tout entière, le lecteur a pu voir qu'il y a une partie purement hypothétique, la première, où nous avons toujours employé la forme dubitative, et sur laquelle nous n'aurons plus de détails à ajouter.

Mais la dernière partie de l'histoire du globe, que nous n'avons fait qu'indiquer, celle qui s'est écoulée depuis la première apparition de la vie à sa surface, est mieux connue, et son étude offre un intérêt tellement puissant, des résultats tellement inattendus, tellement opposés aux idées anciennes et aux préjugés communs, qu'on nous saura gré de nous y arrêter spécialement.

Cette étude est l'objet de la *géologie*, science toute moderne, car elle est née dans ce siècle, mais qui s'est développée avec une rapidité inouïe eu égard aux difficultés inhérentes au genre d'observations qu'elle nécessite.

Lorsque les étonnantes découvertes popularisées par Cuvier eurent posé les principes et ouvert la voie nouvelle, une véritable armée de naturalistes instruits, de chercheurs patients et zélés, répandus dans toutes les contrées civilisées, sut centraliser, pour les comparer, les remarques et les trouvailles, et le résultat fut de constituer en quelques années un corps de science qui eût exigé des siècles, dans les conditions habituelles.

Au siècle précédent, le nom existait, pas la chose : aujourd'hui la géologie a des bases certaines, qu'on ne peut plus révoquer en doute. Elle n'est plus une théorie, elle est un fait.

Nous allons résumer, dans le chapitre suivant, les bases de cette science, et les résultats principaux qu'elle fournit sur l'histoire des temps écoulés, depuis le premier établissement de la vie sur la terre jusqu'à l'arrivée de l'homme.

Fig. 98. — Éruption au milieu de l'Océan.

CHAPITRE VII

LA GÉOLOGIE

I

LES FOSSILES ET LA QUESTION DES ESPÈCES

> Antiquaire d'une espèce nouvelle, il me fallut apprendre à la fois à restaurer ces monuments des révolutions passées, et à en déchiffrer le sens...
>
> CUVIER.

> *Cuncta fecit bona in tempore suo, et tradidit mundum disputationi eorum, ut non inveniat homo opus quod operatus est Deus ab initio usque ad finem.*
>
> Ecclés., III, 11.

La plus séduisante, la plus inattendue et la plus aimée des sciences modernes, est incontestablement celle qui étudie le sol de notre globe pour en faire l'histoire, la géologie. Nous venons de dire qu'elle appartient, pour ainsi dire, entièrement à notre siècle ; nous pouvons ajouter que la grande découverte qui lui sert de fondement appartient à la France.

Sous ce nom de géologie, les siècles précédents avaient rêvé des théories de la terre qui, au lieu de s'appuyer sur un ensemble de faits coordonnés, se préoccupaient exclusivement de justifier des interprétations étroites des textes antiques. Ces théories étaient, en général, bien au-dessous des connaissances du siècle d'Ovide et de Strabon sur les mêmes points, et, certes, elles ne pouvaient être considérées comme constituant une science.

Un homme bien supérieur à son temps, le potier Bernard Palissy, avait dès le xvi° siècle étudié le sol *de visu,* et ses écrits peuvent le faire regarder comme le premier en date des géologues modernes. Mais sa voix se perdit dans le vide. Un siècle après lui, des idées aussi justes sur l'origine de l'ensevelissement des fossiles, la solidification des sédiments et le soulèvement des montagnes, étaient exposées (*De solido intrà solidum contento,* Florence, 1679) par le pasteur danois Stenon, qui, allant à Rome, où il se convertit et devint prêtre et missionnaire, avait observé les terrains des Apennins. Ce n'est qu'au dernier siècle, encore cent ans après, que quelques savants, notamment Werner dans les mines de la Saxe, et Saussure dans les Alpes, prirent à tâche d'apporter à l'étude du sol l'esprit d'observation et la méthode rigoureuse qui venaient de créer toutes les sciences physiques; mais malheureusement ils s'étaient attaqués précisément aux contrées les plus bouleversées et les moins propres à élucider la question; leurs efforts, sans aboutir à une conclusion, montrèrent la voie à d'ardents chercheurs.

C'est alors qu'un grand homme, une des gloires de notre pays, Georges Cuvier, par la part qu'il prit à une découverte du premier ordre, dont le retentissement fut immense, donna l'élan à la science nouvelle.

On savait depuis longtemps que les couches du sol renferment souvent des coquilles, des ossements, et autres restes d'êtres vivants, appelés *fossiles,* et on s'était contenté sur leur compte d'explications aussi diverses qu'irréfléchies. Les uns en faisaient des jeux de la nature, les autres des fruits d'une sorte de végétation pierreuse. Les opinions de Bernard Palissy et de Stenon étaient si bien restées lettre morte dans les centres intellectuels de l'Europe, qu'en plein xviii° siècle un squelette d'une grande salamandre, trouvé à Æningen, près Constance, était décrit comme un reste humain par Scheuchzer, et devenait célèbre sous le nom de *homo diluvii testis* (fig. 99). On regardait les gros ossements comme des os de géants; un squelette de mastodonte fut ainsi colporté dans toute l'Europe, sous le nom de « restes du roi Teutobochus ». Enfin on se rappelle la fameuse querelle de Voltaire et de Buffon, à propos des coquilles trouvées dans des rochers au sommet des Alpes. Celui-ci voulait y voir une preuve du déluge biblique; et Voltaire, plutôt que

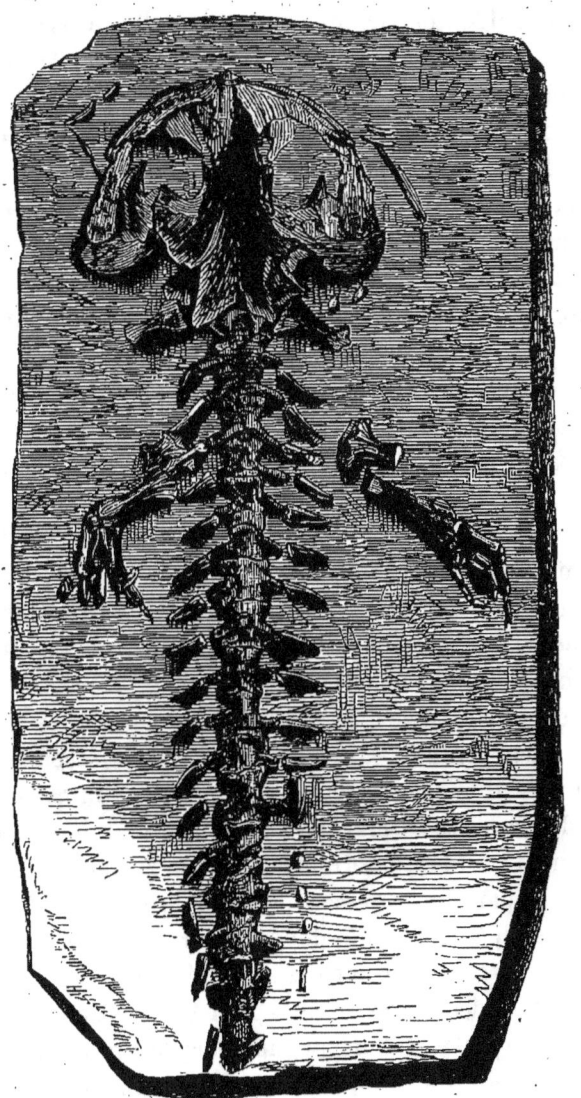

Fig. 99. — Andrias Scheuchzeri (le prétendu homme témoin du déluge, d'après Scheuchzer).

d'admettre un fait en faveur de la Bible, prétendait que c'étaient des coquilles jetées là par les pèlerins qui allaient de Saint-Jacques-de-Compostelle à Rome.

L'opinion la plus enseignée était que tous les fossiles étaient des restes d'hommes, d'animaux et de plantes vivant sur le globe à l'époque du déluge. Ils auraient été mélangés avec les matériaux du sol, la partie supérieure de celui-ci ayant été défoncée et liquéfiée à l'état de boue par la violence des eaux.

Le premier savant qui, vers 1770, reprenant les études et les idées de Bernard Palissy, exposa nettement une chronologie des couches, reconnues à leurs fossiles, vit comme son prédécesseur sa voix se perdre dans le vide : c'était encore un Français, l'abbé Guiraud-Soulavie.

C'est seulement aux dernières années du siècle que deux intelligents observateurs, William Smith en Angleterre, et Alexandre Brongniart en France, étudièrent et décrivirent, non seulement par leur structure et leur composition minérale, mais aussi par leurs coquilles et autres débris fossiles, celui-là les couches du bassin de Londres, celui-ci les couches du bassin de Paris.

Mais il n'était venu à l'idée de personne, jusque-là, qu'il eût pu jamais exister des séries de formes animales et végétales entièrement différentes des nôtres et tout à fait disparues, ni que les mers et les terres eussent jamais pu avoir une autre disposition que celle qu'elles ont aujourd'hui.

Or, en 1804, Cuvier, qui suivait avec intérêt les recherches de Brongniart, son ami et son collègue, et qui s'occupait alors d'un grand travail sur l'anatomie comparée des animaux supérieurs, reçut des carrières à plâtre de Montmartre une grande quantité d'ossements, pour déterminer à quelles espèces animales ils avaient appartenu. Pour cela il se procura les mêmes os de toutes les espèces vivantes dont leur forme pouvait les rapprocher. Il put alors constater sur ces mammifères, reconnaître et affirmer au sujet des autres fossiles, un fait inattendu, au premier abord incroyable, vérifié depuis par des milliers d'exemples : c'est qu'*aucun des animaux fossiles n'appartient à une espèce encore vivante aujourd'hui*.

Un ouvrage monumental que l'on trouve dans toutes les bibliothèques publiques sous le titre *Ossements fossiles*[1], et dont

---

[1] Il y a eu plusieurs éditions : la plus répandue, encore facile à trouver aujourd'hui, est en sept volumes in-4°.

le fameux *Discours sur les révolutions du globe* n'est que la préface, popularisa ces faits nouveaux, et mit la géologie à l'ordre du jour.

Une description des couches des terrains des environs de Paris, par Alexandre Brongniart, qui forme le troisième volume de l'ouvrage, devint le modèle d'une foule de travaux analogues, entrepris sur tous les points de l'Europe civilisée. On décrivit avec soin la nature et l'ordre de superposition des couches et la forme exacte des traces fossiles d'animaux et de végétaux qu'on y rencontrait. La France, l'Angleterre, l'Allemagne rivalisèrent de zèle, organisèrent des sociétés, et il ne se creusa plus un puits, une galerie, une fondation d'édifice, qu'un *géologue* ne se trouvât présent pour examiner les déblais et publier le résultat de l'examen.

Le grand fait énoncé par Cuvier est encore aujourd'hui vérifié tous les jours. Toutes les espèces sont différentes des espèces actuelles, et d'autant plus que les couches sont placées plus bas. Certaines couches supérieures seules, qui sont souvent des alluvions de vallées, ou quelquefois des dépôts hétérogènes recouvrant assez irrégulièrement tous les autres, ne renferment guère que des débris d'animaux actuels, souvent, il est vrai, disparus du pays, et mêlés à un petit nombre de types de curieuses espèces aujourd'hui éteintes. On les a caractérisées par l'expression de *diluvium*.

Un point inconnu de Cuvier, et même nié d'avance par lui, a été universellement reconnu dans ces vingt dernières années, et a été le point de départ d'une branche nouvelle de la science : c'est la présence dans ce *diluvium* des débris de l'*homme primitif* et de son industrie.

Un autre fait non moins considérable, c'est que chacune des couches superposées contient des groupes d'espèces qui diffèrent de celles d'au-dessous et d'au-dessus; de sorte que ces espèces forment une population, ou, comme on dit, une *faune* caractéristique que l'on retrouve au même niveau sur une immense étendue.

On a d'abord un peu exagéré ce nouveau principe, et accepté pour la durée des espèces et leur diffusion sur le globe des conditions de contemporanéité et de succession nécessaire beaucoup trop absolues, que les travaux récents de M. Barrande ont réduites à leur juste valeur. La succession des fossiles est un élément important, mais très discutable, de la chronologie des couches, et il s'écoulera encore bien du temps avant la constitution un peu définitive d'un corps de science solidement établi à cet égard.

Il n'en est pas moins vrai, en attendant, que le nombre de ces faunes superposées, le plus souvent très distinctes, est considérable; de sorte qu'on connaît aujourd'hui, dans certains groupes naturels, beaucoup plus d'espèces fossiles que d'espèces vivantes.

L'examen de ces espèces montre qu'elles sont presque toutes aquatiques et le plus souvent marines. La conservation des traces de leurs débris solides montre que ceux-ci ont été ensevelis dans le limon du fond de l'eau, qui s'est ensuite solidifié autour d'eux par le temps.

On sait qu'il ne reste aucune trace des tissus même les plus durs d'un être vivant, lorsqu'ils restent exposés quelque temps aux agents atmosphériques à la surface du sol.

La faible quantité des restes d'animaux fluviatiles ou terrestres cantonnés dans des terrains reconnus pour être des dépôts de lac, de rivage ou d'embouchure, l'excessive rareté des oiseaux, qui, mourant dans les arbres ou les broussailles, sont plus difficilement que les animaux terrestres entraînés par les pluies dans les cours d'eau, tout prouve que les terrains où l'on trouve les fossiles ont été formés par le dépôt, au fond de l'eau tranquille et le plus souvent des mers, de sédiments dont les plus nombreux, au large, sont des précipités chimiques, et les autres des produits mécaniques qu'entraîne en suspension l'eau courante.

De là deux conclusions, qui forment la base de la géologie actuelle. Nous connaissons déjà la première. Le sol des plaines que nous foulons aux pieds est formé par d'*anciens fonds de mer,* ou quelquefois de lacs d'eau douce. Donc les mers ont changé de place : elles ont couvert et abandonné chaque portion du sol à diverses reprises. Or le niveau des mers, résultant de l'attraction générale de la masse du globe, est une surface géométrique qui, pour ainsi dire, ne varie pas. C'est donc le sol qui est instable. Cuvier croyait que les changements de niveau étaient presque toujours brusques; on sait aujourd'hui, comme nous l'avons vu au chapitre précédent, que les grands bouleversements sont rares, et que le changement de place des mers est dû à des mouvements lents.

Voici la seconde conclusion. Si, entre les dépôts de deux couches consécutives, des espèces animales ont eu le temps d'apparaître, de croître, de décroître et de s'éteindre, ces dépôts ont dû, non seulement mettre longtemps à se former, mais souvent aussi être séparés par des durées considérables; donc il s'est écoulé, avant l'arrivée de l'homme sur la terre, des temps *immenses*. Pendant ces temps se sont succédé les multitudes d'espèces éteintes d'animaux et de végétaux dont nous trouvons si abondamment, dans les couches superposées qui constituent le fond des mers successives, les restes *fossiles*, c'est-à-dire enfouis, moulés, et laissant, après des myriades de siècles, sinon leur substance, au moins leur forme.

Avant d'aller plus loin, entendons-nous sur la vraie signification de ce mot d'*espèce*, dont la définition est la base de toute l'histoire naturelle.

Tout le monde sait que la plante sortie d'une graine ressemble à celle qui avait fourni la graine, que l'animal sorti d'un œuf ressemble à celui qui avait pondu l'œuf. Cette similitude des êtres vivants nés les uns des autres nous porte à penser que ceux qui ont entre eux ce même degré de ressemblance doivent avoir une origine commune. On nomme *espèce* l'ensemble de tous les êtres vivants ayant entre eux ce degré de ressemblance, ou mieux la personnification des caractères trouvés *communs* à des êtres nés les uns des autres, et étudiés dans des circonstances de développement aussi variables qu'a pu les fournir l'expérience.

Ainsi, quand on dit l'*espèce chien,* on veut désigner l'ensemble des caractères communs au caniche comme au lévrier, au terre-neuve comme au king-charles; de même que si on dit l'espèce *poirier,* on veut désigner aussi bien les arbres qui donnent les poires de bon-chrétien ou de duchesse, que ceux dont les fruits à goût d'encre servent à faire le poiré. Les caractères exceptionnels qui sont le résultat de changements dans les conditions de vie, nourriture ou climat, exposition ou exercice, sont désignés par le mot *variété* de l'espèce. Une variété qui s'est reproduite à plusieurs générations successives, et est devenue héréditaire, constitue une *race*.

Les variétés ou races les plus diverses, en s'alliant ensemble, donnent des descendants vigoureux et féconds nommés *métis*, plus rapprochés de l'espèce type; tandis que les descendants fortuits d'espèces voisines, appelés *hybrides*, tels que les mulets, n'ont pas eux-mêmes de descendants : en sorte que le type de l'espèce se maintient fixe, les variétés consistant toujours en plus ou en moins d'accroissement de tel ou tel organe, jamais en l'apparition d'un organe nouveau.

Il est certain que les espèces naissent et meurent comme les individus. Nous en avons vu mourir, mais nous n'en avons pas vu naître. Nous sommes nous-mêmes une espèce, à un degré de dignité exceptionnel, il est vrai, mais aussi la dernière arrivée au monde. L'homme n'ayant pas assisté au phénomène de la naissance d'une espèce, et les recherches expérimentales n'ayant jamais pu fournir à ce sujet aucune donnée probante, la science humaine ne peut présenter de l'origine des espèces aucune explication qui ne soit une hypothèse ou un rêve.

Quelque ingénieuse que soit la fameuse théorie du *transformisme*, qui a illustré le nom du naturaliste anglais Darwin, elle ne repose sur aucun fait positif. Elle est d'ailleurs sortie du paisible et loyal domaine des hypothèses scientifiquement discutables, en devenant une arme des passions antireligieuses, par sa révoltante conclusion qui fait de nous les cousins germains du singe.

Cette conclusion est impossible, aussi bien au point de vue philosophique devant le fait de la *raison* qu'au point de vue religieux devant le fait de l'*âme*.

La différence entre l'homme et la bête la plus parfaite est d'un tout autre ordre que celle qui sépare les diverses espèces animales : les perfectionnements de l'organisme ne s'appliquent pas chez l'homme à la vie matérielle, pour laquelle il est souvent inférieur à la bête, mais à la vie intellectuelle et morale, qui est ajoutée chez lui à la vie de relation des animaux et à la vie de nutrition des végétaux. On peut encore moins conclure de la bête à l'homme que de la plante à la bête.

Même au point de vue plus restreint de l'origine des espèces animales, la théorie du darwinisme vient se briser contre une preuve matérielle irréfragable : l'expérience des trente à quarante siècles qui constituent les temps historiques de l'homme constate que les formes d'une même espèce n'ont pas varié, quand les conditions de vie n'ont pas changé, et qu'elles ne peuvent se modifier au delà de certaines limites, quand ces conditions de vie, climat, nourriture, exercice, etc., sont considérablement altérées.

Grâce au soin religieux avec lequel nous ont été conservés à l'état de momies bien embaumées les animaux de l'antique Égypte, on a pu vérifier que les types vivant à l'état sauvage étaient, il y a trois mille ans, *identiquement* pareils à ce qu'ils sont encore aujourd'hui dans le même pays. Quant aux animaux domestiques, dont les soins de l'homme ont fait naître d'innombrables variétés, leur anatomie comparée est aujourd'hui étudiée assez en détail pour qu'on ait pu reconnaître, parmi les fossiles les plus récents, quel est leur type originaire.

Mais on n'a pu faire cette étude pour les *races* sauvages produites par migration, transport fortuit, inondation, etc., races qui ont été souvent prises pour des espèces distinctes par les classificateurs; il est probable que l'étude approfondie diminuera notablement le nombre des *espèces* aujourd'hui inscrites sous ce titre.

Si l'apparition des espèces est le résultat d'une grande loi naturelle à nous inconnue, cette loi ne doit plus aujourd'hui trouver remplies les circonstances qui devaient la mettre en action ; un état d'équilibre, qui réduit au repos cette manifestation particulière de l'activité divine, est aujourd'hui établi; la *faune* actuelle se réduit peu à peu sans se renouveler, et la période de l'histoire du globe caractérisée par la présence de l'homme, le chef-d'œuvre de Dieu, a tous les caractères scientifiques propres à nous affirmer qu'elle sera la *dernière* et clora la durée des temps.

Il y a lieu de croire toutefois qu'elle est et a été la plus longue, et que les durées des périodes nombreuses qui ont eu successivement des faunes différentes, ont été toujours en augmentant à la manière des termes d'une progression géométrique, ainsi que le font, par exemple, les temps que met un corps chaud à perdre d'égales quantités de chaleur, ou un corps électrisé à perdre d'égales quantités d'électricité.

La science de la géologie n'a pas encore aujourd'hui la prétention d'estimer, même approximativement, ces énormes durées. Elle ne peut même pas facilement trouver, pour séparer les diverses époques, ces grands événements qui sont employés en histoire.

Les classifications et les divisions de détail en ce moment adoptées dans l'enseignement classique sont peut-être encore bien loin de couper en périodes homogènes la vraie histoire des temps géologiques. Toutefois on est assez d'accord sur les grandes divisions principales, et il est peu probable qu'elles soient entièrement changées dans l'avenir.

II

DIVISIONS DE L'HISTOIRE DU GLOBE. — TERRAINS PRIMAIRES

> Comme dans l'histoire civile on consulte les titres, on recherche les médailles, on déchiffre les inscriptions antiques, de même dans l'histoire naturelle, il faut fouiller les archives du monde, tirer des entrailles de la terre, et rassembler en un corps de preuves, tous les indices qui peuvent nous faire remonter aux différents âges de la nature.
>
> BUFFON.

Dans l'histoire des peuples, on est amené par la nature différente des documents qui servent à la construire à admettre quatre sortes de périodes : 1° la période contemporaine, où les sources surabondent, mais où les passions et les intérêts, autant que le grand nombre de documents, rendent l'appréciation difficile et le débrouillement laborieux; 2° la période historique, où les sources, plus rares, sont plus probantes, parce qu'elles ont subi l'épreuve du temps et de la discussion ; 3° la période légendaire, où les monuments et les écrits manquent; les sources se réduisent à d'informes traditions qu'il faut expliquer, discuter et traduire ; 4° enfin, la période fabuleuse, où, les traditions mêmes manquant, on n'a plus pour guides que l'imagination et les analogies.

Dans l'histoire géologique du globe, les fossiles, l'ordre de stratification, les traces de ravinements, représentent les médailles, les manuscrits datés, les débris de constructions; les superpositions se discutent comme les traditions; et l'analyse chimique des roches remplace l'analyse philosophique des légendes. Les procédés sont tout à fait parallèles, et la division peut être identique.

Nous trouvons donc, en remontant l'histoire de notre globe :

1° Des temps contemporains ; c'est l'époque qu'on nomme *diluvienne* ou *quartenaire*, caractérisée par les traces de la présence de l'*homme* et les restes d'animaux et de végétaux appartenant à des *espèces* encore aujourd'hui *vivantes*. (Celles qui sont éteintes le sont seulement depuis l'apparition de l'espèce humaine.) La géologie de cette époque était à peine ébauchée il y a trente ans; elle est en ce moment en voie de formation : les recherches sont ardentes, les trouvailles surabondent; mais les discussions ne restent pas sur le terrain géologique, et se compliquent de questions brûlantes : notre génération verra cependant bientôt, nous l'espérons, la constitution d'un corps de science adopté par l'opinion générale.

2° Les temps correspondant à ceux qu'on nomme historiques peuvent s'appeler les époques *fossilifères ;* ce sont les plus connues, celles dont l'étude constitue la principale partie de la géologie classique. On est d'accord pour y compter trois âges distincts : l'âge *tertiaire,* ère des mammifères herbivores, de la prédominance de la vie terrestre; l'âge *secondaire,* ère des reptiles aquatiques, de la prédominance de la vie marine; et l'âge *primaire,* ère des organismes primitifs, des charbons fossiles, de la prédominance de la vie végétale.

3° Les temps légendaires sont représentés par l'époque *azoïque,* où se sont formées ces immenses épaisseurs de sédiments cristallins, coulées et précipités chimiques sans traces d'êtres vivants, quartzites, talcschistes, micaschistes et gneiss, avec leur support de *granit,* produits d'un état de choses difficile à imaginer, obscur à déchiffrer, mais à coup sûr incompatible avec la vie.

4° Enfin les temps fabuleux auraient pour représentant l'époque *cosmique* que nous dépeint l'hypothèse de Laplace, et sur laquelle ont roulé tant d'autres hypothèses, depuis qu'Ovide écrivait les vers que le plaidoyer de l'Intimé a rendus célèbres :

> Ante mare et terras, et quod tegit omnia, cœlum,
> Unus erat toto naturæ vultus in orbe,
> Quem dixere chaos, rudis indigestaque moles [1].

N'ayant pas l'intention, comme l'Intimé, d'endormir notre juge, qui est pour le moment notre lecteur, nous ne reviendrons pas sur ces temps dont le récit ne peut être qu'un roman plus ou moins vraisemblable.

---

[1] « Avant que la mer et les terres, et même le ciel qui les recouvre toutes deux, existassent, toute la matière, dans l'univers entier, présentait un seul et même aspect : c'était ce qu'on appelle le chaos, une masse immense, mais sans variété et sans forme... »

Pour l'époque azoïque, nous avons indiqué dans le chapitre vi, après la splendide vision de Laplace, l'origine probable de ces énormes entassements de granits à grain fin, de gneiss, de micaschistes et de talcschistes, produits par des mers trop chaudes pour servir d'asile à la vie, et désignés d'abord sous le nom de terrains primitifs, avant qu'on leur appliquât cette épithète d'azoïques (privés d'animaux). Dans le chapitre v, nous avons parlé de la constitution des roches cristallines et schisteuses que renferment ces terrains, et des roches éruptives, granits, syénites, etc., qui se sont épanchées pendant la même période.

Il ne nous reste donc qu'à indiquer rapidement les résultats regardés comme acquis dans l'étude des périodes fossilifères et des temps contemporains de l'homme.

Pour suivre l'histoire dans l'ordre des temps, commençons par les plus anciens des terrains fossilifères, c'est-à-dire par les terrains *primaires*.

Les terrains *primaires*, c'est-à-dire les *premiers* déposés depuis l'apparition de la vie sur la terre, ou encore *paléozoïques* (παλαιός, ancien; ζῶον, animal), c'est-à-dire contenant les restes des plus anciens animaux, forment une série très considérable, sur les divisions de laquelle les géologues sont loin d'être d'accord. Tout le monde est d'avis d'y placer le terrain qui contient la *houille*, et qui a pour nous, à ce titre, un intérêt du premier ordre. Les terrains situés au-dessous d'elle étaient réunis jadis sous la dénomination commune de *terrains de transition*.

Au-dessus de ces masses primitives de granit à grain fin, recouvertes de gneiss, micaschistes, etc., qui constituent l'énorme entassement des terrains *azoïques* ou sans fossiles, se trouvent des couches d'aspect assez semblable, c'est-à-dire toujours schisteuses et cristallines à la fois, imprégnées de quartz et de silicates ignés, coupées de filons pareils à ceux des terrains azoïques, mais présentant cette différence, qu'on y trouve des traces d'êtres vivants. Pour dire vrai, ces traces sont d'abord difficilement visibles, et la limite précise qui sépare ces terrains des précédents n'est pas indiquée sans contestation possible.

La découverte d'une empreinte attribuable à la vie dans une couche regardée jusque-là comme azoïque peut reculer la délimitation adoptée. Toutefois de telles découvertes sont souvent discutables, comme le prouve l'histoire de cette fameuse empreinte en barbe de plume, que les géologues du Canada affirmèrent être un annélide et dénommèrent *eozoon Canadense* (de ἠώς, aurore; ζῶον, animal). A l'école des mines de Paris, on n'y vit et l'on n'y voit encore qu'une disposition que prendrait fréquemment la serpentine dans les calcaires métamorphiques d'autres étages, et les élèves la rebaptizèrent plaisamment du nom d'eozoon *canardense*.

La curiosité de connaître quel est le premier être vivant dont les traces se retrouvent dans les couches de notre globe n'a rien

Fig. 100. — Nereites Cumbriensis.

que de très naturel; mais on ne peut la satisfaire que localement, et bien imparfaitement : on est arrêté par ce fait bien évident que les végétaux entièrement cellulaires, et les animaux entièrement mous, n'ont pas laissé de traces reconnaissables, sinon peut-être que le produit de leur putréfaction a pu noircir la roche quand ils étaient en nombre. Or l'analyse chimique trouverait des traces de charbon imprégnant les roches de couches bien inférieures à celles où l'on a trouvé la *lingule* du pays de Galles, les *nereites* du Cumberland (fig. 100), le *paradoxide* de Bohême (fig. 101), et peut-être même l'eozoon du Canada.

La rivalité des géologues désireux d'illustrer leur nom a produit un peu de confusion dans les dénominations appliquées à ce premier des terrains fossilifères. L'Anglais Murchison publia le premier, dans un beau livre intitulé *Siluria*, ses recherches sur les terrains du pays de Galles, habité jadis par les anciens Silures. Le succès mérité de l'ouvrage consacra le nom de *siluriens* donné à ces terrains. En vain un concurrent prétendit avoir trouvé dans l'ancienne *Cambrie*, ou pays des Sicambres, des couches plus anciennes qu'il voulait faire nommer terrains *cambriens*. En vain un autre, pour faire le rôle de juge entre ces plaideurs, essaya-t-il de tirer parti des antiques couches du Cumberland pour remplacer le mot *cambrien* par le mot *cumbrien*.

Un géologue français, M. Barrande, trouvant en Bohême un bassin plus complet que tous les autres, en a fait une étude bien autrement solide, achetant au besoin les terrains pour les faire fouiller, et moissonnant, c'est le cas de le dire, par wagons entiers les fossiles qui ont rempli les musées de l'Europe, au point que ce terrain, le plus ancien et peut-être le plus difficile à étudier, se trouve aujourd'hui le mieux connu de tous. Avec une générosité toute française, méprisant le rôle de ces juges qui mangent l'huître en litige, il a justifié Murchison, réduit à leur juste valeur les compétitions rivales, et définitivement laissé le nom de *siluriens* aux terrains renfermant les premiers trilobites.

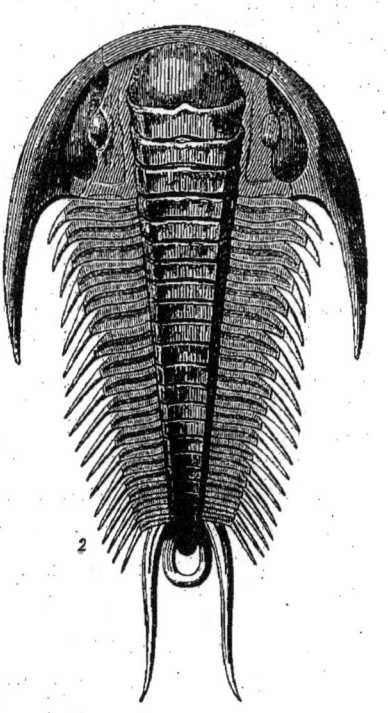

Fig. 101. — Paradoxides Bohemicus.

Il est aujourd'hui très probable qu'il sera constitué un premier terrain inférieur au silurien, pour placer un puissant système de couches étudiées au Canada, où l'on a trouvé, un peu plus haut que cet eozoon apocryphe dont nous parlions tout à l'heure, de vrais fossiles, notamment des annélides (*micrapium*, *monocraterion*), bien au-dessous du niveau des paradoxides de Bohême. Les géologues américains y ont découpé, à partir des roches azoïques, un terrain *laurentien* surmonté d'un terrain *huronien*. En attendant que l'ancien et le nouveau monde se mettent d'accord sur l'existence, la délimitation et le nom de ce doyen des terrains, qui comprendra probablement, quand il sera bien défini, quelques couches cam-(ou cum-) briennes, revenons à notre terrain silurien.

En Europe il peut se subdiviser en trois étages, dont les fossiles sont bien différents. De singuliers crustacés, rappelant un peu nos cloportes, et se roulant en boule comme eux, mais construits pour nager dans les mers boueuses et tièdes de ces temps-là, les *trilobites*, servent à faire reconnaître ces terrains dans lesquels ils fourmillent. Parmi eux, les *paradoxides* (fig. 101), les *trinucleus*, les *proetus* (fig. 102), sont regardés comme caractéristiques des trois étages différents qui forment la partie nettement fossilifère du terrain silurien.

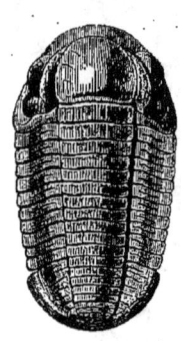

Fig. 102. — Proetus Bohemicus.

Nous avons en France ce terrain bien développé, mais peu fossilifère, dans les Ardennes, dont il forme toute l'épaisseur de Mézières à Revin, et où il fournit les belles ardoises de Rimogne, Monthermé et Fumay.

Dans le massif breton-normand, il forme trois bassins : celui de Valogne à Falaise, celui de Rennes à Angers, et celui de Brest à Carhaix. Dans le premier on trouve, avec les schistes, des grès durs (May), et même des marbres (Laize et Vieux près Caen), trop durs pour être exploités à bon marché. Le second bassin, le plus grand des trois, fournit les célèbres ardoises d'Angers. Le troisième bassin renferme les fameuses mines de plomb argentifère de Poullaouen et de Huelgoat.

Les terrains siluriens sont encore très abondants dans les Pyrénées. Sur les flancs du plateau central ils forment la montagne Noire au sud, et la montagne de Tarare à l'est. On les trouve aussi au sud des Vosges.

Pendant le dépôt des terrains siluriens, ont eu lieu de fréquents épanchements de roches éruptives, surtout de granits à gros grain, de syénites et de porphyres quartzifères; les schistes, grès, marbres, doivent leur dureté à la silice fondue qui les a imprégnés.

FRANCE
ET PAYS VOISINS
CARTE GÉOLOGIQUE

Les roches sont presque toujours noirâtres, et doivent ordinairement cette couleur aux résidus charbonneux des organismes inférieurs qui y vivaient, dépourvus le plus souvent de tissus assez durs pour laisser une empreinte. Les végétaux y devaient être par conséquent très nombreux, mais probablement formés presque tous de cellules aqueuses et molles comme sont nos varechs et nos conferves d'aujourd'hui.

Immédiatement au-dessus du terrain silurien est un terrain très analogue d'aspect, qu'on a appelé *devonien* parce qu'il a été étudié d'abord dans le *Devonshire*, ou comté de Devon, en Angleterre. Les géologues le caractérisent par l'abondance des coquilles d'un genre de mollusques brachiopodes appelé *spirifer*. Il y a encore quelques trilobites, mais bien différents de ceux du terrain silurien. Ce qui est plus intéressant, c'est qu'on y a trouvé les premiers poissons, généralement cuirassés, de forme étrange (fig. 103), et même un premier reptile, le *telerpeton Elginense*.

Les végétaux inférieurs y avaient toutefois une prédominance extrême, et on peut en donner pour preuve que les roches y sont imprégnées de matières bitumineuses. C'est, en effet, très probablement à la décomposition d'énormes entassements de végétaux mous, à l'abri du contact de l'air et sous forte pression, qu'on doit le *pétrole,* cette huile liquide si abondante, et aujourd'hui si célèbre, dont des

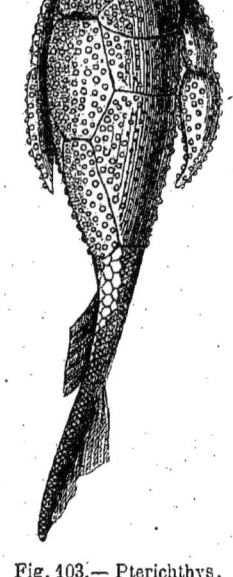

Fig. 103. — Pterichthys, poisson devonien.

mains françaises n'ont su faire qu'un instrument de honte, tandis que les Américains savent en faire l'instrument de leur fortune et de leur puissance. Or on trouve déjà du pétrole en Amérique dans le terrain silurien supérieur.

Toutefois le vrai terrain du pétrole est le terrain devonien. C'est au Canada, dans les couches devoniennes inférieures, et en Pensylvanie, dans les couches devoniennes supérieures, que ce liquide forme des nappes ou filons d'une incroyable abondance. Du reste, c'est aussi dans ce terrain qu'on trouve les premiers charbons fossiles. Aussi les Belges l'appellent-ils terrain anthracifère, les charbons y prenant le plus souvent la forme d'anthracite. Notre charbon d'Ancenis, près de Nantes, est fourni par le terrain devonien.

Au point de vue minéralogique, ce terrain se distingue du précédent par l'abondance des calcaires. Les marbres si connus de Givet, de Sainte-Anne, de Caunes, de Campan, de Cerfontaine, sont des calcaires devoniens dont les jolies veines sont dues soit à des fossiles, soit à des pénétrations de matières talqueuses.

Les roches éruptives qui se sont épanchées à l'époque devonienne sont surtout des porphyres, qui forment souvent d'énormes massifs, comme ceux du Morvan, du Rhône, de la Haute-Loire, des Vosges; les filons sont riches, notamment en fer oligiste.

Les terrains siluriens et devoniens, longtemps compris sous la dénomination unique de *terrains de transition antérieurs à la houille*, sont généralement superposés dans les mêmes bassins, ont subi ensemble l'action métamorphique, et présentent ordinairement, par suite des nombreux mouvements de terrains opérés depuis leur dépôt, des inclinaisons ou des plissements assez semblables. Ainsi les plaines intérieures de la Bretagne, de Châteaulin à Carhaix, de Pontivy à Rennes et à Angers, sont formées par des plissements multipliés des couches des divers terrains de transition, dont les déblais postérieurs ont enlevé toutes les saillies et fait des surfaces plates. On peut en dire autant des plateaux des Ardennes.

On pourrait, à l'exemple de ces premiers, grouper ensemble, sous le nom de carbonifères, les derniers terrains primaires, qui s'associent souvent et offrent à peu près les mêmes allures. On les nomme en France le *calcaire carbonifère*, le terrain *houiller* et le terrain *permien*.

Le second est surtout célèbre parce qu'il renferme la houille, ce trésor de la civilisation moderne, cette source inépuisable de force que le soleil des temps géologiques a mis des centaines de siècles à accumuler pour l'homme, et que nous allons gaspiller en deux à trois cents ans; la houille, dont les principales mines actuelles, partagées entre quatre nations d'Europe, l'Angleterre, la Belgique, la Prusse et la France, et une d'Amérique, les États-Unis, ont plus de trois fois la valeur de toutes les mines d'or et d'argent du monde entier !

On dit souvent que la houille est due à l'envahissement et à la décomposition, à l'abri du courant de l'air, d'immenses et épaisses forêts primitives. Le mot forêt donnerait une idée fausse de la végétation qui a fourni les houillères. On a calculé

Fig. 104. — Vue idéale des végétaux de l'époque houillère.

que les plus belles forêts vierges d'Amérique ne donneraient pas une couche de houille de plus de deux centimètres d'épaisseur moyenne. Il faut plutôt se figurer des tourbières, c'est-à-dire des entassements de végétaux marécageux capables de pousser les uns sur les débris des autres; mais alors il faut grandir les choses de manière que les prêles soient hautes comme des peupliers, les fougères comme des palmiers, et les lycopodes comme des chênes (fig. 104).

Tout le monde connaît les prêles ou queues de cheval, qui poussent dans les marais et les prés humides, ces plantes au toucher rude, à cause de la silice qu'elles renferment et qui les rend très propres à polir les bois et les métaux; l'immense majorité de végétaux houillers se rapproche assez de leur forme : les *sigillaires*, les plus fréquents, étaient intermédiaires par leur organisation entre les prêles et les sapins. Les *calamites* étaient de véritables prêles, et les *lepidodendrons* de véritables lycopodes : les fougères de ce temps étaient également remarquables par leur nombre et leur taille.

Les fossiles les plus remarquables des terrains carbonifères sont donc fournis par le règne végétal, qui prédominait extrêmement dans tous ces temps primaires, et dont les débris s'accumulaient au lieu d'être consommés comme aujourd'hui par l'alimentation du règne animal.

Celui-ci était représenté par des espèces encore assez analogues de forme avec celles des terrains de transition. Un genre

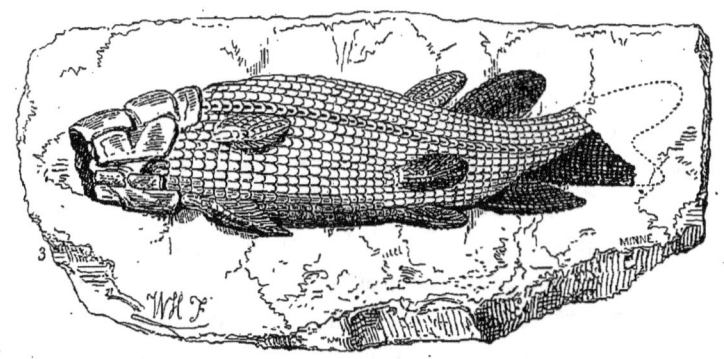

Fig. 105. — Poisson ganoïde des terrains primaires.

de mollusques brachiopodes, le *productus*, devient extrêmement fréquent et peut caractériser le groupe entier. Les poissons deviennent plus nombreux et même très abondants après la houille, dans le terrain permien; mais toujours avec ces formes bizarres, ces cuirasses d'écailles, cette grande arête prolongée dans la partie supérieure de la queue, ce type *ganoïde* (fig. 105), dont on ne retrouve plus tard et aujourd'hui que de rares exemples. Les reptiles sont toujours exceptionnels et comme à l'état d'essai.

Le terrain houiller est toujours disposé en bassin dont le fond est formé par le calcaire carbonifère; mais celui-ci n'est pas toujours recouvert par le terrain de la houille : les Anglais l'appellent *calcaire de montagne*, parce qu'il forme chez eux des régions très accidentées. C'est un calcaire compact, souvent imprégné de bitumes au point d'en être fétide, et criblé de fossiles. C'est lui qui entoure les Ardennes et forme la vallée si pittoresque de la Meuse, de Givet à Namur; c'est lui qui fournit ce marbre si commun dans tout le nord de la France, le marbre de Belgique, petit granit, marbre de Flandre, de Dinant, etc. Il contient quelques couches de houille; mais ce précieux produit n'abonde réellement que dans le terrain houiller proprement dit, où les couches charbonneuses sont séparées par des couches de grès et de schistes.

Les bassins houillers étant nécessairement entourés de terrains plus anciens, primaires ou azoïques, sont toujours adossés à un massif montagneux. Ainsi le grand bassin belge de Mons et Charleroi, dont notre bassin français de Valenciennes ou d'Anzin n'est que la continuation sous le sol de la Flandre, s'appuie sur le revers septentrional des Ardennes; le petit bassin du bas Boulonnais doit en être un relèvement souterrain. Le riche bassin de la Sarre, que la Prusse nous a pris, s'appuie sur le Hundsrück; notre bassin de Ronchamp (Haute-Saône), sur les Vosges; il y a un petit bassin dans la Maurienne (Alpes), un contre la montagne des Maures (Var), un dans les Pyrénées (Aude), quatre dans le massif breton-normand, en Vendée, près de Quimper, près de Laval, et à Littry près de Bayeux.

Mais c'est surtout sur les flancs du plateau central que sont nos riches houillères. A l'est, Autun et le Creuzot, le magnifique bassin de Rive-de-Gier et Saint-Étienne, et celui d'Alais; à l'ouest, Carmaux, Aubin et Decazeville, Brives; dans les vallées intérieures, Decize, Commentry, Brassac, etc. (Voir la carte géologique.)

Malgré leur richesse, nos houillères n'arrivent encore qu'à nous fournir les deux tiers de notre énorme dépense. Le reste nous est fourni par la Belgique, et un peu par l'Angleterre, dont les mines, d'une abondance prodigieuse, expédient la houille, pour ainsi dire, au monde entier.

Nous avons peu de terrain *permien* en France. Il n'est remarquable que dans les Vosges, où ses grès rouges forment deux niveaux distincts : le plus inférieur, grossier et irrégulier

(Saint-Dié, Remiremont, Villé, Giromagny), le supérieur ou grès vosgien, plus uniforme, avec galets de quartz, formant tous les plateaux de la chaîne, au nord du Donon ; on voit son épaisseur dans la vallée de Saverne, dans les rochers de Sainte-Odile et de Dabo : les vieux châteaux qu'il porte, en partie creusés dans sa masse, en partie bâtis avec lui, se confondent avec les roches de leur base. On n'y trouve, pour ainsi dire, pas de fossiles, ce qui fait que des géologues le rapportent au terrain suivant. Le terrain permien se trouverait alors très peu représenté en France, tandis qu'il constitue des couches puissantes en Angleterre, et surtout en Allemagne et en Russie, où on y exploite un excellent minerai de cuivre.

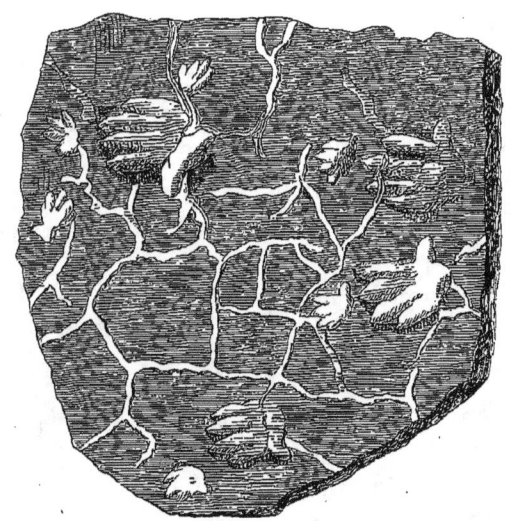

Fig. 106. — Traces de pas de labyrinthodon (cheirotherium) sur un grès permien.

III

TERRAINS SECONDAIRES

> *Vidi factas ex æquore terras,*
> *Et procul a pelago conchæ jacuere marinæ.*
> OVIDE, *Métamorphoses.*
>
> *Maris conchæ et buccinæ peregrinantur in montibus.*
> TERTULLIEN.

C'est à la fin des terrains permiens que l'on place ordinairement, en France, la limite des terrains primaires. Les terrains déposés ensuite et désignés du nom de *secondaires* se distinguent à première vue par l'apparition de formes animales nouvelles, notamment parmi les mollusques, où deviennent extrêmement fréquentes deux familles de céphalopodes : l'une voisine de nos seiches et de nos calmars, celle des *bélemnites*, représentée par son osselet intérieur en forme de poignard (fig. 107), et l'autre voisine de nos nautiles, celle des *ammonites*, représentée par sa coquille roulée en spirale plane, divisée par des cloisons à bords compliqués, comme des feuilles de persil, et diversement ornés (fig. 108).

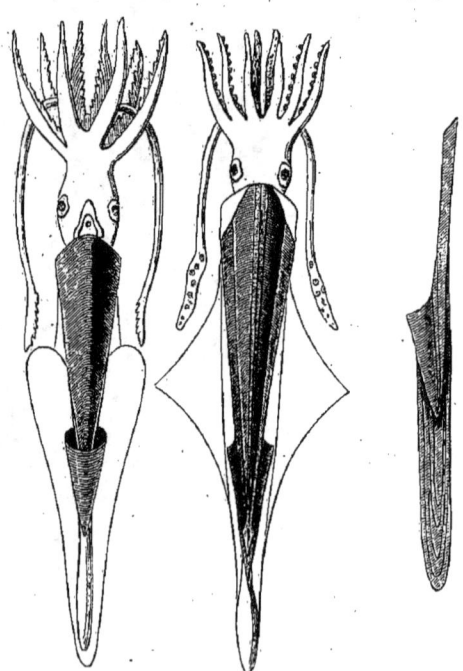

Fig. 107. — Bélemnites restaurées.

Les *reptiles* aquatiques deviennent très abondants, de formes très variées et très remarquables, comme nous verrons bientôt : ils étaient alors les rois de la création.

Quelques types de mammifères inférieurs (du type didelphe) et de petite taille apparaissent, mais à titre d'exception, on pourrait dire à titre d'essai.

Fig. 108. — Moule intérieur d'ammonite, montrant les cloisons persillées.

Les oiseaux ont dû être représentés aussi durant cette époque, comme nous le prouvent les empreintes de pas trouvées dès le premier des terrains secondaires, et le singulier fossile de Solenhofen, oiseau à queue de reptile (fig. 109) trouvé au milieu du terrain jurassique.

Les mers, dans la partie du globe où est aujourd'hui l'Europe, sont profondes et les changements de niveau très lents : les couches se forment sur une grande épaisseur. Les calcaires dominent, revêtant successivement les formes coquillière, oolithique, crayeuse.

Le trait géographique le plus saillant pour nous Français, est qu'au commencement de ces époques secondaires se dessine nettement pour la première fois cette dépression caractéristique du sol du nord de la France qu'on appelle le *bassin de Paris ;* l'enceinte formée par les saillies des Vosges, du Morvan, du plateau central, du massif breton-normand, restera désormais occupée soit par une mer, soit plus tard par un lac ou une plaine basse, et se couvrira successivement de ces couches secondaires et tertiaires, superposées comme de gigantesques crêpes dans une immense assiette.

L'étude des fossiles nous apprend qu'à partir de cette époque commencent à s'accuser, par des différences d'espèces animales et végétales dans les diverses parties du globe, les *climats* dus à l'action inégale des rayons du soleil. Jusque-là cette action n'apparaît pas, sans doute à cause, ou de la prédominance de la chaleur intérieure du globe, ou plutôt de l'épaisseur, et de la nébulosité, ou du défaut de transparence de l'atmosphère. Les végétaux de la houille

Fig. 109. — Archéoptéryx trouvé dans les marnes de Solenhofen en Bavière.

sont les mêmes aux terres polaires qu'à Saint-Étienne, en Angleterre qu'en Océanie. Pendant les époques secondaires, cette uniformité disparaîtra peu à peu, et, au commencement de l'époque tertiaire, les zone torride, tempérée et glaciale seront déjà assez nettement dessinées.

On divise habituellement en France les terrains secondaires en trois : le terrain *triasique,* ainsi nommé de sa division, assez nette, en trois étages ; le terrain *jurassique,* ainsi nommé parce qu'il forme entièrement la chaîne du Jura, et le terrain *crétacé,* ainsi nommé à cause de la *craie (creta),* qui forme sa partie supérieure.

En réalité, les caractères généraux que nous avons signalés pour les terrains secondaires appartiennent surtout aux terrains jurassique et crétacé. Le terrain triasique se rapproche beaucoup du terrain permien par certains fossiles; tous les deux contiennent les traces de pas (fig. 106) ou les restes d'une sorte d'énorme reptile ayant quelque ressemblance avec nos batraciens anoures (fig. 110), nommé *labyrinthodon*.

Fig. 110. — Labyrinthodon restauré

Quelques géologues, surtout ceux qui ont étudié ces terrains hors d'Europe, réunissent les terrains permien et triasique pour former un groupe intermédiaire entre les vrais terrains primaires et les vrais terrains secondaires, groupe qu'ils désignent, pour rappeler cette réunion de deux terrains, par le nom de *dyas*. Nous sommes très porté à adopter cette manière de voir, et nous avons colorié les deux terrains de la même teinte sur notre carte géologique.

C'est en allant autour des Vosges, en Lorraine surtout, que l'on peut voir le terrain triasique bien complet. Son étage inférieur, le *grès bigarré*, forme, en se relevant contre le noyau de la chaîne, la plupart des contreforts de la montagne. C'est un grès fin, micacé, assez facile à tailler, d'une nuance rouge bien connue de tous ceux qui ont vu les cathédrales de Strasbourg, de Fribourg en Brisgau, de Bâle, de Mayence, etc., bâties avec ce grès.

Les seuls fossiles qu'on y ait trouvés sont assez semblables à ceux du terrain permien. En fait de vertébrés, le labyrinthodon, dont les pattes sont grandes comme des pattes d'ours ou des mains d'homme (fig. 106); des oiseaux, qui ont laissé les traces de leurs pas; en fait de végétaux, avec les plantes analogues à celles de la houille, quelques-unes assez semblables à nos sapins.

C'est à cause de ses mollusques, parmi lesquels apparaissent les premiers ammonites, que l'on tiendrait à laisser le *trias* parmi les terrains secondaires. Ces fossiles se trouvent surtout dans l'étage moyen, le calcaire coquillier grisâtre, appelé en allemand *muschelkalk*, qui forme au milieu de ce terrain une longue bande, depuis Trèves, par Sarreguemines, jusque près de Langres.

Au-dessus de ce calcaire sont les *marnes irisées;* ce sont elles qui, en Lorraine, contiennent ces nombreuses et épaisses couches de *sel gemme*, qui font souvent appeler le trias terrain *salifère*. La mer qui déposait ces couches devait être une sorte de mer Morte comme celle de Palestine, saturée de substances incompatibles avec la vie : des couches de gypse et d'anhydrite alternent avec les bancs de sel. Ce sel a été l'objet d'une exploitation considérable à Vic et à Dieuze; tout le pays environnant a été ou peut devenir sous ce rapport une source importante de revenus publics. Aussi la Prusse a-t-elle eu soin de comprendre la contrée des salines dans la portion de la Lorraine qu'elle nous a enlevée.

Arrivons aux vrais terrains secondaires.

On fait souvent un terrain à part, sous le nom de *lias*, de la partie inférieure du terrain jurassique. Ce nom de lias est le nom populaire anglais d'un calcaire bleu très connu. On y trouve en abondance une huître en bateau, appelée *gryphée arquée*, qui sert à reconnaître ce terrain dans tous les pays du monde.

Au-dessous du calcaire à gryphée arquée est le *grès infra-liasique* ou grès de *Luxembourg*; c'est sur lui qu'est bâtie cette

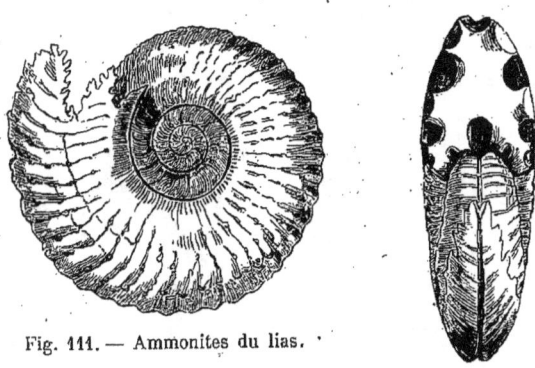

Fig. 111. — Ammonites du lias.

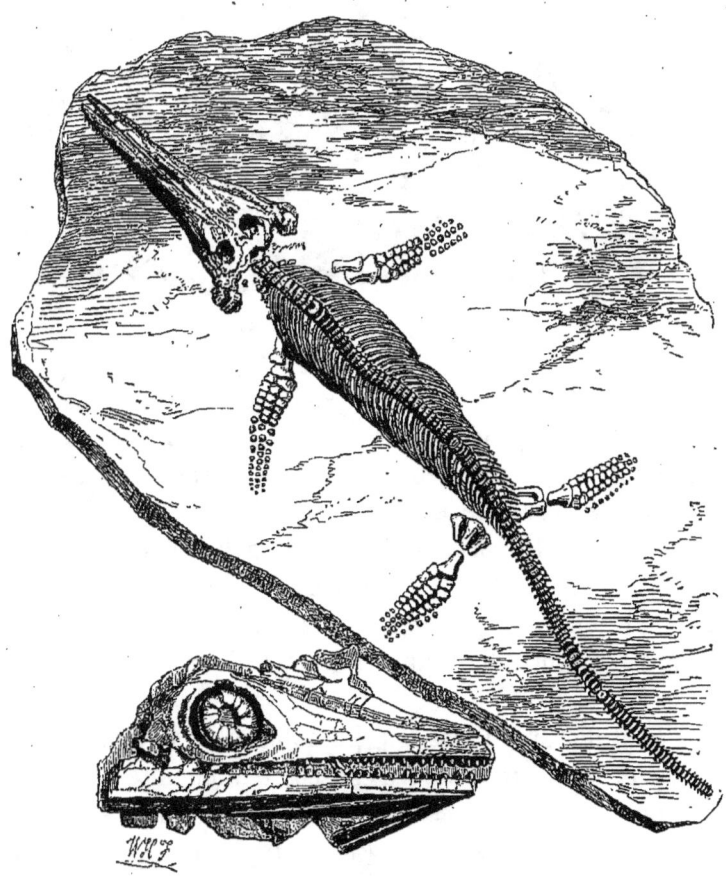

Fig. 112. — Tête osseuse et squelette entier d'ichtyosaure.

forteresse dont la revendication nous a coûté si cher. Au-dessus de ce même calcaire est l'épais système des *marnes supraliasiques*, qui fournissent l'excellent ciment de Vassy. Elles sont remarquables par une grande abondance de bélemnites (fig. 107), ces singuliers osselets en poignard. On y trouve aussi beaucoup d'ammonites (fig. 111).

Fig. 113. — Plésiosaure restauré.

C'est là qu'apparaissent déjà en grand nombre les restes de ces étonnants reptiles, l'*ichtyosaure*, grand comme une baleine, dont il a les nageoires, avec des vertèbres de poisson, des dents de crocodile et des yeux d'oiseau (fig. 112); le *plésiosaure*, dont le corps a à peu près la même forme, sinon la même taille, avec un immense cou comme un gros serpent (fig. 113); enfin le *ptérodactyle*, petit monstre ailé, digne du crayon de Callot, dont aucun dragon fabuleux n'a atteint la laideur.

Des reptiles singuliers ou gigantesques se rencontrent fréquemment, avec une foule d'espèces d'ammonites et de bélemnites, dans toute la série des terrains jurassiques et crétacés. Nous citerons l'immense *mégalosaure* (fig. 114), dont une espèce a été trouvée à Caen dans le terrain jurassique, et dont une autre est fréquente dans le terrain crétacé inférieur.

Le terrain *jurassique* proprement dit porte en Angleterre le nom de terrain *oolithique* (de ὠόν, œuf, et λίθος, pierre), parce que ses calcaires présentent habituellement une structure grenue rappelant celle des œufs de poisson. Nous avons expliqué page 233 la cause probable de cette structure.

Fig. 114. — Mégalosaure restauré.

Il faut remarquer dans ce terrain la prédominance des calcaires. Ils alternent avec des couches argileuses ou marneuses, sans mélange de sables; les épaisseurs sont très considérables. Tout indique des mers profondes, restées très longtemps sans être dérangées par des changements de niveau du sol.

L'étage inférieur du terrain oolithique renferme, au-dessus de quelques couches plus minces, une épaisse assise calcaire connue sous le nom de *grande oolithe*. C'est elle qui fournit la célèbre pierre de *Caen,* si aimée des sculpteurs, parce que, tendre au sortir de la carrière, elle durcit à l'air avec le temps. C'est elle qui, dans l'est, forme les collines chauves de la Haute-Marne (Chaumont, *calvus mons*), et l'aride plateau qui va de Langres à la Côte-d'Or.

Au-dessus de la grande oolithe se trouve un épais système argileux constituant, là où il vient à la surface du sol, des contrées aussi grasses et aussi ondulées que la grande oolithe est sèche et plate. On l'appelle l'argile d'*Oxford* en Angleterre, argile de *Dives* en France ; c'est elle qui porte les pâturages du pays d'Auge en Normandie, patrie de maint bœuf gras du carnaval. Cette argile forme l'étage oolithique moyen, avec une couche calcaire qui la surmonte, et que l'on désigne souvent par son nom anglais de *coral-rag* ou calcaire corallien. D'énormes polypiers, analogues à ceux qui fourmillent aujourd'hui dans l'océan Pacifique, remplissent ce calcaire. Ce sont de ces polypiers, roulés au bas de la falaise argileuse de Villers, près de Trouville, qui, baignés chaque jour par la marée montante, semblent de loin un gigantesque troupeau nageant dans les vagues, d'où leur nom pittoresque de *vaches noires*.

Enfin l'étage supérieur du terrain oolithique se compose du système argileux portant le nom de *Kimmeridge* en Angleterre, de *Honfleur* en France, surmonté du calcaire qui fournit la belle pierre de *Portland* en Angleterre, et couvre la plaine du *Barrois* en Champagne.

Le terrain jurassique est très abondant et très important en France. Sur notre carte géologique, où il est teinté en bleu, on peut voir qu'il entoure d'une part le bassin de Paris et de l'autre le plateau central, dessinant nettement leur double contour. Ses couches y apparaissent successivement à la surface du sol, en retrait l'une de l'autre, la mer qui le déposait diminuant progressivement de largeur. A l'est de la vallée de la Saône, il forme seul, par de gigantesques plissements dont les *cluses* déchirent et mettent à nu les diverses couches, la masse ondulée du *Jura* français et suisse. Les études récentes de la constitution compliquée des Alpes ont montré que les débris bousculés des couches de ce terrain forment une partie très considérable de ces montagnes. Les couches jurassiques de Normandie se continuent de l'autre côté de la Manche, entourant le bassin de Londres, qui ne faisait qu'un à cette époque avec celui de Paris. Le Boulonais formait une île à la fin de cette époque. Ce n'est que bien plus tard que le soulèvement du pays de Bray, crevant la craie en forme d'une immense boutonnière, mit à nu la partie supérieure du terrain jurassique de Neufchâtel à Gournay. Le bassin de Paris n'a été bien séparé de celui de Londres qu'à l'époque tertiaire.

Le terrain *crétacé*, qui termine l'époque secondaire, se divise en deux étages bien distincts en France. L'étage inférieur qui a fourni en Angleterre, en face de nous, des couches d'eau douce (le sud du bassin de Londres étant devenu un vaste lac), est représenté dans le bassin de Paris par des couches marneuses dites *néocomiennes* (*Neocomum*, Neufchâtel), surmontées de sables ferrugineux très perméables qui vont former la surface du sol vers la Champagne, aux environs d'Auxerre, de Bar-sur-Seine, et au pays de Bray, près de Beauvais. Au-dessus de ces sables est une argile imperméable, de couleur bleu foncé, connue sous son nom anglais de *gault*.

Le tout s'enfonce en cuvette au-dessous de Paris. Or, le sable perméable n'ayant son affleurement qu'à une altitude de plus de 150^m, et manquant du côté de Rouen, de sorte que le gault y touche l'argile jurassique, l'eau de pluie reste accumulée entre les deux couches imperméables, ne demandant qu'à jaillir à la surface, si un hardi coup de sonde allait la chercher à près de 600^m de profondeur au-dessous du sol de la capitale. C'est l'honneur de la géologie qu'un tel forage ait pu être tenté, et que le succès des fameux puits artésiens de Grenelle et de Passy soit venu couronner une si audacieuse tentative.

Les puits artésiens de Paris ont traversé 500^m de *craie*, formant tout le terrain crétacé supérieur. Cette forme marneuse et friable du calcaire est bien connue par les bâtons traditionnels fabriqués à ses dépens pour écrire sur le classique tableau noir, et par les pains dits de blanc d'Espagne.

La mer qui a déposé la craie n'a pas changé de lit ni de nature pendant une durée énorme, qui a trois fois renouvelé les espèces animales enfouies dans les sédiments. La craie verte de Rouen, la craie grise de Dieppe, la craie blanche de Meudon représentent trois niveaux, trois faunes différentes, depuis celle de l'ammonite de Rouen jusqu'à celle des bélemnites en poignard de Meudon. Au-dessus, la craie de Maëstricht, qui renferme le dernier grand reptile, le *mosasaure* (fig. 115), et la dernière ammonite, *ammonites ingens*, termine la série des terrains secondaires.

Le terrain crétacé, teinté en vert sur notre carte, couvre près d'un dixième de la surface de la France. C'est la craie qui forme les falaises de la haute Normandie, si pittoresques à Étretat et à

Fécamp. De l'autre côté de Paris, elle forme les plaines stériles de la Champagne pouilleuse, dont on n'a pas trouvé de meilleur emploi que d'y installer le camp de Châlons.

Dans le bassin de Bordeaux et tout autour du plateau central, dans les Alpes françaises et dans les Pyrénées, le terrain crétacé a de tout autres caractères. La mer qui le déposait n'avait aucune communication avec celle du bassin de Paris et nourrissait des animaux bien différents, parmi lesquels il faut citer comme caractéristiques les coquilles à deux valves inégales appelées *rudistes*, qui forment une famille tout à fait à part parmi les mollusques acéphales.

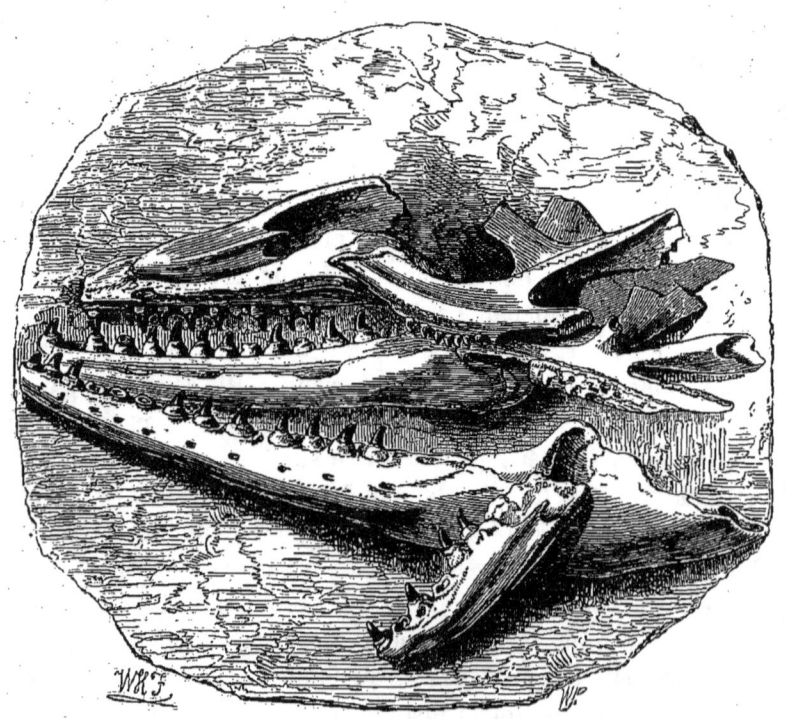

Fig. 115. — Tête du mosasaure.

IV

TERRAINS TERTIAIRES

> La terre ne présente pas toujours le même aspect : là où nous foulons aujourd'hui un sol continental, la mer a séjourné et séjournera encore ; la région où elle est à présent fut jadis, et redeviendra, plus tard encore, un continent. Le temps modifie tout.
>
> ARISTOTE, *Traité des météores.*

Dans ces régions méditerranéennes, au-dessus des calcaires à rudistes, se montre très développé un terrain que caractérisent de singulières coquilles plates, formées par un long enroulement cloisonné, et nommées *nummulites* (fig. 116). Ce ne sont plus des mollusques, mais des animaux d'une classe aujourd'hui uniquement représentée par des espèces microscopiques, les *foraminifères*. Leur coquille, toujours reconnaissable, même quand l'action métamorphique a transformé les calcaires en marbre, a permis de distinguer l'âge véritable d'énormes masses rocheuses, bousculées et soulevées dans les Pyrénées et les Alpes. En effet, ces nummulites, complètement absentes des terrains antérieurs, sont très nombreuses dans les couches qui recouvrent la craie du bassin de Paris, couches bien différentes, par tous leurs fossiles, et par toute leur manière d'être, des couches secondaires, et qu'on s'accorde, depuis l'origine de la géologie, à désigner du nom de *terrains tertiaires*.

Fig. 116 — Nummulite.

Un trait suffit pour caractériser ces terrains, les plus récents de ceux qui se sont formés avant l'apparition des espèces animales aujourd'hui vivantes et surtout de l'espèce humaine ; c'est l'abondance des restes fossiles de *grands mammifères herbivores*, dont les espèces sont aujourd'hui éteintes. Nous citerons seulement ceux que la découverte de Cuvier a rendus populaires :

d'abord le *palæotherium* (fig. 117), qui se rapprochait de nos tapirs, et l'*anoplotherium*, intermédiaire entre les moutons et les porcs ; puis deux genres d'énormes animaux à trompe comme

Fig. 117. — Palæotherium restauré.

les éléphants, quoique de forme bien différente : le mastodonte, qui avait quatre défenses, et le dinotherium (fig. 118), qui n'avait de défenses qu'à la mâchoire inférieure ; enfin un animal de la famille du cheval, mais ayant trois doigts à chaque pied, au lieu d'un seul, l'hipparion.

On remarque qu'en général toutes les espèces animales et végétales se rapprochent de plus en plus des formes actuelles. On sent que les circonstances de leur vie sont à peu près celles d'aujourd'hui ; les climats sont aussi accusés que les nôtres ; on y distingue des types tropicaux et des types polaires. Les coquilles marines représentent encore des espèces différentes, mais non des genres différents de ceux d'aujourd'hui

Les végétaux qui, dans les époques primaires, appartenaient aux cryptogames et tout au plus aux gymnospermes, auxquels, dans les époques secondaires, s'étaient jointes quelques monocotylédones, surtout du groupe des palmiers, s'enrichissent successivement, pendant l'époque tertiaire, des divers groupes de plantes à fleurs.

Fig. 118. — Dinotherium restauré.

Les mers de cette époque occupaient, sur un certain nombre de nos plaines actuelles, des golfes peu profonds, qu'un léger soulèvement de leur entrée transformait de temps en temps en lagune, puis en lac d'eau douce, puis en plaine basse, qu'une oscillation en sens contraire transformait de nouveau en golfe; de sorte qu'on y trouve aujourd'hui de nombreuses alternatives de couches minces dont les fossiles décèlent l'eau douce, l'eau saumâtre, et l'eau marine. Ces couches de nature très variable fournissent d'abord à l'industrie, dans une faible étendue, des matériaux très divers, et ensuite à l'agriculture, par le mélange qui s'en fait dans la terre arable, un sol très fertile : deux raisons pour que les bassins tertiaires soient des pays riches et peuplés. Nous trouvons, en effet, au centre de chacun de ces bassins les plus grandes villes de l'Europe : Paris, Londres, Vienne, Bordeaux, Bruxelles, etc.

Il faudra encore bien des études et des découvertes pour trouver à ce terrain les limites qui doivent le séparer des terrains réellement contemporains de l'homme et des espèces actuellement vivantes. L'époque tertiaire est la préparation de l'époque actuelle. Les espèces qui peuplent aujourd'hui notre globe ont apparu successivement durant les temps tertiaires, qui doivent se terminer au moment de la création de l'homme. Mais ce point de vue est tout à fait nouveau dans la science, et jusqu'à ce que l'histoire géologique de l'homme primitif ait été établie solidement dans ses points principaux, on peut garder provisoirement la division établie par le géologue anglais Lyell, en : 1° terrain *éocène* (ἕως, aurore; καινός, nouveau), c'est-à-dire où commencent à apparaître quelques espèces actuelles; 2° terrain *miocène* (μεῖον, moins; καινός, nouveau), c'est-à-dire où les espèces actuelles forment une fraction notable, mais encore faible; 3° terrain *pliocène* (πλεῖον, plus; καινός, nouveau), c'est-à-dire où les espèces actuelles deviennent de plus en plus la majorité. Il s'agit ici seulement des mollusques à coquilles, dont un nombre immense se trouve dans ces terrains.

Le terrain éocène est développé très complétement dans le bassin de Paris, surtout dans sa moitié septentrionale. On le désigne souvent du nom de terrain *parisien*. Un étage sableux, avec argiles et lignites interposés, développé surtout vers Compiègne et Soissons, forme sa partie inférieure : au-dessus de lui est l'étage du calcaire grossier parisien qui a servi à bâtir Paris, et dont le niveau est indiqué par les catacombes ou anciennes carrières creusées au-dessous de son sol; puis vient, après un second système sableux, l'étage des marnes gypsifères qui fournissent la célèbre pierre à plâtre des environs de Paris. Les plaines de la Brie s'arrêtent à ce niveau.

Le terrain *miocène* est représenté dans le bassin de Paris par la masse sableuse, à fossiles marins, si développée au sommet des hautes plaines qui entourent Paris, et où sont creusés les vallons pittoresques d'Orsay, de Fontainebleau, d'Étampes, etc., masse surmontée, autour de Paris, d'une couche d'argile avec meulières siliceuses, qui devient calcaire à partir de Versailles, et forme jusqu'à la Loire la grande plaine de la Beauce. Cette couche calcaire, qui ne contient que des fossiles d'eau douce, s'étend au delà de la Loire jusqu'au pied du plateau central, et constitue le sol plat des deux larges vallées où coulent la Loire et l'Allier en descendant de ce plateau.

Après la disparition du grand lac dont le fond est devenu le sommet actuel des collines qui entourent Paris, la mer est encore revenue une dernière fois, mais seulement au sud-ouest du bassin, en forme de golfe étroit le long de la basse Loire actuelle, où elle a déposé une couche marine presque entièrement formée de coquilles, et appelée *faluns* de Touraine.

Mais, à la même époque, une autre mer déposait dans l'espace occupé aujourd'hui par une partie des Alpes suisses, qui n'étaient pas encore ce qu'elles sont aujourd'hui, un épais système de cailloux roulés dans l'argile, sorte de grès variable appelé *molasse*, du nom populaire des couches à grain fin pouvant servir de pierre à bâtir. C'est une roche de ce niveau, nommée *nagelfluhe*, qui forme toute la masse du mont Righi, et d'autres montagnes des Alpes voisines de Lucerne et de Berne. Nous avons parlé de ces roches page 226. Des roches analogues se formaient vers la même époque dans le bassin de Bordeaux, et d'autres dans le bassin de Marseille.

Quant au terrain *pliocène*, dont le type existe en Italie sur les deux flancs des Apennins, notamment autour de Turin et de Rome, il est loin d'être unanimement délimité en France, où il est difficile à distinguer des couches reconnues comme quaternaires ou contemporaines de l'homme. On a prétendu y avoir trouvé des preuves de l'existence de ce dernier. Si le fait est fondé, le pliocène devait sortir des terrains tertiaires pour entrer dans les terrains contemporains.

Nous arrivons ici à la partie de la géologie la plus discutée, à celle des terrains *quaternaires* ou diluviens, qui a donné naissance à une branche nouvelle de la science, aujourd'hui en voie de formation, l'*archéologie*.

V

TERRAINS QUATERNAIRES. — L'HOMME PRIMITIF

> L'homme a une origine céleste, et a été placé sur la terre pour être le roi de ce temps.
>
> *Zend-Avesta*, liv. I.

> Que de savants forgent les sciences, cyclopes laborieux, ardents, infatigables, mais qui n'ont qu'un œil!
>
> JOUBERT.

La dernière période de l'histoire de notre globe présente deux caractères distinctifs qui attirent sur elle un puissant intérêt.

Le premier, constaté du temps de Cuvier, est qu'à cette époque on reconnaît les traces partout bien évidentes du passage de grandes masses d'eau, animées d'un mouvement de translation qui leur a fait remanier la surface des derniers terrains déposés, entraîner en suspension des masses de boues, graviers et cailloux roulés à de grandes distances de leur point d'origine; enfin creuser profondément, par une érosion sur une échelle gigantesque, le système des vallées actuelles des pays de plaines. Ce premier caractère fait souvent donner au limon des plateaux et aux alluvions du fond des vallées le nom de terrains diluviens, ou simplement de *diluvium*.

Le second caractère n'a été mis en lumière que dans ces derniers temps. Il consiste en ce que les types animaux de cette époque seraient, sauf quelques espèces, éteintes avant les temps historiques, les souches des espèces actuelles; il consiste surtout en ce que l'*homme* aurait apparu sur la terre au début de cette période, et aurait laissé dans ces terrains les premières traces de son séjour. Avec la période quaternaire commenceraient donc les temps contemporains.

Les grands phénomènes de ravinement ont tout naturellement été rapportés à ce cataclysme effroyable, dont le souvenir se retrouve au début de la plus antique histoire de toutes les nations qui en ont une, c'est-à-dire à ce que nous appelons le *déluge*. Mais s'il est facile de retrouver les traces du déluge dans l'histoire des peuples, il est fort difficile de les distinguer dans notre sol, où de grands ravinements peuvent aussi bien s'expliquer par beaucoup de temps pour peu d'eau que par beaucoup d'eau en peu de temps, et où les preuves d'une érosion primitive sont très aisément effacées par les érosions subséquentes.

Ce qui est plus facile à constater, c'est la production relativement récente de quelques grands phénomènes éruptifs très capables de produire, sur une portion considérable des continents, des inondations prolongées et destructives.

Nous avons déjà dit que le dernier soulèvement de montagnes dont la terre ait été le théâtre, celui des Alpes principales, était postérieur au dépôt des premiers terrains regardés comme quaternaires.

Nous avons ajouté qu'aujourd'hui l'écorce épaissie ne pourrait plus être soulevée sur d'aussi immenses étendues, et que les soulèvements dus aux causes souterraines se réduisent, d'un côté, à des mouvements d'une imperceptible lenteur, de l'autre, aux phénomènes *volcaniques*. Ceux-ci, du reste, ont commencé à se produire bien plus tôt, dès le milieu de l'époque tertiaire. Les premiers volcans éteints du centre de la France et d'ailleurs sont certainement plus anciens que bien des pics des Alpes. Nous reviendrons, à propos des volcans, sur la fréquence de leurs éruptions, qui a été un des caractères de l'époque quaternaire.

Il est aujourd'hui bien prouvé que depuis l'apparition de l'homme sur la terre, une dernière convulsion s'est produite par la simultanéité d'un certain nombre de grandes éruptions volcaniques. Élie de Beaumont indique comme devant s'être formées à la fois toutes ces bouches volcaniques alignées sur la chaîne des Andes, qui doivent être le résultat d'une immense fissure. Cette ligne de volcans, continuée par celle de la côte orientale d'Asie, forme presque avec elle un grand cercle du globe.

Le groupe colossal des volcans de l'Arménie, dont l'Ararat fait partie, a certainement produit aussi d'épouvantables effets de destruction sur la partie centrale de l'ancien continent, où s'est développé d'abord le genre humain. Les coulées de lave et les bancs de scories et de tufs de l'Ararat couvrent un espace au moins aussi grand que la France.

On constate en même temps une série de soulèvements parallèles postérieurs à des couches regardées comme quaternaires (système du *Ténare* d'Élie de Beaumont), et paraissant avoir produit des mouvements considérables dans la disposition générale de tout l'ancien continent, et notamment dans ses massifs centraux, l'Himalaya et les Alpes.

Malheureusement, les observations géologiques détaillées, suivies et comparées, qui peuvent seules permettre de tirer des conclusions d'ensemble, n'ont pas été faites dans cette région occidentale de l'Asie, où l'homme primitif doit avoir laissé le plus de traces ; ou bien elles n'ont été faites que par des archéologues trop peu familiers avec la géologie.

Toutes les études sérieuses sur les phénomènes terrestres contemporains des premiers hommes ont été faites dans l'Europe, dont les plus anciens habitants n'ont pas d'histoire. La science nouvelle, qui doit relier les périodes géologiques aux périodes historiques, tâtonne encore.

Voici un autre point très important qu'ont étudié surtout les géologues d'aujourd'hui.

A l'époque où la forme actuelle de notre sol a été à peu près entièrement modelée par le dernier soulèvement des Alpes, l'Europe avait un climat froid et humide, assez semblable à celui des régions polaires australes d'aujourd'hui, où, à la latitude de Paris, la mer porte des glaces flottantes. Tout le nord de l'Europe actuelle, jusqu'à la mer Baltique, était couvert de glaces. Une convulsion du globe, accompagnée d'une élévation de température, a brisé et dispersé ces glaces, et leurs débris flottants ont transporté, en fondant dans les plaines de Prusse et de Pologne alors couvertes par la mer, les roches qu'ils portaient, éboulées des montagnes de la Scandinavie. Un fait analogue a été reconnu dans la région des grands lacs de l'Amérique du Nord.

Dans ces mêmes temps, les montagnes de la région tempérée actuelle, les Vosges, le Jura, ce qui existait déjà des Alpes, les Pyrénées, etc., accumulant les neiges extrêmement abondantes d'un climat bien plus humide qu'aujourd'hui, s'étaient couvertes d'énormes glaciers, qui descendaient par les vallées jusque dans les plaines basses. Ainsi le glacier du Valais actuel remplissait non seulement toute cette vallée, mais toute la cavité du lac Léman, s'étalait sur la plaine suisse, buttait contre le Jura, passait par-dessus dans la direction de la route de Genève à Lyon, et une de ses branches paraît être arrivée jusqu'à Lyon, contre la colline actuelle de Fourvières.

Après la débâcle des glaces du nord (peu ou beaucoup, nous n'en savons rien), il a dû se produire, sur toute la surface de l'Europe, un écoulement d'eaux sur une échelle gigantesque; les ravinements produits par cet écoulement ont, ou dessiné originairement, ou approfondi le réseau des vallées d'érosion qui sillonnent aujourd'hui les plaines, en laissant pour traces, sur les plateaux comme dans les vallées, des dépôts meubles désignés du nom de *diluvium*. Le *diluvium* des vallées est rempli de cailloux roulés, provenant des débris de roches que l'on retrouve en place beaucoup plus haut, dans la direction des Alpes. Tous ces terrains et tous ces temps postérieurs à l'époque tertiaire se nomment terrains et temps *diluviens*.

Le climat européen a encore été froid et humide après le principal dépôt diluvien, car les glaciers ont repris possession des montagnes; moins cependant que la première fois : ainsi le glacier du Rhône venait jusqu'à Genève. Depuis, la température s'est élevée peu à peu; mais, l'humidité restant considérable, les rivières et les fleuves avaient un volume et une puissance d'érosion dont les nôtres ne donnent qu'une faible image. L'action prolongée de toutes leurs eaux a sculpté les montagnes et creusé les vallées jusqu'au point actuel.

L'augmentation graduelle des deux causes d'échauffement qui donnent aujourd'hui à l'Europe un climat privilégié, savoir : le courant d'eau chaude du *gulf-stream*, qui nous vient du Mexique, et le vent chaud du *fœhn*, qui nous vient, dit-on, du Sahara, récemment émergé, ont secondé puissamment le défrichement du sol et sa mise en culture par l'homme, pour réduire l'action des eaux à ce qu'elle est chez nous aujourd'hui.

La simple succession des dépôts ne prouverait rien sur les temps écoulés; ce peuvent être indifféremment des jours, des années, des siècles. Il en est tout autrement des espèces vivantes. Voici où l'on en est à cet égard.

On trouve encore aujourd'hui, sur les flancs des escarpements calcaires qui bordent nos plaines, des *cavernes* qui ont servi successivement de refuge aux animaux sauvages de tous ces temps, puis d'habitation ou de lieu de réunion, ou même de sépulture des hommes primitifs.

Les animaux qui ont été les premiers maîtres de ces cavernes étaient de grands carnassiers, dont on trouve les ossements par centaines de générations, mêlés à ceux des animaux qui leur servaient de nourriture. Ceux-ci sont les types herbivores encore aujourd'hui vivants, chevaux, bœufs, moutons, cerfs, avec une foule de petits animaux, tels que lièvres, rats, belettes, etc. Dans les fentes des rochers, dans les trous protégés contre les eaux courantes, on trouve, au milieu d'un limon terreux, les restes de la plupart des espèces actuelles. Dans les dépôts du fond des vallées, on trouve souvent leurs os brisés et roulés, surtout les dents. Aux espèces qui vivent encore dans la contrée se joignent souvent des espèces qui ne vivent aujourd'hui que dans d'autres pays, presque toujours plus froids. Par exemple, on voit que le *renne* actuel de Laponie a été pendant longtemps commun en France.

Enfin un petit nombre d'espèces d'animaux de ces temps, mais tous de grande taille, et par conséquent les plus remarquables, ont entièrement disparu du globe aujourd'hui ; et, comme on a des preuves certaines qu'ils ont été contemporains des premiers hommes, il est probable qu'ils ont été détruits par ceux-ci ; de même que nous avons vu, dans les temps historiques, les *moas* de la Nouvelle-Zélande, les *dodos* des îles Mascareignes, les grands *cerfs* de l'Islande, et d'autres, disparaître sous les coups de l'homme, de même que disparaîtront dans un avenir prochain les aurochs de la Lithuanie, les tapirs d'Amérique, les girafes d'Afrique, les rhinocéros, les hippopotames et les éléphants, les phoques, les dugongs et les baleines.

Les premiers possesseurs des cavernes sont précisément du nombre des animaux disparus ; ce sont, en France et en Allemagne, un grand *ours*, d'une taille plus que double des nôtres (fig. 119), et en Angleterre, une grande hyène ; près des montagnes, on a trouvé les restes d'un grand *felis*, plus grand que notre tigre (est-ce le lion de Némée?). Il faut y ajouter quelques grands herbivores dont deux sont devenus célèbres, parce qu'on les a trouvés avec leur chair et leur poil, en Sibérie, gelés dans

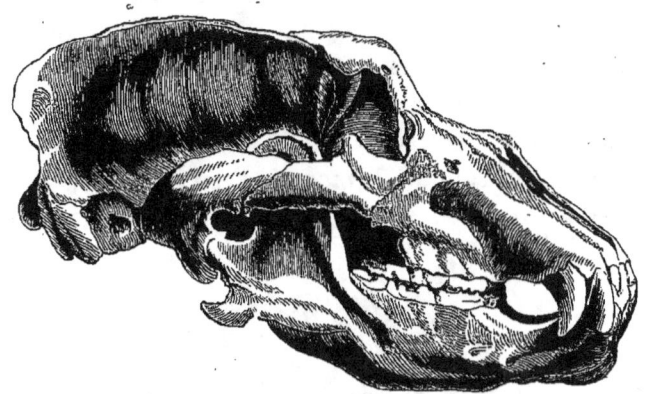

Fig. 119. — Crâne de l'ours des cavernes.

d'énormes glaçons. Le premier est un éléphant, et le plus grand des éléphants après le dinotherium, de plus un éléphant poilu, c'est-à-dire organisé pour vivre dans les pays froids ou tempé-

Fig. 120. — Squelette du megatherium.

rés : c'est le fameux *mammouth* (fig. 123). Ses énormes défenses sont assez communes en Sibérie pour que l'ivoire fossile fasse concurrence dans le commerce à l'ivoire frais. L'autre, dont les ossements accompagnent ordinairement ceux des mammouths dans nos terrains diluviens, est le *rhinocéros tichorhinus*, ou rhinocéros à narines cloisonnées.

En Amérique, où le terrain diluvien est très développé, on a trouvé aussi, avec les ossements des espèces encore vivantes, ceux de quelques grosses espèces disparues. Mais ce n'est plus parmi les ongulés, c'est parmi les édentés. L'un, qui se rapprocherait de nos paresseux actuels, serait un des plus gros mammifères terrestres connus, le *megatherium* (fig. 120). Assez voisin de lui est le *mylodon robustus*. Le plus curieux est un autre

Fig. 121. — Glyptodon clavipes.

qui ressemble au tatou par sa cuirasse, mais à un tatou de trois mètres de long : c'est le *glyptodon clavipes* (fig. 121).

Arrivons à l'*homme* quaternaire. Ce ne sont pas ses restes, la plupart du temps, que l'on a trouvés, mais les traces de son industrie primitive, des morceaux de silex habilement taillés pour servir de haches (fig. 122) et de couteaux, des débris de repas, surtout des os fendus pour en extraire la moelle, des traces de foyer, etc.

Les trouvailles sont d'ailleurs très nombreuses et permettent de se faire une idée de la vie de lutte et de misère que menaient ces premiers habitants de notre sol, très probablement exilés ou fugitifs dans nos régions alors glaciales, comme est aujourd'hui la Sibérie. Leur anthropophagie paraît avoir été assez fréquente dans l'Europe occidentale; mais ce qui est hors de doute, c'est leur identité de forme corporelle avec nous dès l'origine. L'homme-singe n'a jamais eu d'existence que dans l'imagination et dans les livres d'une certaine école.

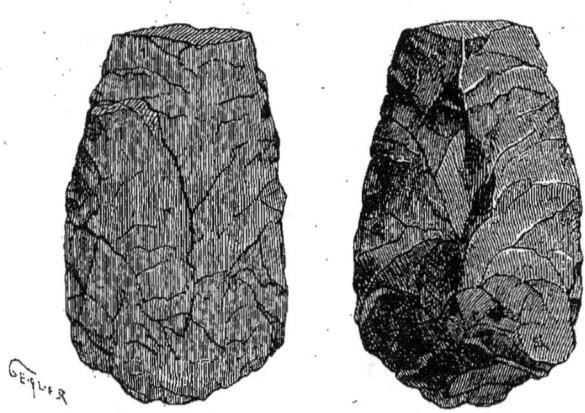

Fig. 122. — Haches fossiles en silex.

Toutefois il faut avouer que les débris de squelettes sont extrêmement rares. Il n'y en a peut-être pas plus d'une ou deux douzaines bien authentiques, y compris le beau spécimen trouvé récemment à Menton et transporté au muséum de Paris.

Le grand Cuvier ayant affirmé *qu'il n'y avait pas de trace* de l'homme dans le terrain diluvien, longtemps les géologues n'ont pas voulu même regarder les découvertes faites à son sujet. Il a fallu la persévérance de M. Boucher de Perthes, qui a rempli, de ses silex taillés, trouvés dans le diluvium de la vallée de la Somme et d'ailleurs, des musées entiers, et la coïncidence de ses résultats avec ceux obtenus par M. Lartet, qui a exploré les cavernes à ossements dans toute l'Europe occidentale, pour que les géologues français, à la suite des géologues anglais et allemands, se rendissent à l'évidence.

Aujourd'hui c'est un engouement en sens inverse. On trouve des silex taillés et des os fendus ou rayés partout, comme, à la suite de la découverte des anciens glaciers des Vosges, on avait voulu voir des traces de glaciers partout, jusque dans le Sahara. C'est à cause de ces revirements exagérés d'opinion que la vérité est si difficile à démêler, et les bases d'un enseignement si tardives à s'établir.

Pour la subdivision en âges successifs de cette période quaternaire, les géologues donnent naturellement comme caractères les diverses espèces d'animaux successivement disparues de la contrée à cause du changement de climat; ainsi M. Lartet dit : l'âge du grand ours, l'âge du mammouth, l'âge du renne, l'âge de l'aurochs. Mais les archéologues, qui sont les plus nombreux, veulent fonder simplement leur chronologie sur le degré de perfectionnement de l'industrie naissante des premiers hommes, en supposant qu'ils ont mis de longues séries de siècles à passer des instruments de *pierre brute* à ceux de *pierre polie*, puis de ceux-ci à ceux de *bronze* et de *fer*.

Or il est évident que ce système, qui serait à peine proposable pour indiquer l'ordre chronologique dans une même peuplade, devient insoutenable quand on veut, de quelques ustensiles ou armes plus ou moins industrieusement façonnés, trouvés en des contrées éloignées, conclure que leurs possesseurs étaient contemporains ou ne l'étaient pas.

On trouverait aujourd'hui même, dans divers pays, des peuplades qui n'en sont qu'à l'âge de la pierre taillée, et qui peuvent avoir, à quelques myriamètres de chez eux, dans les colonies européennes, des chemins de fer et des télégraphes, des photographies et des pianos.

Le progrès rapide et continu que fait de nos jours la science du déchiffrement des inscriptions monumentales des antiques civilisations apportera bientôt des éléments décisifs dans ces questions, livrées en ce moment aux plus absurdes divagations, et traitées, au moins par une école très bruyante chez nous et chez nos voisins de l'Est, avec des préoccupations presque exclusivement antireligieuses.

Mais une autre école, déjà nombreuse en France et en Angleterre, va droit aux sources, par exemple à ces inscriptions cunéiformes, qui abondent en Orient quand on veut sérieusement les chercher; elle trouve des documents gravés sur des rochers en Arabie, sur des briques en Mésopotamie, sur des monuments granitiques en Égypte, etc. Ce sont les faits qui parlent ici, et déjà ils ont fourni d'admirables confirmations des narrations bibliques.

Ainsi, au sujet de l'abondance des couteaux de silex, il y a un fait encore trop peu connu, et important à signaler en présence de l'universalité des trouvailles de cette sorte, c'est la tradition commune à toutes les religions primitives, comme à la religion juive, de n'employer pour les sacrifices et tous les rites religieux que des *couteaux de pierre* servant une seule fois. Le fait est mentionné dans le livre de Josué (v, 2), on l'a constaté pour l'ancien Mexique; il y a lieu de croire, en voyant l'abondance de ces couteaux dans nos contrées, que les anciens habitants de notre sol ne faisaient pas exception.

On nous permettra de préférer ce genre d'arguments aux beaux raisonnements qui demandent plusieurs milliers d'années à une société humaine pour apprendre à polir la pierre au lieu de la tailler, ou à sculpter un os au lieu de le fendre pour en manger la moelle.

Quant à la prétention de mesurer le temps par la profondeur des érosions ou par l'épaisseur des dépôts, elle revient à vouloir déterminer l'un des facteurs d'un produit connu, sans tenir compte de ce que peut être l'autre. Nous l'avons déjà dit, beaucoup d'eau en peu de temps fait la même besogne que peu d'eau en beaucoup de temps : or nous savons pertinemment que l'époque quaternaire est surtout une époque d'abondance de la circulation des eaux, si bien que les géologues, qui ne veulent pas l'appeler époque diluvienne, l'appellent époque fluviale.

Le seul élément vraiment scientifique nouvellement apporté dans la question est l'essai d'explication astronomique des phénomènes glaciaires par le déplacement lent et régulier des équinoxes relativement au grand axe de l'orbite terrestre, déplacement dont la période est de 21 000 ans. En ce moment, c'est pendant notre hiver que la terre est le plus près du soleil, et court le plus vite sur son orbite : le pôle nord a donc moins de glace que le pôle sud, puisque son hiver est moins froid et son été plus long. En effet, dans l'hémisphère austral, la mer gèle à la latitude de la Suède, et porte des glaces à la latitude de l'Italie; mais c'était le contraire il y a 11 000 ans, comme ce sera encore le contraire dans 10 000 ans. Une période de froid, expliquant les phénomènes glaciaires, a donc dû se terminer, pour notre hémisphère, il y a cinq à six mille ans; celle qui l'a précédée 21 000 ans auparavant aurait pu ne pas laisser ce genre de traces, si elle avait eu lieu avant l'époque où les zones torrides, tempérées et glaciales se sont si bien accusées sur le globe, c'est-à-dire avant l'époque tertiaire. Nous avons fait remarquer que, pendant les époques secondaires, les zones polaires avaient un climat tempéré, et les nôtres à peu près le climat des zones tropicales actuelles.

Fig. 123. — Mammouth restauré.

Nous tirerons, pour terminer, une conclusion importante de cette apparition graduelle des zones inégalement chaudes. Cette inégalité de chaleur vient de l'inégalité d'inclinaison des rayons du soleil : le soleil exerçait donc son action, que contre-balançait de moins en moins la chaleur centrale. Donc, dans les temps primaires, ou bien la chaleur centrale devait seule agir, ou celle du soleil être répartie très uniformément, puisqu'il n'y a aucune différence entre les fossiles de ces terrains, vers les pôles ou vers l'équateur. Dans un cas comme dans l'autre, les rayons du soleil ne devaient pas frapper directement la terre. On peut tirer cette conclusion de l'aspect uniforme, sous toutes les latitudes, des houilles des époques primaires : ce sont, au Groënland comme aux Indes, les mêmes végétaux marécageux et sans fleurs, comme ceux qui vivent aujourd'hui à l'ombre des rochers et des grands arbres ; ils étaient entassés au niveau de l'eau, et ensevelis à chacune des inondations produites par les fréquentes éruptions des roches ignées.

L'explication, à la fois excellente et unique, de cette répartition uniforme de la température d'un globe a été fournie par les observations récentes des planètes Jupiter et Saturne. Les télescopes perfectionnés qu'on emploie aujourd'hui nous montrent ces deux planètes complètement enveloppées de nuages extrêmement mobiles, qui ne laissent apercevoir en aucun point de noyau solide. L'épaisseur de ces nuages est probablement énorme ; la couche atmosphérique doit compter pour près d'un tiers dans le diamètre total, car la densité moyenne de ces planètes, calculée d'après leur masse et leur contour apparent, est quatre ou cinq fois plus faible que celle de notre globe. Il y a tout lieu de croire que l'enveloppe nuageuse a pour résultat d'accumuler et de répartir uniformément la chaleur, tant extérieure qu'intérieure, sur toute la surface de chacune de ces planètes.

Nous allons trouver une importante conséquence de ce fait au chapitre suivant.

CHAPITRE VIII

DEUX PAGES DE LA GENÈSE

I

LA BIBLE ET LES SCIENCES MODERNES

> Moïse n'a voulu être ni géologue, ni chimiste, ni astronome, ni physicien, dans la Genèse, mais historien de la religion sur la terre... Cependant nous voyons que dans le peu de mots qu'il a dû consacrer à parler de la nature des choses il a été d'une exactitude qui confond la science humaine, et qu'il l'a devancée de trois mille ans... Les expressions de Moïse semblent condenser la science, et en être le dernier autant que le premier mot.
> AUGUSTE NICOLAS.

Il est probable que la plupart des lecteurs, en lisant ces derniers chapitres, n'ont pu s'empêcher de reporter souvent leur pensée du récit scientifique à un autre récit plus court et plus simple, dont notre enfance a été bercée.

Le livre dont ce récit est la première page a trente-quatre siècles de date; on l'appelle la Bible : *Biblion*, le *Livre* par excellence. Plus de cent générations, des milliards d'hommes, non seulement nous catholiques, mais les sectes chrétiennes de toutes nuances, les juifs et les mahométans même, l'ont tenu et le tiennent encore pour la parole de Dieu et l'une des bases de leur foi. Ce sont enfin les vérités annoncées par ce livre qui servent de fondement à l'ordre nouveau sur lequel repose, depuis dix-huit siècles, la civilisation du monde.

Le début de la Genèse, premier livre de la Bible, est un chant harmonieux, que sa cadence et ses refrains rendent propre à frapper la mémoire; c'est le *Credo* de la religion patriarcale. Sur l'homme fait qui le relit il produit une impression profonde. Sa simplicité est empreinte d'une majesté, d'une poésie, d'une splendeur inimitables.

Le récit ne prend pas la forme dubitative et l'allure d'une hypothèse; il affirme avec assurance, il répète une dictée sublime, il fixe sous une forme inspirée le dépôt sacré des traditions primitives.

Remarquons toutefois que la Bible n'a jamais pour objet que les vérités religieuses; elle ne cite en passant un fait physique que si elle doit en tirer un précepte moral; ne concernant que l'homme, elle laisse volontairement de côté les faits qui lui sont étrangers; s'adressant à tous, grands et petits, savants et ignorants (et combien ne sont que de ceux-ci, se croyant de ceux-là!), elle parle la langue non seulement humaine, mais populaire, dans ces dialectes imaginés de l'Orient dont nous ne savons plus ni comprendre ni goûter les délicatesses. La plupart des fidèles, ignorants des langues anciennes, ne peuvent la lire que dans des traductions de traductions, où les termes ont souvent perdu leur couleur saisissante en arrivant de troisième main.

Grâce à une autorité vigilante et compétente, l'idée religieuse n'a pas subi d'atteinte; mais l'Église n'a jamais affirmé que les détails du texte n'ont pas subi d'altérations dues aux copistes successifs. D'un autre côté, pour les faits purement physiques, que l'Église n'a pas jugé intéresser la foi ni les mœurs, le commentaire a toujours été laissé libre. Il s'est produit ce résultat étonnant, impossible à une œuvre de simple prévoyance humaine, que les termes employés pour les faits physiques ont toujours pu trouver une explication suffisante dans l'état des sciences humaines à chaque époque; les vérités religieuses seules sont nettement déterminées; celles qui ne touchent en rien les points de dogme ou de morale sont toujours restées abandonnées à la libre interprétation des savants et des commentateurs.

Cette liberté de la science, nous pouvons en être certains, n'aboutira jamais à un désaccord quelconque entre ses conclusions légitimes et les précieuses données de la révélation. Si la Bible est la parole de Dieu donnant à l'homme les vérités nécessaires mises à sa portée, le livre de la nature, à son tour, peut être regardé comme une autre forme de la parole de Dieu, dont l'explication entière, il est vrai, ne nous sera jamais donnée ici-bas : elle nous est réservée comme une part du bonheur de la vie future ; Dieu a voulu, toutefois, que nous en connussions quelques pages, successivement entr'ouvertes par ces intelligences d'élite qui s'appelaient jadis Pythagore et Aristote, plus tard Albert le Grand et Thomas d'Aquin, puis Copernic et Képler, Descartes et Leibnitz, Pascal et Newton, et plus près de nous, Linné et Cuvier, Lavoisier et Davy, Fresnel et Gay-Lussac, Ampère, Cauchy, Élie de Beaumont, pour ne citer que des morts.

L'étude de la nature à ce point de vue peut être regardée comme une des tâches données à l'homme par son Créateur. *Tradidit mundum disputationi eorum :* Il nous a donné le monde comme objet de nos controverses, comme moyen d'excitation de cette intelligence, de cette sagacité qui doit nous conduire de ses œuvres à lui, si nous avons su nous garder le sens droit et le cœur pur.

Le siècle actuel, et ce sera son véritable titre de gloire, a pris à tâche la lecture et l'explication du livre de la nature. Quelle que soit au fond la bonne ou la mauvaise volonté religieuse de ceux qui entreprennent cette tâche, le résultat final sera nécessairement une lumière de plus pour les vérités chrétiennes. « L'Église, dit le cardinal Wiseman, s'est servie des grands développements intellectuels de chaque siècle pour glorifier Dieu. Notre siècle, siècle des sciences naturelles, laissera après lui sur l'Église sa nouvelle empreinte. »

Aujourd'hui, quoi qu'en puissent dire les ennemis des idées religieuses, il n'y a aucun désaccord entre les deux formes de la parole divine. Si la Bible et la nature semblent en quelque point se contredire, un examen plus approfondi prouve, ou que le naturaliste a conclu prématurément, ou que les mots de la langue primitive n'ont pas toujours pu être exactement traduits.

Nous croyons que c'est un devoir pour un professeur, aujourd'hui, lorsqu'il expose les notions de ces sciences naturelles dont abusent les écoles antichrétiennes, d'aborder en face la question religieuse. Plus d'un de nos lecteurs nous saura gré de l'aider à défendre sa foi contre quelqu'un de ces articles périodiques ou de ces livres malsains, qui font métier de populariser l'athéisme, et d'attaquer tout ce qui reste de bon sens moral et social à la population intelligente de notre pays.

La doctrine que nous exposons est loin de nous être personnelle. Nous ne faisons que réunir en un seul corps quelques opinions admises en ce moment par les autorités théologiques les plus écoutées, et les rapprocher des résultats inattendus de la magnifique synthèse qui transforme aujourd'hui les sciences modernes.

Toutefois remarquons bien que ce ne sont que des opinions. Les sciences naturelles, encore en voie d'éclosion, sont dans un état continuel de variabilité et d'incertitude, et l'Église, de son côté, n'a formulé aucun enseignement sur ces points. La splendide constitution dogmatique, fruit des travaux du récent concile du Vatican, en condamnant le panthéisme et le matérialisme modernes, et en défendant la révélation et la foi contre les aberrations de la raison de l'homme, a proclamé solennellement le vif intérêt qu'elle porte aux sciences humaines et à leur « juste liberté », lorsqu'elles gardent fidèlement le « divin dépôt des doctrines de foi ».

En conformité avec ce sentiment exprimé par l'Église, et dans un esprit plein de soumission à ses décisions, nous avons désiré faire partager à nos lecteurs chrétiens le sentiment de bonheur que nous avons éprouvé en lisant le texte de cette sublime page de la Genèse, aujourd'hui si attaquée, et en voyant que les découvertes modernes les plus inattendues, loin de démentir ce texte, lui viennent donner, souvent en l'expliquant et l'éclairant, une magnifique confirmation.

La difficulté qu'amenait le mot *jour*, si longtemps entendu dans le sens d'une durée de vingt-quatre heures, est aujourd'hui résolue d'un accord à peu près unanime. La semaine divine n'est pas mesurée à l'échelle de la semaine humaine; chacun de ses jours a une immense durée : *Dies magnus Dei, mille annorum circulo terminetur*, disait déjà Lactance au IV° siècle, paraphrasant le mot du Psalmiste : « Mille ans sont comme un jour. » Cette opinion, déjà regardée comme très soutenable avant les découvertes géologiques, jadis admise par saint Augustin et d'autres Pères de la primitive Église, mise en rang honorable par saint Thomas d'Aquin, malgré les préjugés scientifiques légués à son temps par les écoles païennes, plus près de nous pressentie par Bossuet, qui traduit instinctivement *sex dies* par *six progrès*, est devenue à peu près la seule enseignée dans nos grandes écoles théologiques [1].

C'est un principe philosophique incontestable, très admis en théologie, qu'on ne doit pas faire intervenir des miracles quand ils ne sont pas nécessaires. Saint Thomas dit expressément (*Somme th.*, I, quest. LXVII, art. 4) : *In prima institutione naturæ non quæritur miraculum, sed quid natura rerum habeat, ut Augustinus dicit*. La création, qui est l'établissement des lois de la nature, doit nous les montrer obéies dès que Dieu les a voulues. Ces lois, œuvres de Dieu, que nous voyons aujourd'hui si ponctuellement suivies, demandent du temps, des siècles, des centaines et des milliers de siècles même, pour produire chacune des œuvres des six jours.

Nous pouvons ajouter que les longues périodes paraissent plus conformes à l'idée que nous nous faisons de Dieu, à qui ne coûtent ni la matière ni l'espace, et il faut ajouter, ni le temps; de Dieu, qui a toujours accompli les plus grands résultats par les moyens les plus simples; il nous semble évident que l'œuvre divine doit avoir l'immensité dans le temps, comme elle l'a dans l'espace, et que ce serait rapetisser l'idée de Dieu que de vouloir,

---

[1] Les autorités catholiques qui ont surtout contribué à populariser de nos jours les explications mettant la Genèse d'accord avec les sciences géologiques, sont : le cardinal Wiseman et les théologiens anglais, les PP. Pianciani et Secchi, du Collège romain, les professeurs de théologie des écoles romaines et des universités allemandes; en France, de nombreux évêques, Mgr Meignan en tête, et, à leur suite, de nombreux docteurs en théologie, parmi lesquels on peut citer deux géologues distingués, M. l'abbé Lambert et M. l'abbé Bourgeois; l'enseignement intérieur de nos ordres religieux, dont nous avons pour témoins ces belles conférences, si populaires, des PP. Félix, Monsabré, Dulong de Rosnay, etc. Nous pouvons citer spécialement les oratoriens, parmi lesquels était une lumière pour ces questions, le regretté P. de Valroger. La liste serait trop longue, s'il fallait citer les autorités laïques, et surtout y ajouter les théologiens protestants, qui sont d'accord avec nous dans la défense de la Bible.

par une interprétation certainement arbitraire et un peu trop réduite à notre taille, enlever tout un ordre de grandeur à ses ouvrages.

Essayons donc un nouveau commentaire, suivant l'exemple qu'ont donné tant de fois dans ce siècle des savants et des écrivains chrétiens. Sacrifions carrément la forme littéraire pour nous attacher au sens scientifique, et lisons les premières pages de la Genèse, en essayant de mettre sur le mot antique l'idée qui lui correspond, mais exprimée avec le secours de toutes ces notions nouvelles qu'ont amenées sur la nature matérielle les sciences modernes. Ne cherchons pas à prendre les textes sacrés à témoin de la vérité de nos hypothèses scientifiques, qui changeront, hélas ! probablement plus d'une fois dans l'avenir, et sont peut-être, dans notre ignorance nécessaire des causes premières, destinées à changer toujours ; mais montrons uniquement, pour nous encourager dans l'étude des sciences, qu'aucune de leurs affirmations qui nous paraissent le mieux fondées n'est contraire à ces textes, et qu'il n'y a là, pas plus qu'ailleurs, d'opposition nécessaire et fatale entre la raison et la foi.

Pour rendre le parallèle plus frappant, nous allons d'abord présenter, sous la forme de courts tableaux de l'état des choses aux diverses époques géologiques, les résultats principaux que nous avons présentés dans ces trois derniers chapitres.

1º La matière des astres ou matière *pondérable*, qu'il ne faut pas confondre avec la substance impondérable qui transmet la chaleur et la lumière, et que l'on nomme l'*éther*, est d'abord répandue dans l'espace à l'état de gaz extrêmement raréfiés et dissociés, c'est-à-dire libres de toute combinaison chimique ; par conséquent, elle ne répand aucune lumière ; car on sait qu'un gaz très raréfié, quelle que soit sa chaleur, reste invisible, et que l'apparence ignée qu'on nomme flamme ne se produit que pendant l'union chimique de deux gaz condensés.

Lorsque la contraction de notre nébuleuse, causée par le rayonnement et la *gravitation*, dont Newton a donné la loi, a assez rapproché les atomes pour que les combinaisons chimiques puissent s'opérer, de ces éléments condensés jaillissent de tous côtés la chaleur et la lumière. La rotation, due à l'*impulsion initiale*, comme dit Laplace, aplatit en même temps la masse et en détache successivement les anneaux lumineux qui deviennent les planètes. Les étoiles doubles nous montrent aujourd'hui de quelle manière la terre, formée d'un de ces anneaux rompu et condensé en globe lumineux, a dû tourner à son rang comme un petit soleil autour du grand. C'est l'époque *cosmique*.

2° La masse gazeuse s'est en grande majorité condensée en un globe ardent, soit entièrement liquide, soit plus ou moins solidifié par sa propre pression vers son centre. Sur ce globe le refroidissement a formé une croûte opaque, et sur cette croûte s'est précipitée une partie de l'eau contenue d'abord en vapeur dans l'épaisse atmosphère qui l'entourait. La surface est devenue une mer boueuse très chaude et très dissolvante. Une grande partie de l'eau, restée en suspension dans l'atmosphère, y constitue une enveloppe continue et presque opaque d'énormes nuages (Jupiter et Saturne sont probablement encore dans cet état). C'est l'époque *azoïque*.

3° La mer devient tiède, et les nuages plus translucides. La vie apparaît; dans l'eau elle est représentée par des myriades d'êtres inférieurs, animaux invertébrés, à respiration tout au plus branchiale, et plantes marines souvent trop molles pour avoir laissé d'empreinte. A la surface, l'exubérance de plantes sans fleurs, marécageuses, est le trait principal de tous ces temps : le climat est uniforme sur tout le globe. Les nuées tamisent et égalisent l'action du soleil. C'est l'époque des terrains de *transition* et de la *houille*.

4° Par l'épuration graduelle de l'atmosphère, la couche de nuages amincie cesse probablement d'être continue, et le soleil éclaire directement la terre. La houille et les premiers calcaires ont absorbé la majeure partie de l'acide carbonique de l'air; la respiration aérienne va devenir possible; un long intervalle amène la complète disparition des anciens types animaux; les nouveaux types sont encore peu remarquables. C'est cette époque intermédiaire de terrains *permien* et *triasique* (dyas).

5° Dans des mers profondes et tranquilles, la formation du calcaire sur une grande échelle achève de purifier l'atmosphère. Les climats se dessinent déjà sur le globe. Les animaux à respiration pulmonaire deviennent nombreux. De grands reptiles nageurs abondent et règnent à la surface des mers; d'autres vivent sur le continent; les oiseaux, dont les premiers ont fait leur apparition à l'époque précédente, doivent être nombreux dans l'air purifié, car les arbres commencent à ressembler aux nôtres: C'est l'époque *jurassique* et *crétacée*.

6° L'ordre de choses actuel s'établit. Les grandes saillies continentales et les bassins profonds des mers ont presque leur disposition d'aujourd'hui. La nature se diversifie tout à fait suivant les climats. Les plantes à fleurs couvrent le sol; les mammifères qui s'en nourrissent parcourent les campagnes en immenses troupeaux. Puis les carnivores, abondant à leur tour, se chargent d'en diminuer la quantité pour faire place à l'homme.

Le maître de la terre a fait son apparition au moment où la parure du globe vient d'être achevée par les dernières créations d'espèces nouvelles. Il prend possession de son domaine par une guerre d'extermination aux gros mangeurs, soit herbivores, soit carnivores. Toutefois nous n'avons pu étudier ses traces que dans nos contrées européennes, alors glacées, où il est venu en fugitif, et où sa condition doit être restée longtemps misérable : l'anthropophagie, dont quelques preuves ont été trouvées, dénote l'abaissement du niveau moral de quelques peuplades.

Postérieurement aux traces des premiers établissements de l'homme, le sol porte celles de nombreux ravinements et remaniements, ainsi que des dépôts d'alluvion très considérables, dus au passage d'immenses masses d'eau; rien ne s'oppose à ce que le plus considérable de ces passages se soit produit sur toute la surface alors habitée par l'homme.

L'ensemble de tous ces terrains, depuis l'apparition des mammifères, constitue la série si difficile à diviser des terrains *tertiaires* et *quaternaires* ou diluviens. A partir de ces derniers, les traces humaines non interrompues, relevant plutôt de l'antiquaire que du géologue, nous conduisent jusqu'aux époques historiques.

II

LES SIX JOURS

> Ou Moïse avait dans les sciences une instruction aussi profonde que celle de notre siècle, ou il était inspiré.
> AMPÈRE.

> On est frappé de vénération pour un livre dont les moindres paroles ont une si haute portée.
> MARCEL DE SERRES.

> L'époque relative de l'apparition des plantes, des animaux marins et des animaux terrestres, donnée par Moïse, est en parfaite harmonie avec celle que la géologie a déduite de l'observation des faits.
> BARRANDE.

Ouvrons maintenant le livre de Moïse. Comme il serait superflu de donner le texte sacré d'après la traduction latine de saint Jérôme, dit la Vulgate, qui seule entre les versions latines fait foi pour le dogme depuis le concile de Trente, mais que l'on peut trouver partout, nous tâcherons de donner une idée du texte hébreu par une traduction *mot pour mot* de ce texte en latin [1].

In principio creavit (ou *creaverat*) *Deus cœlos et terram* : « Dieu, dès le commencement, avait créé la matière de l'espace, l'*éther* dont les vibrations nous apportent la chaleur et la lumière des astres, en un mot, la substance des cieux, et aussi la matière *pondérable* dont sont faits ces astres et naturellement notre terre. »

Et terra erat solitudo et inanitas. Le texte grec des Septante, qui vivaient aux beaux temps de la savante Alexandrie, se traduirait littéralement : *invisibilis et incomposita*. On ne pour-

---

[1] On trouve ce genre de traduction dans les Bibles polyglottes; il y en a une très bonne, intitulée: *Versio nova Sanctis Pagnini*, dans la célèbre Bible dite de Vatable, approuvée par plusieurs papes. Il est bon d'avertir les jeunes gens que ce ne sont pas là des phrases latines, mais des mots latins avec la tournure hébraïque. Nous ferons aussi cette importante remarque, qu'il n'y a qu'un temps au passé en hébreu; le passé défini, l'imparfait et le plus-que-parfait sont exprimés de la même manière.

rait pas mieux traduire aujourd'hui l'idée de *gaz* et peut-être l'idée de *corps simple*. Les expressions inexplicables il y a deux siècles s'expliquent aujourd'hui, où nous savons qu'une chaleur suffisante donne à tous les corps l'*état gazeux*, en même temps qu'elle les décompose en leurs éléments ou les *dissocie*.

Nous pouvons donc traduire : « Or la matière pondérable, immensément dilatée, était à l'état de gaz très raréfiés et non encore unis par la combinaison chimique. » *Et caligo super facies* (au pluriel) *abyssi*. « C'était une nébulosité, ténébreuse dans tous les points de son étendue illimitée. »

Et Spiritus Dei motabat super (mettait en mouvement; le mot du texte syriaque veut dire *incubabat*, couvait) *facies aquarum*. « Mais la volonté de Dieu avait donné une énorme provision de mouvement à la matière nébuleuse. »

Ce *Spiritus Dei motans* ou *incubans*, n'est-ce pas tout à la fois l'*impulsion initiale* de Laplace, en même temps que l'*attraction universelle* de Newton, en même temps que l'état de *mouvement* intime reconnu à la matière gazeuse par les savants actuels? Aujourd'hui la vérité établie de l'*unité des forces physiques* nous permet de mieux comprendre que les trois effets, état gazeux, rotation, gravitation, puissent être indiqués par un seul mot, celui de mouvement ou celui de chaleur, qui s'équivalent pour donner une idée de ce que nous pouvons appeler aussi la *force*, c'est-à-dire de l'élément qui concourt avec la *matière* à constituer le monde sensible [1].

Et dixit Deus : Sit lux, et fuit lux. La forme, à si juste titre

---

[1] L'enseignement théologique sur la création est que tout ce qui est l'essence de la matière brute a été *créé* avant le début du travail par lequel Dieu *adapte*, puis *garnit* pour l'homme (*opera distinctionis*, puis *opera ornatus*, dit saint Thomas), successivement les *espaces* éthérés, les *milieux* fluides, et le *sol* terrestre; total : six actes de la volonté divine considérés au point de vue de la préparation du séjour de l'homme.

Le mot *créer*, faire de rien, n'est prononcé que trois fois dans le texte génésiaque : la première fois pour la *matière*, *cœli et terra*, animée dès l'origine par la *force* physique, *Spiritus Dei motans*; la seconde fois, pour la *vie* animale, *anima vivens*, qui est aussi donnée à l'homme (*inspiravit in faciem ejus spiraculum vitæ, et factus est homo in animam viventem*); mais il y a chez l'homme davantage; car le mot *créer* est prononcé une troisième fois pour l'âme humaine, faite *ad imaginem et similitudinem Dei*, à la ressemblance naturelle et surnaturelle de Dieu, c'est-à-dire atteignant la perfection de la raison, de la conscience et de l'immortalité.

admirée, est ici intraduisible, parce que nous n'avons pas de mot français, même scientifique, pour exprimer, comme le fait le mot hébreu, la *cause* unique dont la chaleur et la lumière sont les effets sur deux de nos sens, et de laquelle dépendent aussi les combinaisons chimiques avec leurs propriétés nouvelles, et aussi l'électricité, et bien d'autres choses. Le mot « force physico-chimique », employé dans cette acception par quelques auteurs, est trop ridiculement prétentieux pour figurer honorablement en matière grave. Mais il nous semble bien que Moïse veut dire : « Au moment déterminé par Dieu, la combinaison des éléments de notre nébuleuse s'opéra, rayonnant dans l'espace ce que nous appelons chaleur et lumière. »

Et vidit Deus lucem quod bona (esset) : « Et Dieu vit ce rayonnement, qui était le parfait accomplissement de sa volonté. » Nous retrouverons souvent cette affirmation de la satisfaction de Dieu devant son œuvre; c'est la négation de la doctrine des antiques hérésies qui admettent la participation d'un principe du mal à la création.

Et divisit Deus inter lucem et inter tenebras. On pourrait traduire : « Et Dieu mit des intervalles entre les espaces lumineux, que séparèrent des espaces obscurs, » et voir là la séparation des anneaux successifs de la nébuleuse primitive. La terre a eu sa part dans la production de cette lumière; elle a étincelé à son tour comme un soleil, et notre système a passé par la phase dont les étoiles multiples sont encore des témoins au ciel.

Et vocavit diem lucem, et tenebras noctem. Tournure de phrase tout orientale et presque intraduisible. On peut proposer d'ailleurs plusieurs explications : imposer un nom, dans l'antique Orient, était l'exercice par excellence de la prise de possession, le privilège de la propriété. La pensée ici exprimée doit donc se rapprocher de celle du Ps. LXIII : *Tuus est dies, et tua est nox :* « Le jour et la nuit vous appartiennent. »

On peut, par conséquent, traduire ainsi : « La période lumineuse est pour Dieu son jour, et les ténèbres qui l'ont précédée sa nuit. » C'est la première exposition de l'idée du jour dans l'œuvre divine. Toute cette première page, ne l'oublions pas, a pour but, avec l'affirmation du dogme de Dieu créateur, la consécration par l'exemple divin de l'institution de la semaine, pour arriver au commandement du repos du septième jour. Cette interprétation est justifiée par le passage qui vient ensuite : *Et fuit vespera, et fuit mane, dies unus (unus* pour *primus).* Moïse mettra une véritable insistance à répéter six fois cette phrase, et ce choix de la pensée principale, qui revient comme un refrain, s'accorde bien avec l'opinion qu'il s'agit d'une comparaison, d'un exemple.

Il y a d'ailleurs ici un effet d'étymologie intraduisible : le commencement du jour est appelé soir; mais le mot hébreu veut dire en même temps confusion, mélange : la fin est appelée matin; mais le mot hébreu signifie aussi première apparition, première naissance. Les Hébreux, on le sait, et la plupart des peuples anciens, comptaient la journée à partir du coucher du soleil, et la liturgie catholique a gardé cet usage : le soir est donc bien à sa place avant le matin [1].

Nous pouvons donc interpréter ainsi, en tenant compte de l'espèce de jeu de mots que produit l'étymologie des deux termes traduits par soir et matin : « Voilà, après une confusion qui est comme un soir, une première naissance qui est comme un matin : c'est un premier acte de la création tout à fait comparable à un de nos jours de travail. »

Et dixit Deus : Sit EXPANSIO *in medio aquarum et sit dividens inter aquas et aquas; et fecit Deus expansionem, et divisit inter aquas quæ subter expansionem, et inter aquas quæ super expansionem. Et fuit ita. Et vocavit Deus expansionem cœlos; et fuit vespera, et fuit mane, dies secundus.*

Le mot hébreu *rakia (expansio),* que saint Jérôme a traduit par *firmamentum,* sous l'influence des idées de son temps, veut dire simplement : *étendue, espace libre;* il serait excellent pour rendre l'idée moderne d'un gaz. Les eaux qui sont au-dessus de cet espace gazeux et transparent ne peuvent être que les nuées épaisses qui ont dû rester suspendues dans l'air après la précipitation d'une grande partie de l'eau sur la croûte terrestre

---

[1] On peut regarder encore comme une preuve que Moïse entendait bien au figuré la semaine de Dieu, ce fait qu'au précepte du repos du septième jour il ajoutera celui du repos de la septième année : *Sabbatum terræ, requies Domini,* la jachère obligatoire de la terre après six récoltes, puis l'année du *jubilé* après sept fois sept ans.

refroidie [1]. Comparez les magnifiques commentaires sur la création que nous trouvons dans le livre de Job, et qui ne me paraissent pas laisser de doutes sur le sens de ce passage.

Au chapitre XXVI (v. 7 et suiv.), il est dit de Dieu : *Qui extendit aquilonem super vacuum, et appendit terram super nihilum :* « Il a pu étendre l'élément froid et humide par-dessus l'air transparent, comme il a pu suspendre la terre entière au-dessus des espaces vides. » *Qui ligat aquas in nubibus suis, ut non erumpant pariter deorsum :* « Il a lié les eaux en forme d'immenses nuages, afin qu'elles ne se précipitent pas en bas toutes à la fois. » *Qui tenet vultum solii sui, et expandit super illud nebulam suam... :* « Il tient caché l'aspect du ciel où est son trône, en étendant au-devant de lui le rideau de ses nuées. »

Il s'agit bien du deuxième jour; car, deux versets plus loin, il parle du rassemblement des mers, œuvre du troisième jour, puis de l'apparition des astres, au quatrième jour. Nous verrons bientôt qu'il revient encore sur cet important sujet des nuages aux chapitres XXXVI et XXXVIII.

Nous pouvons donc traduire : « Sur l'ordre de Dieu, un espace libre se produisit au milieu des eaux précipitées. » *Expansio in medio aquarum, dividens inter aquas et aquas :* « Les séparant de telle sorte, qu'il y avait un océan liquide (ou boueux) au-*dessous* de cet espace, » *subter expansionem,* « et des nuées, poussières liquides, suspendues au-*dessus* de lui, » *super expansionem.* « C'est ce que nous appelons aujourd'hui l'*atmosphère* transparente ou le ciel. » *Et fuit vespera, et fuit mane, dies secundus :* « Et, après une confusion (la précipitation des eaux) qui avait été comme un soir, ce fut une apparition qui était comme un matin : voilà le second jour du travail de Dieu. »

L'œuvre des deux premiers jours correspondant à des temps pour lesquels les sciences n'ont fourni que de simples hypothèses, tout détail d'explication reste encore hésitant; mais déjà l'œuvre du troisième jour nous amène devant des faits géolo-

---

[1] Saint Thomas dit à cet égard : *Aquæ quæ supra firmamentum sunt, sunt aquæ, quæ vaporabiliter resolutæ, suprà aliquam partem aeris elevantur, ex quibus pluviæ generantur.* (Somm. th. I, quest. XLIII, art 2.)

giques : voici les premières mers, voici les soulèvements de montagnes, voici les temps primaires et leur végétation primitive :

Et dixit Deus : Congregentur aquæ de sub cœlis ad locum unum, et appareat arida. Et fuit ita. Et vocavit Deus aridam, terram : et congregationem aquarum appellavit maria. Et vidit Deus quod bonum.

« Au moment voulu par Dieu, les eaux liquides, celles qui étaient sous l'atmosphère, se trouvèrent rassemblées, et, déposant les poussières solides qui les rendaient boueuses, prirent leur niveau. Certaines parties saillantes du fond se soulevèrent, et, apparaissant au-dessus des eaux, formèrent le premier sol, la première surface solide. Ce sol, voulu par Dieu, est ce que nous appelons la terre ferme, et les eaux clarifiées sont ce que nous appelons les mers et les lacs. Et le résultat était parfaitement conforme à la volonté de Dieu. »

Et dixit Deus : Germinet terra, germen, herbam seminificantem semen in specie sua, arborem facientem fructum, cujus semen in ea in specie sua. Et fuit ita : et protulit terra germen, etc. (répétition)... *Et vidit Deus quod bonum. Et fuit vespera, et fuit mane, dies tertius :* « Alors la volonté de Dieu fut que ce sol se couvrît de verdure (le mot hébreu traduit par *germen* convient aux végétaux les plus simples, algues, mousses, etc. ; rappelons-nous les cryptogames de la houille), d'herbes à semence et d'arbres à fruits (classification utilitaire au point de vue de l'homme : la Bible ne s'occupe que de lui), chacun suivant une forme perpétuée que nous nommons son espèce. (La notion de l'espèce a là un honneur que n'ont pas d'autres points de l'histoire naturelle, et qui nous montre son importance particulière.) Et tout cela s'accomplit ponctuellement, et Dieu fut parfaitement obéi.

« Encore une confusion ou un soir, auquel succède un nouvel ordre établi ou un matin. C'est bien un troisième jour dans l'œuvre de Dieu. »

Et dixit Deus : Luminaria sint in expansione cœlorum ad dividendum inter diem et inter noctem. Et sint in signa, et tempora, et dies, et annos; et sint in luminaria in expansionem cœlorum, ad illuminandum super terram. Et fuit ita.

Et Deus FECERAT (tout aussi bien que *fecit*, puisqu'il n'y a qu'un temps passé en hébreu) *duo luminaria magna: luminare majus ad dominium diei, et luminare minus ad dominium noctis, et stellas. Et* POSUERAT (et non *posuit*; même observation) *ea Deus in expansione cœli, ad illuminandum super terram, et ad dominandum in diem et in noctem, et ad dividendum inter lucem et inter tenebras. Et vidit Deus quod bonum. Et fuit vespera, et fuit mane, dies quartus.*

Nous citons ce passage textuellement, malgré sa longueur; car c'est le point principal sur lequel nous voulons appeler l'attention. Le quatrième jour a toujours embarrassé les commentateurs, et donné en apparence beau jeu aux ennemis de la Bible. Ainsi Strauss, d'un ton de triomphe, déclare ici trois choses impossibles : 1° la terre avant le soleil, autour duquel elle gravite; 2° la lumière avant le soleil, qui la produit; 3° la plante avant le soleil, dont l'action est nécessaire à sa nutrition.

L'explication que nous proposons, et que le lecteur a déjà certainement saisie, en lisant tout ce qui précède, répond à toutes les objections. Elle est tellement simple, qu'il y a lieu de s'étonner qu'elle n'ait pas été, depuis longtemps déjà, développée et rendue populaire.

Le soleil n'a pas été *créé* au quatrième jour [1]; il est seulement *apparu* pour la première fois à cette époque, le vêtement de nuages qui enveloppait jusque-là la terre s'étant aminci, puis déchiré pour la première fois.

Ubi eras, dit Dieu à Job (ch. XXXVIII), *quando ponebam fundamenta terræ?... cum me laudarent* SIMUL *astra matutina, et jubilarent omnes filii Dei?... cum ponerem nubem vestimentum ejus, et caligine illud quasi pannis infantiæ obvolverem?* « Où étais-tu, lorsque je posais les fondements de la terre? lorsque tous les astres que je venais de créer me louaient *à la fois*, à la grande joie de tous mes anges? lorsque je posais la

---

[1] Saint Thomas, qui ne connaissait encore aucune raison scientifique de ne pas admettre, comme la Vulgate, la création des astres au quatrième jour, reste sur cette question d'une prudence remarquable : « Le quatrième jour, dit-il, une vertu déterminée fut attribuée aux luminaires pour produire certains effets déterminés. *Quarta die, attributa est luminaribus determinata virtus ad determinatos effectus.* » Il dit ailleurs que le premier jour fut celui de la « distinction des astres ».

nue comme un vêtement de la terre, et que je l'enveloppais de toutes parts d'épais brouillards, comme on enveloppe un enfant de langes ? »

Il nous semble évident que ce texte, emprunté à un livre que l'on croit presque contemporain de ceux de Moïse, et plus riche qu'eux en détails physiques, nous dit bien que les astres étaient créés lorsque la terre n'était encore qu'en voie de formation, et que, plus tard, la terre a été complètement vêtue de nuages, comme le sont encore les planètes Jupiter et Saturne.

Ces nuages ont une telle importance, que le livre de Job y revient à chaque instant dans l'énumération des merveilles de la création (chap. XXVI, XXVIII, XXXVI, XXXVII, XXXVIII). *Aquas appendit in mensura :* « Il a suspendu les eaux dans l'air suivant une certaine mesure. » *Nubes spargunt lumen suum...:* « Les nuées servent à répandre la lumière tamisée. » *Imbres qui de nubibus fluunt, quæ prætexerunt cuncta desuper :* « Les pluies s'écoulent des nuages, qui ont jadis recouvert toute la surface du monde. » *Extendit nubes quasi tentorium suum :* « Il a étendu le rideau de ses nuées, comme une tente autour de la terre, » etc. etc.

Le texte relatif au quatrième jour pourrait donc se traduire ainsi : « Alors, sur l'ordre de Dieu, furent directement visibles dans le ciel, à travers l'atmosphère éclaircie, les sources de lumière qui étaient la cause du jour et de la nuit. » (*Luminaria sint in expansione cœlorum ad dividendum inter diem et inter noctem.*) Et quelles raisons donnera d'abord Moïse de cette apparition ?

« Ils sont là pour nous donner des moyens précis de mesurer les saisons, les jours et les années. » (*Et sint in signa et tempora, et dies, et annos.*) On sait quel rôle important avait l'observation des astres au point de vue religieux, pour la fixation des fêtes, la mesure légale du temps, etc. « Mais en même temps ces astres servent au ciel de flambeaux pour illuminer la terre. » (*Et sint in luminaria in expansione cœlorum ad illuminandum super terram.*) « Et il y en avait deux principaux, parmi ces luminaires, que Dieu avait créés : le plus brillant présidait au jour ; le moins brillant présidait à la nuit ; les autres étaient les étoiles. » (*Et Deus fecerat duo luminaria magna : luminare majus ad dominium diei, et luminare minus ad dominium noctis, et stellas.*) Les étoiles importent peu aux besoins de l'homme; elles sont citées en passant, sans insister.

« Et Dieu les avait posés, désormais visibles à travers l'atmosphère transparente, pour envoyer leur lumière sur la terre, pour être les objets les plus apparents dans le jour et dans la nuit, et pour déterminer la division du temps par l'observation de la lumière et des ténèbres. Et Dieu vit que c'était bien.

« Et il y avait eu une confusion ou soir [1], puis une première apparition ou matin : voilà bien le quatrième jour de travail du Créateur. »

Et Deus dixit : Reptificent aquæ reptile animæ viventis. Remarquons qu'il n'est pas question de poissons ; les premiers animaux cités sont les reptiles. Le monde de la mer peut être merveilleux ; mais pour les peuples primitifs il avait peu d'intérêt. Le texte sacré caractérise chaque époque par la nouvelle apparition ayant le plus d'importance au point de vue humain. La lumière, au premier jour, nous touche de plus près que les substances chimiques qui la produisent ; l'atmosphère, au deuxième jour, plus que le granit et les schistes ; les plantes de la houille, au troisième jour, plus que les trilobites ; le splendide lever de rideau qui laisse voir les astres, au quatrième jour, plus que les poissons devenus nombreux après la houille. Il en est autrement des animaux qui respirent comme nous, et que caractérise cette expression hébraïque composée, traduite par les mots *animæ viventis*.

Reprenons le texte : *Et Deus dixit : Reptificent aquæ reptile animæ viventis et volatile super terram, super facies expansionis cœlorum. Et creavit Deus cetos magnos, et omnem animam viventem repentem,* etc.

« Alors, par la volonté de Dieu, les eaux se remplirent de toutes sortes d'animaux nageants, et l'air d'animaux volants au-dessus de la terre et de tous les côtés de l'atmosphère. Ainsi c'est à ce moment que Dieu créa, et de grands animaux marins

---

[1] Rien n'empêche de supposer que ce *vespera* ait été le résultat des énormes éruptions porphyriques qui ont partout suivi la houille, et rougi toutes les roches des temps permiens et triasiques.

(*cetos magnos* : le mot y était, croyez-le bien, avant la découverte de l'ichtyosaure), et toutes sortes d'animaux à poumons, rampants ou nageants. »

Un géologue, aujourd'hui, ne pourrait plus simplement désigner en quelques mots de langage ordinaire les époques jurassique et crétacée.

Et fuit vespera, et fuit mane, dies quintus. « Encore un soir suivi d'un matin; c'est le cinquième jour de Dieu [1]. »

Et dixit Deus : Producat terra animam viventem ad speciem suam, jumentum et reptile (un autre mot hébreu que celui du cinquième jour, celui par lequel on désignerait les lièvres, les martes, etc.) *et feram terræ secundum speciem suam...*

« Sur l'ordre de Dieu, la terre, à son tour, se couvrit d'animaux de diverses espèces (ici encore la classification au point de vue de l'homme), comme sont aujourd'hui les animaux domestiques qui nous aident, le menu gibier que nous chassons, et les bêtes féroces que nous combattons. »

On peut remarquer encore la précision de ce choix des animaux qui caractérisent si bien les terrains tertiaires et quaternaires : *jumentum*, la bête de somme, l'herbivore, qui domine, en effet, d'abord; le *reptile*, la petite bête basse sur pattes, c'est-à-dire les autres mammifères, pour montrer que tous y étaient; enfin *feram*, la bête féroce, qui abonde au moment où l'homme, nouvel arrivant, se trouvera forcé de lui disputer le sol et la proie.

Et dixit Deus : Faciamus hominem in imagine nostra secundum similitudinem nostram, et dominetur in pisces maris et volatile cœli, et in jumentum et in omnem terram; et CREAVIT *Deus hominem in imagine sua*, etc.

La forme solennelle nous annonce le dernier et principal acte du travail divin; c'est la création du chef-d'œuvre qui couronne ce travail, de l'homme, doué d'une âme raisonnable, capable de connaître, d'aimer et de servir librement son créateur, de l'homme,

---

[1] L'époque de confusion, qui aurait été le soir par où débuterait ce cinquième jour, est indiquée par le changement profond de configuration du sol avant les terrains jurassiques; mais du commencement de ces derniers à la fin des terrains crétacés, la superposition régulière indique une longue période de tranquillité.

fait à l'image de Dieu, établi roi de toutes les créatures et de la terre entière.

L'œuvre de la création est terminée. *Vidit Deus omne quod fecerat, et ecce bonum valde.* Dieu contemple l'ensemble de son travail, et tout y était au plus haut point conforme à sa volonté.

Et requievit Deus in die septimo ab omni opere suo quod fecerat. Et benedixit Deus diei septimo et sanctificavit illum. Voilà la conclusion et la raison de tout le développement, le précepte fondamental du repos du septième jour justifié par l'exemple divin [1].

Que le lecteur veuille bien maintenant prendre la peine de comparer au texte que nous venons d'analyser le court résumé qui le précède, dont les six divisions correspondent précisément aux six jours de la semaine divine. Nous voulons lui laisser le plaisir de constater par lui-même l'étonnante coïncidence des expressions hébraïques avec les résultats scientifiques que personne, il y a seulement cent ans, et à plus forte raison du temps de Moïse, ne pouvait soupçonner.

[1] Quelle est l'époque de notre histoire humaine désignée par ce septième jour, le jour du repos de Dieu? S'il nous était permis de suggérer humblement ici notre avis, tout en déclarant d'avance notre complète soumission à ce que pourrait un jour décider l'Église sur ce point comme sur tous les autres, il nous semble bien que la conséquence naturelle de l'explication des jours génésiaques par les périodes géologiques est que ce septième jour est celui qui n'aura point de fin, celui de la vie future et de l'éternelle vision de Dieu.
Remarquons que le septième jour, dans le texte, n'a ni soir ni matin : *Dies septimus sine vespera est, nec habet occasum.* (S. Augustin, *Conf.*, XIII, 36.)
Nous serions donc encore, ce me semble, dans le sixième jour, le jour de l'homme. L'activité de Dieu veille encore sur le monde, et l'histoire est pleine de ses œuvres : *Pater usque modo operatur in vobis.* Jusqu'ici, à cause de l'opinion des jours de vingt-quatre heures, il fallait bien expliquer ce repos de Dieu par la cessation de son activité créatrice, la non-production de lois ou d'espèces nouvelles. Avec l'interprétation plus large admise aujourd'hui au sujet des jours, on pourrait admettre aussi au sujet du repos divin cette interprétation, non seulement plus large, mais plus belle, plus simple et plus satisfaisante pour l'esprit. Le temps passé mis au lieu du futur, fréquent dans la Bible, n'est pas une difficulté dans un texte poétique et imagé, où partout l'expression s'accommode à la portée de l'intelligence humaine. On sait qu'il n'y a ni passé ni futur pour Dieu. Le *perfecti sunt cœli et terra et omnis exercitus eorum* ne sera-t-il pas plus vrai quand la « communion des saints » sera complète, et la division qu'on cherche en vain entre le sixième et le septième jour ne serait-elle pas le jugement dernier?

III

LE DÉLUGE

> L'histoire de la création ayant été écrite pour l'homme, ce sont principalement les choses qui regardent l'homme ou sa demeure que l'inspiration y a voulu spécifier, et il n'y est parlé d'aucune qu'en tant qu'elle se rapporte à l'homme.
>
> DESCARTES.

Nous avons dû laisser de côté, comme étrangers à notre sujet, les passages et les difficultés qui ne touchent pas aux sciences géologiques, et nous nous sommes arrêté au point où Moïse abandonne l'histoire générale de la nature pour l'histoire particulière de l'homme. Pour compléter notre étude, il faudrait traiter d'une manière analogue les chapitre VI, VII et suivants, qui racontent l'histoire de Noé et du Déluge. Mais ce n'est plus le texte de Moïse, ici, qui manque de détails, c'est la géologie, qui n'a encore sur ce sujet rien de précis ni de définitif...

Elle constate toutefois qu'il y a dans toutes nos plaines, postérieurement aux derniers terrains tertiaires, un dépôt de transport violent, indiquant une durée relativement courte, avec une intensité et une abondance qui s'expliqueraient difficilement par l'irruption des masses d'eaux comme celles de nos inondations actuelles. Ce dépôt s'appelle, dans l'Europe occidentale, le *diluvium;* le courant qui l'a produit paraît être venu du côté des Alpes, et pourrait très bien s'expliquer par le dernier soulèvement de ces montagnes.

L'étude sérieuse des rapports de position entre les plus récentes couches terrestres et les monuments des civilisations antiques dont nous possédons les documents historiques ne peut guère se faire qu'en Asie, dont malheureusement les conditions sociales ne permettent pas encore à nos savants de faire des recherches géologiques assez étendues ni assez reliées entre elles. Toutefois on sait au moins qu'on s'y trouve d'un côté en présence de formidables phénomènes volcaniques, et, d'un autre côté, les géologues anglais et russes sont d'accord avec Élie de Beaumont pour reconnaître que le dernier soulèvement de l'Himalaya est contemporain du dernier des Alpes, c'est-à-dire postérieur aux derniers terrains tertiaires. En Sibérie, les effets violents et soudains d'une irruption des eaux, s'écoulant de l'Altaï vers l'océan Arctique, sont surabondamment prouvés par cette quantité d'ossements d'éléphants et autres grands herbivores, et par ces mêmes animaux trouvés gelés, avec leur chair et leur poil, dans les alluvions d'embouchure des grands fleuves de ce pays. Enfin, du côté de la Chine, de l'Inde et de la Perse, beaucoup d'indications de blocs erratiques ou d'amas de grands ossements, trouvés à diverses hauteurs, nous font vivement désirer des déterminations réellement scientifiques, et un travail d'ensemble que les sociétés géologiques ne peuvent plus nous faire longtemps attendre.

Les impossibilités matérielles que ferait naître le récit biblique entendu à la façon naïve de certains commentateurs des derniers siècles, qui se tiraient d'une difficulté philologique ou physique en prodiguant les miracles, sont aujourd'hui résolues par les théologiens aussi bien que celles du récit des six jours. L'universalité du déluge peut se borner à l'homme et aux animaux qui habitaient avec lui la *terre cultivée;* le mot hébreu employé a plutôt cette acception particulière, et il y en a un autre plus usité pour l'acception générale.

Le texte biblique lui-même, en dehors des preuves physiques, fournit des arguments en faveur de cette opinion, notamment pour le point si attaqué de l'universalité des animaux. Nous ferons remarquer le partage en animaux purs et impurs, qui ne peut s'appliquer qu'à ceux que Noé connaissait, et surtout ce détail de la promesse de Dieu à Noé, qui s'étendra (*tam in volucribus quam jumentis terræ cunctis quæ egressa sunt de arca* ET *in universis bestiis terræ*) aux volatiles et à tous les animaux domestiques *qui sont sortis de l'arche, et aussi* à tous les animaux de la terre.

Il est naturel de penser que la préservation des animaux a pour principal but l'utilité de l'homme; on peut remarquer cette insistance à ne citer que les animaux domestiques ou sauvages, mais non les animaux féroces; *feram terræ,* comme dans le texte relatif au sixième jour. A l'appui de cette opinion, notons que dans nos contrées le grand ours, l'hyène des cavernes et d'autres n'ont pas laissé de traces après le diluvium.

Il ne faut pas oublier que le déluge s'est produit pendant la période glaciaire, et qu'alors les montagnes, même peu élevées, étaient couvertes de glaciers et inhabitables pour l'homme. Il faut aussi tenir compte de cette horreur qu'ont éprouvée tous les peuples anciens pour les montagnes, de cette épouvante instinctive qui les éloignait des précipices et des glaces, et qui n'a été surmontée par les populations que lorsque les plaines se sont trouvées trop petites pour les contenir.

Maintenant, l'eau du déluge vient-elle, comme on l'a dit d'abord, de l'ébranlement de la mer, ou, comme le disent les géologues d'aujourd'hui, devant l'absence complète de fossiles marins dans les terrains diluviens, a-t-elle été fournie par la fusion rapide, sous l'influence de phénomènes éruptifs, de ces immenses calottes glacées qui couvraient alors toutes nos montagnes, par la rupture des barrages de lacs, par la condensation rapide des torrents de vapeur sortis de la terre entr'ouverte, ou par toutes ces causes à la fois? S'agit-il de phénomènes volcaniques analogues à ceux que nous allons étudier dans le prochain chapitre, mais simultanés et sur une grande échelle, ou de ces bouleversements inconnus qui peuvent accompagner le soulèvement de toute une chaîne montagneuse, comme celle des Alpes ou de l'Himalaya? La géologie n'est pas en mesure de nous le dire encore d'une manière suffisamment certaine. C'est notre espérance qu'elle le dira bientôt ; mais les deux hypothèses confirment, l'une comme l'autre, la véracité du récit de Moïse [1].

---

[1] L'opinion générale des géologues chrétiens, aujourd'hui, est que le déluge doit avoir pour causes médiates, peut-être un dernier effort analogue à celui qui a produit les soulèvements de montagnes, mais certainement aussi une production simultanée, sur une échelle très étendue, de grandes éruptions volcaniques.

Nous allons voir au prochain chapitre que les éruptions ont toujours pour résultat des pluies torrentielles, avec inondations boueuses, augmentées par la rupture des barrages de lacs souterrains, et par la fusion très rapide du manteau de glace qui recouvre les hauts sommets. On sait que la période glaciaire existait pour notre hémisphère à cette époque.

Il y a dans l'Écriture un texte peu remarqué jusqu'ici au point de vue de ses curieux détails physiques, et qui nous paraît précieux à mettre en regard de

Cela dit, passons, en nous bornant aux points qui touchent l'histoire naturelle du globe et de ses montagnes, à ce que nous dit le texte de la Genèse.

Les hommes, qui commençaient à se multiplier sur la terre, ont, par leurs crimes, fait repentir Dieu de les avoir créés. Dieu va les détruire; mais Noé trouve grâce devant lui. Par son ordre, Noé construit une *arche* colossale, faite de bois enduit de bitume, couverte et bien close, divisée en trois étages avec compartiments, et d'une dimension suffisante pour contenir, avec

cette opinion, c'est le psaume XVII, *Diligam te*. Il contient une description si complète et si précise des phénomènes successifs d'une éruption volcanique, que nous avons pu en prendre quelques versets comme épigraphe de notre propre description de ces phénomènes (ch. IX, sect. II, p. 345). Les commentateurs sont d'accord sur ce point que David y a emprunté les sentiments et la situation d'un autre personnage, que les uns supposent être Moïse au passage de la mer Rouge, les autres Josué au passage du Jourdain. On pourrait penser à Loth et à sa fuite de Sodome; mais la Genèse ne mentionnant qu'une pluie de matière enflammée, sans tremblement de terre ni inondation, et la découverte récente, par M. de Saulcy, de l'emplacement de Sodome, entouré de sources de pétrole et de bitume, mais non de roches volcaniques, ne viendraient pas à l'appui de cette opinion, qui n'a pas, d'ailleurs, été émise. Voici la traduction des passages les plus frappants, à notre double point de vue.

8. *Commota est*, etc. (le texte est partout). « La terre a éprouvé des commotions, et elle a été secouée de tremblements : les fondements des montagnes ont été bouleversés. »

9. « La colère de Dieu a lancé dans les airs des colonnes de fumée, et devant sa face s'est allumé un feu étincelant, et il a fait briller la lave, ardente comme des charbons. »

12. « Et il a annoncé, comme pour s'y cacher, d'épaisses ténèbres, de l'eau toute noire, suspendue dans les nuées de l'air. »

13. « Et devant lui passaient rapidement des nuées éblouissantes, une grêle de feu, des laves de feu. »

14. « Et le Seigneur faisait gronder du ciel son tonnerre, et voici ce que produisait sa grande voix : une grêle de feu, des laves de feu. »

15. « Et il lançait d'énormes projectiles, qui mettaient en déroute ses ennemis; il multipliait d'immenses éclairs, qui remplissaient ses ennemis de terreur. »

16. « Alors sont apparus des torrents d'eaux, qui ont mis à nu jusqu'aux fondements de l'écorce terrestre. Et cela en exécution de ta menace, Seigneur, d'après l'inspiration du souffle de ta colère. »

17. « Le Seigneur m'a envoyé des hauteurs, et il m'a fait accueil; et il m'a soulevé au-dessus de la multitude des eaux. » (*Et assumpsit me de aquis multis.*)

20. « Et il m'a dirigé dans l'espace sans bornes (*Et eduxit me in latitudinem*); il m'a sauvé, parce que j'ai trouvé grâce devant lui. »

Si l'on trouve évident, comme nous, que ces termes pourraient s'appliquer mieux à Noé qu'à tout autre, que conclure des versets qui précèdent?

lui et sa famille, leurs provisions et les animaux qui habitaient les plaines fertiles où vivait Noé. La Bible indique qu'il prit sept couples des animaux purs, c'est-à-dire propres à la nourriture et aux sacrifices, et deux couples des animaux impurs. De plus, elle les partage, au point de vue de leur utilité pour l'homme, en trois catégories : les animaux domestiques, *jumenta;* le gibier sauvage, *reptile;* et les oiseaux, *volatile.* Sept jours après que la porte de l'arche a été refermée sur les habitants, le déluge commence.

In anno sexcentesimo vitæ Noach… rupti sunt omnes fontes abyssi magni, et cataractæ cœli apertæ sunt, et pluvia fuit super terram quadraginta dies et quadraginta noctes : « En la six centième année de la vie de Noé..., se rompirent toutes les sources du grand abîme et s'ouvrirent les cataractes du ciel, » c'est-à-dire les eaux de la terre et celles du ciel, les deux catégories indiquées au second jour (*subter* et *super expansionem*), s'unirent dans une épouvantable irruption, « et la pluie tomba sur la terre pendant quarante jours et quarante nuits. »

Et multiplicaverunt se aquæ, et elevaverunt arcam desuper terram. Et invaluerunt aquæ, et ambulavit arca super faciem aquarum : « Et les eaux se multiplièrent et soulevèrent l'arche au-dessus de la terre, et, le niveau s'élevant, l'arche se promena sur la surface des eaux. »

Et aquæ invaluerunt valde, valde super terram, et operti sunt omnes montes excelsi qui sub toto cœlo, quindecim cubitis desursum invaluerunt aquæ, et operti sunt montes : « Et les eaux s'accumulant toujours, toujours, au-dessus du sol habité et cultivé, elles couvrirent les collines les plus élevées qui fussent dans tout le cercle de l'horizon, s'élevant certainement de bien plus que la taille d'un homme (quinze coudées) au-dessus de ces hauteurs. »

Et obiit omnis caro reptans super terram, et in volatili, et in jumento, et in bestia, et in omne reptili reptante super terram, et omnis homo : « Alors périt tout animal vivant sur terre, tant parmi les volatiles et les animaux domestiques que parmi les bêtes sauvages et tous ces petits animaux qui grouillent sur le sol. Il en fut de même de tous les hommes. »

Omne quod flatus spiritus vitæ in naribus ejus, ex omni quod in sicco, mortua sunt : « Tout ce qui respire le souffle de vie par ses narines parmi tous les habitants de la terre ferme, mourut. »

Et delevit omnem substantiam quæ erat super faciem terræ, ab homine usque ad jumentum, usque ad reptile et usque ad volatile cœli, et deleta sunt de terra, et remansit tantum Noach, et qui cum eo in arca : « Et le cataclysme fit disparaître toutes les richesses vivantes qui étaient à la surface de la terre, depuis l'homme jusqu'à l'animal domestique, jusqu'au petit gibier des champs, et jusqu'à l'oiseau du ciel : tout fut détruit sur la terre que nous habitons, et il ne resta que Noé et ce qui était avec lui dans l'arche. »

Et invaluere aquæ super quinquaginta et centum dies : « Et les eaux élevèrent ainsi leurs flots durant plus de cent cinquante jours.

Et recordatus est Deus Noach, et omnis bestiæ et omnis jumenti quæ cum eo in arca : « Et Dieu se souvint de Noé, renfermé dans l'arche avec tous ces animaux, sauvages et domestiques. »

Et transire fecit Deus ventum super terram, et quieverunt aquæ, et clausi sunt fontes abyssi, et cataractæ cœli, et prohibita est pluvia de cœlo : « Et, par sa volonté, s'écoulèrent ces souffles violents qui s'échappaient au-dessus de la terre (les vapeurs volcaniques?[1]), et les eaux cessèrent d'être bouleversées, et la mer rentra dans son lit, et les épouvantables chutes d'eau s'arrêtèrent, et la pluie elle-même cessa de tomber du ciel. »

Et reversæ sunt desuper terram eundo et redeundo : « Et les eaux, pour retourner dans leur lit, parcouraient le sol en allant et venant dans leurs oscillations. »

Et defecerunt aquæ a fine quinquaginta et centum dierum. Et requievit arca, in mense septimo, in septima decima die, super montes Ararat : « Et les eaux diminuèrent à partir de cent cinquante jours. Et l'arche s'arrêta au dix-septième jour du septième mois, sur une des montagnes d'Arménie. »

Et aquæ fuerunt eundo et deficiendo usque ad mensem deci-

---

[1] Je propose cette explication sans m'en porter garant. Tout commentaire physique, ne l'oublions pas, ne peut être que provisoire dans l'état actuel de la géologie sur ce point. Il nous paraît difficile qu'il s'agisse ici d'un vent desséchant, puisque les versets suivants mentionnent la présence de l'eau sur le sol pendant cinq mois encore.

mum; in decimo, in una mensis, visa sunt capita montium : « Et les oscillations des eaux continuèrent, en descendant, jusqu'au dixième mois, et, au premier jour de ce mois, émergèrent les premiers sommets des collines. »

Nous pouvons abréger les détails qui suivent, où notre explication n'a plus guère à signaler la différence avec ce que tout le monde connaît.

Après quarante nouveaux jours d'attente, Noé ouvre la fenêtre de l'arche, lâche un corbeau, puis une colombe, qui revient, et qui, lâchée de nouveau après sept autres jours d'attente, rapporte dans son bec une feuille d'olivier arrachée : *Et ecce folium olivæ raptum in ore.* Noé en conclut que les eaux ont abandonné les régions fertiles : *Quod alleviatæ essent aquæ super terram.* Nous retrouvons là, bien évidente, cette signification restreinte du mot traduit par *terra,* la terre habitable.

Noé attend encore sept jours pour enlever la couverture de l'arche, et il voit les vallées débarrassées des eaux. Au bout de cinquante-sept jours encore, le sol est suffisamment sec, et, sur l'ordre de Dieu, Noé sort de l'arche avec sa famille, et en fait sortir les animaux domestiques, les petits mammifères et les oiseaux, c'est-à-dire, comme l'indique cette insistance à citer seulement ces trois catégories, les animaux utiles à l'homme, et habitant son voisinage dans ces plaines et collines fertiles qui étaient son seul séjour.

Noé construit aussitôt un autel, et offre un sacrifice, en retour duquel Dieu lui fait la promesse qu'il n'y aura plus de déluge sur la terre : *Neque erit ultra diluvium ad disperdendam terram.* Le signe de cette alliance entre Dieu et la terre fertile est l'arc-en-ciel : *Arcum meum ponam in nube, et erit signum fœderis inter me et inter terram.* Cette magnifique apparition, cette admirable coloration de la lumière du soleil réfractée suivant un certain angle, ne peut se produire que dans les gouttes limpides et sphériques d'une pluie passagère et fécondante et non dans les gouttes boueuses d'une averse volcanique (V. p. 329) : il ne pouvait pas être fait un meilleur choix pour représenter un gage de sécurité et d'espérance.

Nous n'ajouterons qu'un mot, au sujet d'une dernière difficulté soulevée entre les géologues et les commentateurs de la Bible.

Si la géologie n'a pas d'échelle pour les temps fossilifères, quelques phénomènes qui se continuent aujourd'hui, comme la formation des deltas d'embouchures, celle des tourbières et celle des dunes, comme le changement de climat par le déplacement du grand axe de l'orbite terrestre, s'accordent pour demander plus de 4000 ans depuis le déluge, plus de 6000 ans depuis la création de l'homme.

Il faut répondre que la chronologie qui fixe à l'an 4000 d'Adam la naissance de J.-C. n'est pas une conséquence certaine du texte biblique, mais une opinion de *Scaliger*, auteur protestant de la fin du xvi° siècle, qui, se trouvant correspondre au calcul ordinaire d'après la Vulgate, s'est implantée peu à peu, jusqu'à nos jours, grâce aux petits livres obligatoires et à nos habitudes routinières, dans l'enseignement classique.

Mais la version des Septante, adoptée dans les premiers siècles de l'Église, et suivie dans le comput du Martyrologe romain, donne 5199 ans au lieu de 4000 ; mais il y a, d'après les différents textes, plus de 150 chronologies bibliques différentes, « construites péniblement, dit le P. de Valroger, par des érudits qui n'étaient pas inspirés. » Elles ne s'accordent que depuis Abraham.

« Il est très possible, dit le savant évêque de Châlons [1], qu'aucun des trois computs bibliques ne nous soit parfaitement conservé. On sait que l'oubli ou la transposition d'un signe, d'une lettre, d'un mot, apporte, quand il s'agit de chiffres, des différences énormes.

« ... Toujours est-il qu'il a régné dans l'Église une liberté très grande en matière de chronologie biblique. On compte plus de cent cinquante systèmes, dont aucun n'a été condamné. Il importe plus que jamais, au moment où des savants consciencieux pensent que des faits nouveaux peuvent faire varier une fois de plus la chronologie des premiers temps, de ne point restreindre prématurément et témérairement la liberté à l'égard de certaines dates, toutes d'ailleurs antérieures à Abraham... On

---

[1] Mgr Meignan, *le Monde et l'Homme primitif selon la Bible*.

peut toujours se demander si la chronologie des premiers chapitres de la Genèse n'a point été altérée par la négligence des copistes ou défigurée par leurs systèmes. Les signes qui expriment les nombres sont facilement altérables.

« Nous n'oserions, dans l'état présent de la science, offrir au lecteur un système arrêté de chronologie... La Bible nous a conservé, sans aucun doute, quoique non sans interruption, la suite et l'ordre des événements. Elle contient des chiffres précieux; mais il ne faut point, selon nous, s'appuyer sur eux comme sur une infaillible autorité pour combattre les conclusions des sciences profanes, quand celles-ci reposent sur des faits qui paraissent prouvés. »

CHAPITRE IX

LES VOLCANS

I

ASPECT ET NATURE DES MONTAGNES VOLCANIQUES

> *Terra, de qua oriebatur panis in loco suo, igni subversa est.*
> *Ad silicem extendit manum suam, subvertit a radicibus montes.*
>
> JOB, XXVIII.

Il se forme encore de nos jours des montagnes.

Mais elles ont une forme bien différente de celles que nous avons vues; elles sont isolées et non en chaînes, en cônes et non en toits; elles ont pour origine, non pas le déplacement de tout un pan d'écorce terrestre, mais la simple accumulation, près d'une ouverture qui les a vomis, de matériaux meubles lancés et retombés, et de matériaux liquides épanchés et solidifiés : ces montagnes s'appellent les *volcans*. La trace de l'ouverture d'où est sortie leur masse persiste souvent sous forme d'un enfoncement, qu'on nomme *cratère*.

Les matériaux d'une même montagne, provenant ainsi à peu près tous d'un même point, prennent, en s'éboulant, la forme régulièrement conique de ces tas de cailloux que certaines voitures, par un mouvement de bascule, versent sur les chemins.

Notre époque a vu ainsi naître des volcans terrestres en des points où il n'y avait pas auparavant trace de montagne. Le plus intéressant pour nous, le plus voisin, et celui sur l'éruption duquel nous avons plus de documents, est le *Monte-Nuovo* (carte, p. 363), qui se forma, du 29 septembre au 20 octobre 1538, au fond de la baie de Pouzzoles, dans le golfe de Naples, entre le rivage et le lac Averne. En moins de trois jours, que dura le paroxysme de l'éruption, les cendres et les pierres rejetées produisirent une montagne conique de plus de 200^m de hauteur. Elle n'a jamais fait éruption depuis. Aujourd'hui, après plus de trois siècles d'érosions, le volcan a encore 134^m de hauteur, et son cratère une profondeur à peu près égale.

Le *Cosmos* de Humboldt a rendu célèbre le *Jorullo*, volcan de plus de 500^m de haut, formé en une seule éruption, dans une plaine au Mexique, en 1759. Onze ans après, à cent lieues vers l'est, dans un des petits États de l'Amérique centrale, San-Salvador, une série d'éruptions produisit, dans la plaine de Sansonate, le volcan l'*Isalco*, qui, n'ayant jamais cessé d'être en activité depuis lors, s'accroît tous les jours, et a aujourd'hui presque la hauteur du Vésuve.

Les matières qui forment surtout les cônes, et impriment à la montagne sa forme dominante, sont les *scories*, pierres spongieuses ressemblant à du mâchefer. Ce sont celles-là surtout qui rendent difficile l'ascension d'un cône. « Il n'y a rien en vérité, dit le président de Brosses à propos du cône du Vésuve, de si hideux à voir, ni de si fatigant à traverser que ces amas d'*éponges de fer*, aussi dures que raboteuses. Vous ne pouvez rien vous figurer de plus dégoûtant que ces infâmes déjections; on marche là-dessus avec une fatigue inconcevable. Toutes ces mottes de mâchefer roulent incessamment sous les pieds et vous font, grâce à la détestable rapidité de terrain, descendre deux toises quand vous croyez reculer d'un pas. »

D'autres pentes, au lieu de scories, sont formées de cendres. « Ces cendres, dit Marc Monnier, sont du sable fin rougeâtre, et qu'on pourrait répandre sans inconvénient, au lieu de poudre d'or, sur la page fraîche qu'on vient d'écrire. En voyant ce talus uni, l'on se rassure; on s'y engage de grand cœur. Hélas! on ne tarde pas à regretter les scories: Ce ne sont plus des pierres qui dégringolent sous vos pieds, c'est de la poussière dure, serrée, où à chaque pas vous enfoncez à mi-jambes. Vous retirez un de vos membres de cet étang solide, et vous faites des tours de force pour le porter en avant; peine perdue! l'autre jambe est prise, et vous n'avez pas de point d'appui. Vous voulez vous aider des mains, utopie! elles plongent aussi dans le terrain mouvant, elles y entraînent vos bras jusqu'aux épaules. Sortez de là, si vous pouvez! »

Voilà les deux éléments dominants des côtes volcaniques! On conçoit que des montagnes ainsi formées changent facilement de forme, étant aussi facilement ravinées par les pluies que bousculées par les secousses qui accompagnent les éruptions. Non seulement la forme des cônes terminaux d'un volcan change à chaque éruption, mais encore souvent il suffit de quelques semaines de pluies ou de quelques orages pour la modifier considérablement; à la longue, les agents atmosphériques finiraient par la rendre méconnaissable.

Toutefois la forme caractéristique en talus conique s'affermit et se conserve souvent par deux causes.

La première est l'action de l'eau qui peut avoir pénétré les cendres sans les entraîner. Le délaiement des cendres par l'eau produit une boue qui, desséchée et devenue plus résistante, forme, sous le nom de *tuf* volcanique, une partie considérable de la base de la montagne et du sol environnant. Ce tuf constitue d'ailleurs un sol admirablement fertile, ce qui fait que le voisinage des volcans est souvent habité par des populations riches et nombreuses.

La seconde cause de solidification, bien plus puissante, est que par-dessus les éléments meubles du volcan viennent s'ajouter, par intervalles, des couches compactes de roches fondues qui se sont solidifiées en s'étalant : ce sont les *laves*. Quand une fissure ou un éboulement permettent de voir en coupe l'épaisseur de la montagne, on voit les courants de laves intercalés çà et là entre les lits de cendres et de scories, comme des crêpes entre des couches de farine et de chapelure. De plus, les laves peuvent se solidifier intérieurement, remplissant des cavités, imprégnant des couches meubles, ou s'interposant dans les fissures d'une masse dont elles produisent un gonflement graduel. La superposition de tous ces éléments, dont l'épaisseur décroît naturellement du centre à la circonférence, s'ajoute au gonflement du sol pour faire une montagne.

Vus de près, peu de temps après l'éruption, les courants de laves refroidis forment des masses aplaties dans les vallons ou dans les légères dépressions du sol de la montagne. Ils ont quelque ressemblance, dans leur forme générale, avec les glaciers, dont nous parlerons dans un prochain chapitre. Leur surface rugueuse, semée de cassures, de bizarres aspérités, reste longtemps inattaquable par les agents atmosphériques, et incapable de végétation. Il y en a en Auvergne qui datent des temps tertiaires, et semblent aussi récents que les laves de l'Etna ou du Vésuve datant de ce siècle-ci. La fig. 76, p. 218, représente la coulée de lave ou *cheire,* qui s'étend du Puy de Louchadière à Pontgibaud; derrière elle est la coulée du Puy de Côme, plus grande et plus âpre encore.

Une disposition très générale des montagnes volcaniques, dont nous chercherons plus loin l'explication, est que les cônes actuels sont très souvent entourés d'une sorte d'immense enceinte arrondie en forme de cirque, dont les parois à pic sont tournées vers le cône. Cette disposition, qui n'appartient qu'aux volcans, peut servir à les reconnaître, même avant d'avoir vérifié la nature de leurs roches. Il suffit, par exemple, de jeter les yeux sur une bonne carte des environs de Rome pour voir immédiatement que le fameux *monte Albano,* où étaient Albe-la-Longue, Aricie et le bois sacré de Diane; plus tard, Tusculum et le camp d'Annibal; de nos jours, Rocca-di-Papa et le camp des zouaves pontificaux, n'est autre qu'un ancien volcan. Ce volcan a eu successivement trois cratères, dont le plus grand, occupé par un lac, est représenté dans la fig. 124. La montagne entière est bien plus considérable que le Vésuve, et les coulées de laves couvrent tout le pays, depuis la mer jusqu'aux portes de Rome.

La campagne romaine contient d'autres volcans éteints; tout le pays est volcanique; les contemporains de Tite-Live ou de Cicéron ne s'en doutaient guère; il est vrai qu'aujourd'hui nos collégiens, plus entretenus de Rome antique que de Rome moderne, ne s'en doutent pas davantage. Il y a à peine cent ans, du reste, que les habitants de l'Auvergne savent qu'ils habitent un sol récemment ravagé par les volcans et couvert de leurs coulées. Deux voyageurs, Guettard et Malesherbes, visitant l'Auvergne en 1775, au retour d'un voyage aux environs de Naples, annoncèrent les premiers au monde savant l'existence de véritables volcans éteints en Auvergne.

« Cette découverte, dit Boscowitz, parut une extravagance; à Clermont on s'en fâcha, à Paris on en rit, et l'on railla les deux académiciens qui en étaient les auteurs. Il fallut toute l'éloquence de Montlosier et toute la persévérance de Faujas

Fig. 124. — Lac-cratère d'Albano.

pour démontrer la réalité d'une chose patente, irrécusable, et que tout le monde pouvait, alors comme aujourd'hui, voir et toucher.

« Du reste, ajoute le même auteur, les habitants d'Herculanum et de Pompéi ont bâti leurs maisons avec les laves du Vésuve; ils ont labouré sur ses scories et ses cendres; ils ont recueilli les fruits du châtaignier dans son cratère; là où Spartacus, le héros, avait campé avec ses compagnons, ils ont longtemps vécu en paix, sans se douter que la montagne qui leur donnait d'abondantes vendanges et de belles récoltes était un volcan assoupi, dont le réveil serait le signal de leur ruine. »

Nous ajouterons, pour rassurer les habitants des contrées volcaniques de l'Auvergne, que s'il y avait eu des géologues à Naples avant la terrible éruption qui coûta la vie à Pline, ils auraient trouvé dans l'activité persistante de ces fumaroles, solfatares, etc., fréquentes aux Champs Phlégréens et dans tous les environs du Vésuve, des sujets d'inquiétude que n'offrent plus l'Auvergne et le Velay, dont les dernières traces d'activité volcanique ont depuis longtemps disparu.

Si donc nous avons des lecteurs à Clermont-Ferrand ou au Puy, à Murat ou à Brioude, aux bains de Royat ou du mont Dore, ils peuvent lire ce chapitre sans qu'il devienne pour eux une occasion de cauchemars.

II

LES ÉRUPTIONS VOLCANIQUES

> *Commota est, et contremuit terra : fundamenta montium conturbata sunt.*
> *Ascendit fumus in ira ejus, et ignis a facie ejus exarsit : carbones succensi sunt ab eo.*
> *Et posuit tenebras latibulum suum..., tenebrosa aqua in nubibus aeris.*
> *Et intonuit de cœlo Dominus, et Altissimus dedit vocem suam : grando et carbones ignis..*
> *Et apparuerunt fontes aquarum, et revelata sunt fundamenta orbis terrarum.*
>
> PSAUME XVII, 8, 9, 12, 14, 16.

Une éruption volcanique est un des plus grandioses et des plus émouvants spectacles auxquels l'homme puisse assister.

Il est possible de jouir de ce spectacle, sur un théâtre restreint à la vérité, mais en tout temps, en visitant un de ces volcans qui sont en éruption permanente.

L'un d'eux n'est pas loin de la France; c'est celui de *Stromboli*, la plus septentrionale des îles Éoliennes ou Lipari, à douze lieues au nord du détroit de Messine. Depuis les temps historiques les plus reculés, la montagne conique du Stromboli sert de phare aux navigateurs, et son panache de fumée s'éclaire toutes les nuits par le feu d'artifice périodique que produit la projection de ses laves. L'ascension jusqu'au cratère est souvent faite par les touristes dans les beaux temps; on peut voir la lave, toujours ardente, osciller continuellement au fond de l'abîme; elle monte lentement, se gonfle et crève avec un bruit de tonnerre, en lançant à une grande hauteur, sous forme d'une gerbe éblouissante, les débris de sa couche superficielle pulvérisée par le jet de vapeur.

Le cratère de Stromboli est latéral, et les matériaux, projetés obliquement, vont, depuis les temps antiques, rouler le long d'un talus jusqu'au fond de la mer Thyrrhénienne. Voilà pourquoi le

Stromboli ne s'accroît pas en hauteur : son profil est resté sensiblement le même depuis l'époque où il éclairait la route des vaisseaux de Tyr et de Carthage.

Mais quelle que soit la beauté du spectacle qu'offre, pendant la nuit surtout, l'éclatement régulier de l'ampoule pierreuse de la lave de Stromboli aux visiteurs penchés sur son cratère, il n'y a rien là qui puisse être comparé à une de ces grandes éruptions qui de temps en temps viennent mettre en émoi les nombreuses populations habitant les flancs de l'Etna ou du Vésuve.

Dans un grand volcan dont les périodes d'activité ont de longues intermittences, les forces souterraines ont de multiples obstacles à vaincre, et l'interruption de leur activité leur donne une énergie bien autrement formidable.

L'éruption est d'abord annoncée par des grondements et des détonations souterraines, croissant d'intensité pendant plusieurs jours, par des craquements du sol, d'où sortent des fumées, souvent même par de violents tremblements de terre.

Ces tremblements de terre, qui se produisent avant et pendant le commencement de l'éruption, peuvent être pour les villes des pays volcaniques un danger plus terrible que les éruptions elles-mêmes. Ainsi la malheureuse ville de *Torre-del-Greco*, bâtie au pied du Vésuve, et maintes fois ravagée par les laves, a été encore détruite le 8 décembre 1861 ; il faut dire que, cette fois, elle a éprouvé vingt et une secousses depuis onze heures du matin jusqu'à trois heures d'après-midi, au moment où se produisit une violente éruption, non par le cratère principal, mais par un orifice situé presque au pied du Vésuve, du côté de la ville.

C'est tout à fait ainsi que Caracas, située sur une fissure volcanique, la Pointe-à-Pitre, au pied du volcan la Soufrière de la Guadeloupe, Quito, au pied du Pichincha, un des plus hauts volcans du monde, etc., ont été plusieurs fois détruites par des tremblements de terre.

La Calabre doit les fréquents tremblements de terre qui la désolent à ce qu'elle est située au milieu d'un demi-cercle de régions volcaniques, qui probablement communiquent entre elles par-dessous ce malheureux pays, les régions de l'Etna, des îles Lipari et du Vésuve.

Les tremblements de terre volcaniques, qui sont les plus terribles, sont habituellement circonscrits dans les régions signalées par l'existence des volcans; celui de Lisbonne a été une exception sous ce rapport. Nous verrons, à propos de la démolition des montagnes, quelle est la cause probable des tremblements de terre moins violents que l'on ressent dans les autres pays. Revenons aux éruptions.

Les secousses souterraines d'avertissement préalable augmentent peu à peu en fréquence et en intensité; les fontaines de la contrée tarissent; l'eau des puits s'échauffe ou disparaît. Le point où va se produire l'éruption se crevasse plus fortement, et laisse échapper avec des bruits stridents des jets de vapeur ou même des colonnes de fumée. Celles-ci sont d'abord blanches, constituées par de la vapeur d'eau chargée d'acide chlorhydrique; puis, devenues abondantes et montant en ligne droite, elles noircissent par la cendre qui s'y mêle de plus en plus. Enfin une série de détonations, ou quelquefois une seule épouvantable explosion se produit, le sol se déchire ou vole en éclats sur une étendue considérable, et par l'ouverture s'échappent avec violence des matières gazeuses, que l'on a vérifiées être presque uniquement constituées par de *la vapeur d'eau surchauffée*, et qui entraînent avec elles une immense quantité de ces fragments de pierres spongieuses nommées scories, avec des poussières pierreuses ou cendres plus ou moins fines, et de grosses masses lumineuses et arrondies de pierre fondue, qu'on nomme bombes volcaniques. Le jet, éclairé par une vive lueur venant du fond du cratère, et sillonné de traits de feu, semble une gigantesque colonne de flammes, autour de laquelle s'enroulent des tourbillons de fumée, dont le noir intense fait ressortir l'éclat des traits lumineux.

La figure 125, qui reproduit un dessin fait d'après nature à une éruption du Vésuve, au mois de mai 1838, par M. Raymond Balze, donne une idée de l'aspect des petites éruptions dont on peut s'approcher. L'enceinte du premier plan est le cratère formé au sommet du cône du Vésuve, à 1260^m au-dessus du niveau de la mer. Au milieu de cette enceinte, d'où sort par une brèche un courant de lave, coulant sur les produits durcis des éruptions précédentes, il s'est formé un nouveau cratère de dimension beaucoup moindre, qui fait pleuvoir les scories et les bombes sur toute la cime du volcan.

A une certaine distance, pendant le jour, un volcan, dans cette première phase de l'éruption, paraît surmonté d'une haute colonne noire s'étalant, à une certaine hauteur, en un sombre nuage horizontal, qu'on nomme le *chapeau* du volcan. Si le courant gazeux est régulier et la cendre peu abondante, il se produit ainsi d'abord, comme dit Pline dans sa célèbre narration de la première éruption du Vésuve, une apparence tout à fait semblable à la forme du *pin* parasol, si commun en Italie.

Mais, dans les grandes éruptions, les fissures et bouches d'explosion étant multiples, le nuage opaque, formé de quantités presque égales de poussière d'eau et de poussière pierreuse, se gonfle en forme d'immense chou-fleur, comme la fumée d'un gigantesque bouquet d'artifice, puis s'étale au point de couvrir la contrée tout entière, qui se trouve ainsi plongée dans les plus profondes ténèbres.

Des décharges électriques comme celles de nos orages, mais d'une intensité incomparablement plus grande, se produisent entre le nuage et la montagne, et mêlent la lueur de leurs éclairs et les éclats de leur tonnerre aux jets lumineux et aux détonations du volcan. Bientôt ce nuage d'eau et de cendre se résout en une pluie diluvienne de boue opaque et fétide, vingt fois plus abondante que nos plus fortes pluies d'orage, formant à la surface du sol meuble des milliers de torrents d'une horrible fange. Dans le voisinage du cratère, la pluie de boue est accompagnée d'une pluie de pierres et de scories encore brûlantes.

C'est un cataclysme de ce genre qui, lors de la terrible éruption par laquelle se réveilla le Vésuve en août 79, ensevelit en trois jours neuf villes ou bourgs, dont Pompéi et Herculanum. Pompéi a été exhumée, depuis un siècle, par des fouilles qui nous ont montré en action la vie à l'époque romaine. C'est uniquement sous les torrents d'une pluie de boue, formée de cendres fines et de très petites ponces, qu'a disparu Pompéi. La quantité de matériaux qu'a vomis le Vésuve dans cette première éruption est prodigieuse. Les peintures de la montagne, trouvées sur les murs de la ville, nous montrent qu'avant cette éruption la montagne se bornait à l'enceinte appelée la Somma, le cône actuel

Fig. 125. — Sommet du Vésuve pendant l'éruption de 1838.

n'existant pas. Cette seule éruption a créé un cône, couvert d'une épaisseur de deux à vingt mètres de débris sur une surface de plus de dix lieues carrées, fait reculer d'un kilomètre le rivage de la mer, et envoyé des cendres jusqu'à Constantinople et jusqu'en Afrique.

A partir de cette terrible rentrée en activité du volcan, qui dormait depuis les époques antéhistoriques, ses éruptions se sont succédé à courts intervalles, sauf une interruption de 1500 1630, pendant laquelle l'activité s'est portée vers les Champs Phlégréens (fig. 126), de l'autre côté de Naples. Dans ces der-

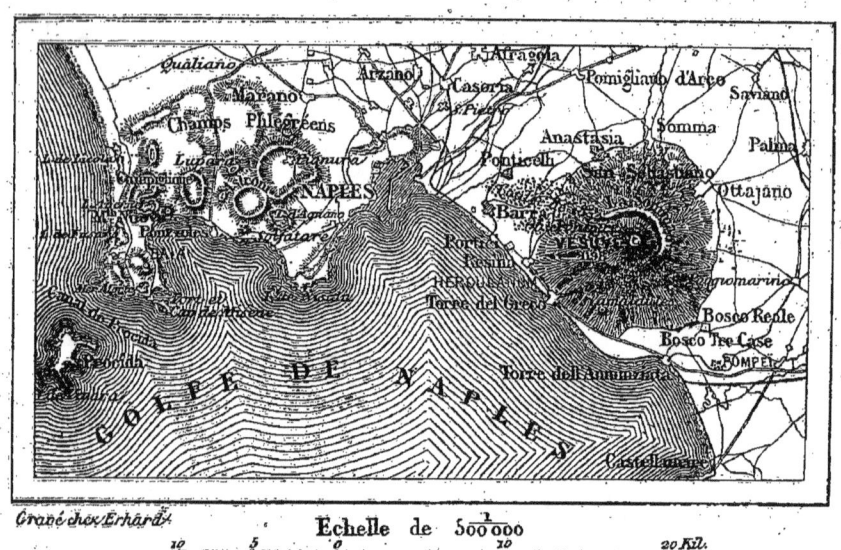

Fig. 126. — Le Vésuve et les Champs Phlégréens.

niers deux siècles et demi, le Vésuve a eu en moyenne une éruption tous les deux ou trois ans.

L'une des plus récentes (du 24 avril au 1er mai 1872) a été une des plus violentes : elle a mis en émoi l'Europe entière, par cette raison que, pour la première fois, il y a eu plus de victimes parmi les curieux et les touristes accourus pour la contempler que parmi les habitants de la montagne elle-même. Une fissure brusquement ouverte le long du chemin qui mène de Naples à l'observatoire, bâti sur un pli rocheux, à mi-côte, a subitement vomi des matières incandescentes sur la foule cosmopolite qui accourait à ce spectacle aujourd'hui mis à la mode, et a fait parmi elle une centaine de victimes. L'un des nombreux courants de lave qui sillonnaient en tous sens la montagne est venu jusqu'à moitié chemin de Naples, ravageant deux bourgs sur sa route. Le Vésuve semblait vouloir se venger de l'épithète de « volcan de cabinet » dont l'a jadis gratifié un géologue. Le nuage opaque de cendre atteignait quinze lieues de diamètre, et les scories pleuvaient, encore incandescentes, et rendaient prudent de noyer les poudres à deux lieues de distance du cratère.

Les torrents de boue dus à la pluie diluvienne qui descend du chapeau volcanique paraissent être, dans beaucoup d'éruptions, le phénomène le plus redouté et le plus destructeur. Dans les volcans géants à cime neigeuse, la fusion subite des neiges, par la chaleur de l'éruption, donne à ces torrents un volume prodigieux. Ils paraissent, en plusieurs cas, s'être compliqués de la rupture des barrages, laissant écouler de grandes masses d'eau renfermées depuis longtemps dans des cavités de la montagne. C'est ainsi qu'on explique les poissons morts trouvés quelquefois en quantité dans les boues envahissantes, comme au Cotopaxi et à deux autres volcans du plateau de Quito, et les destructions presque instantanées de villes ensevelies dans la boue, comme il est arrivé à l'éruption du Gelungung, de l'île de Java, en 1823, et en Asie Mineure à l'éruption de l'Ararat, en 1840.

C'est à la fin de cette fureur, de ce paroxysme de l'éruption gazeuse, que se produit l'éjection des laves. Cette abondance de cendres et de scories, rejetées avec la vapeur d'eau, nous montre que celle-ci était dissoute sous une énorme pression dans la roche fondue, et qu'elle en sortait sous forme de bulles gazeuses, dont l'expansion subite pulvérisait leurs enveloppes liquides, emportées par le courant.

Le phénomène produit alors nous est très bien représenté en petit quand on débouche une bouteille de bierre mousseuse ou de vin de Champagne. Nous avons d'abord l'expulsion du bouchon, qui nous représente l'explosion initiale; puis, pendant quelques secondes, un dégagement violent de gaz mêlé de fines gouttelettes liquides, qui nous représente la projection de la vapeur entraînant cendres et scories; enfin la montée de la mousse : c'est celle-ci qui nous représente la sortie des laves.

En effet, lorsque le dégagement de vapeur n'est plus assez violent pour pulvériser et disséminer la substance pierreuse en fusion, il peut au moins la gonfler d'innombrables bulles, qui, en augmentant graduellement le volume d'une portion de plus en plus profonde du liquide, y produisent en grand l'effet du lait qui monte en bouillant, c'est-à-dire font arriver sa surface jusqu'au niveau de l'ouverture du cratère.

L'arrivée des laves s'annonce par l'illumination que produit sur la masse nuageuse la surface éblouissante de la pierre fondue qui envahit le fond du cratère. A mesure que cette surface s'élève, les gerbes étincelantes de scories qu'elle projette dans les airs augmentent en quantité et en éclat. Bientôt un bourrelet de feu se montre à l'échancrure la plus basse, se balance un instant, puis se précipite en cascade ignée avec un fracas effroyable.

Le spectacle devient splendide. Un torrent éblouissant serpente sur le flanc de la montagne, lançant lui-même de tous ses points, par le dégagement des vapeurs de sa masse, des traits de feu et des fumées illuminées. On peut quelquefois arriver tout près de ces cataractes de feu. « Comment décrire cela? dit Marc Monnier. Vous avez vu s'ébouler les maisons qui obstruaient les abords du Louvre? Vous avez vu rouler l'avalanche du haut des Alpes? Vous avez vu le Rhin se précipiter, à Lauffen, dans un gouffre écumant? Eh bien, résumez en un tableau toutes ces images; réunissez, confondez devant vous la cascade, l'avalanche, l'éboulement, et faites-en un immense incendie. »

Tant que la pente est rapide, la surface du courant igné, sans cesse renouvelée, reste liquide et conserve son éclat éblouissant; mais, sitôt qu'un obstacle ralentit sa vitesse, des scories solides, qui nageaient sur la roche fondue, se rassemblent, se soudent, s'assombrissent en se refroidissant, et forment bientôt, autour du courant, une gaine continue de pierres noires et fumantes.

C'est alors un tout autre spectacle, moins brillant, mais plus curieux encore : la croûte, tourmentée, étirée, bizarrement rugueuse (fig. 127), qui enveloppe la partie fondue, étant brisée à chaque instant et de tous les côtés par la pression du liquide qu'elle enferme, et se ressoudant, par l'injection du liquide igné, à mesure qu'elle se brise, offre l'aspect invraisemblable d'un écroulement indéfini et fantastique de blocs sombres, qui s'écrasent en se tordant autour d'une pâte en feu, avec un bruit strident, presque métallique, comparable à celui que feraient des centaines de voitures de pavés et de barres de fer s'éboulant les unes par-dessus les autres.

Le progrès en avant du courant de lave engainé est lent, mais irrésistible ; il se produit par pulsations périodiques ; la pression

Fig. 127. — Courant de lave vu de près.
(Au premier plan, à droite, des végétaux et débris d'une saillie enlevée par le courant flottent à sa surface.)

du liquide gonfle le large front de la coulée en un bourrelet qui s'écroule comme une gigantesque vague de pierres, puis se gonfle de nouveau, pour s'écrouler encore, et toujours ainsi, comblant les ravins, envahissant les plaines, brûlant les arbres, enlaçant, puis écrasant ou recouvrant les maisons qu'il rencontre sur son passage.

Il est rare que de grands courants de lave s'épanchent par le cratère terminal des grands volcans; le plus souvent le poids de la lave, soulevée dans la cheminée principale, injecte le liquide des parties profondes, à travers les couches meubles, par des fissures latérales, jusqu'en un point assez bas des flancs de la

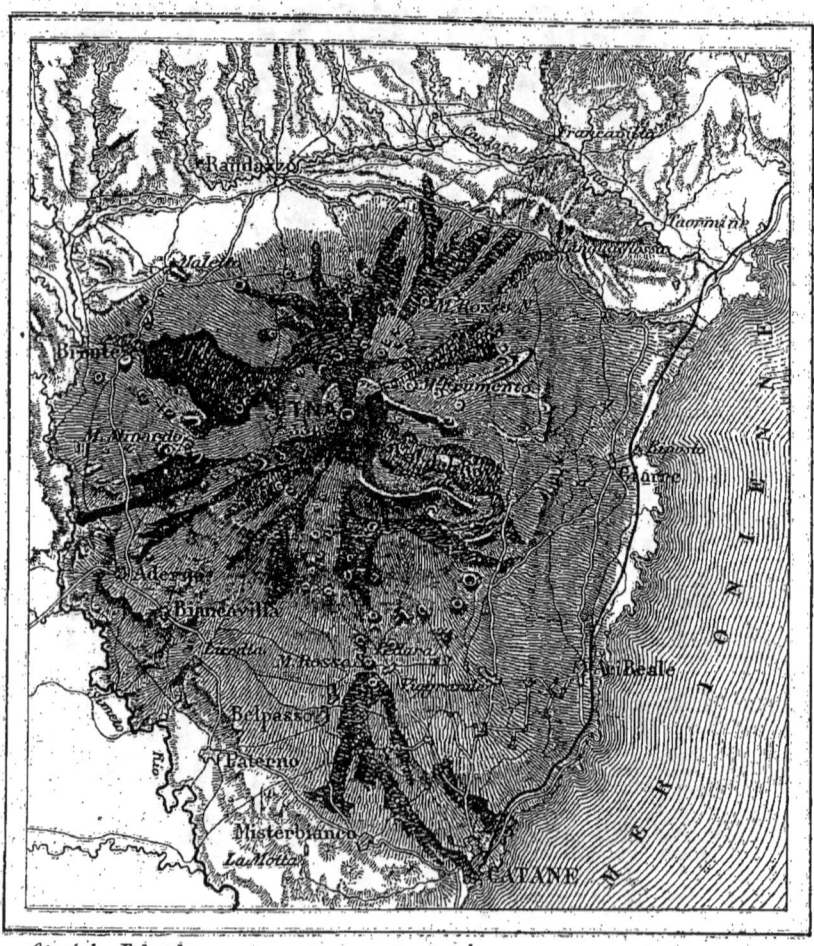

Fig. 128. — L'Etna.

montagne, où se reproduisent en moins de temps et sur une moindre échelle les premiers phénomènes d'une éruption : explosion, jets violents de cendres et de scories, production d'un cône de débris, puis montée de la lave, qui, par son épanchement, ébrèche le cratère, et abaisse sans cesse, en dissolvant son bord inférieur, l'ouverture qui la vomit.

Le Vésuve lui-même, comme le montre la carte p. 363, a fourni, dans les temps historiques, plus de coulées par des crevasses latérales que par son sommet; et pourtant c'est un volcan de médiocre taille.

Mais l'Etna (fig. 128), qui est presque trois fois plus haut, et couvre dix fois plus de surface que le Vésuve (les cartes de ces deux volcans sont à la même échelle), a ses flancs couverts d'innombrables cônes d'éruption. Les petits sont hauts de 30 à 40^m, et les grands atteignent 100, 200, 300^m même; chacun est accompagné de sa coulée de lave. Quelques-unes de ces coulées, qui ont mis des mois à faire leur trajet, atteignent 20 kilom. de longueur et 10 de largeur : par exemple, celle qui détruisit la moitié de la ville de Catane, en 1669.

Il y a des centaines de ces coulées les unes sur les autres, séparées par des centaines de couches de cendres et de scories, et leur accumulation successive, superposée à une tuméfaction des couches intérieures par les infiltrations de la roche fondue qui s'y presse, constitue cet énorme mont Etna, qui, malgré son immense base et sa faible pente (fig. 129), arrive aux altitudes neigeuses (3320^m), et laisse bien au-dessous de lui les plus hauts sommets des Apennins.

Les volcans géants d'Amérique et d'Asie, comme le Cotopaxi de Quito, l'Orizaba du Mexique, le Fusiyama du Japon, sont terminés par un cône parfait, parce que leur cratère ne vomit que des scories et des cendres; jamais la lave ne peut monter à cette hauteur. Les volcans moins élevés, qui ont un cône régulier, comme le Vésuve, ont ordinairement fourni ce cône dans une seule éruption.

L'écoulement de la lave, se faisant habituellement par un seul côté du cratère, échancre nécessairement et déforme ce cratère, qui perd l'aspect de coupe auquel il doit son nom. Certains volcans, dont l'éruption fournissait plus de laves que de scories, ne gardent aucune trace d'un cratère après cette éruption : les dernières portions de laves bouchent la fissure qui les a apportées. Il en est ainsi de l'Ararat, de l'Antisana, des trois Kameni du Santorin et de bien d'autres; il en a peut-être été ainsi du Puy-de-Dôme et de la plupart des volcans de trachyte.

Fig. 129. — L'Etna, vu du théâtre de Taormine.

III

LA THÉORIE : CRATÈRES ET FUMAROLLES

> *Quo fonte ruat vulcanius ignis ?*
> *Tunc mare sulfurei ductum per viscera montis*
> *Oppressis ignescit aquis, et pondera librat...*
> *Tunc vomit indigenas nimbos, spissaque gravatum*
> *Fœdat nube diem, nunc molibus astra lacessit*
> *Terrificis, damnisque suis incendia nutrit.*
>
> CLAUDIEN.

La quantité de laves épanchées dans une seule éruption atteint quelquefois un volume prodigieux. L'exemple le plus remarquable qu'on en puisse citer dans les temps modernes est l'éruption du Skaptar-Jokul, un des nombreux volcans de l'Islande. En 1783, ce volcan a vomi, pendant plusieurs mois, des quantités de laves telles, que deux principaux courants ont atteint une longueur de plus de 80 kilom. sur une largeur de 25. Le volume total des matériaux sortis alors de terre et épanchés sur l'Islande pourrait faire une montagne presque aussi haute que le mont Blanc.

Il est évident que de pareilles masses de matières ne peuvent sortir des entrailles de la terre sans laisser, au sein de la montagne qui les rejette, d'immenses cavités. En supposant même que la plus grande partie d'un tel vide soit remplie au moyen d'une contraction imperceptible de l'écorce terrestre du côté de l'éruption, il n'en restera pas moins, dans la région solide de la montagne voisine de l'ouverture, des érosions souterraines opérées par la force d'entraînement des vapeurs et par l'action dissolvante des laves. Lors d'une abondante éruption, ce vide est recouvert d'une voûte fracturée et peu solide, qui doit ou s'écrouler ou être projetée en débris, suivant la violence du courant. C'est l'origine la plus probable des *cratères* à parois verticales, que nous trouvons au sommet de presque tous les volcans, et qui changent ordinairement de forme à chaque éruption. La grandeur de ce cratère dépend évidemment de l'abondance des matières rejetées.

Or l'étude des volcans conduit à cette conclusion évidente que les phénomènes volcaniques sont, à notre époque, en voie de décroissance. Les éruptions de laves comme celles du Skaptar-Jokul sont aujourd'hui très rares, tandis qu'elles ont été fréquentes avant les époques historiques. D'un autre côté, ces grandes enceintes à parois verticales, qui entourent généralement les cônes volcaniques, sont, la plupart du temps, tout à fait identiques aux cratères ordinaires, par la constitution de leurs pentes et l'aspect de leurs parois à pic.

Les géologues n'ont pas toujours été d'accord sur l'origine du renflement de la surface terrestre où semble creusée cette enceinte, et qui paraît représenter la masse primitive du volcan. Léopold de Buch et Humboldt l'attribuent seulement à un soulèvement; Lyell et Poulett-Scrope, seulement à l'accumulation sur un sol horizontal des matériaux vomis par les anciennes éruptions. La vérité est entre les deux, comme il arrive d'ordinaire dans ce genre de discussions. Cette intumescence très souvent évidente de l'ensemble des couches avec pentes partant de la partie centrale peut être une simple conséquence de l'introduction des laves, sous la forte pression qui produit l'éruption, dans toutes les couches meubles et les cavités intérieures de la montagne. On attribue à un moulage de laves dans des fentes d'un terrain meuble, ce terrain étant enlevé plus tard par l'érosion des eaux courantes, les singulières saillies rocheuses, si communes dans les pays volcaniques, et appelées *dykes* (fig. 138).

Pour les dépressions centrales au moins, c'est-à-dire les cratères petits ou grands, tout le monde admet aujourd'hui qu'ils ont le plus souvent comme origine l'écroulement de la croûte supérieure du volcan, lorsque les érosions, les dissolutions et le gonflement des roches fondues par les bulles gazeuses qui les ont soufflées, ont fait un immense vide au milieu de la montagne.

Un phénomène non moins fréquent que les écroulements peut amener un résultat plus radical encore, et faire disparaître entièrement le sommet de la montagne : c'est sa pulvérisation par l'explosion première et les explosions consécutives, et sa dispersion sous forme de cendres, ponces et scories sur une immense étendue.

On peut citer, comme exemples récents de ces épouvantables

destructions : 1° l'éruption de la montagne du Papandayang à Java, en 1772, qui pulvérisa sa cime, haute de plus de 2000ᵐ, sur un espace de plus de 200 kilomètres carrés (24 kilomètres de long sur 10 de large), détruisant quarante villages et tuant trois mille personnes; 2° l'éruption du Timboro, dans l'île de Sumbava, à l'est de Java, en 1815, où la masse des débris fit la nuit noire en plein midi, par un nuage opaque couvrant un espace plus grand que la France, où, à quinze lieues de distance, les toits de maisons étaient enfoncés par le poids des cendres tombées de ce nuage, où la pierre ponce flottait en couche d'un mètre d'épaisseur à la surface de la mer de la Sonde, où le volcan, dit Reclus, « détruisit à lui seul plus d'hommes que l'artillerie des deux armées en ce moment aux prises sur le champ de bataille de Waterloo; » enfin 3° l'éruption du Coseguina, dans le Nicaragua, en 1835, qui produisit quarante-huit heures de ténèbres sur une surface plus grande encore, de Mexico à Santa-Fé-de-Bogota, et, de Cuba aux îles Gallapagos, couvrit de cendres tout l'isthme de Panama, et de pierres ponces flottantes les deux mers riveraines, laissant, au lieu de la montagne, une surface rugueuse et ravagée qui n'atteint pas 150ᵐ au-dessus du niveau de l'océan Pacifique.

L'union des deux phénomènes, l'écroulement et l'explosion, peut expliquer aussi bien les grands cirques vides de plusieurs lieues de diamètre que les cratères des grands volcans actuels. Le soulèvement, lorsqu'il a eu lieu, n'a produit que l'altitude croissante, le gonflement du massif; l'explosion a dégagé les fissures; l'écroulement les a transformées en cirques.

Telle est l'explication la plus naturelle des grands cratères, tant de ceux qui sont concentriques à la montagne que de ceux qui lui sont excentriques. Ces derniers ne sont pas rares. Tout le monde admet que l'excavation énorme du flanc oriental de l'Etna, le *Val-del-Bove*, est produit par un vaste écroulement; or il ne diffère de l'enceinte qui entoure le pic de Ténériffe (fig. 52), ou de la Caldera de l'île Palma (fig. 133), ou du golfe intérieur de l'île Barren (fig. 132), ou de celui qu'enceignent les îles Santorin, Therasia et Aspronisi (carte p. 377), qu'en ce que le cratère actuel de l'Etna ne s'est pas formé au fond de l'excavation, mais sur son bord le plus élevé.

Un même volcan peut avoir ainsi plusieurs grands cratères.

Nous avons vu que le Monte-Albano de la campagne romaine est dans ce cas. Mais nous en avons un exemple plus remarquable dans un volcan permanent de l'Océanie septentrionale, à l'île de Hawaii.

On peut voir là, toujours rempli de lave en ignition, car il est trop grand pour qu'il puisse s'y produire d'éruption proprement dite, le plus curieux et le plus gigantesque cratère actif du monde entier. On l'appelle Kilauwa : il est situé au premier quart de la hauteur d'un des plus grands volcans du monde, le Mauna-Roa, qui porte d'ailleurs à 4800^m un cratère terminal de dimensions colossales. Mais ce cratère latéral du Kilauwa est unique au monde. C'est un *lac* de lave en feu, de cinq kilomètres et demi de diamètre, c'est-à-dire plus grand que les lacs suisses de Sarnen, d'Alpnach, de Sempach ; plus grand que le Paris d'il y a cinquante ans, quand il n'allait que de la Bastille à Saint-Lazare, et de Montparnasse à la gare de Strasbourg.

Ce lac ardent, bouillonnant, sillonné de jets de lave, de scories flottantes, de gerbes de feu projetées par des milliers d'explosions, est entouré de parois à pic, hautes de 400^m lorsque le niveau de la lave est au plus bas : c'est la hauteur des gradins du cirque de Gavarnie ; mais ce dernier n'a que 1200^m de diamètre, de sorte que le cratère du Kilauwa est à peu près vingt fois grand comme le cirque de Gavarnie. La lave s'y élève peu à peu, et lorsque l'immense cuve est pleine, elle contient six milliards de mètres cubes de lave. L'énorme pression produite sur son fond remplit les fissures de la base de la montagne, et il s'en trouve bientôt quelqu'une qui, par une crevasse subitement ouverte au-dessous du niveau du fond du cratère, donne issue aux laves liquides, et vide plus ou moins le réservoir. Le fait s'était produit en 1840 ; il s'est reproduit tout récemment. En 1840, le torrent de lave avait 25 kilom. de largeur et 60 kilom. de longueur jusqu'à la mer, où il s'engloutit. Le gouffre vidé avait, à son centre, 450^m de profondeur !...

Le résultat de tout ce que nous venons de voir est cette définition aujourd'hui admise, que *les volcans sont des communications plus ou moins permanentes entre l'intérieur et l'extérieur* du globe, par où se produisent des éjections de vapeur, due à l'eau qui a pénétré jusqu'aux roches profondes en fusion sous la croûte terrestre, et qui les entraîne en s'en dégageant.

Cette eau, qui descend peu à peu en imbibant les pores des roches, se trouverait, aux grandes profondeurs, non seulement combinée chimiquement, mais disssoute dans les roches fondues qui supportent l'écorce du globe, en gardant au sein de ces liquides ardents la pression énorme que peut prendre sa vapeur à cette température, exactement comme le gaz dissous dans l'eau de Seltz et les boissons mousseuses exerce, quoique liquéfié, sa pression contre les parois des bouteilles.

Si la paroi cède quelque part, ou s'il s'ouvre une issue, la substance dissoute reprend l'état gazeux par une sorte d'ébullition violente, cause de tous les phénomènes de l'éruption.

L'eau parvenue ainsi, par imprégnation capillaire (qu'on a démontrée récemment être capable de vaincre les plus énormes pressions), jusqu'aux roches où elle se dissout, est rejetée périodiquement, par la voie des éruptions, en quantités comparables à de grandes sources intermittentes, et entre pour une part sensible, quoique faible, dans la grande circulation des eaux que nous allons développer au prochain chapitre.

Le lieu où se produit chaque éruption, c'est-à-dire le point actuel de moindre résistance de la croûte terrestre, dépend des caprices des crevasses intérieures de la portion de cette croûte tant de fois bouleversée, et a beaucoup de chances de se trouver dans le voisinage de la cheminée, plus ou moins bien bouchée, de l'éruption précédente.

Mais, s'il s'agit d'une première rupture, le lieu dépendra des conditions, à nous inconnues, de la continuité et de la résistance du sol.

On remarque que le plus grand nombre des volcans se trouvent ou se sont trouvés près de la mer. Les bords de la mer et la base des chaînes de montagnes sont des points où le changement de pression peut favoriser la formation de fissures dans la croûte terrestre. Si une fissure doit s'ouvrir dans une portion aplanie, il semble assez naturel, toutes choses égales d'ailleurs, qu'elle se fasse au fond de la mer, où l'écorce solide doit être plus mince. Il y a, en effet, de nombreux volcans sous-marins, et c'est le moment d'en dire quelques mots.

Nous n'insisterons pas sur les éruptions produites dans les grandes profondeurs océaniques, dont l'homme ne peut guère avoir l'occasion d'apercevoir les effets. Les annales de la navigation contiennent plusieurs récits de dégagements tumultueux de gaz, troubles de l'eau et nombreux poissons morts, qui sont les seuls effets sensibles à la surface de l'Océan d'une action volcanique produite à quelques milliers de mètres au-dessous de cette surface.

Bornons-nous à quelques exemples d'éruptions sous-marines survenues par des profondeurs assez faibles pour que les produits pussent atteindre la surface.

A diverses époques de l'histoire ancienne, moderne et contemporaine, on signale l'apparition d'îles nouvelles s'élevant du sein des ondes, au milieu des flammes et des fumées. Plutarque, Sénèque et surtout Pline, racontent comment apparurent ainsi plusieurs îles de la Méditerranée, notamment des Cyclades. On connaît la date précise de la formation des diverses îles qui forment le groupe de Santorin. Therasia (fig. 130), sur laquelle un soulèvement vient de mettre au jour des ruines antiques, serait apparue ou aurait été séparée de Santorin en 236 avant J.-C. Hiera, ou Palaia-Kameni (la vieille brûlée), sortie de la mer en 186 avant J.-C., s'est accrue par de nouvelles éruptions en l'an 19 de notre ère, puis en 726, puis en 1427. A côté d'elle surgit, en 1572, Micra-Kameni (la petite brûlée); puis, en 1650, une grande éruption se produisit au milieu de la baie, sans former de terre nouvelle; de 1707 à 1712, une série d'éruptions firent sortir de la mer un grand nombre d'îlots et d'écueils, qui finirent par former une seule île entre les deux précédentes, nommée Nea-Kameni (la nouvelle brûlée).

Après plus d'un siècle de repos, le soulèvement lent du fond de la mer, et de continuelles émanations volcaniques, pendant tout le commencement de ce siècle, avaient fait prévoir une nouvelle période d'activité volcanique. Depuis le commencement de 1866, en effet, les savants européens ont pu faire à Santorin les observations les plus curieuses et les plus complètes sur une éruption sous-marine.

Deux nouvelles îles de lave brûlante sont successivement sorties de la mer, au sud de Nea-Kameni, par une lente accumulation du produit sans cesse solidifié de coulées invisibles. Au bout de deux mois pour l'une, de dix mois pour l'autre, les deux masses accrues et réunies à l'île de Nea-Kameni se crevaient à

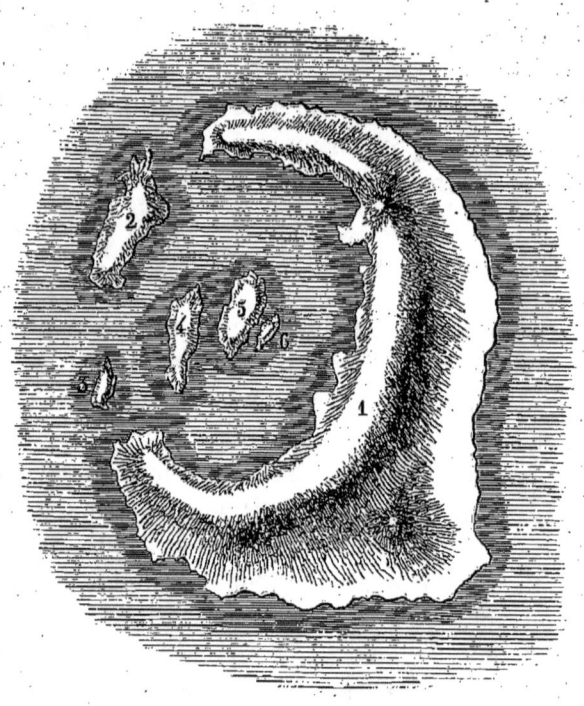

Fig. 130. — Carte des îles Santorin.

1. Santorin. 4. Palaia-Kameni.
2. Therasia. 5. Nea-Kameni.
3. Aspronisi. 6. Micra-Kameni.

leur sommet, et produisaient les phénomènes éruptifs des volcans terrestres. Toutefois les laves, sorties presque visqueuses, formaient des amas épais plutôt que des courants. Aujourd'hui tout le sud de Nea-Kameni, qui a doublé de dimension, est formé de l'accumulation d'une quantité de coulées produites entre les premières, et atteignant plusieurs centaines de mètres d'épaisseur.

Les laves rejetées lentement par les éruptions sous-marines sont toujours plus compactes que celles des éruptions terrestres, puisqu'elles ont à supporter la pression de l'eau qui les recouvre. On peut étudier facilement leurs caractères dans un assez grand nombre de coulées aujourd'hui émergées en Italie, en Islande et en Océanie, où elles montrent leur origine évidente par leur alternance avec des sédiments à fossiles marins. Lorsqu'elles s'accumulent au point d'atteindre la surface de la mer, les saillies qu'elles forment résistent bien au choc des vagues, et les îles nouvelles qu'elles constituent sont persistantes.

Il en est tout autrement quand l'éruption a le caractère violent habituel aux volcans terrestres, et qu'elle produit des torrents de vapeurs, de cendres et de scories. La saillie formée peut avoir un accroissement plus rapide; mais l'action érosive des flots, très rapide sur ces entassements de matières meubles et légères, arrive bientôt à les faire disparaître. Les exemples sont assez nombreux d'îles formées par une éruption, et disparues par une tempête.

Le plus connu est celui de l'île apparue en juillet 1831 dans la Méditerranée, à douze lieues de la côte sud de la Sicile, du côté de la Tunisie, en un point où la sonde indiquait jadis 184^m de profondeur. Des navigateurs et des savants de divers pays vinrent en toute hâte contempler l'éruption et visiter l'île encore brûlante, qui ne reçut pas moins de sept noms à la fois : Julia, Nérita, Ferdinandea, Graham, etc.; on commençait à s'en disputer diplomatiquement la possession, quand une série de tempêtes l'engloutit après moins de six mois d'existence.

Parmi les phénomènes secondaires que présentent les pays volcaniques, il faut citer les *solfatares* et les *geysers*.

Les solfatares sont les dépôts de soufre produits et sans cesse renouvelés par les *fumarolles*, c'est-à-dire par les jets de vapeur d'eau brûlante et chargée de produits chimiques qui s'échappent du sol des volcans. Les solfatares sont généralement dans des cratères qui ont cessé leurs éruptions depuis longues années. Telles sont la solfatare de Pouzzoles (carte p. 363) et celle de Vulcano, l'une des îles Lipari. Le soufre est un important article de commerce pour les pays volcaniques. Il est de première nécessité pour deux fabrications : celle de l'acide sulfurique et celle de la poudre à canon, qui sont d'immense importance, l'une en temps de paix, l'autre en temps de guerre.

Les geysers sont des sources jaillissantes et intermittentes d'eau bouillante, qui se produisent dans les vallées volcaniques. Les jets sortent par des trous situés au fond de vastes entonnoirs, entourés de monticules siliceux que produit l'eau des geysers eux-mêmes. L'Islande compte plusieurs geysers célèbres, dont le plus grand (fig. 131) jaillit à plus de 30^m en l'air.

Fig. 131. — Grand geyser d'Islande.

La Nouvelle-Zélande en possède un nombre très considérable, qui sont réunis sur les bords de la rivière Waikato. L'un d'eux, le Teratata, forme, à partir de sa vasque, située sur une hauteur, une admirable suite de cascades fumantes, en forme de gigantesque escalier de marbre blanc. Le défilé du Diable en Californie, le ravin du Petit-Enfer à San-Salvador, le parc national des États-Unis aux montagnes Rocheuses, offrent aussi des jets intermittents d'eau bouillante.

Le célèbre professeur anglais John Tyndall a très bien expliqué l'origine de ces geysers, et a réalisé de petits geysers de démonstration avec un tube de fer terminé en cuvette, et échauffé à sa base et en un point de sa longueur.

Un geyser est un puits naturel dans lequel arrive, d'un côté, une source d'eau ; de l'autre, une fumarolle. La vapeur surchauffée de la fumarolle, en se condensant dans l'eau, échauffe celle-ci à des températures voisines de l'ébullition ; ces températures croissent avec la profondeur, à cause de la pression due au poids de l'eau, qui augmente d'une atmosphère tous les dix mètres. Lorsque l'eau est partout à peu près arrivée au point d'ébullition, il suffit d'une grosse bulle de vapeur, fournie sans se condenser par la fumarolle, pour soulever toute la masse de deux à trois mètres, ce qui la met, dans tous ses points, un peu au-dessus du point d'ébullition. Les bulles qui se forment alors partout à la fois chassent violemment toute la masse hors du tube. L'eau retombe un peu refroidie, s'échauffe de nouveau en condensant la fumarolle jusqu'à ce qu'elle jaillisse encore, et ces jets périodiques continuent tant que la fumarolle persiste, et tant que les dépôts, formés par la silice qu'abandonne l'eau vaporisée, n'ont pas élevé au delà d'une certaine limite la profondeur du puits, en épaississant le monticule qui entoure l'ouverture.

Il nous reste à dire un mot des salzes ou volcans de boue, miniatures de volcans qui sont souvent le dernier vestige de l'activité des phénomènes de ce genre. Ils se produisent lorsqu'un dégagement de gaz a lieu à travers une certaine épaisseur de boue marécageuse qui oppose sa consistance à ce dégagement. La pression du gaz, en surmontant la résistance de la masse visqueuse, reproduit, sur une petite échelle, les mouvements, tremblements, fissures, projections, entassements coniques et écoulements pâteux des volcans.

L'origine du courant gazeux des salzes peut être évidemment volcanique, c'est-à-dire due à des fumarolles mélangées de gaz, et on trouverait à Java, dans les Andes, aux Antilles, en Italie, auprès de véritables volcans, des salzes où la même cause interne de chaleur est évidemment en action. Mais on en trouverait aussi loin de tout volcan, dans des conditions où le courant de gaz doit plutôt son origine à une action chimique locale.

On n'a pas encore de données suffisantes sur un fait très singulier et jusqu'ici inexpliqué, c'est que beaucoup de sources de naphte et de pétrole se trouvent prendre la forme de salzes, dont la situation indique un rapport très probable avec des phénomènes volcaniques. C'est le cas de quelques-unes des salzes des environs de la mer Caspienne et de celles des Apennins.

IV

OÙ SONT LES VOLCANS

> Quand longtemps a grondé la bouche du Vésuve,
> Quand sa lave, écumant comme un vin dans sa cuve,
> Apparaît toute rouge au bord,
> . . . . . Un long jet de cendre et de fumée
> Grandit incessamment sur la cime enflammée
> Comme un cou de vautour hors de l'aire dressé.
> Victor Hugo.

Nous n'avons plus, pour donner une idée complète des phénomènes volcaniques, qu'à indiquer rapidement où sont les régions qui en sont ou en ont été le théâtre, surtout quand ces régions sont voisines de nous.

Les volcans ne sont pas répandus au hasard sur le globe. Sur une carte, on voit qu'ils sont disposés généralement en lignes assez régulières, indiquant le trajet des fissures qui les ont causés. Dans une même région, ils sont groupés en grand nombre sur des espaces restreints; souvent le groupe forme une masse unique par l'accumulation de petites bouches avec leurs produits autour d'une bouche principale; c'est le cas de l'Etna (carte p. 367), de Ténériffe, du Mauna-Kea d'Hawaii; mais le cas le plus commun est celui des groupes de bouches nombreuses et presque égales couvrant une surface allongée dans le sens de la grande fissure primitive. Les cartes p. 390 et 363 nous donnent, dans la chaîne des puys d'Auvergne et dans les Champs Phlégréens de Naples, deux bons exemples d'accumulation de petits volcans. Mais les groupes peuvent être aussi formés d'un petit nombre de bouches colossales, comme ceux de Quito, de l'île Hawaii ou du Mexique. Enfin, il peut y avoir à la fois la grande taille et la grande quantité, comme au Chili et à Java.

Les deux tiers des volcans du monde peuvent être considérés comme formant une seule immense ligne, qui fait tout le tour du vaste océan Pacifique, en suivant presque un grand cercle du globe. On peut grouper les autres sur des lignes transversales à celle-ci, et les y rattacher. Quelquefois on ne peut attacher à ces lignes ou plutôt à ces bandes qu'une importance mnémonique; car, en réalité, elles sont des suites de groupes, séparés par des lacunes de plusieurs centaines de lieues.

La bande du Pacifique suit, en Amérique, l'immense chaîne des Andes, tout près du rivage. On peut la considérer comme commençant à la terre polaire australe, au sud de la pointe de l'Amérique; James Ross y a découvert deux grands volcans: l'Erebus et le Terror. La Terre-de-Feu doit son nom à ses volcans. Puis vient la bande du Chili, qui compte une trentaine de volcans, dont plusieurs dépassent 5000 et peut-être 6000^m de hauteur; le Maypu est le plus célèbre des volcans actifs; l'Aconcagua, la plus haute montagne de toute l'Amérique, paraît être un volcan éteint.

Un autre groupe, dont font partie le Sahama et l'Arequipa, se trouve dans la Bolivie; puis, après une lacune de trois cents lieues, vient le puissant groupe du plateau de Quito, dont les seize géants sont rangés sur deux files parallèles, presque tous ayant un nom célèbre : le Chimborazo, le plus élevé de tous, gravi par Humboldt et Boussingault; le Sangay, qui entre ses périodes de paroxysme (comme en 1843) reste en éruption permanente, et « qui est peut-être, dit Reclus, le volcan le plus destructeur de la terre »; le Capac-Urcu, jadis le plus élevé du groupe, mais qui a pulvérisé sa cime dans une série de formidables explosions; le Pichincha, dont l'énorme masse domine la ville de Quito, et fait face à celle de l'Antisana, plus énorme encore; le Cotopaxi, dont la cime neigeuse a une forme conique si admirablement régulière. Vient ensuite le groupe de la Nouvelle-Grenade, qui se termine, au nord, par le superbe mais terrible volcan neigeux de Tolima. Ici peuvent se rattacher, par la chaîne de Caracas, si souvent agitée de tremblements de terre, la ligne des petites Antilles, qui compte une dizaine de volcans, et, du côté opposé, en face du plateau de Quito, l'archipel volcanique des Gallapagos.

A la suite de la ligne principale, après l'isthme de Panama, nous rencontrons le groupe important de Guatemala, où se trouvent plus de trente volcans, parmi lesquels nous avons cité le Coseguina, l'Isalco, auxquels on peut ajouter un autre volcan permanent, le Masaya, et les deux grands volcans de l'*Eau* (*agua*) et du *Feu* (*fuego*), entre lesquels est bâtie Guatemala.

A ce groupe succède celui du plateau du Mexique, où il faut citer les cimes célèbres du Popocatepetl, le point le plus élevé de l'Amérique du Nord, et du Citlaltepetl ou Orizaba, son rival; nous y avons cité le volcan tout récent de Jorullo. Dans la Californie et dans l'Orégon, le long de la chaîne des montagnes Rocheuses, il y a de nombreux phénomènes volcaniques et un assez grand nombre de bouches fumantes, qui forment les plus hauts sommets de la chaîne. Les monts Brown, Hooker, Hood, Sainte-Hélène, qui atteignent et dépassent 5000^m, sont des volcans. Dans la Colombie anglaise, une ligne de monts volcaniques conduit aux deux hautes cimes fumantes du mont du Beau-Temps et du mont Saint-Élie. Puis vient une ligne de cinq volcans, dans l'Alaska, qui se continue par les trente-quatre volcans, si bien rangés en arc de cercle, qu'on nomme les îles Aléoutiennes, et qui semblent les piles d'un pont disparu, joignant l'Amérique à l'Asie.

La bande asiatique s'ouvre par les vingt volcans du Kamtchatka, dont quatorze aujourd'hui en pleine activité; on a vu la lave sortir de l'un d'eux par son cratère terminal, situé à plus de 4000^m d'altitude. A partir de là, les volcans sont tous dans les îles qui garnissent si complètement la côte orientale de l'Asie. Les Kouriles en contiennent une dizaine; le Japon, au moins deux fois autant, parmi lesquels le splendide Fusi-Yama, objet du culte des habitants. Des îles Liou-Kiou, la ligne volcanique passe à Formose, puis à Luçon, qui contient le terrible Taal, et aux autres Philippines. Ici la bande s'élargit en se divisant: presque toutes les îles de la Malaisie sont volcaniques. Sous ce rapport se font remarquer les Moluques, Célèbes, Bornéo, puis surtout la suite continue des îles de la Sonde, Timor, Flores, Sumbava, où nous avons cité le célèbre Timboro, Lombok, Bali, et surtout *Java*, le centre volcanique le plus actif du monde, avec ses quarante-neuf volcans; la ligne se recourbe, vers le nord-ouest, avec Sumatra, qui a aussi une ligne de grands volcans, pour aboutir, dans l'océan Indien, à la célèbre île Barren, dont le cône central, toujours fumant, sort d'un vaste golfe circulaire, entouré d'une haute enceinte basaltique qui constitue un des plus vastes cratères du monde (fig. 132).

La bande des Moluques peut être regardée comme prolongée, à l'est, par les volcans de la Nouvelle-Guinée, des îles Salomon,

Santa-Cruz, Nouvelles-Hébrides, Viti, Tonga et Taïti. Deux groupes importants se trouvent isolés, l'un au nord, l'autre au sud de cette bande. L'un est Hawaii, avec ses colossales montagnes de Mauna-Roa et Mauna-Kéa, et son lac de feu de Kilauwa; l'autre est la Nouvelle-Zélande, qui, sous ce rapport, mériterait plutôt d'être appelée la Nouvelle-Islande, avec son chaos de volcans et ses séries de geysers.

Fig. 132. — Ile Barren.

Si, au contraire, nous suivons la ligne de Sumatra, vers l'ouest, nous arrivons au grand plateau asiatique, où commencent les volcans de l'ancien monde. Mais il devient moins facile ici de les considérer comme formant une ou plusieurs lignes; ils sont réellement en groupes assez distants les uns des autres; la plupart sont encore sur le rivage de la mer; mais il y en a aussi qui sont aujourd'hui assez loin dans l'intérieur des terres. Ceux du grand plateau asiatique, en général peu connus, sont dans ce cas. Il paraît prouvé qu'il y en a dans la Mongolie et la Tartarie. Les pics géants de l'Himalaya seraient, dit-on, volcaniques. N'oublions pas que la mer a probablement, depuis la création de l'homme, baigné les deux flancs de ce plateau, couvrant, au sud, les plaines basses de l'Indus et du

Gange, et, au nord, tout l'espace compris entre la mer Noire et le golfe de l'Obi, par la mer Caspienne, les lacs d'Aral, Baïkal et autres.

Le groupe le plus remarquable de l'Asie est celui des volcans d'Arménie, comparables à ceux des Andes par la taille et la puissance. Le mont Ararat est le plus connu; mais toute la contrée est volcanique. Une ligne volcanique va de la Crimée à la mer Caspienne, le long du Caucase, dont les pics dominants, l'Elbrouz et le Kasbek, sont trachytiques. Au sud de la mer Caspienne est le gigantesque Demavend, dont le cratère est rempli de glace. La mer Rouge a des régions volcaniques sur les deux rives, et les Arabes appellent leur région « un morceau de l'enfer ». Le Kénia, la cime neigeuse des sources du Nil, est un volcan. Plus au sud-ouest est le volcan actif de l'île Bourbon, le Grand-Brûlé; près de lui, l'île Maurice; plus loin, les îles solitaires Amsterdam et Saint-Paul sont, comme de l'autre côté de l'Afrique, Tristan-d'Acunha, Sainte-Hélène et l'Ascension, des sommets de volcans sous-marins.

En remontant à l'ouest de l'Afrique, nous trouvons une série d'archipels volcaniques, les îles du Cap-Vert, dont l'une, Fogo, renferme un volcan permanent; les îles Canaries, où sont la gigantesque chaudière de l'île Palma (fig. 133), théâtre des travaux de Léopold de Buch, et le célèbre pic de Ténériffe (fig. 52), l'admiration des voyageurs; les îles Madère, riches en cratères éteints, et enfin les îles Açores, où, entre les deux volcans de l'île Pico et San-Miguel, sont apparues plusieurs fois, à la suite d'éruptions sous-marines, des îles nouvelles, rasées bientôt par les tempêtes.

Nous voici arrivés aux volcans d'Europe. Nous devons mettre à leur tête le groupe des vingt-neuf volcans de l'Islande, déjà cité plusieurs fois, et dans lequel l'Hécla est ordinairement seul nommé, quoiqu'il ait des concurrents plus élevés et plus redoutables. Nous pouvons y rattacher, au nord, l'île Jean-Mayen, où Scoresby a observé une éruption en 1817.

Ce groupe d'Islande a des caractères spéciaux, une nature de laves différente des autres volcans. Les laves d'Islande sont purement trachytiques, et celles des volcans d'Europe, au contraire, formées surtout de dolérite; celles du grand cercle de l'océan Pacifique sont d'une nature intermédiaire.

C'est donc plutôt par l'Arménie et l'Asie Mineure que les volcans de la Méditerranée se rattacheraient aux autres volcans du globe.

Fig. 133. — La Caldera de l'île Palma.

Le premier groupe, celui des îles de la mer Égée, dont le nom de *Cyclades*, ou îles en cercle, révèle l'origine volcanique, a aujourd'hui *Santorin* pour principal centre actif. Le soulèvement (soit lent, soit rapide) de tout le sud de la Morée, auquel Élie de Beaumont donne le nom du cap Ténare, et rattache l'émersion de tous les volcans méditerranéens, s'est produit postérieurement au diluvium alpin, et, par conséquent, il est contemporain de l'homme.

Nous n'avons plus à faire connaître le groupe des volcans italiens que forment : 1° en Sicile, l'Etna et ses quatre-vingts bouches d'éruption, auquel on peut rattacher, par les salzes de Girgenti et l'éruption sous-marine de Julia-Nerita-Ferdinandea-Graham, l'île volcanique de Pantellaria; 2° les îles Lipari, qui, outre Stromboli, contiennent le volcan très actif de Volcano, dont une éruption latérale a produit Volcanello, à l'époque romaine; les cratères des autres îles sont éteints; 3° l'amas volcanique de la baie de Naples, le Vésuve, les Champs Phlégréens (carte p. 363), avec la solfatare de Pouzzoles et le Monte-Nuovo, l'île d'Ischia, dont le volcan Epomeo s'est réveillé, en 1303, par une éruption terrible; 4° les volcans éteints de la campagne romaine et de la Toscane, dont les vastes cratères sont occupés aujourd'hui par des lacs arrondis et bordés de rochers à pic, Albano (fig. 124), Nemi, Vico, Bolsena, etc.

L'Europe centrale n'a plus de volcans actifs; mais les montagnes de trachyte et de basalte, conservant encore souvent leurs cratères et leurs coulées, sont nombreuses en Allemagne et en France. Notre carte géologique montre, teintées en rouge plein, les régions volcaniques, aujourd'hui très connues et très visitées, qui parsèment les plateaux de ces deux pays.

La plus célèbre est celle qui, sous le nom d'Eifel et de Siebengebirge (Sept montagnes), borde la Moselle et le Rhin aux environs de leur confluent, entre Trèves, Coblentz et Bonn. Les bains de Bertrich, la grotte basaltique dite des Fromages, la Falkenlei, le cratère-lac de Laachen, ceux de Pulvermaar et de Meerfeldermaar, les tufs de la vallée de Brohl et les escarpements basaltiques de la vallée de l'Ahr, ont rendu l'Eifel célèbre parmi les touristes. Les cônes pittoresques des Sept montagnes sont plus connus encore, parce qu'ils s'élèvent directement sur ces bords du Rhin, si parcourus, entre Coblentz et Bonn. Il n'y a pas de visiteur de ce pays qui n'ait fait l'ascension obligée du Drachenfels (fig. 134), ou du Rolandseck, ou du Godesberg, couronnés de vieux châteaux historiques.

Il y a encore sur les bords du Rhin, mais plus au sud, tout contre notre ancienne frontière alsacienne, en face de Colmar, un curieux petit volcan éteint, qu'on nomme *Kaisersthul*. C'est une montagne isolée très pittoresque, s'élevant à 400^m au-dessus du Vieux-Brisach, bâti à ses pieds. Elle serait plus connue et plus visitée, si les cartes françaises quittaient la mauvaise habitude de s'arrêter, dans la représentation du pays, juste à nos frontières politiques.

On connaît moins encore, en France, les massifs volcaniques épars sur les plateaux de l'Allemagne centrale : le Meissner, dans la Hesse; le Vogelsberg et le Rhœne, au nord de la Bavière; le Winterberg, dans la Suisse saxonne; le Mittelgebirge, dans la Bohême, etc.

Mais du moment qu'il s'agit de volcans éteints, nous avons mieux à faire qu'à aller les chercher chez nos voisins surtout en ce moment, lorsque nous avons beaucoup mieux chez nous. Hâtons-nous donc d'arriver aux volcans français, sur lesquels nous voulons donner quelques détails qui termineront ce chapitre.

Fig. 134. — Le Drachenfels, vu du Godesberg.

V

LES VOLCANS FRANÇAIS

> Comparez ce silence de mort aux détonations épouvantables qui ébranlaient ces mêmes lieux lorsque le volcan vomissait le feu de ses entrailles et couvrait la terre de ténèbres.
>
> CHATEAUBRIAND.

Nous avons, en France, trois principaux groupes volcaniques :

1° La chaîne des Puys d'Auvergne, qui se continue par le massif du mont Dore ;

2° Le groupe du Cantal, auquel on peut rattacher le Cézallier et les monts d'Aubrac ;

3° La chaîne des monts du Velay et du Vivarais.

Le premier de ces groupes est à la fois le plus connu et le plus varié au point de vue de l'étude des volcans. La chaîne des Puys est remarquable par la forme étrange (fig. 27, p. 101) que produit l'accumulation de ces cônes percés d'entonnoirs, dispersés çà et là, et recouvrant de leurs coulées la lisière du plateau granitique, le long de l'ancien lac qui est aujourd'hui la riche plaine de la Limagne.

Il faut bien remarquer, dans l'étude de tous ces volcans, qu'il y a trois formes bien différentes correspondant à trois époques distinctes d'éruption : 1° les trachytes; 2° les basaltes; 3° les volcans à cratères.

Les trachytes, qui ont dû sortir de terre en gonflements pâteux, forment la saillie principale de la chaîne, le *Puy-de-Dôme*, et quelques autres saillies moindres, le grand Sarcouy, par exemple.

Les basaltes forment souvent, sur des surfaces plates, de grandes nappes unies, presque horizontales. Les érosions les ont coupées de ravins à pic, qui les divisent en plateaux nus et arides. Tous les voyageurs qui ont traversé les environs de Clermont-Ferrand connaissent le grand plateau de la Serre, et le petit mais célèbre plateau de Gergovie, qui portait la cité gauloise victorieusement défendue par Vercingétorix contre César.

Les volcans à cratère sont bien postérieurs aux trachytes et aux basaltes, qui datent des époques tertiaires : les habitants

CHAÎNE DES PUYS

Fig. 135. — Carte de la chaîne des Puys.

primitifs et inconnus de notre sol ont dû voir leurs éruptions. On en compte ici plus de soixante, formant une bande alignée du nord au sud, de trente kilom. de longueur sur cinq de largeur (fig. 135); ils ont percé les basaltes, et étalé sur eux et sur les trachytes leurs cônes de scories, leurs cratères et leurs courants de lave. Ainsi contre le Puy-de-Dôme s'appuie l'un de ces volcans nommé le petit Puy-de-Dôme, dont le cratère, qu'on nomme *Nid-de-la-Poule*, a environ 90^m de profondeur.

Fig. 136. — Le Puy-de-Sancy, le Puy-de-l'Aiguiller et le Creux-d'Enfer.

Une course au Puy-de-Dôme et à son observatoire est une promenade obligée pour les visiteurs de Clermont-Ferrand. Le pied de la montagne n'est qu'à deux lieues de la ville! Notre figure de la p. 185 est prise d'un point nommé la Baraque, qui est à moitié chemin, au sommet du flanc granitique qui borde la Limagne. On peut mettre sur sa route un des mieux conservés des volcans à cratère et à enceinte annulaire, le Puy-de-Pariou, dont la route traverse la coulée de lave.

Le Puy-de-la-Nugère, plus au nord, fournit la lave exploitée à Volvic, dont nous avons parlé p. 217. La coulée du Puy-de-Côme, qui se dirige à l'ouest vers Pontgibaud, avec celle de Louchadière (fig. 76), est la plus considérable de toute la chaîne. Celle de Graveneire, la dernière en date, bien distincte par sa couleur brique et sa structure prismatique, a coulé dans la vallée jusqu'aux portes de Clermont.

Le massif du mont Dore, dont la pl. VII représente la partie centrale, ne contient qu'un seul petit volcan moderne à cratère (le Tartaret); il est surtout constitué par des masses bizarrement contournées de trachytes et de basaltes, creusées de profondes et pittoresques vallées que dominent des escarpements découpés à pic.

La vallée des Bains, si encaissée, conduit à une grande enceinte arrondie, que les géologues regardent comme tenant la place du cratère principal du massif; l'arête qui l'environne renferme le sommet le plus élevé de la France intérieure, le Puy-de-Sancy (1886^m), et d'autres qui ne lui cèdent que d'une faible quantité, et présentent les formes les plus pittoresques, comme le Puy-Ferrand, le Puy-de-Cacadogne et le pic pointu de l'Aiguiller; ce dernier se dresse verticalement à côté de la masse abrupte du Sancy (fig. 136), au-dessus du sombre Creux-d'Enfer. Plus près des bains est le pic du Capucin, avec son bizarre appendice, qui ressemble à un moine à genoux.

Dans une vallée voisine, au nord, sont les étonnants rochers de phonolithe, qu'on nomme Roche-Tuilière et Roche-Sanadoire. Au sud-est, la vallée de Chaudefour, parsemée de dykes étranges, mène au riant lac Chambon; ce lac a été formé par la coulée de lave du volcan récent le Tartaret, tout comme le joli lac d'Aydat, auprès de Royat, est dû à la lave du Puy-de-la-Vache, qui a barré sa vallée.

Au sud du Puy-de-Sancy, on voit une série de lacs-cratères, dont le plus connu, le sombre lac Pavin, occupe évidemment un cratère latéral du Puy-de-Montchal, qui le domine. Mais ces

MASSIF DU CANTAL

Fig. 137. — Massif du Cantal.

1. Puy-Violan.
2. Cirque de Mandailles.
3. Puy du Col-de-Cabre.
4. Puy-Mary et Puy-de-Chavaroche.
5. Puy-de-Bataillouse.
6. Tunnel du Lioran.
7. Puy-Griou.
8. Saint-Jacques-des-Blats.

cratères sont loin de ressembler à ceux des pustules coniques de la chaîne des Puys; on a affaire ici à des basaltes, étendus le plus souvent en nappe continue, et dont l'origine est très antérieure à celle des vrais volcans à scories et à coulées de lave.

ENVIRONS DU MONT DORE.
PAR COURBES.

Pl. VII.

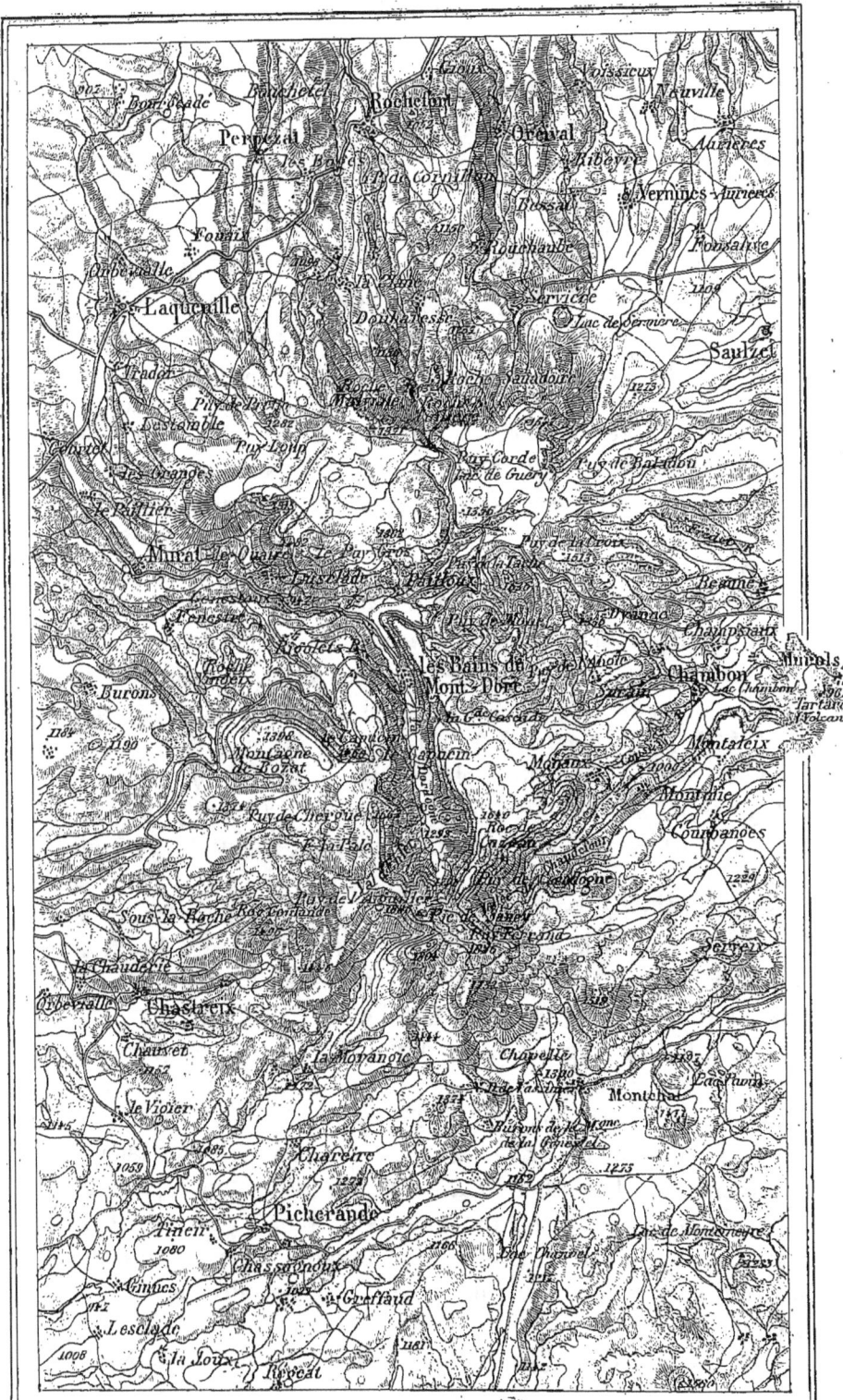

Gravé par Erhard, 12 r. Duguay-Trouin. — Echelle : 1/160.000 — Paris. Imp. Monrocq.

Il faut en dire autant du groupe du Cantal (fig. 137); mais ici nous trouvons la forme régulière d'un grand volcan. Il ne lui manque que la hauteur pour égaler l'Etna, qu'il dépasse en superficie. De puissantes érosions ont creusé sur son pourtour dix-neuf vallées rayonnantes, qui l'entourent sur sa carte comme un soleil; ces érosions ont altéré la forme primitive de l'énorme cirque-cratère qui en forme le centre, et qui est partagé en deux parties par une haute arête et un pic aigu de phonolithe, le Puy-Griou ; à l'ouest est le cirque de Mandailles, origine de la vallée de la Jordane; à l'est, un cirque moins accusé, origine de la vallée de la Cère, au fond de laquelle passe le chemin de fer si pittoresque qui traverse toute la montagne d'Aurillac à Murat, en même temps qu'une admirable route de terre, perçant elle-même l'enceinte, bien au-dessous de sa crête, par l'étonnant tunnel du Lioran.

Autour de cette gigantesque excavation, qui ne mesure pas moins de dix kilomètres de diamètre, se dressent à pic, comme les dents d'une couronne, des sommets de la même taille que ceux du mont Dore : le Puy-de-Chavaroche, le Puy-Mary (1787^m), « la plus belle cime, dit M. de Lanoye, qu'il soit donné à l'homme d'escalader entre la vallée du Rhône et les Pyrénées; » les Puys-du-Col-de-Cabre, de Bataillouse, de Vassivière, du Roche, et le Plomb-du-Cantal (1858^m), qui se trouve, après le Puy-de-Sancy, le plus haut point du plateau central.

Le massif du Cantal est presque un pays inconnu pour les Français, et c'est une injustice, car il renferme des beautés naturelles qui ne le cèdent en rien à celles des monts Dôme et des monts Dore. Les gorges boisées, les cascades bondissantes, les amphithéâtres gigantesques, les escarpements vertigineux, les pics fantastiques, les colonnades basaltiques y sont plus fréquents encore : Murat pour l'est, Thiézac ou Vic-les-Bains pour le sud, Salers pour le nord-ouest, sont des centres d'excursions très recommandables. Les coulées s'étendent au nord jusqu'à la petite ville de Bort : la Dordogne les a creusées de superbes gorges, et en a séparé le beau massif basaltique des *Orgues* de Bort, qui offre le plus beau point de vue d'ensemble du volcan tout entier.

Le Cantal est évidemment la plus belle partie de l'Auvergne, la plus pittoresque, la plus fraîche, renfermant les plus hautes forêts et les plus verts pâturages; il ne lui manque qu'une chose : plus d'artistes et de romanciers pour le mettre à la mode.

Le groupe volcanique de la Haute-Loire (Velay et Vivarais) est moins élevé en général que les deux autres; il est plus étendu, plus varié, peut-être ; on ne peut pas dire qu'il le cède aux autres pour la grâce et le pittoresque des sites. Quel visiteur de la ville du *Puy,* qui en occupe le centre, n'a pas gardé de ce ravissant pays le plus cher souvenir? « Rien ne peut donner une idée de la beauté de ce bassin du Puy, » a dit un de nos plus illustres écrivains; « ce n'est pas la Suisse, c'est moins terrible; ce n'est pas l'Italie, c'est plus beau ! »

Au point de vue volcanique, nous trouvons dans ce groupe la variété d'origine et de formes que présentent les environs de Clermont. Les environs du Puy sont surtout basaltiques, la chaîne du Mézenc et du Vivarais surtout trachytique. Mais à travers et par-dessus ces deux formations, comme à la chaîne de l'Auvergne, se sont étalés des produits volcaniques plus récents, formant des cratères souvent enchevêtrés, ravinés, méconnaissables, parsemés d'accidents basaltiques pittoresques et de dykes étranges. Dans la vile du Puy même se dressent deux dykes célèbres, le rocher Corneille, auquel s'adosse la cathédrale d'une si originale beauté, et que surmonte la statue colossale de Notre-Dame-de-France (fig. 28), et le rocher d'Aiguille, obélisque naturel de 85^m de hauteur, portant à son sommet une chapelle dédiée à saint Michel (fig. 138).

Dans la banlieue de la ville on trouve la citadelle naturelle qui porte le château de Polignac, et celle non moins étonnante du château d'Expally, en regard duquel on admire les beaux prismes basaltiques des *orgues* du même nom. Derrière les orgues d'Expally est le volcan de *Denise,* dans le tuf duquel on a trouvé des ossements humains, preuve que les antiques habitants de notre sol ont été témoins de la période d'activité volcanique de notre plateau central.

Plus loin, au nord-ouest, est le mont de *Bar,* avec son cratère si régulier, le seul de ce côté. Si nous allons, au contraire, vers le sud-est, à la suite de la belle cime du Mézenc, point culminant du groupe (1754ᵐ), nous trouvons, après le Gerbier-des-Joncs et la source de la Loire, les curieux volcans de la chaîne du Vivarais, le volcan de la Coupe-d'Aysac, et les colonnades basaltiques de la Volane, que le voisinage des eaux de Vals a rendues célèbres, et, enfin, tout près du Rhône, la *Chaussée-des-Géants* de Chenavari.

Nous ne manquons donc pas de merveilles volcaniques à admirer en France; avant d'aller chercher au loin les phénomènes naturels de ce genre, rappelons-nous que nous avons des spectacles aussi curieux et aussi instructifs à contempler chez nous, sur le plateau central français.

Fig. 138. — Rocher d'Aiguille et chapelle de Saint-Michel, au Puy.

CHAPITRE X

L'ATMOSPHÈRE ET SES MÉTÉORES

I

L'AIR DES MONTAGNES

> C'est une impression générale qu'éprouvent tous les hommes, que sur les hautes montagnes, où l'air est pur et subtil, on sent plus de facilité dans la respiration, plus de légèreté dans le corps, plus de sérénité dans l'esprit... Je suis surpris que des bains de l'air salutaire et bienfaisant des montagnes ne soient pas un des grands remèdes de la médecine et de la morale.
>
> J.-J. Rousseau.

L'air et l'eau sont les éléments de la vie. On peut dire de tout être vivant qu'il doit aux matières de l'air sa substance, et à la liquidité de l'eau son mouvement vital. C'est l'air, en effet, qui nourrit vraiment le végétal, et le végétal qui nourrit l'animal.

Notre globe terrestre est aussi une sorte d'être vivant; car nous y trouvons employés les mêmes moyens de mise en action que dans la vie des végétaux et des animaux. C'est à ce titre surtout que la géologie fait partie de l'histoire naturelle au même rang que la physiologie animale et végétale.

La montagne et la mer, la tête et le cœur de la terre, sont les deux centres de sa vie. L'air apporte à la montagne l'eau que lui a fournie la mer, et l'eau, ce sang de la terre, parcourt tous les points de sa surface et toute l'épaisseur de son écorce, déplaçant partout sa substance, enlevant ici, accumulant là, dissolvant et déposant tour à tour, emportant les anciens tissus pour en reconstituer de nouveaux, accomplissant, en un mot, dans une circulation permanente, de véritables fonctions de nutrition.

Nous venons de voir dans les phénomènes volcaniques une de ces fonctions de l'eau sur le globe, résultant de son action sur les matières liquides et ignées qui sont à l'intérieur de l'écorce terrestre ; nous en verrons bientôt une plus générale et plus efficace, sinon plus énergique, son action sur les matières solides qui sont à l'extérieur.

Mais, avant d'arriver à l'eau, il nous faut parler de l'air, son véhicule. Nous ne sortirons pas de notre sujet, et nous nous restreindrons à étudier les qualités spéciales de l'air des montagnes.

Quand on respire l'air pur des pays de montagnes, quand on constate l'heureux effet qu'en éprouve la santé au bout d'un court séjour, quand on sent, en marchant sur une crête d'un millier de mètres d'altitude, le bien-être particulier que produit une brise rafraîchissante, ce *bain d'air,* plus efficace que tous les bains chimiques et toutes les eaux minérales, on est porté à se demander si l'air des montagnes a bien la même composition que celui des plaines, des marais et des villes.

Les chimistes ont répondu à la question par de nombreuses analyses. L'air, comme on sait, est un mélange de plusieurs gaz, dont deux principaux, l'azote et l'oxygène, et deux beaucoup moins abondants, quoiqu'en proportion notable, l'eau en vapeur et le gaz acide carbonique. Les proportions de l'oxygène et de l'azote sont de 21 du premier contre 79 du second en volume, et en poids, l'oxygène étant un peu plus dense que l'azote, 23 contre 77, sur 100 d'air débarrassé des autres substances. De nombreuses analyses, opérées sur l'air pris dans des pays très divers et dans des conditions très variées, en ballon, en forêt, en prairie, en plaine et en montagne, ont montré que ces proportions varient à peine d'un millième.

Ce n'est donc pas un excès d'oxygène qui produit la facilité qu'on éprouve à respirer dans la montagne. Ce n'est pas non plus un changement sensible dans la quantité des deux autres gaz ; l'eau en vapeur transparente y varie, comme dans la plaine, suivant la température et l'humidité du moment, d'environ un trois-centième à près d'un trentième ; le gaz acide carbonique s'y trouve pour une plus petite fraction encore, un trois-millième environ, comme dans toutes les campagnes. On sait que, pour voir cette proportion arriver au double, il faut recueillir l'air directement au-dessus d'un fumier ou dans les rues de Paris.

Vous me direz qu'en outre de ces quatre gaz, seuls assez abondants pour être dosés par l'analyse chimique, l'air contient des traces plus ou moins insaisissables de beaucoup d'autres, parmi lesquels doivent se trouver les produits de putréfaction des matières organiques, l'ammoniaque[1], le gaz des marais, le gaz sulfhydrique, etc. Ils sont en quantité très sensible lorsque les détritus accumulés, comme aux portes des grandes villes, en versent des quantités considérables aux mêmes points. Mais sur un sol couvert de végétation, ils sont rendus par la pluie aux plantes qui les utilisent, et sont toujours inoffensifs aussi bien en plaine qu'en montagne.

Voici où est la vraie différence. En outre de ses gaz, l'air contient en suspension de minuscules éléments, solides et liquides, sur lesquels l'attention est appelée depuis quelque temps par les travaux d'un grand nombre de physiciens et de naturalistes, au premier rang desquels il faut mettre deux hommes éminents : MM. Pasteur en France et Tyndall en Angleterre.

C'est tout un monde, dont le rôle, ignoré ou dédaigné jusqu'ici, est pourtant immense dans l'univers ; c'est le monde des infiniment petits ; c'est la *poussière*, vivante ou minérale, solide ou liquide, visible ou invisible. La poussière, « ce fléau des plaines, » comme dit Töppfer, est certainement moins abondante

---

[1] De récentes recherches ont prouvé que les proportions dans l'air du gaz acide carbonique et du gaz ammoniac varient un peu avec l'altitude. La proportion de ce dernier augmente avec l'altitude (1 à 2 milligrammes par mètre cube à Clermont-Ferrand, 3 au sommet du Puy-de-Dôme, 5 1/2 au sommet du Sancy, quel que soit le temps) ; la proportion d'acide carbonique diminue un peu, au contraire.

quand on s'élève, et cette diminution est évidemment une des principales causes du bien-être qu'on éprouve en respirant l'air des montagnes. Toutefois il y a poussières et poussières. Instruisons leur procès.

C'est la *poussière d'eau* qui constitue les brouillards et les nuages inférieurs. Elle est loin, il est vrai, d'être malfaisante comme les autres ; néanmoins son excès ou sa permanence sont déjà regardés comme malsains. Or il arrive souvent que les plaines et les dépressions voisines des montagnes sont longtemps couvertes d'un épais rideau de brouillards ou de bas nuages, produisant, comme on dit, un temps couvert, tandis que les sommités percent ce rideau, et jouissent d'un ciel pur.

Les montagnes condensent les nuages et ne les conservent guère. D'ailleurs la poussière d'eau des nuages est généralement exempte du mélange de substances étrangères, et il n'y a jamais d'inconvénient à la respirer *en passant*. On n'en peut pas toujours dire autant des brouillards formés sur les plaines humides.

Ce qui est à craindre, ce qui fatigue, et trop souvent ce qui épuise et ce qui tue, c'est l'introduction dans les poumons de corpuscules étrangers contre lesquels l'organisme aura une lutte à soutenir.

Les poussières minérales et industrielles, la fumée des foyers, la boue desséchée et la poudre pierreuse des routes, partage des usines et des villes, cause de ces brumes grisâtres qu'on voit toujours de loin envelopper Paris et les grandes cités-reines, restent suspendues à une assez faible hauteur au-dessus du sol. Les pointes des clochers, les sommets des collines renfermées dans les grandes villes paraissent souvent percer le voile malsain qui ensevelit les habitations.

Le vent qui passe sur la ville ne suffit pas à dissiper cet infect produit de l'entassement de la vie humaine, ce fruit impur de la civilisation moderne; pour débarrasser ses poumons de cette boue formée de pavés pulvérisés par les roues de voiture, de duvet de paletots usés, d'œufs d'animalcules et de germes de moisissures, dont chaque inspiration salit ses muqueuses, le citadin use à un instinctif travail ses forces vitales, qu'il n'entretient que grâce à une nourriture spécialement substantielle, régime de malade ou pitance du travailleur en marécage.

Les plus dangereuses des poussières toutefois sont certainement les *poussières vivantes*, ces myriades d'atomes animés qui sèment la destruction, la pourriture et la maladie : ces germes invisibles d'animaux ou végétaux microscopiques qui causent la fermentation des liqueurs, la putréfaction des cadavres, les fièvres et toutes les maladies épidémiques et contagieuses. C'est surtout contre ces envahisseurs insaisissables que les forces vitales ont à soutenir une lutte de tous les jours.

Cette grouillante armée des invisibles ennemis de la vie a reçu pour mission de détruire les tissus organisés pour en faire les matériaux d'organisations nouvelles. Ce sont les pourvoyeurs des vies naissantes aux dépens des vies mourantes qu'ils envahissent. C'est contre eux surtout qu'est exercé le combat de la vie. Dans la nature telle que Dieu l'a créée, cette lutte pour l'existence, *struggle for life*, comme on dit depuis Darwin, se continue dans des conditions bien équilibrées. La végétation, qui tend à prédominer, utilise immédiatement tout résidu, et les causes de destruction s'entre-détruisent d'elles-mêmes. Mais quand l'homme interpose maladroitement dans l'économie de la nature ses passions et ses préjugés, c'est toujours à son propre détriment.

Malgré toutes les inventions de la civilisation moderne, les grandes agglomérations humaines restent infectes et souillées, fiévreuses et stériles. Les villes sont le tombeau des générations, et ne se peuplent que du trop-plein des campagnes et surtout des pays de montagnes, où les vies sont robustes et les générations fécondes.

On l'a dit quelquefois, et c'est le cas de le répéter, les plus petites causes produisent ordinairement les plus grands effets. Nous croyons pouvoir affirmer que, la plupart des maux physiques des villes et des plaines étant dus aux poussières de l'air, les bienfaits du séjour à la montagne tiennent surtout à ce que ces poussières sont de moins en moins abondantes à mesure qu'on s'élève dans l'atmosphère.

Une célèbre expérience de M. Pasteur démontre que ce fait, que l'admirable transparence de l'atmosphère des hauteurs rend évident pour les poussières visibles, ne l'est pas moins pour les poussières invisibles. A l'occasion de sa triomphante campagne contre les prétendues générations spontanées, M. Pasteur transporta à diverses hauteurs, dans le Jura et dans les Alpes, des séries de ballons de verre à moitié remplis d'une dissolution organique altérable, et dont le col, étiré en pointe, avait été fermé à la lampe d'émailleur pendant l'ébullition du liquide. Après une telle opération, la chaleur ayant tué tout germe de vie, et la vapeur ayant chassé l'air, le liquide de ces ballons reste indéfiniment inaltéré, jusqu'à ce qu'en cassant la pointe on y introduise brusquement l'air intérieur avec ses poussières, s'il en contient. Il faut faire cette fracture avec grand soin, au moyen de longues pinces chauffées, en prenant toutes les précautions pour ne pas apporter soi-même, avec ses vêtements ou ses instruments, les poussières que l'on fuit. En fondant de nouveau la pointe, on enferme cet air, et, au bout d'un ou deux jours, si l'air contenait des germes, le liquide limpide se trouble en produisant des organismes microscopiques ; sinon il n'y a pas d'altération.

Or, sur une série de vingt ballons ainsi préparés et ouverts à Paris, il y en aura au plus un qui restera intact ; à la campagne, cinq ou six ; M. Pasteur, sur les pentes du Jura, en a eu douze ; au sommet, quinze ; enfin sur la mer de glace, devant l'hôtel du Montanvers, dix-neuf. Un seul sur vingt avait pris à l'air un principe de pourriture, et encore ce vingtième l'avait peut-être emprunté aux expérimentateurs.

Voilà une preuve bien directe de la diminution des poussières vivantes, ces ennemis intimes de la vie, dans l'air qu'on respire aux montagnes. Voilà la raison évidente des propriétés vivifiantes de cet air si pur, si ennemi de la putréfaction [1], qu'on respire avec tant de délices sur les moyennes hauteurs.

Mais, me dira-t-on, il y a encore un élément qui varie considérablement dans l'air à mesure qu'on s'y élève, et dont il faut tenir compte : c'est sa densité, sa force élastique ; quel effet doit en résulter sur l'organisme ?

---

[1] Les bergers qui passent la belle saison sur les plus hauts pâturages des montagnes des Grisons préparent la viande de mouton en mettant simplement les morceaux, désossés et salés, à sécher au soleil sur des perches ou sur le toit des chalets.

L'expérience prouve que la diminution graduée de la pression, rendant la même quantité d'air plus volumineuse, et diminuant par conséquent celle qui entre dans les poumons à chaque haleine, rend nécessaire d'accélérer les mouvements de la respiration et de la circulation ; cet effet se produit d'une manière assez peu sensible, mais certainement agréable, tant qu'on ne dépasse guère l'altitude d'un millier de mètres; d'une manière sensible, mais encore sans danger ni douleur, de 1500 à 3000^m; avec des effets fâcheux, surtout pendant la marche, refroidissement, mal de tête, fatigue inouïe après quelques pas, ensemble de symptômes connus sous le nom de *mal de montagne*, à mesure qu'on atteint ou qu'on dépasse 4000 mètres.

C'est que le calibre des poumons, du cœur et des vaisseaux est calculé pour que le sang trouve dans l'air sa provision nécessaire d'oxygène aux environs de la pression ordinaire. Or il est facile, dans cette atmosphère vivifiante des hauteurs, d'amplifier un peu les mouvements respiratoires et d'en faire deux ou trois de plus par minute. L'effort qui en résulte n'est qu'un exercice, et non pas une fatigue ; l'accélération du pouls n'est qu'un peu d'animation, et non pas une fièvre ; la sensation éprouvée est agréable, comme dans tous les jeux où le corps est en activité.

Mais si l'on dépasse le point d'équilibre, si l'on s'approche trop des bornes de l'étendue des mouvements des côtes et de l'élasticité des vaisseaux sanguins, la poitrine devient haletante, et le cœur, révolté contre la paresse des poumons, double et triple ses battements comme dans la fièvre. Le sang n'a plus le temps de se revivifier pendant son trajet trop rapide, le corps se met en garde contre l'asphyxie : c'est une lutte vitale, une souffrance [1].

---

[1] Le mal des hauteurs peut être ressenti en ballon, et même, au delà de 7000 mètres, avoir des conséquences fatales, comme l'a prouvé la funeste ascension où ont été asphyxiés Crocé-Spinelli et Sivel, le 15 avril 1875. L'oxygène, respiré de temps en temps dans un appareil convenable, comme l'a proposé M. Paul Bert, est un excellent remède, qu'on pourrait utiliser dans les ascensions de très hautes montagnes.

Arrivons à la plus importante et à la plus féconde en résultats des modifications qu'éprouve l'air, à mesure qu'on s'élève dans l'atmosphère, c'est-à-dire à la *température*.

Toutes les ascensions, en montagne ou en ballon, ont prouvé que les couches supérieures de l'air sont d'autant plus froides, qu'elles sont à une plus grande altitude. La hauteur dont il faut normalement s'élever, pour que la température s'abaisse d'un degré, n'est pas constante, comme le disent la plupart des traités classiques ; elle est plus grande en hiver qu'en été, au sommet des hautes montagnes qu'à leur base. Nous avons affaire ici à un gaz perpétuellement mobile, et dont l'équilibre change à chaque instant. La couche d'air à température 0°, par exemple, qui, en hiver, ne s'élève guère au-dessus du sol, peut, en été, monter au delà de 4000^m au milieu de la journée, et redescendre, le soir, au-dessous de 1000 ; le système de ces couches se resserre ou s'élargit suivant la température du sol ; leur régularité est troublée par les vents, qui quelquefois brassent la masse de l'atmosphère, mais souvent aussi se superposent sans se mélanger, par les nuages qui font écran, par les pluies et les orages, mais aussi par l'action même du sol des montagnes, de leurs couloirs, de leurs forêts, de leurs glaces. Ainsi les mesures faites en ballon sont assez différentes de celles obtenues en même temps sur les montagnes.

A cause de ces variations continuelles et des difficultés d'aller faire des observations là-haut dans les mauvais temps, on n'a pu trouver encore la loi précise, ni même des moyennes un peu exactes. Il faut attendre de nouveaux progrès de l'art aéronautique, une pratique plus fréquente des ascensions, et la construction de nombreux observatoires météorologiques sur le sommet de montagnes, comme celui du Puy-de-Dôme, pour pouvoir donner des chiffres certains au sujet des températures des couches ascendantes dans l'air libre.

En comparant les observations recueillies depuis quelques années dans de nombreuses ascensions scientifiques, soit en aérostat, soit sur les pentes de nos montagnes, et en prenant soin d'écarter autant que possible les anomalies dues aux causes accidentelles, on peut se faire une idée de la décroissance de température qu'éprouverait, par l'augmentation d'altitude, un air tout à fait calme et pur, dans les conditions moyennes où il se présenterait en France. On arrive à ce résultat général, que la hauteur pour un degré centigrade de refroidissement est d'autant plus faible qu'il fait plus chaud et qu'on est plus près du sol. De 120^m auprès de 20°, elle monte à 160^m pour les environs de 10°, à plus de 200^m près de 0°, et bien davantage pour de plus basses températures. Elle doit tendre régulièrement vers la température des espaces célestes que nous ignorons encore, tout en sachant qu'elle doit être inférieure à celle des froids les plus sibériens. (M. Saigey donne, pour cette température, — 62°; M. Pouillet, — 115°; M. Liais, plus récemment, — 97° au-dessous de 0°.) Il faudrait connaître cette importante inconnue, ainsi que l'épaisseur totale de l'atmosphère, pour pouvoir calculer un peu exactement l'épaisseur de chacune des couches à température décroissante qui se superposeraient dans l'air transparent et tranquille.

Supposez l'équilibre de ces couches d'air plus ou moins troublé par l'interposition de veines chaudes ou froides, de nuages qui se forment et se dissipent tour à tour, se condensent en pluie ou s'accumulent en orages, vous expliquerez la grande variété des chiffres recueillis en ballon.

Les chiffres que nous donnons ci-dessus sont des moyennes expérimentales, obtenues dans les stations de montagnes, où il y a de nombreuses observations; mais les résultats ne sont pas partout d'accord, à cause des expositions diverses, de l'influence des escarpements sur la direction des courants d'air, et de la différence avec laquelle l'air et les roches solides absorbent les rayons du soleil. Les climats, même à une altitude identique, varient en montagne comme en plaine.

Un des meilleurs renseignements est fourni par les végétaux qui supportent ces climats et y prospèrent. On sait que chaque espèce de plantes ne peut vivre que dans des conditions climatériques données. Par conséquent chaque climat a ses plantes spéciales; les diverses cultures, en Europe, ne remontent pas au nord et ne descendent pas au midi au delà de certaines limites déterminées. Or c'est un des faits les plus frappants pour tout le monde, dans l'ascension des montagnes, que le changement graduel de la végétation, qui devient, à mesure qu'on monte, successivement analogue à celle des pays de plus en plus septentrionaux; de sorte qu'en montant au mont Ventoux, par exemple, on pourrait, comme nous le verrons au chapitre xiv, se croire transporté magiquement de Provence en Laponie en quatre à cinq heures, en traversant tous les climats intermédiaires.

Avant de chercher à expliquer ce froid des hautes régions de l'air, jetons un coup d'œil sur un élément des plus importants dans toutes les questions atmosphériques, sur le mouvement qui brasse, mélange, enlève ou apporte les matériaux de tous les phénomènes de l'air, et qu'on appelle *vent*.

Le vent, c'est l'air en mouvement. Malgré l'extrême mobilité des gaz, l'expérience nous montre qu'ils peuvent acquérir un état d'équilibre et un état de repos complet ; mais ce repos est excessivement rare, et de même que les grandes masses liquides des mers sont animées de mouvements réguliers et irréguliers, courants, marées et vagues incessantes, à plus forte raison l'océan aérien, bien plus mobile, est sans cesse agité par une circulation active, compliquée non seulement par l'action des saillies du sol, mais aussi par les multiples interventions de l'eau en vapeur et en poussière.

La cause la plus générale des vents est certainement l'inégalité d'échauffement de masses d'air contiguës. Il y a évidemment un rapprochement à faire entre la production ordinaire des vents et celle des courants d'air de nos appartements, qui s'écoulent toujours, par en bas, d'un point plus froid vers un point échauffé, où se produit l'ascension d'une portion d'air rendue plus légère par sa dilatation.

C'est ainsi que, dans les traités classiques, on explique jusqu'aux alizés, les vents constants des tropiques : l'air des régions équatoriales, dit-on, plus échauffé, doit, en s'élevant, causer un appel de l'air moins chaud des contrées tropicales ; celui-ci, ayant reçu de la terre un mouvement de rotation un peu moins rapide autour de l'axe terrestre, doit ajouter à sa direction vers l'équateur une réaction de l'est à l'ouest. Réciproquement, l'air équatorial, en se déversant vers les pôles, mais avec une rotation plus rapide, causerait le contre-courant incliné de l'ouest à l'est, dont on a pu observer la direction constante, par exemple, au sommet du pic de Ténériffe, par-dessus la ceinture persistante de nuages (fig. 52), qui sépare les deux courants opposés, l'alizé en bas, le contre-alizé en haut. Ce contre-alizé, refroidi et rapproché peu à peu du sol, deviendrait dans nos latitudes européennes, après avoir croisé son rival, notre vent dominant du sud-ouest.

Dans ce même système, les moussons seraient simplement le résultat d'un appel d'air se dirigeant d'un pays à saison froide vers un pays à saison chaude, à travers la mer qui les sépare, comme les brises de rivage, soufflant de la mer pendant le jour et de la terre pendant la nuit, seraient simplement dues à ce que dans le jour la terre s'échauffe plus que la mer, et dans la nuit se refroidit davantage.

En réalité les choses ne sont pas aussi simples, et il est difficile d'assimiler aux petits courants locaux dans un espace limité les grands courants atmosphériques, lorsqu'on sait que les masses d'air, dès qu'elles s'élèvent notablement, éprouvent une diminution de pression qui les dilate, et qui, par conséquent, les refroidit, tendant ainsi à faire disparaître la cause présumée de l'ascension.

Sans nier qu'il y ait quelque chose de fondé dans l'explication classique, on pourrait dire prudemment, avec Saigey, que les brises de rivage doivent être les résultantes des brises variables de l'intérieur des terres, que les moussons doivent être les résultantes des brises de rivage, et les alizés les résultantes des moussons. « Une multitude d'effets partiels, dit cet auteur, se transforment, au rivage de la mer, en deux effets diurnes; entre les tropiques, en deux effets annuels; et au large des mers, en un effet permanent. »

Le point de départ de la théorie de Saigey est l'explication d'un fait qui nous touche de près ; c'est ce qu'on nomme les *brises de montagnes,* c'est-à-dire le courant alternatif, ascendant le matin et le jour, descendant le soir et la nuit, qui se produit, en temps calme d'ailleurs, le long des flancs des grandes saillies terrestres.

Ce fait, Saigey l'énonce ainsi : « Toutes les fois que l'air se réchauffe, il afflue des lieux bas vers les lieux élevés, et il ne peut se refroidir sans couler en partie des lieux élevés vers les lieux bas. »

La raison, c'est que l'échauffement général relevant toute la masse aérienne depuis le niveau d'en bas, la couche qui est sur la saillie du sol ne peut se relever en même temps que son prolongement au-dessus de la plaine que si de nouvel air arrive au-dessous d'elle pour permettre ce relèvement. Inversement, le refroidissement abaissant toute la masse aérienne, les couches placées au-dessus de la saillie pressent et font écouler plus bas celles qui, recouvrant immédiatement cette saillie, font obstacle à leur descente.

Bien entendu, ces deux phénomènes généraux sont modifiés par mille causes locales : contournement des parois des vallées, production ou dissipation de nuages, condensation de neige ou de pluie, etc.; ils peuvent disparaître absolument devant ces grands courants généraux, dont la stabilité du côté des tropiques est remplacée, dans nos climats, par une variabilité qui défie jusqu'ici toute théorie et toute prévision.

Il serait trop long de développer ici la liste de tous les vents célèbres des pays de montagnes. Nous nous contenterons d'en citer un, dont l'action sur la chaîne des Alpes a une importance spéciale, c'est le *fœhn*, le vent chaud du sud-ouest, le fondeur des neiges, le brutal, mais bienvenu messager du printemps.

Il n'y a probablement pas de courant aérien qui ait attiré autant l'attention, et ait été l'objet de plus vives discussions. On a attribué à son apparition la fusion des glaces qui ont couvert l'Europe à l'époque glaciaire, et on lui fait honneur, par moitié avec le courant marin du *gulf-stream*, du climat tout à fait privilégié dont jouit en ce moment notre partie du monde, plus chaude que toute autre à égale latitude.

La première explication donnée du·fœhn en faisait le déversement de l'air échauffé et soulevé par le soleil du Sahara, et fondait cette opinion sur la coïncidence relativement récente de ces deux faits concordants, le soulèvement qui aurait fait le Sahara du lit d'une ancienne mer, et transformé en vent sec et brûlant un vent jadis humide, et la terminaison de notre époque glaciaire, signalée par la fusion des glaciers de toutes nos chaînes secondaires, et le retrait jusqu'aux limites actuelles de l'immense revêtement glacé qui recouvrait jadis tout le grand massif des Alpes.

On pense aujourd'hui que le fœhn n'est autre que le contre-alizé du sud-ouest, qui, après s'être dépouillé de son humidité sur les premiers revers méridionaux des Alpes, et s'être élevé

Fig. 139. — Lac des Quatre-Cantons, au tournant de Brunnen, lorsque souffle le *fœhn*.

jusqu'à la crête, redescend la pente opposée, et s'échauffe de plus d'un degré par cent mètres dans cette descente, la chaleur produite par sa compression n'étant pas dépensée par la vaporisation, puisqu'il a perdu son eau en route.

Quoi qu'il en soit, le fœhn a surtout toute sa violence et tout son effet dans les vallées situées au nord des crêtes alpines ; il y souffle par rafales furieuses, déracinant les arbres et enlevant les toitures, quand on n'a pas eu soin de les charger de grosses pierres (fig. 143, p. 451). On éteint soigneusement les feux ; car un incendie dans de telles circonstances serait épouvantable, témoin celui qui a détruit Glaris en 1861.

Quand le fœhn souffle du sud-ouest sur le lac des Quatre-Cantons, il s'engouffre à la fois dans le grand bras du lac, orienté vers l'ouest, et dans le lac d'Uri, orienté vers le sud. Les vagues viennent se rencontrer en face de Brunnen (fig. 139), au pied du fameux Grutli, précisément au point où Schiller a ouvert son drame de Guillaume Tell, et où la Suisse a consacré sa reconnaissance pour le grand poète, en gravant son nom sur un bloc gigantesque. Il est certain que le batelier qui, comme dans le drame, franchirait le lac en ce moment ferait acte de courage.

L'effet du fœhn sur la fonte et la disparition des neiges est surprenant : on l'a vu, à Grindelwald, fondre en douze heures une épaisseur de 80 centimètres de neige, c'est-à-dire autant que huit jours de soleil d'été.

L'évaporation qu'il produit est énorme : les feuilles roussissent, les fleurs se dessèchent, le débit des torrents éprouve une diminution visible. Quand son rival, le vent froid du nord ou la *bise*, vient à lutter contre lui et à lui succéder dans les vallées, les vapeurs invisibles dont il avait chargé l'air se condensent en immenses nuages et se résolvent en pluies diluviennes.

Il ne faut pas, toutefois, attacher exclusivement l'idée de chaleur ou de froid, dans un courant d'air, à cette provenance du midi ou du nord. Il y a dans l'atmosphère deux causes d'absorption ou de production de chaleur sensible qui jouent un rôle prédominant, savoir : les changements de pression de l'air et les changements d'état de l'eau.

Nous avons insisté et nous insistons encore sur la première, dont l'importance est trop peu connue : l'air raréfié présente de la chaleur en réserve, tout comme l'eau en vapeur. Le calcul montre que, supposé sec, l'air qui touche le sol se refroidirait en s'élevant bien plus rapidement que ne diminue en réalité la température des couches ascendantes, de sorte qu'un courant d'air sec ascendant prend de la chaleur aux corps voisins, loin de leur en donner. Ce refroidissement des courants d'air ascendants est donc une des causes du maintien de la basse température des hautes régions de l'air.

Étudions maintenant la seconde cause, et joignons-la à celle-ci pour tâcher d'expliquer ce fait au premier abord assez extraordinaire, que l'air devient plus froid à mesure qu'on s'élève, quoiqu'il soit traversé par une plus grande quantité de chaleur.

La presque totalité de chaleur que reçoit la surface du globe lui vient du soleil. Celle que lui apportent les volcans et les sources thermales ne forme, à cause de leur rareté, qu'une fraction insignifiante du total. Mais la chaleur du soleil, avant d'arriver à la terre, doit d'abord traverser l'atmosphère. Or les gaz, comme les autres corps, absorbent toujours une partie de la chaleur qui les traverse; seulement la quantité absorbée dépend de deux choses : 1° la nature du corps traversé; 2° la nature de la chaleur elle-même.

On montre, dans les classes de physique, comment une plaque de sel marin, par exemple, laisse passer très bien la chaleur d'un foyer, tandis que le verre en arrête une grande partie, et une couche d'eau presque tout. Il en est de même des différents éléments de l'air. L'oxygène et l'azote sont très perméables à la chaleur, tandis que la vapeur d'eau en retient au passage une portion comparativement énorme. Sous la même pression que les deux autres gaz, elle aurait un pouvoir absorbant presque huit mille fois plus grand, c'est-à-dire qu'elle l'a encore plus de cent fois telle qu'elle se trouve ordinairement dans les couches inférieures de l'atmosphère.

Mais il y a chaleur et chaleur. Celle qui vient d'un poêle, la chaleur *obscure*, comme on l'appelle, n'est pas la même que celle qui vient des charbons éblouissants de la lumière électrique; car celle-ci traverse assez bien le verre et même l'eau, tandis que la première est absolument arrêtée par ces deux corps. C'est parce qu'il y a de l'eau dans notre œil que nous ne voyons dans l'obscurité les corps chauds que s'ils atteignent ce que nous appelons la chaleur rouge ; si notre œil était fait de sel massif, nous verrions la nuit tous les corps briller d'une lueur propre. Si nous les voyons au jour ou à la lumière, sans qu'ils soient à la chaleur rouge, ce n'est pas par les rayons qu'ils *émettent*, mais par ceux qu'ils *réfléchissent*, et qui proviennent d'une source lumineuse.

Les rayons obscurs, c'est-à-dire ceux qui ne traversent pas l'eau, forment presque les 9/10 du total des rayons solaires. L'eau en vapeur a la même propriété que l'eau liquide : ce sont aussi ceux-là qu'elle absorbe en si grande proportion. C'est donc grâce à la vapeur d'eau que l'air s'échauffe, et d'autant plus qu'il y a une plus grande épaisseur de couches humides.

La fraction de la chaleur solaire ainsi absorbée est beaucoup plus grande qu'on ne le croit. C'est au moins le quart, quand le soleil est très élevé, et, comme l'épaisseur d'air traversé est bien plus considérable pour les points du globe qui ont le soleil presque à l'horizon, l'absorption totale de l'atmosphère terrestre doit dépasser la moitié de la chaleur qui la traverse, soit en venant du soleil, soit en revenant de la terre refroidie.

Arrêtons-nous un instant sur ce refroidissement de la terre échauffée.

Tant que le soleil est sur l'horizon, nous ne pouvons guère remarquer ce mouvement inverse de la chaleur du sol vers les espaces célestes. Mais la nuit, si l'air est sec et pur, le refroidissement de la surface terrestre est d'une intensité surprenante. En Espagne, en Italie, au Sahara même, on peut avoir de la glace en été en laissant, la nuit, de l'eau dans des vases placés sur un paillasson mauvais conducteur, en un point saillant, sans abri, bien exposé au ciel dans toutes les directions.

Si l'air est humide, au contraire, le refroidissement est bien moindre. Nous avons des nuits d'été aussi tièdes que les journées ; toutefois on pourrait les trouver fraîches si on s'éloignait des murs, des arbres ou autres corps échauffés pendant la journée. Dans les temps couverts, on ne sent plus ce refroidissement du soir : les nuages jouent, sous ce rapport, absolument le rôle d'un toit.

Mais la vapeur transparente, elle, joue tout à fait le rôle du vitrage d'une serre : elle ne laisse plus partir la chaleur qu'elle a laissée entrer. Cette chaleur, en effet, étant entrée lumineuse, a été absorbée par la surface du sol, qui l'émet bien à son tour, mais à l'état obscur, où elle ne traverse plus si bien la vapeur. Les couches voisines du sol s'échauffent donc en vertu de cette inégalité d'échange. La vapeur, plus légère que l'air, se formant continuellement à la surface de la terre humide, tend bien à se dissiper en montant; mais n'oublions pas que c'est une vapeur, c'est-à-dire une matière gazeuse que le froid liquéfie. Les deux propriétés spéciales de cette forme de l'eau unissent leurs effets pour que les couches d'air les plus voisines du sol aient à la fois le plus d'humidité et le plus de chaleur.

Dans les hautes régions, au contraire, l'air devient d'une sécheresse extrême; le parchemin s'y racornit, le papier y devient cassant. Les aéronautes s'accordent à reconnaître que la sécheresse y est plus douloureuse à supporter que le froid.

Le refroidissement intense, causé par cette absence d'eau dans l'air, est d'ailleurs d'autant plus remarquable que les rayons directement envoyés par le soleil se font sentir avec plus d'intensité. C'est un fait bien connu, et scientifiquement vérifié, que l'ardeur du soleil est plus grande au même instant sur la montagne que dans la plaine. M. Desains, par des mesures simultanées à Lucerne et au sommet du Righi, a montré que cette faible différence de niveau de 1450^m suffisait pour occasionner 17 pour 100 de perte. Ramond avait vérifié jadis à Perpignan et au sommet du Canigou, sur deux échantillons de terre identiques, que, malgré le refroidissement si vif des hauteurs, un thermomètre, placé dans l'échantillon du Canigou, indiquait une température plus élevée que le thermomètre semblablement placé dans l'échantillon de Perpignan. Cette expérience a été répétée récemment au sommet du Pic-du-Midi et à Bagnères-de-Bigorre, et a donné le même résultat.

Nous nous rappellerons ce fait, quand nous parlerons de la végétation des montagnes. La différence avec le climat polaire, et l'explication de la rapide végétation qui couvre de plantes, en quelques jours, les espaces débarrassés de neige, c'est que les racines sont énergiquement chauffées par les rayons du soleil.

L'augmentation de lumière accompagne naturellement l'augmentation de chaleur. On sait que, lorsque cette lumière est doublée par la réverbération des neiges, il est nécessaire d'employer des lunettes colorées, un voile vert, pour protéger les yeux contre son insupportable éclat. C'est pour avoir ignoré la nécessité de cette précaution que, lors de la mémorable ascension où fut vaincu pour la première fois l'inaccessible mont Blanc, le docteur Paccard descendit complètement aveugle, guidé par Jacques Balmat, qui eut lui-même longtemps les yeux malades, et déclara que la souffrance éprouvée par la lumière était la plus terrible de celles qu'on pouvait avoir à endurer dans les ascensions des hauts sommets.

Une preuve bien sensible de l'atténuation de la lumière par l'air est ce fait qu'on peut regarder fixement le soleil quand il se couche dans un horizon sans nuage. Bouguer a vérifié que son éclat pouvait n'être plus alors que le $1\,300^e$ de son éclat maximum à midi en été.

C'est cette vive lumière des hauteurs qui rend si admirables, si vigoureux, si saisissants, en montagne, les spectacles des phénomènes aériens qui nous laissent froids dans la plaine. Quel touriste n'a pas été contempler les splendides levers ou couchers du soleil que l'on voit du Righi ou d'autres montagnes isolées? Il a fallu, pour suffire à l'affluence des voyageurs désireux de jouir de ce sublime spectacle, construire (qui l'eût dit?) des chemins de fer! Inaugurée au mois de mai 1871, la première ligne du Righi, qui part du débarcadère de Vitznau, sur le lac de Lucerne, hisse aujourd'hui en moins d'une heure, au moyen du rail à crémaillère du système Riggenbach, ses voyageurs jusqu'au seuil des trois hôtels qui couronnent la montagne. Une seconde ligne part d'Arth, sur le lac de Zug, et une troisième relie entre eux les divers sommets de la montagne. Le succès de cette entreprise nous en promet d'autres analogues.

Mais aussi, quelles journées enchantées on peut passer sur ces sommets isolés, d'où la vue embrasse un espace grand comme la moitié de la France! Quels paysages féeriques, quelles éblouissantes apparitions produisent les changements à vue dus au passage et au déchirement des nuages, qui détaillent (fig. 140), dans des cadres changeant à tout instant, les lumineux aspects des massifs montagneux étincelant au soleil!

Quand le soleil est à l'horizon, et que de légères brumes entourent la montagne, c'est là surtout que les météores dus à la lumière, halos, auréoles, parhélies et anthélies, sont admirables à voir. Parmi ces phénomènes optiques, le plus curieux est celui qu'on désigne sous les noms de spectre du Righi ou spectre du Brocken ; il se produit sur les sommets isolés lorsque les brumes semi-transparentes s'élèvent à l'ouest, au moment du lever du soleil ; une ombre d'apparence gigantesque se profile alors sur la brume lumineuse, accompagnée ordinairement d'auréoles colorées autour de la tête.

Mais les météores optiques nous ont ramenés à l'explication des nuages et à la variation de l'humidité de l'air.

Fig. 140. — Le Righi, vu du sommet du Pilate (terrasse du Klimsenhorn), par une trouée au milieu des nuages.

II

LES NUAGES ET LEURS PRODUITS

> Au-dessus des multitudes humaines, les hautes cimes se dressent dans l'azur. Là flottent les nuées, filles du ciel, entourées d'auréoles. Nul témoin terrestre n'assiste à leurs rondes solitaires.
>
> SCHILLER.
>
> *Illic et nebulas, illic consistere nubes*
> *Jussit, et humanas motura tonitrua mentes,*
> *Et cum fulminibus facientes frigora ventos.*
>
> OVIDE, *Métamorphosés*, I.

La vapeur d'eau transparente et invisible, qui est un des éléments de l'air, ne peut y rester à cet état qu'autant que sa quantité ne dépasse pas un certain maximum fixe pour chaque température. Ce maximum est, pour chaque mètre cube, de 30 ^{gr} à 30°, de 17 ^{gr} à 20°, de 9 ^{gr} 5 à 10°, de 7 ^{gr} à 5°, de 4 ^{gr} 9 à 0°, et de 2 ^{gr} 3 à — 10° au-dessous de 0. Lorsque ce maximum n'est pas atteint, les surfaces d'eau ou de glace qui sont en contact avec l'air lui fournissent peu à peu la vapeur en supplément, par le phénomène appelé *évaporation*. Lorsque ce maximum est atteint, l'air est *saturé* : l'eau ne peut plus s'évaporer ; au voisinage de ce maximum, le linge ne sèche pas, le sol reste indéfiniment mouillé ; les corps avides d'eau, comme le sel, le salpêtre, la potasse, le sucre d'orge, liquéfient la vapeur en se liquéfiant eux-mêmes ; on a, en un mot, tous les effets de ce qu'on nomme l'*humidité*.

Si, à ce moment, la température vient à diminuer, la différence entre la proportion de vapeur contenue d'abord et la proportion maximum possible à la nouvelle température doit prendre la forme liquide.

Quand le refroidissement est dû au contact d'un corps froid, c'est sur ce corps que se précipite l'eau en gouttelettes que l'on nomme *rosée ;* quand le froid vient ensuite à dépasser 0°, la rosée gèle et s'appelle *gelée blanche ;* quand la précipitation de la vapeur commence au-dessous de 0°, le dépôt est formé de petits cristaux de glace groupés en barbe de plume et en séries d'étoiles hexagonales, et prend le nom de *givre*.

Quand le refroidissement, au contraire, se fait assez loin du contact du sol, dans l'espace atmosphérique, l'eau se condense à l'état de gouttelettes liquides ou de petits cristaux de glace, suivant la température. Si le refroidissement est lent, l'eau garde la forme d'une poussière excessivement fine, qui trouble la transparence de l'air en y restant suspendue. Cette poussière d'eau, nous l'avons déjà dit, ce sont les *nuages* et les *brouillards*. « Un brouillard, disait Monge, est un nuage dans lequel on est; un nuage est un brouillard dans lequel on n'est pas. »

Pour expliquer la suspension de cette poussière, on s'était imaginé qu'elle était formée de petites bulles ou vésicules remplies d'air plus humide et plus chaud que l'air extérieur, par conséquent plus léger, qui faisait de ces vésicules de petites montgolfières microscopiques.

Une telle supposition n'est pas nécessaire. Cette suspension n'est réellement qu'une chute très ralentie. On sait que la résistance opposée par l'air à la chute d'un corps croît avec la vitesse de chute; il arrive donc toujours un moment où cette vitesse cesse de s'accroître, et prend une valeur limite d'autant moindre que la surface du corps est plus grande par rapport à son poids. C'est ainsi que ce jouet d'enfant formé par une feuille de papier mince, ayant la forme d'un parachute, tombe très lentement dans l'air, tandis que le même papier, chiffonné en une petite balle, tomberait beaucoup plus vite.

De même, un corps réduit en poussière prend une surface énorme, et ne tombe plus que de quelques centimètres par seconde. Si la masse d'air qui le supporte a elle-même un mouvement ascendant plus rapide, la poussière paraît monter avec la différence des deux vitesses. C'est ce qui arrive aux fumées qu'emporte le courant d'air chaud d'un foyer.

Les nuages peuvent donc être indifféremment considérés comme formés de vésicules ou de gouttes pleines, si on suppose les unes ou les autres assez petites pour que le mouvement de descente soit peu sensible. Les deux systèmes ont leurs partisans. Kaemtz est pour les vésicules; il les a, dit-il, observées au microscope, et a mesuré leur diamètre, qui varie avec la saison, et de $0^{mm}035$, maximum d'hiver, descend à $0^{mm}012$, minimum d'été. Saigey est pour les gouttes pleines, et les a vues, au microscope, jouant le rôle de lentilles; le calcul montre que la vitesse de chute de gouttelettes pleines, de cette dimension, reste au-dessous de 30 centimètres par seconde. Il est possible que les deux opinions soient vraies, et que divers systèmes de condensation se produisent à la fois ou séparément, donnant aux nuages qui en résultent des aspects différents. L'avenir nous le dira. Une étude sérieuse des formes et des changements d'état de la poussière aqueuse ou glacée des nuages, au microscope, est encore à faire, et c'est sur elle seulement qu'on pourrait baser une classification définitive.

Les nuages présentent tant d'aspects divers, et des transitions si ménagées entre leurs différentes sortes, qu'en faire une classification bien précise et complète est une tâche très difficile.

Kaemtz et Poëy n'ont guère fait que modifier dans ses détails une classification donnée en 1802 par le météorologiste anglais Howard.

Les noms latins *cirrus*, *stratus*, *cumulus* et *nimbus*, imposés par Howard à quatre types de nuages fréquents, sont devenus presque populaires. Toutefois les différents auteurs sont loin de les définir de la même manière, et les confusions s'aggravent encore dans les types intermédiaires.

Nous pensons qu'il est plus conforme à la vérité de grouper les différentes sortes de nuages autour de *deux* types principaux, correspondant aux deux états physiques *d'eau liquide* et de *glace* que peut prendre la vapeur condensée.

Le premier groupe est celui des nuages inférieurs, formés de *poussière d'eau liquide*. Howard appelait *cumulus* ceux qui, relevés en masses amoncelées par les courants ascendants, prennent la forme de grandes montagnes blanches : les marins les nomment *balles de coton*. Ils sont très nets et bien terminés en été.

Quand les courants ascendants cessent le soir, les cumulus s'affaissent en s'aplatissant en dessus comme en dessous, à la manière de grandes planches flottantes qui paraissent assez minces quand on les voit de profil à l'horizon : Kaemtz les appelle alors *stratus*. Il n'y avait guère raison de créer un nom nouveau pour ce simple changement de forme.

Il serait plutôt utile de faire une catégorie à part des brouillards et des brumes qui se forment contre le sol, et sont toujours plats en dessus, tandis que les cumulus sont plats *en dessous;* ces brouillards sont plus transparents et moins nettement terminés que les cumulus. Ce sont eux que Howard avait appelés *stratus.* Nous saurons dans l'avenir quelle différence de constitution produit cette différence d'aspect.

Les vents du sud et du sud-ouest, dans nos climats, accumulent souvent les bas nuages au point d'en couvrir comme d'un manteau d'immenses étendues et d'en faire disparaître les formes. On a alors un temps couvert sans pluie. Poëy propose pour cette disposition le nom de *pallio-cumulus.*

Il appelle enfin *fracto-cumulus* les nuages fragmentaires sans forme définie, souvent mal terminés comme les brumes, quelquefois pluvieux, malgré leur simplicité apparente, et qui sont si fréquents, surtout quand il fait du vent.[1]

Jusqu'à nouvel ordre, c'est-à-dire jusqu'à ce qu'on connaisse bien leur structure intime, nous ne voyons aucun motif de ne pas réunir toutes ces formes variables en un seul groupe, celui des *bas nuages* non pluvieux, constitués par la poussière microscopique d'eau liquide; ils sont toujours situés au-dessous de 2000 ou 3000 mètres de hauteur, le plus souvent même au-dessous de 1000 mètres.

Un second groupe assez net peut être formé par les nuages supérieurs, formés de *poussière d'eau solide.* Howard les appelle *cirrus;* ce sont les *queues de chat* des marins.

Les *cirrus* proprement dits ont l'aspect de laine cardée, et sont habituellement assez transparents pour laisser voir les astres à travers leur épaisseur. Leur hauteur habituelle en été paraît comprise entre 6000 et 10000 mètres; mais, en hiver, ils peuvent descendre jusqu'auprès du sol. Beaucoup de brouillards d'hiver paraissent avoir la nature des cirrus.

Lorsque les cirrus sont formés de cristaux bien nets, ils produisent des halos, des parhélies, des croix lumineuses, etc., autour du soleil et de la lune, vus au travers de leur épaisseur, et

---

[1] Arago (notice sur le tonnerre) appelle *ascitizi* les petits nuages blancs qui courent irrégulièrement sous les nuages orageux, et paraissent avoir un grand rôle dans la production des éclairs.

l'optique explique aisément ces effets par les réflexions de la lumière sur les faces des cristaux.

La température des cirrus proprement dits est généralement beaucoup plus basse que 0°, souvent plus voisine de la congélation du mercure que de celle de l'eau. Quand ils s'aplatissent en s'épaississant, on les nomme *cirro-stratus*. Lorsqu'ils s'abaissent en descendant dans des régions moins froides, ils perdent leur forme peignée, et s'arrondissent en petites touffes : on dit qu'ils sont *pommelés*, et leur nom technique est *cirro-cumulus*. Ils peuvent aussi s'accumuler en grande nappe continue, comme les pallio-cumulus, et mériter le nom que Poëy leur donne de *pallio-cirrus*.

Il est difficile de déterminer la limite exacte qui sépare ces nuages glacés des nuages liquides. Il paraît prouvé que la température des gouttelettes nuageuses peut descendre sans geler jusqu'à — 10°, — 15°, et plus; car les expériences de surfusion que l'on fait en physique nous apprennent que la cristallisation ne se fait bien que de proche en proche, par le contact d'un premier cristal.

Des cumulus pourraient donc s'élever et se refroidir au-dessous de 0° sans se transformer en cirrus, tandis que jamais des cirrus ne peuvent descendre et dépasser la température de 0° sans se transformer en gouttelettes liquides, c'est-à-dire en cumulus.

Ainsi, dans un air refroidi par une de ces dilatations brusques, fréquentes en temps d'orage, les gouttelettes d'un cumulus isolé ne trouveraient pas toujours les premiers cristaux nécessaires pour les solidifier. Mais que le moindre lambeau de cirrus arrive, chacun de ces cristaux causera la solidification rapide de cette eau plus froide que 0°, et formera le noyau d'une agglomération glacée.

Nous voici amenés à un tout autre type de nuages, celui qu'Howard appelle *nimbus:* c'est le nuage qui crève et vomit de la pluie, de la neige, de la grêle. Son caractère serait de contenir ou plutôt de former de petites masses d'eau solides ou liquides assez grosses pour tomber rapidement jusqu'au sol. Il n'a donc pas de terminaison nette de ce côté; il se continue en bas par une traînée oblique allant habituellement jusqu'à terre, à moins que, comme des aéronautes en ont observé des exemples, une couche inférieure d'air très sec ne se trouve vaporiser entièrement cette pluie avant qu'elle rencontre le sol.

On ne peut pas mettre les *nimbus* sur la même ligne que les autres nuages. Les cirrus et les cumulus sont des nuages simples, et les nimbus des nuages composés.

Il y en a d'immenses, versant la pluie sur tout un grand pays, d'une masse continue de plusieurs milliers de mètres d'épaisseur, qui occupe, à la fois, sur plusieurs centaines de lieues d'étendue, la zone s'étendant de la hauteur des cumulus à celle des cirrus. Ils sont, en effet, comme nous allons voir, formés de la précipitation de ceux-ci dans ceux-là.

Il y a aussi les nuages de *neige*, souvent immenses comme ceux de pluie, mais plus translucides, sans terminaison nette, ayant un aspect jaunâtre particulier.

Mais il y a aussi des *nimbus* partiels, dont la partie supérieure a la forme nettement terminée des cumulus; parmi ces nuages partiels se distinguent les nuages *orageux*, et parmi ceux-ci les nuages de *grêle*, gros, noirs, opaques, enroulés, d'aspect presque solide. Ils peuvent diminuer jusqu'à la dimension restreinte des nuages de *giboulée*.

En résumé, deux sortes de nuages simples: les nuages *aqueux* ou *cumulus*, et les nuages *glacés* ou *cirrus*, ayant chacun deux ou trois variétés de forme; et des nuages composés, en voie de condensation, que l'on peut diviser en nuages étendus (les *pallium* de Poëy), soit pluvieux, soit neigeux, et en *nimbus* proprement dits, ou nuages enroulés, nuages d'orage, de grêle ou de giboulée; voilà, il nous semble, la classification la plus naturelle et résumant le mieux les données météorologiques actuelles.

Maintenant que nous connaissons un peu les diverses sortes de nuages, essayons de nous faire une idée des circonstances où ils se produisent. Il nous semble utile de donner ici quelque développement à cette partie très mal connue de la météorologie, d'autant que c'est dans les pays de montagnes surtout que l'on peut voir la formation de toutes les variétés des nuages et de leurs produits.

Les *brouillards* se forment au-dessus d'une surface humide, rivière, lac, marais, prairie, lorsque l'eau de cette surface est plus chaude que l'air, et leur épaisseur est proportionnelle à la différence de température. Ils se dissipent quand l'air redevient plus chaud que l'eau.

Les brouillards ont toujours une température plus élevée que l'air qui les entoure; ils n'ont pas une grande épaisseur; un monument élevé, un grand arbre, un monticule, se dressent souvent dans l'air transparent par-dessus leur surface; ils sont terminés le plus souvent par une surface parfaitement plane, qui, vue de la montagne, forme dans la vallée une nappe unie comme un lac; bientôt cette surface se met à onduler comme une grande mer, sa surface se déchire, et, sous les rayons du soleil, les lambeaux s'enlèvent et se dissipent en rendant à l'air sa transparence.

Les *cumulus* se forment à une hauteur déterminée, rendue visible, même dans le beau temps, par une sorte de brume, légère comme un voile de gaze, qu'on aperçoit quand on arrive un peu plus haut qu'elle, soit en ballon, soit sur le flanc d'une montagne. Quand l'air est calme, on la voit se prolonger jusqu'à l'horizon, où elle forme une ligne bleue comme la mer, les montagnes sortant au travers comme des îles. En montant, on voit ce voile de gaze disparaître au centre comme un vide circulaire toujours croissant, parce qu'il n'est visible que sous une incidence très oblique.

Avec les instruments qu'on nomme en physique *hygromètres*, on a vérifié que cette couche limite est celle où l'humidité de l'air est la plus grande. A partir d'une certaine hauteur au-dessus du sol, le rapport entre la quantité de vapeur d'eau que contient l'air et celle qu'il pourrait contenir, rapport nommé l'*état hygrométrique* de l'air, va en augmentant peu à peu jusqu'à cette couche au-dessus de laquelle il diminue rapidement.

L'altitude de cette couche génératrice des cumulus augmente avec la température : le commandant Rozet l'a souvent mesurée dans les Pyrénées et dans les Alpes; en automne, il trouvait $1200, 1500^m$; en été, $2000, 2200, 3000$: une fois, tout près de 4000^m. Saussure l'a vue (il l'appelle vapeur bleue) descendre en deux heures et demie du sommet du Salève jusqu'à une altitude de 900^m au-dessus du lac Léman, et il a pu vérifier que son degré d'humidité était nettement plus élevé qu'à une trentaine de mètres au-dessus d'elle.

Les cumulus se forment là, on ne sait encore ni comment ni pourquoi, par l'accumulation de petits flocons qui restent distincts, quoique rapprochés; lorsqu'on les observe d'un point un peu plus élevé, la surface brumeuse les rattache d'abord comme une gaze; puis peu à peu les intervalles se comblent, et il en résulte une surface irrégulièrement mamelonnée, toujours en mouvement; il y a peu de spectacles plus magnifiques que cette mer de nuages mouvants, éclairés en dessus par le soleil.

Lorsqu'un coup de vent, une pente de montagne, ou la chaleur croissante du soleil élèvent un cumulus dans la région limpide et plus sèche de l'air, on voit souvent les flocons se dissiper en s'évaporant, comme la fumée blanche des locomotives disparaît derrière les trains qu'elles emportent. L'épaisseur de ces couches de cumulus est souvent très considérable ; ordinairement elle est de 300 à 500^m; mais elle peut s'élever à 1000 et 1200^m, et donner à ces nuages tout à fait l'apparence de grandes et belles montagnes neigeuses.

Leur forme change continuellement par les courants d'air ascendants qui sont habituels pendant le jour. En l'absence de ces courants, ils pourraient rester sensiblement à la même hauteur, malgré leur chute, parce que la partie inférieure, en arrivant dans une couche plus chaude, se vaporiserait, et la vapeur montant se condenserait de nouveau à la partie supérieure du nuage.

Cette stabilité d'emplacement d'un nuage, malgré son changement de substance, peut se produire dans le sens horizontal en dépit du vent. Quand une cause fixe de refroidissement existe dans un point de l'atmosphère, la vapeur saturée que l'air y apporte se condense en ce point et devient visible, tandis que le nuage entraîné plus loin dans les points plus chauds se dissipe en s'évaporant. Cet effet se produit souvent autour des sommets de montagnes isolés, comme le Pilate, le Puy-de-Dôme, constituant à ces sommets, même au milieu d'un ciel limpide, ce qu'on appelle leur *chapeau*. Le pic de Ténériffe (fig. 50) a une région de nuages de cette sorte, permanents, produits par le voisinage des deux courants atmosphériques opposés qui s'y superposent constamment, et situés à peu près au niveau de l'immense cirque qui l'entoure d'une enceinte escarpée.

Tyndall a vérifié que ces nuages, qui semblent adhérents aux sommets, sont en réalité dans un état de changement perpétuel. « On voit souvent, dit-il, une traînée de nuages de plusieurs centaines de mètres de long qui se rattache à quelque pic des Alpes. Elle semble parfaitement immobile même lorsqu'un vent violent souffle en ce moment au-dessus de la montagne. Pourquoi le nuage n'est-il pas emporté par ce vent? Il est emporté; son immobilité n'est qu'apparente. Une de ses extrémités se dissout sans cesse : l'autre se renouvelle constamment; ces deux changements s'opérant d'une manière égale, le nuage semble aussi immobile que la montagne à laquelle il paraît attaché. Quand la lumière rouge du soleil couchant éclaire ces bannières de vapeurs, on dirait d'énormes torches dont la flamme est rabattue par le vent. »

M. Babinet, de son côté, décrit d'une manière très frappante un phénomène de cette sorte, qu'il a observé de près au sommet du Canigou. « Ce nuage, dit-il, malgré la violence du vent qui semblait devoir l'emporter, restait obstinément fixé sur le point où je l'observais. Il était si nettement terminé, que je pouvais y plonger la moitié seulement d'un crayon que je tenais à la main. Le secret de ce curieux phénomène, c'est que l'air était juste assez humide pour devenir nuage à la hauteur en question. C'est pourquoi, avant et après ce passage, le nuage disparaissait. Ce n'était point, en réalité, une masse d'air fixe qui formait le nuage; c'était l'air, transparent partout ailleurs, qui, en atteignant ce sommet froid, perdait momentanément sa transparence. »

On n'a guère l'occasion d'assister de près à la naissance des cirrus. Ils peuvent nous venir du nord sous cette forme; ils peuvent aussi être causés par la condensation des vapeurs ascendantes qui ont dépassé la zone de formation des cumulus, ou encore de celles qui se sont formées par l'évaporation des cumulus eux-mêmes. Il y aurait alors, aux altitudes de 6000 à 10000^m, un autre maximum d'humidité possible. Les aéronautes qui se sont élevés le plus haut dans l'atmosphère, Gay-Lussac, Bixio et Barral, Green, Glaisher, Tissandier, sont d'accord sur ce point, qu'arrivés dans les régions glacées situées au delà de 7000^m, ils voyaient encore des cirrus qui leur paraissaient aussi élevés au-dessus d'eux qu'ils nous paraissaient vus de la terre.

L'explication de l'origine des *nimbus*, ou plutôt des *pallium*, c'est-à-dire des nuages qui versent les grandes pluies continentales, explication qui est aussi celle des grands nuages orageux, a été établie dans ces dernières années par de nombreuses observations faites en montagne. Saussure l'avait entrevue; le commandant Rozet et d'autres officiers d'état-major l'ont mise hors de doute : tous les météorologistes modernes, Kaemtz, Hatton, Martins, Flammarion, Poëy, l'ont adoptée. Plus récemment encore M. Faye l'a confirmée par ses travaux sur les mouvements tourbillonnants de l'atmosphère.

La voici réduite à ses traits principaux : tant qu'il n'y a sur l'horizon que des cirrus *seuls*, ou des cumulus *seuls*, eussent-ils les uns ou les autres la forme d'un manteau continu, le temps est couvert, mais il n'y a *jamais de pluie*. Quand il y a à la fois pallio-cirrus et pallio-cumulus, c'est autre chose.

Deux nouvelles forces de la nature interviennent ici pour jouer un rôle nécessaire : l'une est l'*électricité*, l'autre la *force moléculaire*, mise en jeu dans les phénomènes de capillarité et de cristallisation.

Les deux couches superposées, étant électrisées de nom contraire, exercent l'une sur l'autre une attraction qui tend à les rapprocher. Or la descente des cirrus, suspendus dans un air plus rare et n'ayant qu'à accélérer leur chute, est plus facile que l'ascension des cumulus en sens inverse de la pesanteur; il est d'ailleurs probable que cette descente est surtout l'effet d'un mouvement de rotation tourbillonnant. Quoi qu'il en soit, ces cirrus, en descendant rapidement à la rencontre des cumulus, amènent avec eux l'air froid qui les soutient et dont la température confine à la congélation du mercure.

Le mélange s'opère avec plus ou moins de violence; la combinaison des électricités et la rupture d'équilibre qui résultent de la grande différence des températures produisent des mouvements violents et confus.

Au sein de la masse brusquement refroidie, les petites aiguilles glacées, de dimensions microscopiques, qui formaient les cirrus, s'accroissent rapidement en provoquant à leur surface la congélation de l'eau des cumulus; cette solidification s'opère autour de chaque cristal primitif, et la vapeur transparente de l'air humide peut en fournir les éléments comme les gouttelettes déjà liquéfiées. L'action se propage par contact d'une manière assez analogue à ces rapides groupements de cristaux de sel ammoniac, qu'on obtient dans ces belles expériences, aujourd'hui populaires, du microscope photo-électrique.

Les faces cristallines qui se touchent n'ayant plus à supporter la résistance de l'air, la chute des groupements de cristaux est de plus en plus rapide; ces groupements peuvent d'ailleurs, suivant les circonstances, être en flocons lâches ou en pelote serrée; le premier cas est de beaucoup le plus fréquent dans nos climats, c'est la forme habituelle de notre *neige*. Le grésil et la neige si fine des hautes montagnes ont plutôt la seconde forme.

Mais, en descendant, la neige rencontre, dans des couches d'air plus chaudes que 0°, de la vapeur qu'elle condense : cette condensation, comme on sait, produit de la chaleur, et le flocon fond : cette neige fondue, c'est la *pluie*.

Quand il y a pluie générale dans la plaine, il tombe de la neige sur les hauteurs. C'est un fait bien connu de tous ceux qui ont visité les Pyrénées et les Alpes : quand la pluie a cessé dans la vallée, on voit toutes les pentes blanches de neige au delà d'une ligne horizontale bien marquée, au-dessous de laquelle a été complète la fusion. Cette ligne a été trouvée à 900^m d'altitude, quand le thermomètre marquait en bas 5°; à 1200^m, pour 8° en bas; à 1500^m, pour 10°; à 2000^m, pour 14°. Si la chaleur est plus grande, il peut pleuvoir dans les régions neigeuses.

L'échange des électricités entre les deux couches mélangées ne produit pas ordinairement de décharges violentes, à moins que la tension électrique des nuages ne dépasse une certaine limite, au delà de laquelle on les appelle *orageux*. Les mouvements dus aux attractions électriques sont alors beaucoup plus violents, plus irréguliers, produisent des tourbillonnements énergiques, dont la force centrifuge s'unit aux effets de répulsion électrique pour lancer les pelotes cristallines dans des directions horizontales ou ascendantes : dans ce cas les petites masses glacées ont à rencontrer et à congeler autour d'elles beaucoup plus d'eau que dans une chute verticale; il en résulte ce qu'on nomme la *grêle*, lorsque la température initiale du noyau des grêlons a été suffisamment basse pour congeler toute l'eau condensée avant l'arrivée à terre.

Dans le cas ordinaire, le noyau, moins froid, fond lui-même, en condensant la vapeur d'eau que la chaleur a rendue abondante dans les couches d'air au-dessous du nuage, et on a ces grosses gouttes de la pluie d'orage.

En résumé, notre explication de la pluie suppose que, dans l'immense majorité des cas, la condensation de la vapeur d'eau a été produite d'abord à l'état solide autour d'un cristal très froid fourni par les cirrus, c'est-à-dire que la pluie est de la neige fondue ou de la grêle fondue, en gouttes assez grosses et tombant assez rapidement pour n'être ni relevées ni vaporisées par les couches d'air qu'elles traversent.

Nous devons ajouter qu'il n'est pas impossible que la vapeur d'eau puisse se condenser directement en gouttes liquides assez grosses pour tomber : l'expérience nous montre que des pluies partielles, en saison chaude, les *bruines*, le *serein*, peuvent se former de cette manière, absolument comme ces gouttes que l'on sent lorsqu'on est sous le vent de l'échappement de vapeur d'une locomotive ou d'une grande machine; mais il est bien rare que les conditions d'une condensation si abondante, par un refroidissement rapide, se produisent en grand dans l'atmosphère.

En dehors de ce cas relativement rare, nous ne voyons possible la formation de gouttes dans l'air, à température moyenne, que par la condensation de la vapeur d'eau au contact d'un cristal de glace très froide. Nous croyons même que les gouttelettes liquides des cumulus ne vont jamais toucher les cristaux des cirrus, mais qu'elles se vaporisent à mesure que ceux-ci condensent la vapeur d'eau de l'air qui les en sépare.

Reste à savoir, il est vrai, comment se forment eux-mêmes les cristaux microscopiques des cirrus et des brumes du Nord. La question, direz-vous, n'est que reculée. C'est tout à fait notre avis ; mais nous pensons que la science n'a pas autre chose à faire. Elle recule les limites de nos connaissances, et n'a pas la prétention de les supprimer. Quand elle rêve ou essaye cette suppression, elle n'est plus qu'un audacieux roman, tandis qu'à la science vraie et loyale l'homme sensé doit savoir gré de dire avec franchise : « Je ne sais pas. »

Voilà donc, d'après de récentes et patientes observations,

comment se produit la pluie, sinon toujours, du moins dans la grande majorité des cas. Les présages bien connus de la pluie sont parfaitement d'accord avec ces observations : ce sont surtout les cirrus accumulés qui sont à craindre; car il y a toutes chances pour que le vent d'en bas, différent de celui d'en haut, amène sous eux des cumulus. Aussi dit-on :

> Temps pommelé, femme fardée,
> Ne sont pas de longue durée.

Les halos et les couronnes autour du soleil et de la lune, la couleur pâle du ciel ou du soleil, preuves de cirrus naissants, sont des signes de pluie certains, si le soleil se couche dans les nuages; car le vent d'ouest, dominant en France, va amener des cumulus.

Les Genevois disent :

> Quand la Dôle a son chapeau,
> Bientôt nous aurons de l'eau.

Le proverbe est vrai, s'il y a des cirrus au ciel.
Les Lucernois, de leur côté, disent :

> Quand Pilate a son chapeau,
> C'est que le temps sera beau.

Ne vous fiez à celui-là que si le ciel est d'un beau bleu plus haut.

Quand le ciel est nuageux, si l'on voit, par les intervalles, le fond d'un beau bleu foncé, soyez tranquille, il ne pleuvra pas; mais si le fond est pâle et filamenteux, prenez votre parapluie.

La pluie en montagne est toujours plus abondante qu'en plaine. Cela tient à ce que les montagnes arrêtent les nuages pluvieux et les refroidissent en les faisant monter; ce refroidissement plus grand rend la condensation plus complète, en même temps que le ralentissement accumule le produit sur un moindre espace. Ainsi on a vérifié, par des mesures précises, que la pluie est deux fois plus abondante dans les Vosges que dans les plaines d'Alsace; au grand Saint-Bernard, deux fois et demie plus qu'à Genève; trois fois plus dans la haute vallée de

434 CHAPITRE X

l'Ardèche que dans la plaine d'Arles ; quatre fois plus à Coïmbre qu'à Lisbonne, et dans les monts de Westmoreland qu'à Liverpool [1].

La pluie d'orage, en montagne, à cause de ce refroidissement si rapide qu'éprouvent les nuages en remontant la vallée, tombe avec une violence dont les pluies ordinaires des plaines ne peuvent donner une idée. Ajoutons que l'on est le plus souvent surpris à l'improviste, au moins dans les vallées, dont les flancs empêchent de voir et d'entendre l'approche du nuage orageux. En revanche, les orages s'épuisent plus vite et durent moins longtemps en montagne qu'en plaine.

Mais il y a peu de phénomènes naturels capables de donner de plus terribles impressions que les grands orages généraux qui se déchaînent de temps en temps dans toute l'étendue d'une chaîne montagneuse. Le bruit du tonnerre, répercuté par mille échos formidables, y prend une prodigieuse intensité ; les décharges électriques sont plus fréquentes, plus éblouissantes, plus violentes, puisqu'elles jaillissent à de moindres distances. Le danger d'en être victime, qui n'est pas à considérer en plaine, devient ici très sérieux, et s'accroît, si l'on veut y échapper par la fuite, des chances de chutes dans les escarpements de la route, étourdi que l'on est par la lueur des éclairs, les coups de fouet de la pluie ou de la grêle, et le fracas du tonnerre. Les orages (fig. 141) entrent pour une part importante dans les causes de la mortalité des troupeaux des hauts pâturages alpins, comme nous le verrons au ch. XIV. D'un autre côté, presque tous les accidents mortels que signale la statistique des orages en France se produisent dans les pays de montagnes.

Les nuages orageux de faible étendue épuisent ordinairement leur violence sans s'élever beaucoup dans les vallées. Leur zone habituelle est dans la limite d'une altitude de 1 000 à 1 500 mètres.

On peut donc avoir parfois, sur les hauts sommets, l'émou-

---

[1] M. Belgrand, dans son étude hydrologique du bassin de la *Seine*, a constaté que, dans une région à climat homogène, la quantité de pluie annuelle croît à peu près proportionnellement à l'altitude. En considérant les cartes météorologiques construites par l'observatoire du Montsouris, on est frappé à première vue de la ressemblance presque complète de la carte des pluies et de la carte des altitudes.

Fig. 141. — L'orage dans la montagne.

vant spectacle d'un orage sous ses pieds. On voit la vallée remplie d'une masse compacte d'épaisses nuées, qui se tordent avec de sinistres craquements et un bruit continuel de canonnade assourdie. La masse s'éclaire par saccades, à l'intérieur, d'une teinte rosée ; souvent aussi de brillantes lames de feu apparaissent à l'extérieur dirigées vers les rives rocheuses.

Mais le spectacle devient d'une indicible magnificence si on en est témoin la nuit, ce qui peut arriver aux touristes, aujourd'hui qu'il y a en Suisse de nombreux hôtels sur les sommets des montagnes les plus visitées. On voit alors sous ses pieds une véritable mer de flammes, d'où sortent des traits de feu éblouissants avec un vacarme infernal, pendant que les étoiles et la lune brillent tranquillement au ciel.

Un produit très redouté des nuages orageux est la grêle. Nous avons déjà indiqué son mode de formation en parlant de celui de la neige (p. 431). Dans la plupart des cas où se produisent de grands orages, les attractions énergiques qui occasionnent d'aussi violentes décharges ont amené, des hauteurs de l'air, au milieu des cumulus, des cirrus excessivement froids, agités de mouvements tumultueux, qui deviennent souvent des tourbillons rapides, comme partout où des courants opposés sont exposés à se rencontrer. Les petites pelotes neigeuses, formées à des températures extrêmement basses par des cirrus si froids, sont lancées horizontalement par la force centrifuge que produit ce tourbillonnement, et parcourent de grands espaces, le long desquels elles solidifient toutes les gouttelettes d'eau qu'elles rencontrent et toute la vapeur d'eau qu'elles condensent. Les grêlons ainsi formés arrivent à terre, suivant des lignes obliques rayonnantes, avec une vitesse qui leur permet de hacher la végétation, et souvent avec une abondance qui leur permet de la recouvrir.

Un résultat plus grandiose et bien plus destructeur, mais heureusement très rare, de ces tourbillonnements de nuages orageux, c'est la *trombe*. Cet effrayant phénomène, dont l'origine est évidemment celle des orages, n'a presque jamais été vu, par des savants ou des artistes, d'assez près pour que nous en ayons des descriptions bien précises. Nous pensons qu'on nous saura gré de reproduire fidèlement, dans la fig. 142, une peinture originale faite d'après les croquis dessinés, séance tenante, par M. Raymond Balze, témoin d'un orage à trombe, en 1842, dans le golfe de Naples.

Une trombe est le prolongement inférieur, en forme de cône, d'un mouvement tourbillonnant très violent produit dans les hautes régions de l'atmosphère. Sa production est tout à fait analogue à celle des tourbillons qui se forment à la surface des cours d'eau rapides, ou d'un liquide que l'on fait tournoyer vivement dans un verre. La force centrifuge diminuant beaucoup la pression à l'intérieur, les couches d'air supérieures descendent dans le tourbillon, abaissent sa température et produisent des condensations de vapeur qui rendent le phénomène visible. Toutefois on ne peut le constater que dans les cas heureusement très rares où sa pointe vient jusqu'à la surface du sol. Alors les objets mobiles sont saisis, tordus, arrachés et lancés en cercle comme par un rapide mouvement de fronde.

M. Faye, de l'Institut, a récemment étudié et discuté toutes les phases de ce curieux accident, qu'il considère comme un cas très réduit en dimension du phénomène général des *tornados* et des *cyclones*. Il a montré et expliqué, dans les récents *Annuaires* du Bureau des longitudes, l'erreur très répandue qui regarde les trombes comme ascendantes et aspirantes. Mais bien des détails restent à élucider, notamment cette apparence de tuyau creux que les témoins s'accordent à attribuer à la trombe.

L'intérieur de ce tuyau paraît lumineux, et donne à la masse entière une couleur brun jaunâtre; des éclairs et de temps en temps des globes de feu, dit-on, en jaillissent avec la grêle, l'eau et les débris de toute sorte. Sur la terre, elle arrache les arbres, les toitures, et en fait voler les débris au loin, par la force centrifuge d'une rotation irrésistible. On a remarqué que les feuilles atteintes par elle sont desséchées et comme roussies : on a vu des mares vidées, et leur eau, étant balayée et dispersée avec ses habitants, aller retomber au loin, en expliquant ces pluies étonnantes d'êtres vivants dont parlent avec effroi quelques chroniques.

Après avoir produit plus ou moins de ravages, le mouvement de rotation se ralentit, la pointe du cône se relève en l'air, et sa

Fig. 142. — Trombe dans le golfe de Naples.

forme s'efface au milieu de la pluie et des mouvements des nuages. Il paraît prouvé que le brusque mouvement d'une colonne cylindrique d'air, produit par un coup de canon, peut rompre la continuité du cône et accélérer la dislocation de la trombe.

Les tourbillons orageux des montagnes étant toujours opérés dans des régions atmosphériques plus froides que ceux des plaines, l'élément qui devra y dominer le plus souvent est la neige. Aussi la forme la plus fréquente et la plus redoutée des bourrasques éprouvées dans les hautes vallées est ce qu'on nomme la *tourmente de neige* ou *arein*, qui est, en montagne, le pendant des trombes de sable du désert.

La neige des hauteurs se distingue de celle des plaines et des basses montagnes par sa finesse, sa compacité et sa basse température, qui la rendent sèche comme du sable fin, et mobile comme de la farine. Les tourbillons et les violents remous des orages en soulèvent sur les surfaces plates des volumes énormes ; lancée dans les plis des vallées et des cols, cette neige y forme en quelques secondes des amas de trois, six, dix mètres d'épaisseur, qui font disparaître toute trace de chemin, et engloutissent trop souvent dans leur masse glacée le malheureux voyageur égaré.

La tourmente de neige est un des plus fréquents et certainement le plus grave danger qui menace les voyageurs dans les passes de montagne. C'est principalement en vue de ce danger qu'ont été institués les hospices que l'on trouve au haut des cols des Alpes, et dont le plus célèbre est celui du grand Saint-Bernard (fig. au ch. XIV). C'est pour reconnaître le chemin disparu sous l'uniforme et épais manteau qui le cache que l'on plante, dans les couloirs que suit ce chemin, de hauts et solides mâts, dont l'alignement servira de guide, si l'entassement ne les a pas dépassés eux-mêmes. Les poteaux télégraphiques rendent ce service sur les routes les plus parcourues.

Il faut, pour se tirer sain et sauf des bourrasques neigeuses dans les hautes montagnes, toute l'expérience et toute la sagacité des montagnards, aidées de leur parfaite connaissance du pays parcouru. C'est surtout dans ces terribles circonstances qu'on sent tout le prix d'un bon guide, responsable de la vie du voyageur. Dans maint passage élevé des grandes chaînes de montagnes, nos lecteurs pourront rencontrer des croix ou autres petits monuments rappelant le souvenir de nombreuses et lamentables catastrophes; qu'ils leur rappellent au moins quelle impardonnable imprudence commet un touriste qui, dans ces routes dangereuses, refuse ou de se faire accompagner d'un guide, ou de se conformer à ses avis.

CHAPITRE XI

LA CIRCULATION DES EAUX

I

LES NEIGES, LE SOL ET LES SOURCES

> Il y a un double courant et une circulation perpétuelle de l'élément liquide entre la terre et le ciel. . . . . .
> Les montagnes sont comme des éponges élevées en l'air d'où découlent les fleuves.
>
> ARISTOTE, *Météorologie.*

> Le fleuve des campagnes
> Prendra sans cesse aux monts le flot qu'il donne aux mers.
>
> VICTOR HUGO.

Nous avons suivi l'eau atmosphérique dans sa route aérienne, de la surface des plaines humides et des mers aux nuages, et de ceux-ci à la surface du sol des montagnes, qui reçoit cette eau, soit sous forme de pluie, soit sous forme de neige. Suivons-la maintenant dans sa course terrestre, de la montagne aux fleuves de la plaine et aux mers. Donnons une idée de la seconde partie de cette admirable *circulation des eaux,* qui est pour la vie du globe ce que la circulation de la sève est aux végétaux, ce que la circulation du sang est aux animaux.

Qu'elle soit liquide ou solide, l'eau va maintenant obéir à la pesanteur; mais elle descendra évidemment très vite dans le premier état, et très lentement dans le second.

Si tout devait descendre à la fois, à la suite de ces grandes précipitations périodiques de l'eau des nuées accumulées, on verrait d'épouvantables inondations ravager en peu d'heures ou de jours les pentes des montagnes, puis les plaines à leurs pieds; et à ces déluges succéderaient, pendant le beau temps, des périodes de sécheresse qui tueraient par la soif les êtres vivants que l'inondation n'aurait pas noyés.

C'est à peu près dans ces conditions que se trouvent certaines régions, décharnées et désertes, dans l'Asie centrale, dans le nord de l'Afrique, dans l'Arabie, et même, il faut le dire à notre honte, car un pareil état de choses est dû à la manie destructive de l'homme, dans nos Cévennes et nos Alpes françaises.

Heureusement la plus grande partie de l'eau qui tombe en excès sur les saillies terrestres, à intervalles irréguliers, est mise en réserve pour fournir peu à peu et régulièrement ce qui est nécessaire à la fertilité du sol.

La réserve la plus abondante est naturellement fournie, dans les hautes montagnes, par l'état solide de la neige. Les grandes chaînes neigeuses constituent aux pays cultivés, sous ce rapport, un énorme approvisionnement de l'eau qui les arrosera pendant les saisons chaudes.

La chute des neiges d'hiver peut couvrir, à un moment donné, toute une portion du continent; mais ces neiges sont une exception pour les plaines basses, qui ne les conservent que quelques jours. Dans les plateaux et les pays de montagnes, au contraire, ces chutes sont trop fréquentes pour que la fusion puisse se produire dans les intervalles; de sorte que la saison d'hiver, pour ces pays, est caractérisée par la permanence du blanc manteau neigeux qui en recouvre toute la surface.

L'invasion des neiges se fait peu à peu; à plusieurs reprises, le soleil d'automne parvient à débarrasser la terre des premières couches tombées; mais le terrain est gagné petit à petit, et il suffit d'une seule nuit de grande neige, en octobre ou en novembre, suivant la hauteur, pour couvrir tout un canton d'une couche blanche qui ne disparaîtra plus qu'au printemps. Des régions du nord, l'invasion de ce manteau d'hiver gagne celles du midi; des gazons, qui sont cachés les premiers, elle gagne les forêts. Les formes du sol s'arrondissent; tout relief, toute aspérité disparaît sous les uniformes ondulations de cette blanche surface. Tout mouvement cesse bientôt dans la campagne; les ruisseaux sont gelés, les cascades transformées en immobiles colonnes de glaces.

Dans les temps clairs, une fusion superficielle pendant le jour, suivie de la gelée pendant la nuit, forme à la surface neigeuse une cuirasse dure dont les cristaux étincellent au soleil. C'est alors qu'il fait bon, pour les montagnards, sortir des chalets enfouis, monter aux forêts, couper les bois, et leur faire descendre les longues glissades qui les amènent dans la vallée. C'est alors que se font les belles parties de traîneaux, les fructueuses chasses de gibier affamé.

Mais les mauvais temps sont plus fréquents que les beaux jours, et bien longue est, dans les chalets strictement clos, l'attente de la saison chérie qui viendra tirer de prison l'habitant de la montagne.

Le printemps, le printemps béni, sujet bien-aimé de la plupart des chants populaires de la montagne, le beau printemps arrive enfin. Dans les Alpes, nous l'avons vu, c'est un vent chaud, le vent du sud, le *fœhn*, qui, bien plus encore que le soleil, va livrer bataille à l'hiver.

Un proverbe suisse dit « que le soleil doré du bon Dieu ne peut rien contre la neige, si le fœhn ne vient pas s'en mêler ». A son contact la neige s'amollit, se mouille et se déprime; la verdure se fait jour et pointe à travers le tapis blanc; les branches des arbres secouent leur importun fardeau; les ruisseaux sourdent et murmurent, d'abord vers midi, puis tout le jour, puis jour et nuit.

Du milieu de mars à la fin d'avril, suivant la hauteur, on suit pas à pas, de gradin en gradin, mais toujours lentement, les progrès de ce réveil de la vie dans la montagne. Quand arrive le mois de mai, c'est une débâcle générale : les avalanches tonnent, les torrents bondissent, les cascades écument, les rivières gonflées s'étalent sur leurs rives, et transforment en lacs les prairies qui les bordent.

De la quantité d'eau que fournissent les montagnes à cette époque dite de la *fonte des neiges*, on peut avoir une idée par ce fait que le lac de Constance, dont la superficie est de 500 kilomètres carrés, élève son niveau de plus de trois mètres en moyenne, c'est-à-dire reçoit du Rhin, qui n'est ici qu'une rivière, de quoi garder un supplément d'un milliard et demi de mètres cubes d'eau.

Les montagnes n'ont donc réellement que deux saisons : l'hiver et l'été, la neige et la verdure ; la durée de l'été en chaque point dépend de sa hauteur. Ainsi, à 1600ᵐ d'altitude dans les Alpes, la terre est en moyenne débarrassée de neige pendant quatre mois et demi, du 1ᵉʳ juin au 15 octobre ; à 2000ᵐ, cent jours environ, du 20 juin au 1ᵉʳ octobre ; à 2300ᵐ, deux mois au plus, du commencement de juillet à celui de septembre ; à 2500ᵐ, une dizaine de jours, dans le courant d'août.

Plus haut, les neiges de l'hiver n'arrivent pas, en général, à fondre entièrement avant les nouvelles neiges de septembre. On est parvenu à la région dite des *neiges perpétuelles*. La limite de cette région est loin d'être aussi invariable que le feraient croire la plupart des livres classiques et des atlas, où elle est donnée, *à un mètre près*, dans chaque chaîne de montagnes. Elle n'est pas même déterminable à 500ᵐ près. Elle diffère souvent de plus que cela d'une année à l'autre, ou d'une face à l'autre de la même montagne.

Dans les Alpes suisses, à 2200ᵐ persistent déjà les fondrières et de grandes plaques neigeuses à l'ombre ; à 2600ᵐ commencent les champs de neige continus ; à 2900ᵐ, le manteau de neige est général, sauf quelques rochers, qui se couvrent en quelques jours de gazon et de fleurs, comme le célèbre *jardin* qui est au milieu du glacier de Talèfre, un des affluents de la mer de glace ; à 3300ᵐ, tout est couvert. Ce n'est pas qu'il tombe beaucoup de neige à ces hauteurs (le maximum, sous ce rapport, est entre 2300 à 2600ᵐ), mais c'est qu'il n'y pleut pas et que la neige, une fois tombée, n'y fond guère vite. Ainsi, dans les Alpes, les neiges perpétuelles commencent entre 2500 et 3000ᵐ. Remarquons que les pics isolés s'en dégarnissent le plus facilement : on a vu, en 1842 et en 1865, dans les Alpes Bernoises, l'*Ewigschneehorn* (pic de neiges éternelles) mentir à son nom en s'en dépouillant complètement.

Dans les Pyrénées, la limite s'élève un peu ; dans les Apennins, elle s'élève d'environ 200ᵐ ; dans le Caucase, de 3 à 400ᵐ ; en Norwège, elle s'abaisse d'environ 1600ᵐ ; dans le Langfield, elle descend jusqu'à la faible altitude de 700ᵐ, au cap Nord.

Dans les montagnes tropicales, au contraire, la hauteur double au moins; on indique 5000ᵐ dans les Andes de Quito; 6000 dans celles de la Bolivie; 5300 sur le versant sud et humide de l'Himalaya; 6200 sur le versant nord, qui est plus sec. C'est bien plus, en effet, la quantité de neige amassée que le manque de chaleur pour la fondre, qui abaisse la limite de sa disparition en été.

C'est aux environs de cette limite que commencent les grands *névés*, ces cirques remplis de neige accumulée durant des siècles, ces grands réservoirs qui sont l'origine des glaciers. Le névé (en allemand, *firn*) est de la neige granuleuse durcie et friable, dont la structure est intermédiaire entre celle de la glace et de la neige fraîche. Celle-ci, d'après M. Dolfuss Ausset, ne pèse guère plus de 80 à 100 grammes le litre, tandis que la glace prise au bas du glacier pèse 910 grammes; le névé pèse un poids intermédiaire, environ 600 grammes.

Nous reviendrons, dans les deux chapitres suivants, sur la descente des neiges, soit par le moyen rapide de *l'avalanche*, soit par le moyen lent du *glacier*. Tôt ou tard, après peu de mois ou après beaucoup d'années, la neige tombée sur les hautes régions des montagnes finit par arriver dans les régions moyennes et inférieures, où elle se liquéfie, et mêle l'eau qui provient de sa fusion à celle qui est restée liquide.

Occupons-nous maintenant de celle-ci.

Le produit de la pluie tombée à terre se partage immédiatement en trois portions : une qui s'infiltre dans les fissures et les pores du sol, et imbibe sa masse; une qui est retenue par les végétaux, mouillant leurs surfaces extérieures et absorbée par leurs racines; enfin l'excédent qui, ayant échappé à ces deux mises en réserve, s'écoule rapidement à la surface des pentes.

Cette dernière portion se réunit en ruisseaux boueux, lesquels s'assemblent en *torrents*, qui roulent en peu de temps leurs eaux furieuses jusqu'au bas de la montagne, laissant ensuite à sec leur lit ravagé jusqu'à ce qu'une pluie renouvelle cet écoulement essentiellement transitoire.

Il nous faudra aussi revenir sur ces torrents, qui accomplissent dans la démolition de la montagne un rôle très important. Voyons-les seulement, pour l'instant, joindre leurs eaux périodiques à celles qui proviennent de la fonte des neiges et des glaces, pour former les crues variables des fleuves de la plaine.

Plus intéressante et plus utile est la portion des pluies restée en route, arrêtée soit par le sol meuble, soit par les plantes spongieuses.

Une partie notable de cette eau va s'évaporer directement sans descendre, de sorte que le cercle de son trajet aura été vite parcouru ; ce ne sera pas toutefois sans avoir accompli la plus admirable mission de l'eau sur la terre, celle de servir de véhicule à la *vie*, d'agent nécessaire à cet incompréhensible mouvement produit dans l'intimité des tissus, pour la nutrition et l'accroissement de tous les êtres organisés, végétaux et animaux.

La plus grande partie, toutefois, de l'eau mise en réserve et empêchée de suivre la route trop rapide des torrents est celle qu'arrête le vêtement végétal qui recouvre et tapisse le sol de la montagne.

Le rôle de la végétation dans l'économie des eaux courantes est immense et trop peu connu. Une force moléculaire, dont l'action dans le monde est aussi importante qu'inaperçue, la capillarité, est chargée de combattre l'entraînement dû à la pesanteur. La couche de terre végétale, maintenue à la fois spongieuse et consistante par les innombrables fibres des racines qui s'y entre-croisent en tous sens, absorbe une quantité d'eau qui dépasse la moitié de son poids. D'un autre côté, les plantes humbles et grêles qui forment par le réseau de leurs tiges filamenteuses les épais tapis des gazons, c'est-à-dire les mousses, les petites bruyères, les petites graminées, etc., peuvent retenir dans ce réseau et rendre momentanément immobile une prodigieuse quantité d'eau.

Lorsque le séjour de l'eau dans ces immenses revêtements spongieux devient habituel, les mousses et autres plantes habituées à vivre noyées prennent un rapide développement; de nouvelles couches recouvrant sans cesse les débris des anciennes, tuées par le manque d'air et de lumière, et lentement carbonisées à mesure de leur enfouissement, la prairie devient une *tourbière;* la masse spongieuse parvient à des dizaines de mètres d'épaisseur, retenant dans ses interstices une quantité d'eau qui dépasse les 5/6 de son poids.

On peut regarder, sous ce rapport, certaines grandes pentes gazonnées comme de véritables lacs à surface inclinée, dont les variations d'imbibition représentent une quantité d'eau égale à celle de grandes averses ; elles nous rendent, par conséquent, ce service important de garder en réserve, au bénéfice de la fertilité de la vallée, des masses liquides dont le rapide écoulement ne laisserait derrière lui, avec les ravages de ses érosions, que la sécheresse et la stérilité.

Il faut ajouter que les adjuvants et les protecteurs de ces gazons bienfaisants sont les forêts, dont les fortes racines, puissamment fixées au sol, arrêtent et détournent les grands éboulements, les avalanches et les torrents, qui, sans elles, entraîneraient et détruiraient rapidement les gazons, plus délicats et moins résistants. La différence énorme qui frappe tous les yeux, lorsqu'on passe des Alpes suisses dans les Alpes françaises, tient surtout à ce fait que les forêts de la Suisse ont été toujours protégées par la législation et le respect reconnaissant des habitants ; tandis que les forêts de nos Alpes sont tombées successivement sous les coups d'hommes égoïstes ou criminels, à qui les lois mal faites ou le désordre de longues guerres ont laissé accomplir ce désastre.

A l'absorption de l'eau par la végétation il faut ajouter l'absorption par le sous-sol. Celle-ci dépend tout à fait de la nature minérale et de la structure des rochers qui supportent la terre végétale.

Le gravier, les cailloux, les scories volcaniques boivent avec une extrême facilité toute l'eau arrivée dans leur masse. Les sables fins et les marnes offrent plus de difficulté. Les argiles, une fois imbibées, présentent une telle résistance au passage de l'eau, qu'elles peuvent être assimilées sous ce rapport aux roches compactes.

La plupart des couches calcaires, qui sont fissurées de toutes parts, et ressemblent à d'immenses maçonneries sans mortier, sont traversées avec la plus grande facilité, et ne laissent guère former de courant d'eau à leur surface. Les masses liquides, engouffrées dans les fentes, font souvent de longs voyages à travers la roche, se réunissant en nappes et rivières souterraines, et creusent, à la base des couches fracturées, des cavités compliquées et variables.

C'est parmi les plus grandes de ces cavités que se trouvent la plupart des *grottes* naturelles, qui sont au nombre des curiosités les plus célèbres des pays de montagnes. Elles se rencontrent fréquemment, en effet, dans les massifs calcaires.

Les écoulements d'eau souterrains, quels que soient leur volume et leur vitesse, se produisent dans l'épaisseur de couches perméables et à la surface de couches imperméables. Par les pores et cavités de la couche perméable l'eau reçoit la pression de l'atmosphère, et prend un certain niveau de surface, suivant le régime de son écoulement.

Il est à remarquer que, pour arriver là, elle a dû traverser une couche de terre végétale et des couches sablonneuses, où elle a laissé, par filtration, toutes les matières étrangères qu'elle pouvait tenir en suspension : de sorte qu'elle est généralement plus limpide que la plupart des eaux superficielles. Nous allons la chercher au moyen de *puits*, qui, dans les pays de plaines, traversent les couches supérieures.

Un cas tout à fait spécial, fréquent dans les pays de collines ondulées, est celui où la couche perméable qui contient l'eau est comprise entre *deux* couches imperméables en forme de cuvettes, l'une servant de plancher, l'autre de plafond. Si l'affleurement au sol de la couche perméable est partout assez élevé, un forage au point le plus creux, à travers la couche imperméable servant de plafond, amène un courant d'eau jaillissante. On obtient ainsi un *puits artésien*. Nous avons parlé de ceux de Paris, à propos du terrain crétacé, p. 304. Ce sont d'excellents exemples de puits artésiens, mais sur une grande échelle.

Toutefois, le plus souvent, les puits ne sont pas nécessaires pour amener au jour les eaux filtrées des nappes souterraines. Si le pays est accidenté, coupé d'affaissements qui brisent les couches, ou de vallées d'érosion qui les interrompent, les nappes ont toutes chances d'aboutir à une pente ou à un escarpement qui permettra à l'eau de s'écouler tranquillement au dehors; l'écoulement se fera naturellement au point le plus bas de l'interruption de la nappe. C'est ce que l'on appelle *une source*.

L'abondance des sources dépend beaucoup de la nature du terrain. Dans les pays calcaires, par exemple, elles sont peu nombreuses, mais peuvent être très considérables. Il y en a qui fournissent immédiatement le volume d'eau d'une rivière : telles sont, en France, par exemple, la source du Loiret, celle de la Sorgues, la célèbre fontaine de Vaucluse, et celle, peut-être moins célèbre, mais bien plus remarquable à tous égards, de la Touvre, auprès d'Angoulême.

Fig. 143. — Village des bains de Louèche (Suisse).

Dans les pays à sol compact, au contraire, et surtout dans les montagnes granitiques, les sources sont peu abondantes, mais très nombreuses; non seulement chaque vallon, mais chaque repli de vallon, pour ainsi dire, a la sienne. Les habitants des montagnes qui ont le bonheur d'avoir, à portée de leurs maisons, une de ces sources fraîches et délicieuses, l'enferment, à sa sortie de terre, dans des tuyaux formés de troncs de sapin forés suivant leur axe, et ajustés bout à bout, qui descendent le long du vallon, jusque devant les habitations, et fournissent nuit et jour un jet d'eau vive dans un gros tronc creusé (fig. 143) où les ménagères lavent leur linge, et où viennent avidement s'abreuver les bestiaux.

Que de touristes de Paris et des grandes villes, en voyant s'épancher avec tant de surabondance, pour une seule famille, ces eaux si admirablement pures et limpides, suffisantes pour alimenter tout un quartier, se sont pris à envier ce trésor plus encore que tous les autres biens de la vie des montagnes, et à dire tout bas, après avoir savouré une gorgée, qui paraît, à un palais altéré d'une longue course, la plus délicieuse des boissons : *O fortunatos nimium!*...

Les sources d'eau vive ont toujours été, du reste, l'objet d'un sentiment instinctif de vénération dans tous les temps et chez tous les peuples. C'est l'aliment par excellence, fourni à l'homme par la terre; c'est la condition indispensable de vie pour lui et pour les siens; c'est de tous les dons de Dieu à l'homme le seul peut-être qui soit répandu avec autant de prodigalité sans demander aucun travail en retour.

L'eau de source a pour caractères précieux la constance de sa température et celle de son débit; car elle vient de profondeurs inaccessibles aux variations de la chaleur extérieure, et résulte de l'écoulement lent et gradué de réservoirs chargés du produit accumulé de plusieurs mois de pluies. Les ruisseaux permanents qui en proviennent sont bien différents de ces ruisseaux superficiels et éphémères, que remplissent d'eau boueuse et salie les mauvais temps. Mais les uns et les autres se réunissent bientôt pour donner les grands cours d'eau permanents ou *rivières*, auxquels les sources fournissent l'élément stable, et les torrents, l'élément des crues transitoires.

Les pays de montagnes ont à peu près seuls le privilège d'un genre de sources tout spécial, dû à ce que les fissures du sol y peuvent souvent descendre, dans des roches compactes, à de très grandes profondeurs, d'où elles reviennent à la surface en forme de siphon renversé, amenant au jour l'eau qui les remplit, portée à la température que donne la chaleur centrale aux zones profondes où elles ont pénétré : ce sont les *sources thermales*.

La plupart de ces eaux si recherchées sourdent au fond de gorges obscures et sauvages. On est même souvent obligé, comme à celles de Pfeffers, dont la gorge pittoresque est représentée dans la fig. 144, d'amener, par de longs tuyaux, l'eau salutaire à l'établissement de bains situé hors de la gorge, pour ne pas attrister les malades par le séjour au fond d'aussi sombres prisons.

Fig. 144. — Source thermale de Pfeffers.

IV

CASCADES ET LACS

> Écoutez la chute sonore
> Bruire à l'ombre des grands bois.
> LAMARTINE.

> Ces lacs que rien n'altère,
> Entre des monts géants,
> Dieu les mit sur la terre
> Loin du souffle adultère
> Des sombres océans.
> VICTOR HUGO.

L'allure des cours d'eau dépend du degré de pente de leur lit; elle est habituellement *torrentielle* dans les pays de montagnes, où une notable inclinaison du sol est la règle générale. La surface de ce qu'on appelle une rivière ou un fleuve, dans la portion montagneuse de leur cours, n'est, pour ainsi dire, jamais plane; tout transport de l'homme ou de ses richesses, au moyen du courant de leurs eaux, est interdit à cause de sa violence, sauf l'exception des bois coupés en bûches flottantes, qui ne redoutent pas les chocs et les tourbillons. Lorsque la pente régulière est interrompue par un escarpement à pic, les cours d'eau permanents fournissent un des plus splendides et des plus recherchés parmi les spectacles des pays de montagnes, celui des *chutes* d'eau ou *cascades*.

Pendant la saison de la fonte des neiges, les cascades se rencontrent à chaque pas, à chaque paroi de rocher; mais, comme dit Tschudi, « les vraies cascades, les cascades permanentes, ces spectacles naturels tant admirés des touristes, sont, quant aux formes, aux couleurs et au bruit, de vraies individualités; chacune a son caractère, son fracas particulier, ses décors, ses masses, ses effets de lumière, etc. L'une, très abondante, gronde sourdement dans une cavité en forme de grotte... Une autre est cachée au plus profond d'une forêt de sapins, qui s'ouvre tout à coup pour laisser voir le torrent se précipiter en deux ou trois bras le long des parois d'un large rocher. Une autre est complétement suspendue dans les airs : une corniche en saillie en rejette les eaux loin du rocher; la paroi est élevée; le ruisseau ne peut tenir ses flots rassemblés; ils se résolvent en un réseau vaporeux de perles étincelantes qui, entraînées au gré des vents, semblent avoir peine à atteindre le sol, mais qui, bientôt après ce saut formidable, reprenant leur ancienne forme, continuent gaiement leur chemin, comme si rien ne s'était passé. De loin, ces cascades de poussière, fort nombreuses dans les régions montagneuses, prennent, la nuit surtout, l'aspect le plus fantastique. Ce sont alors comme des ombres ossianiques vêtues de blanc, qui, sous toutes sortes de formes, voltigent avec de sourds frémissements le long des rochers; mais de jour, quand les rayons du soleil les éclairent sous une direction favorable, elles ressemblent à des palmes resplendissantes qui ondoient et se succèdent l'une à l'autre sous des figures toujours nouvelles. »

Fig. 146. — Chute de la Handeck.

Fig. 145. — Les chutes de Giessbach, au printemps.

La cascade du Staubach (fig. p. 193) est la plus célèbre des cascades de cette dernière espèce; elle est située dans la vallée de Lauterbrunnen, la plus célèbre de l'Oberland bernois, qui renferme encore deux chutes fameuses : celle de Trummletenbach, fantastique projection d'une rivière par une énorme fenêtre verticale dans une gorge sombre et étroite, et celle du Schmadribach, où toutes les eaux du glacier de Schmadri se précipitent du haut d'une paroi de granit de 300^m de haut.

Plusieurs autres chutes, dans l'Oberland bernois, ont le privilège d'attirer les touristes. La plus célèbre et la plus gracieuse est celle du Giessbach, sur la rive méridionale du lac de Brientz (fig. 145). Elle est formée de quatorze chutes successives dans une gorge en ligne droite, au bas de laquelle un célèbre hôtel-restaurant convie une foule cosmopolite, en illuminant, tous les soirs d'été, les cascades par des feux de Bengale.

Tout près de là, non loin de Meiringen, dans la vallée de Hasli, le passage si connu de la Grande-Scheideck offre une série de magnifiques cascades, dont les sept qui portent le nom de Reichenbach (fig. 147), et celle du torrent qui sort du glacier de Rosenlauï (fig. 153). En remontant la vallée d'Hasli, on trouve la célèbre chute de l'Aar, à la Handeck (fig. 146), une des plus considérables de la Suisse par le volume de ses eaux. C'est la plus belle des *cascades-gouffres*, c'est-à-dire de celles qui sont emprisonnées entre les parois d'une gorge étroite et profonde. Un affluent latéral, l'Aerlenbach, qui tombe au même point dans le précipice, vient heurter la chute à mi-chemin, et la briser en flocons d'écume.

Il y a bien d'autres chutes, et peut-être de plus belles encore, dans le reste des Alpes, sans parler de la chute du Rhin, à Schaffhouse, ce diminutif du Niagara.

On peut citer, parmi les volumineuses, la chute de la Tosa, dans le val Formazza, à l'ouest du Saint-Gothard; parmi les sauvages, la chute de la Linth, au Pantenbrücke, dans le canton de Glaris, et la cascade de Bérard, au passage de la Tête-Noire, qui mène à Chamounix; parmi les pittoresques, le Pisse-Vache, près de Martigny-en-Valais, et la cascade de Beyerbach, sur la rive du lac de Wallenstadt (fig. 148).

Les Pyrénées ont leur splendide chute de Gavarnie (p. 118), la plus élevée de l'Europe; les cascades de Seculejo, d'Enfer, du

Fig. 147. — Cascade inférieure du Reichenbach.

Gouffre infernal, près de Bagnères-de-Luchon; celles du pont d'Espagne, de Cerisey, près de Cauterets, et bien d'autres.

Il n'y a pas de chaîne de montagnes qui n'ait ses cascades célèbres. Nous citerons seulement : sur le plateau central, dans le Limousin, le Saut-de-la-Virolle, la cascade du Gimel et celle de Jarreaux; dans l'Auvergne, la grande cascade du Mont-Dore, celle de la Saule et celle de Salins; dans le Jura, la cascade de

Fig. 148. — Cascade du Beyerbach.

l'Albarine et le Saut-du-Doubs; dans les Vosges, le Saut-du-Bouchet et la cascade du Nideck; dans la campagne romaine, les cascades de Tivoli.

Un pays à cascades moins connues, mais bien plus nombreuses et bien plus gigantesques encore que celles des Alpes, c'est la Scandinavie, dont tous les cours d'eau dirigés vers la mer du Nord rencontrent la falaise escarpée que découpe la mer en ces gorges profondes, qu'on nomme *fiords*. Les cataractes du

Rjukanfoss, dans le Telemark, à l'ouest de Christiania, et du Vœringfoss, au fond du Grand-Fiord, creusé derrière Bergen, atteignent presque la hauteur du Staubach et de Gavarnie, mais avec un volume d'eau supérieur à celui de la Tosa et de la Handeck. Des centaines d'autres grandes cascades, parmi lesquelles nous nous contentons de citer celles du Feiumfoss et du Bratenfoss, en Norwège, et celles de Gotha-Elf et d'Elfkarleby, en Suède, peuvent soutenir la comparaison avec les plus belles cascades des Alpes.

A la beauté bruyante et mouvementée des cascades, fait contraste la beauté calme et silencieuse des *lacs*. C'est dans les pays de montagnes que ces nappes d'eau tranquille offrent les plus gracieux aspects; elles font valoir, par l'opposition de leur surface horizontale, la hauteur des sommets et la hardiesse des escarpements; leur profondeur est toujours beaucoup plus grande que celle des lacs de plaine, leurs bords plus abrupts, la teinte de leurs eaux plus riche et plus foncée.

Ils sont dus à des barrages formés en travers des vallées, barrages qui sont causés, le plus souvent, soit par des éboulements, soit par des moraines terminales d'anciens glaciers. Le lac s'appuie toujours, dans ce cas, directement contre le barrage, et a souvent près de lui sa plus grande profondeur.

Il y a toutefois des lacs profonds qui occupent des excavations formées par la même révolution qui a produit primitivement la montagne; telles sont cette immense cuvette du lac Léman, et surtout ces profondes dépressions des lacs Majeur, de Côme, Iseo, de Garde, dont le fond descend au-dessous du niveau des mers; tels sont aussi, sur une plus petite échelle, ceux qui occupent (fig. p. 355) les cratères d'anciens volcans.

Dans tous les cas, le lac reçoit l'eau de la partie supérieure de la vallée, et se décharge par le point le plus bas du barrage. Tous les matériaux en suspension dans l'eau des rivières et des torrents qui se jettent dans le lac y sont déposés, et en élèvent peu à peu le fond, à partir de l'embouchure de chacun de ces cours d'eau. On conçoit qu'après bien des siècles la dépression finit par se combler; les marécages formés autour des embouchures s'avancent peu à peu vers le barrage. Le lac se trouve ainsi transformé en marais, puis en prairie plate.

Les montagnes sont remplies de ces petits élargissements de vallées à fond plat, qui sont d'anciens lacs comblés. Habituellement même, un cours d'eau traverse successivement plusieurs de ces petites plaines étagées, avec ou sans lac au centre, séparées par des pentes ou des défilés.

Fig. 149. — Le lac de Sarnen et le Brunig.

Un des plus charmants exemples de ces gradins successifs nous est offert par la vallée d'Unterwald, en Suisse, où se succèdent trois charmants lacs à trois niveaux différents. Le premier, en remontant la vallée, est le lac d'Alpnach, au même niveau que le lac de Lucerne, et communiquant avec lui. Après une pente assez douce de quelques kilomètres, vient le charmant lac de Sarnen (fig. 149); puis la rampe escarpée de Kaiserstuhl, au haut de laquelle on trouve inopinément le petit lac de Lungern, que l'on a récemment baissé de 30^m en perçant un tunnel à travers le Kaiserstuhl. Au bout de ce troisième lac, une montée modérée aboutit au col de Brunig, un des moins élevés et des plus fréquentés des Alpes.

Un exemple tout à fait analogue nous est donné dans les Vosges par la succession des trois lacs de Gérardmer (fig. p. 98), de Longemer et de Retournemer, et, dans les Pyrénées, par la suite des quatre lacs de la vallée d'Oo.

Une distinction profonde doit être faite entre les lacs de vallée ouverte, dont les rivages sont en pente douce, accessible et bordée de végétation, et les lacs à bords abrupts et inaccessibles qui remplissent toute la largeur d'une gorge ou d'une anfractuosité de montagnes. Le lac de Lucerne ou des Quatre-Cantons, le plus beau et le plus varié de la Suisse, présente le premier caractère dans sa partie ouest, et le second dans le brusque retour qu'il fait, au sud, dans le canton d'Uri. Pour qui n'aurait que quelques heures à passer à Lucerne, il n'y aurait pas de meilleur emploi à en faire que de les passer sur le bateau à vapeur qui va et vient d'un bout à l'autre de ce lac féerique, où les décors se succèdent comme des changements à vue.

Les lacs à bords escarpés, comme celui d'Uri, offrent une navigation dangereuse ; les coups de vent qui se produisent si souvent dans les montagnes (fig. 139) y forment des vagues qui se brisent avec fureur sur les rives à pic, et mettraient une barque en grand péril. On sait quel rôle important les tempêtes du lac d'Uri jouent dans la légende de Guillaume Tell.

Il serait impossible de décrire les caractères variés qui donnent à chacun des lacs de montagnes son charme particulier. A côté des grands lacs connus de tout le monde, il y en a de petits qui ont cependant conquis une certaine célébrité, méritée par les paysages gracieux ou pittoresques qui les entourent, comme le lac de Klœnthal, près de Glaris, ou celui de Lowerz, auprès de Schwitz, ou celui d'Æschinen, auprès de Kandersteg (fig. 150). Comme contraste, il y en a qui sont devenus célèbres par l'affreuse solitude où ils se trouvent au sommet de cols déserts et décharnés, comme le lac de Grimsel (fig. au ch. XIII), celui du Saint-Bernard, ou celui de Dauben, sur la Gemmi, qui ne sont dégelés que quelques semaines dans l'année.

Fig. 150. — Lac d'Æschinen

Les cascades et les lacs ne sont pas seulement les plus agréables spectacles que l'eau puisse nous fournir dans la montagne ; ils ont une importance très grande dans un tout autre ordre d'idées, sur lequel il importe de dire un mot, en ce moment où la France a plus d'intérêt que jamais à connaître et à exploiter toutes les richesses de son sol.

L'eau courante est un puissant moteur, et l'industrie l'emprunte volontiers quand elle offre à la fois l'abondance et la régularité d'écoulement. Tout ce bruit inutile que fait une cascade peut être transformé en travail silencieux. Toute cette masse d'eau, sombre et profonde, que renferme un lac de montagnes, peut facilement, par l'intelligent emploi de son écoulement ou de sa pression régulière sur les organes de machines industrielles, construites dans la vallée au-dessous de son niveau, devenir une source inépuisable de richesses pour toute une population et tout un pays.

Par les progrès de la civilisation matérielle, s'ils ne sont pas accompagnés de décadence dans la civilisation morale, il est certain que les pays de montagnes ont un grand avenir. C'est là, en effet, que se trouvent le plus à portée de l'homme les grands moteurs naturels qui font la prospérité de l'industrie. C'est là que le soleil, cette source de nos forces, travaille le plus, et que le sol peut le mieux recueillir le fruit de son travail.

La montagne, grâce à ses chutes d'eau inépuisables, n'a pas besoin, pour avoir une force motrice, de brûler du charbon comme la plaine. Quand la plaine aura gaspillé la houille, ce trésor de l'industrie de notre siècle, suffisamment pour la faire renchérir, on réfléchira que si un pauvre torrent de la vallée de la Maurienne a pu, sans chaudière à vapeur, alimenter d'air comprimé, à la fois moteur et ventilateur, les puissantes perforatrices Sommelier, et percer le mont Cenis, elle aurait pu faire marcher, pendant le même temps, d'innombrables métiers dans toutes les maisons de la vallée. On se dira que si les fabriques des Vosges, à sec pendant deux mois, se plaignaient de la concurrence de la Suisse, que ses neiges ne laissent jamais manquer d'eau, c'est qu'elles n'avaient pas, sauf une [1], fait

---

[1] Celle d'Orbey, qui a pour réservoirs trois petits lacs situés au fond de trois petits cirques d'anciens glaciers, et appelés le lac Noir, le lac Vert et le lac Blanc. (Voir la carte des Vosges.)

comme la ville de Saint-Étienne, qui a su transformer en lac de montagne l'eau de son petit torrent du Furens, pour donner de l'eau en tout temps à ses fabriques. On s'occupera alors de conquérir et d'asservir les cascades et les torrents, qui seront une richesse au lieu d'être un fléau destructeur.

Pour ne pas sortir de notre sujet, il faut borner là notre étude de la descente des eaux dans les montagnes; car les grands lacs y jouent en petit le rôle des mers, et c'est aux plaines qu'appartiennent les fleuves qui s'en vont porter aux océans le produit de la condensation opérée par les montagnes, et fermer l'admirable cercle parcouru par l'eau, ce sang du globe, dans sa circulation vitale.

Fig. 151. — Lac de Nantua.

CHAPITRE XII

LA DÉMOLITION DES MONTAGNES

I

LES ÉROSIONS : DISSOLUTION ET TRANSPORT

> *Mons cadens defluit, et saxum transfertur de loco suo; lapides excavant aquæ, et alluvione paulatim terra minuitur.*
> Job, xiv.

Si l'on fait abstraction des actions volcaniques, qui sont tout à fait restreintes et locales, ne comptant guère plus dans la modification du relief du sol terrestre qu'elles ne comptent pour la chaleur, c'est-à-dire pour beaucoup en un point et en un moment isolés, mais pour presque rien dans la moyenne, l'histoire des montagnes aujourd'hui peut se résumer en un seul mot : *démolition*.

Il fut un temps où l'écorce terrestre, mince et flexible, mettait à chaque instant en lutte la chaleur intérieure du globe et les eaux des océans; un temps où les montagnes poussaient à la surface du globe comme les plantes d'avril. Vulcain semblait alors plus fort que Neptune; aujourd'hui Neptune a le dessus : on pourrait dire toutefois que le véritable vainqueur est Apollon; car c'est réellement la puissance du soleil qui, mettant en mouvement la circulation des eaux, détruit peu à peu l'œuvre des puissances souterraines.

Depuis leur refroidissement, ces roches éruptives si dures, qui semblent défier tous les agents de dissolution et de décomposition, finissent par éprouver de la part de l'eau, par l'accumulation du temps, des effets analogues à ceux qu'elles éprouveraient par l'accumulation de la chaleur pour liquéfier et pulvériser leur substance.

Deux causes se réunissent pour amener la destruction des masses rocheuses par l'eau : 1° la *dissolution* chimique, aidée des effets du délayement et du dégel ; 2° le *transport* par éboulement et par entraînement.

On peut remarquer avec quelle précision elles sont énoncées dans le verset biblique qui nous sert d'épigraphe : « La montagne, dit Job, se démolit par une liquéfaction qui cause le transport de la roche loin de son point de départ ; le contact de l'eau creuse les pierres, et par l'alluvion la saillie du sol est peu à peu diminuée. »

Il n'y a pas en réalité, dans la nature, de corps absolument insolubles dans un liquide qui a pour lui, comme l'eau, l'abondance et la durée d'action. Les eaux naturelles tiennent *toutes*, sans exception, des substances en dissolution, parmi lesquelles beaucoup sont réputées insolubles par les chimistes ; il est vrai que les chimistes appellent insoluble un corps qui ne peut pas atteindre, dans le liquide, une proportion sensible à leurs réactifs. Les eaux de source les plus limpides donnent un résidu très notable après leur complète vaporisation, et ce résidu contient, outre le sel marin, la potasse et autres corps solubles, le calcaire, la silice et autres éléments terreux, quelque parfaite que soit la filtration.

L'action dissolvante de l'eau de pluie est facilitée par l'acide carbonique qu'elle a pris à l'air ; nous savons, en effet, qu'il rend le calcaire soluble, et qu'à la longue il déplace la silice de ses combinaisons alcalines. Dans les roches hétérogènes, formées de grains fins empâtés par un ciment, l'humidité persistante de la rosée et des brouillards, mieux encore que celle des pluies, détruit peu à peu le ciment, et finit par rendre les grains isolés faciles à entraîner par l'eau courante.

Il est vrai qu'un liquide peut se charger d'éléments étrangers d'une seconde manière, la suspension de particules excessivement petites. Le procédé d'*illumination* que Tyndall a employé pour déceler les poussières de l'air, peut être employé pour déceler les corpuscules en suspension dans l'eau, et donne la preuve que les eaux de fontaine les plus limpides et les mieux filtrées, comme les eaux les mieux distillées, se trouvent tenir en suspension des poussières d'une extrême finesse, empruntées ordinairement aux vases qui les contiennent.

S'il en est ainsi des eaux qui paraissent limpides, que doit-il arriver de celles qui ne le paraissent pas ?

La proportion de limon dans l'eau des crues peut atteindre un cinquantième dans la Durance, un deux-centième dans le Rhône et la Gironde, un cinq-centième dans la Seine. Les affluents qui les alimentent sont nécessairement plus chargés encore.

Chaque mètre cube de l'eau boueuse des ruisseaux et des torrents de montagnes entraîne donc avec lui deux, cinq, dix, vingt kilogrammes et plus de matières terreuses pulvérisées, qui descendront d'une saillie pour combler un creux ; tandis que l'eau se renouvelle, remontant en vapeur pour retomber en pluie, la terre entraînée reste définitivement descendue, et les effets de l'érosion s'accumulent toujours.

Les matières argileuses sont remarquablement propres à subir le délayement dans l'eau : il n'y a réellement pas de limite à la quantité que l'eau peut en tenir en suspension, et l'on peut trouver tous les passages entre l'eau boueuse, la boue liquide, la boue pâteuse et l'argile humide assez plastique pour se déformer sous une pression, et même couler lentement sur une pente.

Ces deux effets simultanés, la dissolution et le délayement, produisant plus ou moins rapidement la liquéfaction et la disparition de certains éléments de roches hétérogènes, les éléments plus résistants restent séparés en fragments plus ou moins gros, qui, n'ayant plus ni soutiens ni adhérences, se trouvent dans les conditions les plus favorables pour subir les effets de transport, c'est-à-dire l'éboulement et l'entraînement par les eaux courantes.

Il faut toutefois ajouter à l'action physique et chimique de l'eau liquide sur les rochers une action d'un autre genre, qui se produit sur une grande échelle dans les montagnes, et qui active singulièrement la dislocation et la pulvérisation des roches, je veux parler de la *gelée*.

Tout le monde sait que l'eau, en gelant, augmente d'un douzième de son volume, et qu'il faudrait, pour empêcher cette dilatation, une résistance bien supérieure à celle de la cohésion de matières pierreuses. Or, pendant la plus grande partie de l'année, la surface rocheuse des montagnes est exposée à de continuelles successions de gelée et de dégel par les alternatives de nuit et de jour, d'ombre et de soleil, de vent du nord et de vent du midi. Les fentes microscopiques de la roche s'imprègnent d'eau par capillarité pendant la période chaude, et cette eau gèle pendant la période froide, en agrandissant un peu les fentes, ce qui leur permet d'absorber plus d'eau au dégel suivant. Après plusieurs successions de ce genre, les fentes arrivent à subdiviser la pierre en une multitude de fragments, qui finissent par devenir assez minimes pour être facilement emportés par les courants d'eau.

Ainsi, d'un côté, l'abondance des pluies, l'augmentation de l'humidité, la fréquence des brouillards et la facile production de la rosée; de l'autre, les oscillations continuelles de la température autour de celle où se forme et se détruit la glace, tout contribue à rendre la désagrégation des matériaux du sol beaucoup plus rapide dans les montagnes que dans les plaines.

Mais il en est de même de l'entraînement en suspension dans les eaux courantes, puisque la pente prononcée du sol, qui est le caractère distinctif des pays de montagnes, rendra nécessairement très grande la rapidité d'écoulement, qui est la condition nécessaire du transport des corps en menus fragments par un fluide en mouvement.

L'explication de ce transport des fragments pierreux par l'eau est exactement la même que celle que nous avons donnée, pour la suspension des nuages, au chapitre x, page 422. Les fragments tombent moins vite que ne montent les courants ascendants; ceux-ci sont dus surtout aux remous que produisent les aspérités du fond; les poussières pierreuses qui se meuvent lentement dans l'eau sont sans cesse relevées et disséminées par ces tourbillons, bien plus rapides que leur chute. Leur suspension se produit d'autant plus facilement, que nous savons qu'elles perdent une grande partie de leur poids dans l'eau, comme tous les corps qui y sont plongés.

En général, un cours d'eau qui atteint 15 à 20 centimètres de vitesse par seconde entraîne de l'argile très fine; à 40 ou 50 centimètres de vitesse, il peut entraîner du sable plus ou moins fin; au delà de 60 centimètres, du gros sable, puis du gravier; enfin, si la vitesse dépasse un ou deux mètres, des cailloux et même d'assez grosses pierres.

En revanche, quand la rapidité d'un cours d'eau diminue, il peut déposer les matériaux que lui a fait entraîner l'excédent de vitesse, les cailloux d'abord, puis le gravier, puis le sable, puis enfin, si sa vitesse devient presque nulle, l'argile elle-même.

« Les fleuves transportent dans la plaine la *chair* des montagnes, » a dit un géologue célèbre. Cette chair des monts, c'est la terre meuble, la terre fertile, que fabriquent sans cesse les agents de destruction, plus énergiques sur les hauteurs, et que vont distribuer les cours d'eau aux régions cultivées. Les montagnes ne servent donc pas seulement à condenser pour les plaines l'eau qui devra les arroser; elles sont le laboratoire où se triture la terre même que cette eau fertilisera. Ce sont les Alpes qui ont fourni jadis les matériaux de toutes ces plaines fertiles qui les entourent; aujourd'hui encore le Rhin fournit à la Hollande le moyen d'élever son sol, et de lutter contre l'affaissement lent qui la livrerait en proie aux envahissements de la mer du Nord.

Les agents les plus actifs du transport des terres sont certainement les eaux surabondantes, qui, n'ayant pas le temps de pénétrer immédiatement dans les pores du sol, et ne trouvant pas une végétation superficielle à imprégner, glissent sur la surface inclinée du sol, y acquièrent une vitesse qui leur permet d'entraîner ses poussières, et forment partout, après chaque averse, des ruisseaux boueux qui courent sur les pentes, s'embranchent les uns sur les autres, et finissent par devenir, dans les plis les plus accusés de la montagne, ces cours d'eau passagers et furieux qu'on nomme *torrents*.

On ne se fait pas, en général, une juste idée de l'énorme travail qu'accomplissent à la longue ces infatigables agents de destruction. Tous les modes de démolition que nous avons vus et que nous allons voir ajoutent sans cesse et accumulent leurs effets : les pierres et les terres, une fois descendues, ne remontent plus. Les creusements se superposent et se croisent; l'eau courante crée des escarpements que l'eau de pluie dégrade et adoucit, ou que les écroulements font disparaître. Si une ou deux générations se passent sans voir de changement bien sensible dans la forme d'une montagne, il n'en serait certes pas de même au bout de dix à vingt générations, encore moins au bout de dix à vingt siècles.

Mais pour produire ces changements, pour sculpter la masse montagneuse, y créer ces vallées pittoresques et fertiles, dominées par des pics abrupts et sauvages, il faut l'abondance de cet agent : l'eau.

Les chaînes montagneuses sans pluies, comme sont les Andes de la région qui va du Pérou au Chili, les hauteurs du Sahara central, de l'Arabie, de la Perse et du désert de Cobi, n'ont pas du tout l'aspect pittoresquement varié de nos chaînes si découpées. Ce sont d'immenses murailles uniformes et nues, terminées par des plateaux aussi unis que nos plaines, mais privés de végétation par la sécheresse; les ondulations de la crête sont douces, et les pics qui se dressent çà et là ont des formes simples, de grandes faces sans plis, des talus volcaniques uniformément arrondis. C'est la montagne dessinée à grands traits, telle que l'a faite son soulèvement originaire.

Les montagnes des contrées pluvieuses, au contraire, comme les Andes de la Colombie, l'Himalaya oriental, les volcans de Java, sont ravinées, déchiquetées, coupées de gorges et hérissées de pics. Nos Alpes et nos Pyrénées sont tellement dépouillées de leurs surfaces primitives, tellement fouillées et écroulées, qu'on ne reconnaît plus facilement les grands traits de la forme primitive. Dans les Pyrénées, aucun point culminant n'est sur l'arête principale ; ils sont sur des contreforts qui la flanquent de part et d'autre. Dans les Alpes, le nœud du Saint-Gothard, qui devait être le centre du soulèvement et le point dominant de la masse, a subi de telles érosions de la part des fleuves qu'il envoie aux quatre points cardinaux de l'Europe, qu'il ne contient plus aujourd'hui une seule cime approchant de 4000^m.

Le spectacle des effets de l'érosion dans les montagnes n'est pas toujours riant et pittoresque. Dans les montagnes calcaires, qui se prêtent plus que les autres à l'accumulation des effets destructeurs de la gelée et des eaux courantes, d'immenses surfaces rocheuses en pente finissent par se trouver dépouillées de toute terre végétale, et, capricieusement ravinées et fouillées par les agents de démolition, constituent aujourd'hui de vastes déserts sillonnés de crevasses, impraticables au pied de l'homme, que l'on nomme, dans les Alpes, *lapiaz;* en allemand, *Karrenfelder*. L'eau tombée sur ces champs de désolation est immédiatement absorbée par le sol, dans des fissures ou des entonnoirs, et va sortir plus bas, dans la vallée fertile, en sources volumineuses.

Ces déserts montagneux, si fréquents dans les Pyrénées, devenus la règle en Espagne, dans l'Atlas, en Égypte, en Arabie, etc., sont une exception dans les Alpes suisses. Quelques-uns occupent, sur les hauteurs, d'anciens cirques de glaciers disparus; mais un grand nombre, comme ceux du Jura, de la Frohnalp, près de Brunen, du Brunnig, du Faulhorn, des Churfirsten, sont voisins des régions fertiles. Le manque de prévoyance et l'ignorance de l'homme peuvent en laisser se former partout; c'est ce qui est arrivé aux temps modernes dans nos Alpes du Dauphiné et de Provence, comme aux temps barbares de l'invasion musulmane dans toutes les régions montagneuses de l'Orient.

II

ÉCROULEMENTS ET ÉCOULEMENTS : TORRENTS, RAVINS ET TALUS

> Alors avec fracas il traîne des ruines,
> Il emporte les bois minés dans leurs racines,
> Et soulevant ses flots, où d'énormes glaçons
> Tombent en bondissant de la cime des monts,
> Il recourbe, il déchire, il creuse son rivage.
>
> LA HARPE.

> *Omnis vallis implebitur, omnis mons et collis humiliabitur.*
>
> Év. S. Luc, III.

Jetons à présent un coup d'œil sur les effets produits dans les montagnes par les divers modes de l'action érosive, en nous bornant d'abord à celle des eaux courantes.

Un premier effet, sur lequel on n'a pas suffisamment appelé l'attention, est celui que doivent produire, dans leurs trajets si peu étudiés, les cours d'eau souterrains.

Ils sont, à la vérité, toujours plus limpides que les cours d'eau superficiels, et c'est ici la dissolution qui sera la cause principale des résultats produits. Quelque faible que soit la proportion de roche dissoute, les effets s'accumulent avec le temps pour creuser ces canaux volumineux que rencontre souvent l'excavation de nos puits.

Or, si les eaux pures des sources les plus délicieuses contiennent des sels en dissolution et sont capables de creuser leur route, que feront donc les eaux minérales, qui ont, dans leur trajet souterrain, trouvé d'abondantes matières à dissoudre ?

On a calculé que la seule source de Louèche-les-Bains, au pied de la Gemmi, dans le Valais, contenant environ 2 grammes par litre de matières salines en dissolution, doit creuser, dans les profondeurs du siphon qui l'amène au jour, une cavité de 3 000 mètres cubes tous les ans, soit le volume de la butte Montmartre en un siècle.

Il doit se former à la longue, sur le trajet des cours d'eau souterrains, d'immenses cavités, dont quelques-unes, comme les grottes calcaires dont nous avons parlé, sont solidement voûtées et persistantes, mais dont un grand nombre, dans les pays de montagnes notamment, où les brisures et les irrégularités sont plus fréquentes, doivent finir par se combler brusquement au moyen d'un écroulement des roches situées au-dessus.

Voilà un premier mode d'abaissement des montagnes par l'action des eaux, qui n'est pas heureusement fréquent, mais qui l'a été jadis, comme on le voit aux nombreuses *failles* ou dénivellations par rupture que l'on rencontre dans les terrains déposés aux temps géologiques. (Voy. p. 261.)

Le résultat d'un tel écroulement est évidemment un *tremblement de terre*. Si une voiture pesamment chargée, en tombant d'un pavé sur un autre un peu plus bas, peut secouer les maisons et faire trembler les vitres, que ne feront pas des masses plusieurs milliers de fois plus grandes, tombant de hauteurs plus considérables ! Il est probable que la plupart des tremblements de terre ressentis dans les pays éloignés des volcans sont dus à de simples écroulements souterrains de ce genre, et doivent, par suite, être rangés parmi les phénomènes nivelants dus à l'action de l'eau.

***

Un phénomène ordinairement plus terrible, et dû à une cause assez analogue, est celui des *écroulements extérieurs* de montagnes. L'action dissolvante des pluies peut arriver au point de détruire l'adhérence entre le corps de la montagne et de grandes masses rocheuses insuffisamment soutenues sur un escarpement, comme, par exemple : des blocs saillants encastrés dans une roche destructible ou ramollissable, des pans de roches à moitié détachés par une fente dans une paroi à pic, ou des couches parallèles inclinées, coupées par une pente plus inclinée encore, si l'une des couches inférieures aboutissant à l'escarpement est susceptible d'être délayée par une nappe d'eau, et rendue glissante. Les chutes partielles de ce genre sont extrêmement fréquentes ; mais elles n'ont de notoriété que lorsqu'elles font des victimes, comme cela a eu lieu récemment dans la ville même de Nice, où, en janvier 1872, après une longue pluie, s'est détaché d'un escarpement un pan de rocher, qui est tombé sur une maison, et l'a écrasée avec ses habitants.

On rencontre fréquemment, dans les vallées abruptes, des chaos de rochers confusément entassés, qui sont évidemment tombés d'un escarpement voisin, où se voit encore la trace de l'arrachement. Un des plus connus de ces théâtres de désastres oubliés est le *Chaos* traversé par la route de Luz à Gavarnie, dans les Pyrénées; la montée du Righi, par Weggis, en rencontre un autre, non moins connu, que représente notre figure 152.

Fig. 152. — Rochers éboulés (montée du Righi, par Weggis).

Leur fréquence est extrême dans les Alpes françaises, dans la Provence, dans le Devoluy, qui leur doit son nom (*devolutus*); on les appelle ordinairement *clapiers*. Le plus gigantesque éboulement que l'on puisse voir en France est le clapier de Saint-Christophe-en-Oisans, à l'issue de ce cirque colossal de montagnes neigeuses auquel le Pelvoux a donné son nom. (Voir la carte p. 132.) C'est une montagne entière qui s'est écroulée, fournissant sur 1600ᵐ de hauteur, depuis la crête du massif jusqu'au bord du torrent du Vénéon, un talus uniforme de blocs gros comme des maisons.

L'époque à laquelle ces éboulements se sont produits est inconnue; mais il y en a d'historiques. Ainsi tous les voyageurs qui ont exploré le Valais ont vu, entre Martigny et Saint-Maurice, l'effroyable champ de ruines causé par l'éboulement d'un contrefort de la *Dent-du-Midi*, en août 1835, et, du côté opposé, les deux éboulements de deux pics des *Diablerets*, qui, en 1714 et en 1749, couvrirent les deux Alpes de Cheville et de Leytron d'une couche de débris de plus de 100ᵐ d'épaisseur, et formèrent, en barrant la vallée, les lacs de Derborence. Ils ont entendu raconter, dans le pays, les émouvantes histoires de chalets engloutis avec les bergers et les troupeaux, notamment celle de ce malheureux qui, protégé contre l'écrasement par un roc tombé en arc-boutant, resta enseveli plusieurs mois, dans l'obscurité, vivant de l'eau d'une petite source et de sa provision de fromage, parvint, par un travail acharné, à se creuser une issue jusqu'à la surface des débris, et, arrivant presque nu, décharné, méconnaissable, dans son village, fut pris pour un revenant par sa famille épouvantée.

Il est arrivé plus d'une fois, hélas! que le théâtre de l'écroulement s'est trouvé être non plus des champs presque déserts, mais le territoire, couvert d'habitations, d'une ville ou d'un village. Ces épouvantables catastrophes sont consignées dans l'histoire, et malheureusement elles ont été nombreuses dans les pays de montagnes. Sans parler de celles que relate l'histoire ancienne, on peut citer l'écrasement du bourg Saint-André et de trois villages voisins, en 1248, par le mont Granier, près de Chambéry, au lieu appelé aujourd'hui les *Abîmes-de-Myans*.

Une autre chute de montagne, déjà plus récente et plus célèbre, est celle qui écrasa la petite ville de Pleurs, tout près de Chiavenna, dans les Alpes lombardes, la nuit du 4 septembre 1618. Le mont Conto, qui domine la ville, s'écroula subitement sur elle, et sur le village voisin de Scilano, ensevelissant 2430 habitants, « ne laissant, dit Tschudi, qu'une maison debout et trois personnes vivantes. »

Mais la catastrophe dont l'effroyable souvenir s'est le mieux conservé, et dont tous les voyageurs, en Suisse, ont contemplé les traces encore fraîches, c'est la chute d'un pan du Rossberg, en face du Righi, qui, le 2 septembre 1806, se précipita sur la belle vallée de *Goldau* (la vallée d'or), et en fit le chaos de débris que traverse l'une des plus fréquentées des routes du Righi. Le cause de l'éboulement de Goldau était la dernière de celles que nous avons signalées plus haut : le délayement de couches argileuses soutenant des couches rocheuses, et aboutissant à une vallée du côté de leur pente.

Après un été pluvieux, succédant à deux années remarquablement humides, un redoublement d'intensité dans la pluie détermina le glissement d'une tranche épaisse dans le flanc du Rossberg ; deux crevasses produites dès le matin, et agrandies dans la journée, s'étendirent rapidement dans tous les sens ; la base des roches solides souleva le gazon et les arbres de la forêt, en les retournant comme un immense soc de charrue ; puis, en peu d'instants, une masse de 400^m de long sur 500 de large, prenant dans sa chute une accélération épouvantable, et se pulvérisant par la pression plus grande des parties supérieures glissées de plus haut, fut projetée en l'air. Très probablement, la chaleur énorme, produite par le frottement et la pression dans toutes les parties de cet ébranlement colossal, vaporisa brusquement l'eau qui imprégnait la masse, et en lança de toutes parts les débris. Les blocs gigantesques, les rochers encore chargés de leurs sapins, bondissaient dans l'espace comme les projectiles d'un combat de Titans, se heurtant avec fracas, et produisant, par la chaleur de leur frottement et de leurs chocs, des flammes et des explosions au milieu de nuages de poussière.

Quand l'obscurité de ces nuages fut dissipée, on put voir l'étendue du désastre. Les deux cents chalets des quatre villages de Goldau, de Busingen, de Rothen et de Lowerz étaient ensevelis sous près de cent millions de mètres cubes de terre et de rochers ; leurs habitants étaient écrasés, sauf environ deux cents, qui avaient pu fuir aux premiers indices, et quelques-uns qui furent retirés vivants après la catastrophe. Une société de touristes, qui allait d'Arth à Schwitz, empêchée par la pluie de monter au Righi, fut du nombre des victimes.

Le désastre s'étendit plus loin encore que la malheureuse vallée située sous la montagne ; le lac de Lowerz, qui la ferme à l'est, se trouvant en partie comblé par l'éboulement, ses eaux furent violemment chassées du côté de Schwitz; une immense vague passa par-dessus l'île pittoresque et le château historique de Schwanau, se jeta contre la rive opposée, et roula à près d'une lieue de distance, en inondant le village de Scewen, et faisant partout de nombreuses victimes.

Un phénomène dû à la même cause que les éboulements de montagne, moins terrible, mais plus fréquent, est celui des *coulée de boue*.

Le délayement des roches argileuses, marneuses et schisteuses par la pluie, peut se produire sur une assez grande échelle pour que la roche amollie obéisse à la pesanteur, et se mette peu à peu en mouvement sur les pentes. Sa viscosité l'empêche d'acquérir une grande vitesse; mais elle avance irrésistiblement comme un courant de lave, et produit peu à peu les mêmes dévastations. En 1795, Weggis, qui occupe, au pied du Righi, la même situation que Goldau au pied du Rossberg, fut ravagée par une de ces coulées de vase qui descendit lentement, ensevelissant tout sur sa route, couvrit près de 50 hectares de terrain, et jeta dans le lac une trentaine de maisons.

Un désastre tout semblable eut lieu, en 1797, auprès de Brienz; trente-sept maisons furent détruites par une coulée de boue schisteuse. On a gardé, dans les Grisons, le souvenir de la coulée de boue argileuse qui descendit, en 1673, du Septimer, et détruisit le village de Casaccia.

Les Grisons, du reste, sont fréquemment le théâtre de coulées plus liquides et plus rapides, qu'on nomme *torrents de boue* ou *nants sauvages*.

Les grandes pluies d'orage qui s'abattent sur les montagnes de schiste produisent souvent en peu de temps des coulées de cette sorte, connues en Savoie sous le nom de *nants noirs*. Les flancs de ces montagnes ont souvent la forme de grands cirques, où l'eau rassemblée pénètre profondément la couche superficielle de schistes, décomposés et dépourvus de végétation, en la transformant en masse boueuse; quand le délayement est arrivé à un degré suffisant, la pression crève le barrage, ramolli par les

31

infiltrations, qui fermait le cirque du côté de la vallée, et le *nant* se précipite avec impétuosité sur la pente.

Voici comment Saussure décrit ce phénomène : « Ce n'est pas de l'eau pure, dit-il, mais une espèce de boue liquide, mêlée d'ardoise décomposée et de fragments de rochers; la force impulsive de cette bouillie dense et visqueuse est incompréhensible : elle entraîne les rochers, renverse les édifices qui se trouvent sur son passage, déracine les plus grands arbres, et désole les campagnes, en creusant de profondes ravines et en couvrant les terres d'une épaisseur considérable de limon, de gravier et de fragments de rochers. Lorsque les gens du pays voient venir ce torrent, qu'ils nomment le *nant sauvage,* ils poussent de grands cris pour avertir ceux qui sont au-dessous de fuir loin de son passage... Cet accident est très rare; je ne l'ai vu qu'une seule fois, le 7 août 1767, et quoique, au moment où je le rencontrai, il fût déjà sur son déclin, j'en vis assez pour m'en former une idée. On ne peut pas imaginer un spectacle plus hideux; ces ardoises décomposées formaient une boue épaisse, dont les vagues noires rendaient un son sourd et lugubre, et, malgré la lenteur avec laquelle elles semblaient se mouvoir, on les voyait rouler des troncs d'arbres et des blocs de rochers d'un volume et d'un poids considérables. »

Les torrents de boue sont loin d'être aussi rares que les coulées lentes comme celles de Weggis; ils se renouvellent souvent aux mêmes endroits dont la disposition facilite leur formation. Dans la vallée du haut Rhin, entre Ragatz et Coire, on leur a construit de fortes digues avec les pierres qu'ils ont amenées. Du reste, on peut trouver tous les intermédiaires entre ces torrents de boue et les torrents ordinaires, dont il nous reste à dire quelques mots.

Les écroulements souterrains ou extérieurs et cette lente descente des terres délayées produisent, à la vérité, en peu de temps des effets considérables; mais comme ils sont assez rares, leur part définitive dans l'œuvre de la démolition des montagnes se trouve être moindre que l'action moins énergique, mais continue, des eaux courantes qui descendent des hauteurs.

Les innombrables vallées d'érosion, les gorges étroites, les

Fig. 153. — Lit du torrent de Rosenlaui, au-dessous de la cascade.

tranchées profondes qui pénètrent et subdivisent les masses montagneuses ont été surtout creusées par les *torrents* qui y coulent encore.

On ne peut guère se faire une idée de la violence de ce genre de cours d'eau, en traversant, au beau temps, leur lit sec et désolé. On s'étonne seulement de l'énorme surface qu'occupent les cailloux et rochers nus, comparativement au filet d'eau qui serpente au milieu d'eux, et qu'on a souvent de la peine à trouver pendant la sécheresse de l'été.

Si on revenait après un orage ou pendant la fonte des neiges, on trouverait l'immense surface couverte des flots grisâtres et bondissants d'une masse d'eau dépassant en débit tous les fleuves de la plaine.

Dans les gorges étroites, là où l'on entendait à peine murmurer l'eau invisible au fond de la sombre fissure, l'eau rugissante et rapide comme la flèche élève son niveau de 20 à 30^m, forçant les habitants de suspendre leurs sentiers à d'énormes hauteurs au-dessus du fond de la gorge.

Dans les escarpements, la furie du torrent est telle, qu'il arrache à son lit d'énormes blocs de rochers, déchausse et entraîne des sapins avec le promontoire qui les portait, et jette le tout en travers de son lit. Si celui-ci se trouve un moment obstrué, la masse liquide rejaillit contre l'obstacle, s'élance de côté, à travers les arbres, les prairies, les champs cultivés, les habitations, prodiguant sur sa route l'épouvante et les désastres. En quelques heures, de belles forêts sont percées de larges trouées couvertes de décombres, de riches prairies sont converties en champs de pierrailles, des maisons et des granges sont entraînées, et des familles aisées réduites à la misère.

Les excavations produites dans le flanc de la montagne par l'action continue des torrents s'appellent *ravins*. La figure 153 en donne une idée. Leur profondeur augmentant toujours, si la roche est assez tenace pour que les parois ne s'éboulent pas facilement, la montagne est comme *sciée* par le torrent, et les parois qui se font vis-à-vis sont tellement correspondantes par leur forme et leurs accidents, qu'on a pris longtemps ces fentes pour de gigantesques ruptures produites par les tremblements de terre. Les géologues qui ont vu les torrents à l'œuvre sont aujourd'hui d'avis que l'érosion seule a pu creuser des gorges comme celles du Kirchet, de Pfeffers, etc. (voir le chap. IV), dès que la moindre fente dans le barrage rocheux lui a donné prise.

Toutefois il n'arrive pas toujours que la roche soit assez dure pour garder intactes ses murailles verticales; le plus souvent des éboulements successifs élargissent l'ouverture supérieure du ravin, et donnent à ses rives une pente plus ou moins abrupte. On trouve sous ce rapport dans les ravins toutes les modifications que nous avons signalées dans les vallées (chap. IX). Au fond, il n'y a de différence que dans la dimension du cours d'eau qui a creusé les uns et les autres.

Il nous reste à signaler un effet remarquable de l'arrivée des torrents dans les vallées profondes, d'où résulte pour ces dernières un aspect tout particulier qui est un des traits caractéristiques des paysages montagneux : il s'agit des *talus d'éboulement*.

A la base de la pente montagneuse, au point où le ravin creusé par le torrent aboutit à l'escarpement de la vallée, s'étale un immense amas de débris, amoncelés en pente régulière d'une trentaine de degrés d'inclinaison, qui part du fond de la vallée, et arrive plus ou moins haut contre son flanc. Toutes les vallées bordées de parois à pic présentent aux échancrures successives de la muraille une série de ces longs talus à pente uniforme (fig. 154). Quand leur croissance est achevée, ils se couvrent peu à peu de verdure et de broussailles, puis très souvent de belles forêts de sapins (fig. 160).

Ces talus sont surtout formés de blocs et de cailloux, que l'eau ne peut emporter plus loin, à cause de la moindre pente de la vallée principale, où le torrent, forcé de modérer sa vitesse, ne garde guère en suspension que la boue et les graviers. Leur accroissement n'est pas dû seulement aux torrents, mais aussi aux avalanches de fond, dont nous allons parler bientôt, et qui suivent au printemps le même lit que les torrents, s'abattant sur les talus et y laissant leurs pierres, quand les premières chaleurs de l'été les ont fait fondre.

Quand la végétation a couvert un talus et fixé pour un temps sa forme, le torrent s'y fraye un lit qui continue son ravin, de sorte qu'à la longue les cailloux du talus peuvent eux-mêmes se briser et se pulvériser en grande partie, et suivre à leur tour le même chemin, descendant peu à peu des parties les plus déclives dans celles qui le sont moins, et diminuant ainsi, en la régularisant, la pente générale du cours d'eau.

Ces effets s'accumulent avec le temps, et de même que, dans les rivières, les cascades finissent par se transformer en rapides, dans les torrents même un lit à pente régulière se construit par son propre écoulement, et le thalweg des fonds de vallée s'égalise par les alluvions transportées jusqu'au point où le cours d'eau perd entièrement sa vitesse en se jetant dans un lac.

Nous savons que là s'accumuleront tranquillement tous les débris apportés, jusqu'à ce qu'après des siècles la cavité soit comblée, et le lac transformé en une plaine. L'eau du torrent emmènera alors ses boues dans le lit creusé à travers cette plaine, et continuera sa route par la vallée suivante, trouvant toujours devant elle soit un autre lac, soit des plaines basses à exhausser ou des marais à inonder, jusqu'à ce qu'elle termine enfin son voyage en se jetant dans la mer.

Fig. 154. — Talus d'éboulement au pied d'un escarpement.

III

LES AVALANCHES

> Un sentier vertigineux suit le bord du précipice : on y marche entre la vie et la mort. Parcours sans bruit ce lieu de terreur; crains d'éveiller l'avalanche endormie.
>
> SCHILLER.

A l'action érosive de l'eau liquide sur les montagnes il faut ajouter l'action de l'eau solide sous forme de neige ou de glace. Cette action s'exerce seule aux zones qui, dépassant en altitude les régions où tombe la pluie, ne reçoivent, pour ainsi dire, que de la neige. Nous avons vu que cette neige ne fond pas entièrement sur place, mais qu'elle descend aussi à l'état solide, et qu'elle a, comme l'eau, deux modes de descente : l'un rapide, qui est l'*avalanche;* l'autre lent, qui est le *glacier*.

L'avalanche est un phénomène nécessaire et régulier, tout comme le torrent et la rivière : il ne pourrait être supprimé sans dommage pour la fertilité de la montagne; aucun moyen ne pourrait, aussi activement que lui, débarrasser de leur manteau de neige les vastes pâturages, vraie richesse des pays de montagnes, qui n'ont pas de temps à perdre pour jouir de leurs courtes journées de soleil. Les désastres qu'occasionnent les avalanches sont des effets de surabondance, comme les inondations des fleuves, effets qu'une étude intelligente et une surveillance attentive pourraient le plus souvent prévoir et prévenir.

Tous ces grands agents de la nature, toutes ces forces gigantesques que l'on redoute, ont leur rôle dans le fonctionnement normal de la vie du globe.

Dieu nous a donné ce globe pour domaine, mais à la condition d'exercer notre sagacité à en faire la conquête. Quand l'homme le veut, quand le génie et le travail de plusieurs générations ont poursuivi ce noble but de dompter et d'asservir les grandes forces de la nature, elles ne sont plus des fléaux : l'inondation devient une richesse, et l'avalanche un bienfait.

Les avalanches ou lavanges, en allemand *Lawinen*, sont bien différentes suivant la saison et suivant la consistance de la neige qui s'écroule.

Les plus redoutées des montagnards sont les avalanches de poudre (*Staublawinen*), ou avalanches d'*hiver*, qui sont formées de neige fraîche, toujours sèche, poudreuse, inconsistante dans les hauteurs. On les appelle aussi avalanches de *vent*, parce que leur principal danger consiste dans le violent courant d'air que produit leur chute.

Quand sur une croûte de neige, uniformément durcie par l'action successive du soleil et de la gelée, vient à tomber une épaisse couche de cette neige poudreuse et mobile, il suffit du moindre accident pour rompre son équilibre instable et la mettre en mouvement sur une pente. Ce n'est d'abord qu'un plissement à la surface; mais le mouvement se communique bientôt à la couche entière, qui, se comprimant sur elle-même, et roulant avec une vitesse croissante, donne le branle à toute la neige nouvelle de la montagne, et finit par former une masse croulante d'un volume immense, enveloppée d'épais nuages, et se précipitant avec une violence inouïe vers la vallée.

L'effet sur la route parcourue est celui d'une trombe; l'accélération de la chute, empêchée par l'encombrement, a dû, en effet, se dépenser en tournoiements : les arbres, les rochers saillants, les chalets sont saisis, arrachés et emportés dans les tourbillons; un sourd grondement de tonnerre sort des flancs du terrible nuage; lorsque enfin il s'abat dans la vallée, on entend une détonation sourde dominer le roulement des échos.

Mais tout n'est pas fini : la nuée rapide qui enveloppe l'avalanche dans sa chute s'allonge sur la pente opposée, qu'elle remonte avec une effrayante vitesse. La masse neigeuse est arrêtée; mais l'air qu'elle a mis en mouvement continue sa route; la trombe furieuse et ses remous latéraux, forts de toute la vitesse acquise, vont épuiser leur fureur sur le revers et les flancs de la vallée, déracinant les arbres, arrachant les toits et éparpillant les gerbes des granges, renversant les cheminées, emportant comme des plumes les animaux et les hommes.

Sous ces avalanches, qu'il est à peu près impossible de prévoir ou d'empêcher, se trouvent souvent engloutis des hameaux entiers, dont les habitants peuvent périr asphyxiés ou gelés si on ne leur porte de prompts secours (fig. 155). Il n'y a pas de vallée qui n'ait à compter, sous ce rapport, de lamentables histoires. On peut citer, parmi les plus terribles avalanches poudreuses, celle qui, en 1819, ensevelit le village de Randa, au pied du Weisshorn, dans la vallée de Zermatt.

Remarquons que cette neige poudreuse, suspendue en l'air, n'écrase pas les objets qu'elle frappe, mais les enveloppe en tournoyant. L'effet est tout à fait le même que celui des tourmentes de neige, dont nous parlions au chapitre précédent.

Aussi cite-t-on, à côté de funèbres catastrophes, des exemples de déblayement matinal de maisons englouties la nuit sans que ses habitants s'en fussent aperçus, d'enfants jetés sains et saufs sur la neige, tandis que le chalet qui les avait abrités volait en l'air comme un château de cartes, et cent autres merveilleuses délivrances.

Des avalanches moins redoutées, mais souvent, au contraire, impatiemment attendues, ce sont les avalanches de *printemps* ou avalanches *compactes*, littéralement, *avalanches de fond* (*Grundlawinen*). Ce sont les glissements sur le sol de toute la masse des vieilles neiges, ramollies et à demi fondues par le soleil et par le vent tiède des beaux jours de printemps.

Les plus ordinaires se produisent régulièrement à des heures et en des points prévus par les montagnards expérimentés, suivant les expositions et les pentes. Elles débarrassent les pâturages, en faisant arriver, en peu de jours, des masses colossales de neiges et de glaces dans le fond de la vallée, dont la chaleur les fondra ou dont la rivière les emportera.

Toutefois, si l'entassement est trop haut ou trop compact, et si la vallée est assez profonde pour qu'il reste à l'ombre, on pourra le retrouver encore en été sous la forme d'une grosse arche de pont, sous laquelle passe le torrent. C'est ce qui arrive presque toujours, par exemple, au fond du cirque de Gavarnie, dans les Pyrénées.

« Une avalanche compacte, dit Berlepsch, vue de près au printemps, est un horrible spectacle qu'on ne réussirait guère à décrire. On chercherait en vain des termes pour représenter ce chaos, cette complète dissolution, cet ébranlement de la

Fig. 155. — Après l'avalanche.

nature, où l'on croit sentir à la fois les rafales d'un ouragan, les secousses d'un tremblement de terre et les scènes qui accompagnent un éboulement. Le tumulte des éléments, l'image de la destruction, le craquement des neiges pressées par la masse en mouvement et lancées sur la pente, le bruit des arbres brisés, les bonds des rocs traversant l'air en sifflant, avant d'éclater en mille fragments sur les parois des monts; bref, un bouleversement épouvantable dont les échos des profondeurs de la vallée redoublent la violence : tel est l'effet total de ce phénomène, considéré à une petite distance. »

Le rôle de ces avalanches dans la destruction de la montagne est beaucoup plus considérable que celui des autres; il est comparable à celui des torrents, avec lesquels elles ont une certaine ressemblance. Leur neige est toujours sale, boueuse, noirâtre, remplie de cailloux et de débris de toute sorte. Après un orage de printemps, il s'en forme de tellement longues et tellement mélangées d'eau liquide et de boue, qu'il serait difficile de dire si l'on a affaire à un *nant*, à un torrent ou à une avalanche.

Il est rare que les avalanches de fond produisent des désastres ou des accidents sérieux quand on prend les précautions nécessaires. Elles descendent tous les ans par les mêmes *couloirs*, sortes de larges ravins pierreux, que l'on voit de loin sillonner de leurs lignes grises le vert tapis des forêts et des gazons de la montagne. Au lieu que le premier point d'ébranlement soit en haut, comme dans les grandes avalanches poudreuses, il est aux points les plus chauds et les plus humides, c'est-à-dire les plus bas. Les plaques disloquées des vieilles neiges, détachées du sol par les milliers de ruisselets qui proviennent de leur fusion, se détachent d'ordinaire pièce à pièce, à mesure que sont descendues celles qui les soutenaient. Mais si le sol est trop ras, trop dépourvu de saillies branchues ou rocheuses, les portions détachées à la fois peuvent être trop considérables pour la largeur du couloir; c'est alors que le trop-plein peut prendre sa course à travers champs, et causer de terribles ravages.

Les forêts des pentes montagneuses ont, sous ce rapport, une importance très grande, et leur conservation importe au salut des habitants de la vallée. Aussi beaucoup de ces forêts, dans les Alpes suisses, sont-elles mises au *ban*, c'est-à-dire que des peines très sévères, aujourd'hui inappliquées à cause de l'unanimité de l'opinion publique, frappaient celui qui eût osé y toucher un arbre. La croyance populaire, que Schiller met dans la bouche du jeune enfant de Guillaume Tell, était que ces arbres saignaient quand on leur faisait la moindre blessure.

Fig. 156. — Sur la route du Brunig à Meyringen.

Quand les forêts manquent, les montagnards savent « clouer l'avalanche » en enfonçant profondément en terre, de place en place, des pieux longs et solides. On peut encore entailler la pente en gradins, formant comme des marches d'un énorme escalier. Avec des gradins et des pieux en fer, on a pu supprimer récemment, à Barèges-les-Bains, dans les Pyrénées, des avalanches qui, tous les printemps, emportaient la route, et forçaient de laisser le village coupé en deux parties.

Pour défendre les routes dans la traversée des couloirs d'avalanches, on prend souvent le parti d'entailler la paroi rocheuse, au flanc de laquelle est tracée la voie, si profondément que la neige et les cailloux passent par-dessus (fig. 156); mais le moyen le plus radical, employé sur toutes les grandes voies

Fig. 157. — Couloir d'avalanches et galerie des Schœllenen
(route du Saint-Gothard).

carrossables des cols des Alpes, consiste à bâtir une solide galerie voûtée, par-dessus laquelle passe le talus de cailloux du couloir. La fig. 157 représente une galerie de cette sorte dans la gorge sombre et désolée de Schœllenen, au Saint-Gothard.

Pour défendre les maisons ou les édifices exposés à être atteints par des avalanches dévoyées, on construit quelquefois en avant de fortes et hautes murailles en forme d'éperons, pour diviser la masse, comme font pour les glaces flottantes les éperons des piles de nos ponts. Plusieurs églises, notamment, sont ainsi protégées. Au-dessus des chalets, on construit quelquefois cet éperon simplement en neige, qu'on transforme ensuite en glace dure, en l'arrosant d'eau.

On désigne quelquefois, comme une troisième forme d'avalanches, sous le nom d'avalanches d'*été* ou avalanches de *glace*, soit les chutes des corniches, colonnes, traînées, etc., formées contre les escarpements rocheux par la congélation de l'eau ou le durcissement de la neige au soleil, soit surtout les chutes de la partie inférieure des glaciers qui aboutissent à une paroi verticale.

Les chutes des corniches glacées du sommet des murailles verticales des vallées et des gorges sont un danger sérieux, quand les sentiers longent le pied de l'escarpement. Les fragments, en tombant de ces grandes hauteurs, prennent presque la force de projection des balles et des boulets.

Certains passages ont, sous ce rapport, une triste célébrité. Avant de s'y engager, on tire des coups de feu, on fait claquer les fouets et on pousse des cris, pour que le mouvement de l'air provoque immédiatement les chutes imminentes; puis on passe vite et en silence. Au-dessus des routes plus fréquentées, on abat de temps en temps ces corniches à coups de carabine.

Restent les chutes des glaciers, sous lesquelles il serait assez difficile d'aller se mettre, mais que l'on voit de loin fermer leurs cascades d'argent, suivies d'un long bruit de tonnerre, quand on traverse, par une soirée chaude et humide, certains cols situés en face de montagnes neigeuses très escarpées, comme le Scheideck de Rosenlauï, devant le Wellhorn et le Wetterhorn, comme la Wengernalp, devant le Mœnch et la Jungfrau. Ce sont ces chutes-là surtout qui méritent le nom d'avalanches d'*été*, donné aux avalanches de glace.

Elles peuvent devenir désastreuses quand elles se produisent par l'allongement exceptionnel d'un grand glacier, qui arrive jusqu'au bord de l'escarpement d'une vallée bordée de parois à pic. Le fait s'est produit plusieurs fois dans ces profondes vallées latérales qui forment la partie méridionale du canton du Valais.

Dans la vallée de Zermatt, le glacier de Bies, qui descend du Weisshorn, a écrasé, en 1636, le village de Randa. Dans la vallée de Bagnes, qui aboutit à Martigny, le glacier de Getroz, en juin 1818, jeta en travers de la vallée une digue de blocs de glace éboulés, d'un kilomètre d'épaisseur sur 100^m de hauteur; la Dranse, arrêtée, forma derrière le barrage un lac qui, malgré d'intelligents et actifs travaux pour le faire écouler doucement, rompit un jour sa digue, et fit dans toute la vallée, jusqu'à Martigny, d'épouvantables ravages.

Puisque les avalanches nous ont amenés aux glaciers, nous allons à présent nous occuper de ces derniers. Nous terminerons ainsi ces études de physique terrestre par le plus curieux et le plus imposant des phénomènes naturels que l'on puisse rencontrer dans les hautes montagnes.

CHAPITRE XIII

LES GLACIERS

I

L'ÉCOULEMENT DE LA GLACE

> Entre la mer de glace et un fleuve la ressemblance est si complète, qu'il est impossible de trouver pour le glacier un phénomène qui ne se reproduise pas pour le fleuve.
>
> Mgr Rendu, *Théorie des glaciers de la Savoie.*

Les glaciers sont d'immenses masses de glaces qui, ayant leur point de départ dans les régions toujours neigeuses des hautes montagnes, descendent, bien au-dessous de la limite ordinaire des neiges persistantes, jusque dans les régions moyennes où sont les pâturages et même les forêts. Ils occupent quelquefois de simples plis de terrain, mais le plus souvent le fond de profondes et larges vallées (fig. 158), où ils s'amincissent en fondant à mesure qu'ils descendent, et fournissent du produit de cette fonte un torrent blanchâtre toujours très abondant en été. Leur partie supérieure aboutit à de vastes cirques où les vents et les avalanches accumulent la neige poudreuse des hauteurs qui les entourent. Ces grands cirques neigeux s'appellent des *névés*.

Déjà l'action du soleil a dû tasser la neige pour la transformer en névé; mais la transformation devient plus radicale encore dans la vallée qui sert d'issue au cirque, et le névé se soudant peu à peu, et perdant ses bulles d'air, finit par devenir de la glace compacte. Toutefois cette glace contient en réalité d'innombrables et invisibles fissures remplies d'eau, de sorte que toute la masse est un peu spongieuse, et que cette eau qui l'imprègne la maintient à la température exacte de 0°.

C'est un fait aujourd'hui bien connu que cette masse, si immobile en apparence, possède en réalité un mouvement continu de progression tout à fait analogue à celui d'un cours d'eau, mais d'une lenteur extrême, puisque la glace avance tout au plus d'un à deux centimètres par heure, là où un torrent parcourrait dans le même temps plus de dix mille mètres.

Cette assimilation du glacier à un fleuve a été établie scientifiquement, pour la première fois, par un chanoine catholique, devenu plus tard évêque d'Annecy, et appartenant à une famille illustre par la science et la vertu, Mgr Rendu.

Les expériences les plus précises, confirmant cette manière de voir, ont été faites successivement au glacier de l'Aar, par les naturalistes suisses Agassiz et Desor, et à la mer de glace de Chamounix, par les savants anglais Forbes et Tyndall.

Le glacier avance toujours plus au milieu qu'aux bords, plus à la surface qu'au fond, plus quand il est épais que lorsqu'il est mince; sa vitesse s'accroît proportionnellement à l'inclinaison du fond; il a ses vagues, ses crues, son chenal ou ligne de plus grande vitesse qui passe d'un côté à l'autre, quand la courbure change, enfin ses rapides et ses cascades.

La grande différence est dans sa vitesse, presque un million de fois moindre, et dans la variation de cette vitesse par l'humidité de la glace, le glacier avançant beaucoup plus vite pendant l'été que pendant l'hiver.

On a peine à comprendre comment une matière aussi dure que la glace peut présenter une pareille plasticité, et arriver à se mouler sur les rives de la vallée. Tyndall a donné récemment l'explication, et fait de nombreuses expériences à l'appui : deux

Fig. 158. — Le glacier du Rhône.

morceaux de glace humide, appuyés fortement l'un contre l'autre, se soudent ensemble; l'expérience réussit même quand les deux morceaux sont plongés dans l'eau chaude. Ce phénomène, découvert par Faraday, a été nommé *regel*. Si donc on comprime fortement une masse de glace dans un moule de bois dur, la masse commence par se briser en mille morceaux; mais ces morceaux, rapprochés par la pression, se soudent en un seul bloc transparent, ayant la forme du moule, comme si la matière était plastique. Au fond les enfants appliquent cette propriété de la glace quand ils font des boules de neige. Mais avec une presse hydraulique, on peut faire ainsi en peu d'instants des lentilles, des verres à champagne, etc. C'est tout à fait le même effet qui se produit en grand et peu à peu dans le glacier; les innombrables parcelles à fissures invisibles qui constituent chaque morceau de glace se fendillent et se ressoudent sous l'action de chaque effort, auquel elles se trouvent avoir obéi comme une pâte.

Toutefois la marche de cet avancement offre une différence importante avec celle d'une nappe d'eau; la masse reste, après tout, dure et fragile; la continuité se produit par pression, mais elle se détruit par arrachement. Partout donc où il se produira entre deux portions de la matière une traction un peu énergique, ces deux portions se sépareront par une *fissure* qui s'agrandira rapidement en *crevasse*.

On peut assister souvent, dans les excursions dans les glaciers, à la formation de ces fissures. On entend un craquement comme un coup de pistolet; en cherchant bien on voit une fente où l'on mettrait à peine une feuille de papier; une heure après, on y mettrait le doigt; deux jours après, on y entrerait tout entier; au bout d'un mois, on ne la retrouvera plus; mais d'autres se seront formées au passage de la glace devant le même point de la rive.

Les crevasses se forment partout où une masse de glace, placée devant une autre, tend à descendre plus vite qu'elle.

C'est ce qui arrive d'abord près des rives, puisque leur frottement ralentit la glace qui les touche. Il se produira donc un système de crevasses perpendiculaires à la force d'arrachement, c'est-à-dire suivant des lignes d'abord très inclinées dans le sens d'amont; mais bientôt la vitesse, plus grande au centre, redresse ces crevasses; il s'en forme d'autres suivant la première inclinaison, croisant les premières en réseau souvent confus.

Les inégalités de pente du fond forment par la même raison des crevasses transversales de rive à rive, s'agrandissant quand la pente augmente, se refermant quand elle diminue. Ces crevasses, avec les précédentes, forment souvent des courbes remontantes qui, au premier coup d'œil, feraient croire que les bords du glacier vont plus vite que le centre, tandis qu'elles sont la preuve du contraire. Un des premiers observateurs des glaciers, Hugi, est tombé dans cette erreur.

Quand le glacier s'épanche latéralement, il se forme des crevasses longitudinales rayonnantes. Si une bosse du fond se trouve au milieu de la vallée, elle se manifestera sur la surface par des crevasses longitudinales. En général, les systèmes de crevasses étudiées avec sagacité peuvent révéler la forme du fond; mais l'étude est difficile, et le réseau finit par se compliquer terriblement.

A mesure que le glacier descend, la fusion de toutes ses surfaces augmente, et l'eau ruisselle partout; cette eau, en se précipitant dans les crevasses, use et fond irrégulièrement leurs parois, qui ne pourront plus guère se rapprocher, et deviendront de plus en plus irrégulières.

Quand un ruisseau de fusion vient à tomber dans une crevasse assez profonde pour traverser la masse entière du glacier, l'eau produit bientôt dans la glace un véritable *puits*, dans lequel elle s'engouffre avec bruit. Ces gouffres arrondis, qui permettent au regard de pénétrer dans les profondeurs de la glace, d'en voir les belles teintes bleues et la structure rubanée, s'appellent en Savoie des *moulins*, et sont au nombre des principales curiosités des glaciers.

Mais, dans la descente, les masses restées isolées entre les crevasses, s'inclinant de plus en plus, puisque la surface avance plus vite que le fond, et se fondant rapidement sur les faces frappées par le soleil, c'est-à-dire surtout à leur sommet et vers le midi, finissent par se trouver renversées les unes sur les autres, en rangées irrégulières de saillies anguleuses, figurant assez bien d'immenses vagues solidifiées. De là le nom de *mer de Glâce* donné à la partie inférieure de quelques grands glaciers, et resté définitivement à la base du plus grand glacier de la vallée de Chamounix (voir la carte p. 250).

Fig. 159. — Mer de Glace vue du Montanvers.

La mer de Glace est le plus considérable et le plus célèbre des glaciers de l'Europe, et elle est sur notre territoire : deux raisons pour que nous la citions comme exemple, et pour que nous engagions nos lecteurs à aller la visiter.

Il ne faut pas se contenter de la contempler du Montanvers (fig. 159), il faut y descendre; « il faut, dit Saussure, s'y avancer au moins jusqu'à trois à quatre cents pas, pour se faire une idée de ces grandes vallées de glace. En effet, si l'on se contente de voir de loin celle-ci, on n'en distingue pas les détails; ses inégalités ne semblent être que des ondulations arrondies de la mer après l'orage; mais quand on est au milieu du glacier (fig. 161), ces ondes paraissent des montagnes, et leurs intervalles semblent être des vallées entre ces montagnes. Il faut d'ailleurs parcourir un peu le glacier, pour voir ses beaux accidents, ses larges et profondes crevasses, ses grandes cavernes, ses lacs remplis de la plus belle eau, renfermée dans des murs transparents de couleur d'aigue-marine; ses ruisseaux d'une eau vive et claire, qui coulent dans des canaux de glace, et qui viennent se précipiter et former des cascades dans des abîmes de glace. »

Lorsque le fond du glacier vient à être interrompu par un brusque escarpement, les masses séparées par les crevasses tombent une à une au pied de la pente, où elles forment d'abord un chaos informe de blocs irrégulièrement entassés; mais bientôt ces blocs suivent la pente, poussés par ceux qui tombent derrière eux : le regel les ressoude, les inégalités disparaissent, et la surface se trouve de nouveau à peu près aplanie comme avant la chute.

Si, au lieu d'escarpement presque vertical, il y a une forte pente, la glace, divisée par de nombreuses crevasses verticales, prend la forme de gigantesques obélisques, qui ne tombent pas, mais basculent lentement sur leur base, se pressent sans s'écraser tout le long de la pente, comme une armée de grands fantômes blancs. La fig. 160 représente la partie, ainsi bouleversée, qui termine la mer de Glace, à deux kilomètres au-dessous du point d'où est prise la fig. 159. On voit de cet endroit, nommé le Chapeau, le village de Chamounix, au fond de la vallée; la montagne, couverte de forêts, qui fait face, est le Montanvers, du sommet duquel est prise la fig. 159. La terminaison du glacier et la grotte d'où sort l'Arveyron, que représente la fig. 163, se trouvent environ un kilomètre plus bas, immédiatement au pied de cette cascade fantastique d'obélisques géants. Pour se faire une idée de la taille de ces blocs de glace, il faut se figurer que leur dimension ordinaire est de 4 à 5^m de diamètre, et 10 à 20^m de saillie, c'est-à-dire la dimension des tours d'une église.

Fig. 160. — Les aiguilles de la mer de Glace et la vallée de Chamounix, vues du Chapeau.

Lorsqu'on les voit de la Flégère, belvédère situé juste en face (voir la carte), de l'autre côté de la vallée, on les croirait tout au plus gros comme des pains de sucre.

La fonte du glacier s'opère par toutes les surfaces en contact avec l'air, avec l'eau, avec les roches des rives, avec tous les corps plus chauds que lui; mais elle est surtout apparente à la surface supérieure, exposée à la pluie et aux rayons du soleil.

L'épaisseur de la masse, entre deux points des rives, reste à peu près constante, puisque l'écoulement amène toujours de nouvelles glaces du réservoir inépuisable des névés; mais elle va en diminuant à mesure que le glacier descend.

A la fusion il faut ajouter l'évaporation, qui n'est pas négligeable sur ces hauteurs. Le résultat total, qu'on nomme *ablation*, peut être évalué à une couche de 3^m par été, soit de 3 à 4 centimètres par une belle journée ordinaire.

L'ablation explique plusieurs singularités que l'on remarque dans tous les glaciers. C'est d'abord cette propriété qu'a le glacier de rejeter à sa surface les objets tombés dans des fissures peu profondes. Les objets n'ont pas monté; ils n'ont pas cessé de faire partie de la couche qui les encastrait, et qui descend la vallée; mais la disparition des couches supérieures a amené celle-ci à la surface, en diminuant l'épaisseur de la masse descendue.

La même explication s'applique aux *tables de glacier*. On appelle ainsi de grands blocs pierreux aplatis en forme de dalles, qui, couvrant une certaine surface du glacier et empêchant sa fusion, se trouvent bientôt surmonter un piédestal de glace assez élevé, jusqu'à ce que, la fusion latérale entamant ce piédestal du côté du soleil, le bloc chavire, et aille recommencer à *faire table* un peu plus bas.

C'est aussi en empêchant l'action du soleil que les amas épais de gravier, jetés sur le glacier par une avalanche, forment bientôt un *cône* saillant ou monticule gonflé par la glace sousjacente. Si, au contraire, les parcelles rocheuses sont minces et éparses, elles s'échauffent au soleil plus que la glace, et accélèrent la fusion en formant des cavités dont elles occupent le fond. L'eau qui coule sur le glacier séjourne dans ces creux, les agrandit, les arrondit, les égalise, et forme ces petits lacs d'eau bleue nommés *baignoires*. Les ruisselets qui aboutissent à ces baignoires y apportent du sable, qui forme bientôt une couche au fond. Si une crevasse, formée par hasard au travers du glacier, vient à vider la baignoire, le sable se trouve assez épais pour empêcher la fusion et transformer le creux en saillie, la baignoire en un cône.

On voit que, par toutes ces causes, qui augmentent à mesure que la glace descend, la surface d'un glacier, toujours unie et praticable dans les parties les plus hautes, au voisinage du névé, devient inégale au point d'être impraticable dans ses parties les plus basses.

Si la région supérieure et le névé ont la surface unie, ce n'est pas tant à cause de la moindre activité de la fusion et du mouvement de descente de la glace qu'à cause des fréquentes neigées, qui font disparaître toute inégalité.

Mais ici se trouve un des plus grands dangers des ascensions des montagnes neigeuses.

Il se forme des crevasses comme ailleurs dans ces névés des grandes hauteurs; souvent même elles sont très larges et toujours extrêmement profondes; mais la neige, s'agglomérant en bourrelet sur les deux bords, forme deux corniches qui se rapprochent de plus en plus, puis se touchent et finissent par former un *pont* sur la crevasse, devenue invisible. Or, la plupart du temps, la voûte de ce pont n'est pas assez solide pour porter un homme. Au milieu d'une course insouciante et joyeuse sur ces admirables tapis de neige d'une blancheur sans tache, il peut donc arriver que l'on sente tout à coup le sol manquer sous les pieds par l'éboulement d'une de ces voûtes; si rien ne venait arrêter la chute, on pourrait être instantanément englouti, sans espoir de salut, dans un abîme de plusieurs centaines de mètres de profondeur. L'histoire des ascensions est pleine de malheurs de ce genre; c'est pour les éviter que, dans les marches sur la neige fraîche, les voyageurs et les guides n'avancent sur les plaines de neige que tous attachés ensemble, par la ceinture, à une longue et forte corde. Si l'un tombe, la corde le soutient en l'air, en attendant qu'on reconnaisse le terrain et qu'on opère le sauvetage.

Dans les parties basses du glacier, s'il y a nécessité de le traverser, le danger est tout autre, c'est celui de glisser sur la glace inclinée, et de tomber dans les crevasses très visibles qui vous entourent de toutes parts. La fig. 161 donne une idée très nette des difficultés à vaincre; il faut tailler à coups de hache

Fig. 171. — Au milieu du glacier.

des marches d'escalier dans tous les blocs, et se tenir pour heureux si l'on a fait sans accident, en deux à trois heures, une traversée d'un demi-kilomètre.

Tous ces blocs entassés ne sont, en définitive, que le résidu de la fusion de masses ayant toute l'épaisseur du glacier; subdivisées perpendiculairement par les crevasses. A mesure qu'elle descend, la glace fond dans une proportion toujours croissante; le glacier constitue deux fleuves l'un dans l'autre : le fleuve lent de glace, qui diminue constamment, et le fleuve rapide d'eau, imprégnant tout et ruisselant partout, qui s'augmente de tout ce que perd le premier. Il arrive nécessairement un point où la

Fig. 162. — Grotte artificielle de glace, à la base du glacier de Grindelwald.

masse de glace, aplatie et éparpillée, fond en entier et n'avance plus : c'est la terminaison ou la *base* du glacier. Elle forme, en général, une muraille à pic d'une dizaine de mètres de hauteur, qui s'appuie contre une ceinture pierreuse constituée par un tas informe de rochers et de cailloux de toutes couleurs, à travers lesquels l'eau de fusion s'est creusé une ou plusieurs brèches.

Cette eau, produit de la fonte de tout le glacier, coulait sur le fond de la vallée, au-dessous de la glace, depuis une distance

Fig. 163. — Source de l'Arveyron, à la base de la mer de Glace.

considérable. Échauffée au contact de la terre, elle fond la glace à une certaine distance au-dessus d'elle, et au point où elle sort du glacier, il se forme habituellement une *voûte* spacieuse et élevée, dont les parois de glace revêtent d'admirables couleurs bleues ou vertes, en tamisant la lumière du jour, et qui est une des plus belles choses que l'on puisse admirer dans un glacier (fig. 163). Malheureusement les éboulements de glace et de pierres, continuels au bout des glaciers, rendent l'accès de cette grotte, et en général de toute la base d'un glacier, très dangereux.

Là où la grotte terminale manque, les habitants du pays en creusent quelquefois une en un point choisi et sans danger, exploitant commercialement la glace qu'ils en extraient, pour en ajouter le profit à l'impôt prélevé sur les visiteurs (fig. 162).

Dans tous les cas, de la partie inférieure du glacier, on voit toujours, à travers l'épaisse ceinture de cailloux qui l'enserre, l'eau de fusion s'écouler, rapide, troublée, laiteuse, mais abondante, portant la fertilité et la vie dans la vallée, et, plus loin, dans la plaine, surtout au moment où les chaleurs de l'été ont tari les autres sources, et rendu son produit plus précieux.

II

LA DESCENTE DES MORAINES

> Les montagnes ont croulé, les ouragans ont ébranlé les remparts des Alpes par des chocs terribles, remplissant les vallées de décombres, et formant des digues formidables que franchit dans sa course le torrent furieux.
>
> Lord Byron, *Manfred*.

Les curiosités du glacier nous ont entraînés bien loin, et fait laisser de côté son rôle dans la démolition de la montagne ; mais cet amas de rochers et de cailloux, qu'on nomme la *moraine terminale*, nous y ramène.

Nous avons vu que le glacier a pour origine un vaste cirque situé au-dessus de la limite des neiges persistantes, et entouré d'une ceinture de hauts sommets ; la vallée qui sert d'issue au cirque est elle-même bordée de pentes montagneuses ordinairement très abruptes. Le cirque et la vallée reçoivent continuellement les avalanches dues aux neiges qui tombent sur toute cette ceinture de pentes. C'est ici que le mot *bassin*, employé par les géographes pour exprimer l'ensemble des versants dont les eaux se réunissent dans un même courant, peut trouver toute son acception et toute son importance. Sur les flancs de ce bassin, dont la vallée, occupée par le glacier, est l'unique issue, les agents atmosphériques de démolition, vents, rosées, brouillards, gels et dégels, pluies, orages, torrents, éboulements, avalanches, exerceront constamment leur action : du sable, des cailloux, des blocs de toute taille descendront à chaque instant sur les pentes : l'eau ou la neige qui les entraînait disparaîtra, et tous ces débris se trouveront accumulés sur la glace en amas bordant les escarpements, et la glace les entraînera dans son mouvement lent. Ces amas de pierres superposées à la glace, le long des rives du glacier, se nomment *moraines latérales*.

Mais il est rare qu'il n'y ait qu'un seul cirque avec une seule vallée. Presque toujours, s'il s'agit d'un grand glacier, plusieurs

Fig. 164. — Glacier d'Aletsch, vu de l'Eggischhorn.

cirques distincts réunissent plusieurs glaciers dans une seule vallée d'écoulement, comme plusieurs rivières qui se réunissent en un fleuve.

Or, au confluent de deux glaciers, les deux moraines latérales qui aboutissent à l'angle intérieur de ce confluent doivent mêler leurs amas de débris, qui continuent, en effet, à cheminer sur le dos du glacier, confondus en une seule longue traînée, que l'on nomme *moraine médiane*. Les glaciers ne mêlent pas leurs glaces comme les fleuves mêlent leurs eaux; ils s'aplatissent l'un contre l'autre, et gardent chacun leur part de surface libre, qui peut, jusqu'à un certain point, servir de mesure à leur importance. Autant un glacier recevra d'affluents comparables à lui, autant il aura de moraines médianes cheminant parallèlement à ses rives.

Ainsi le grand glacier d'Aletsch, le plus long des Alpes et de toute l'Europe, et celui qui a le névé le plus étendu, porte dans sa partie supérieure, celle qu'on domine du célèbre point de vue d'Eggischhorn (fig. 164), quatre moraines médianes principales indiquant que le névé doit provenir de cinq cirques distincts. Le petit glacier d'Aletsch, que l'on voit descendre des flancs de la vallée, à gauche de la figure, et plus bas, un autre affluent encore, porteront ce nombre à six. Plus riche encore en moraines médianes est le grand glacier de Zermatt, ou de Gœrner, au pied du mont Rose, formé de la réunion en une seule vallée de neuf glaciers différents, descendant de tous les cirques compris entre les hauts sommets de la montagne. Sur celui-là on compte huit moraines, avant la belle cataracte d'aiguilles qui le termine.

Le beau glacier de l'Aar (Unteraar), dans les Alpes bernoises, formé de la réunion de deux glaciers presque égaux, celui du Finsteraar et celui de Lauteraar, n'a qu'une moraine médiane; mais elle est énorme, et partage le glacier en deux parties presque égales. Cette moraine est célèbre dans l'histoire des glaciers; car c'est sous une de ses dalles gigantesques qu'un courageux et célèbre naturaliste suisse, M. Agassiz, s'était taillé dans la glace un réduit où il passa trois étés consécutifs avec quelques savants, ses amis et compatriotes, et qui fut nommé plaisamment *l'hôtel des Neuchâtelois*.

La mer de Glace semble n'avoir qu'une seule et puissante moraine médiane; en réalité, il y en a au moins trois (voir la carte fig. 165); mais le glacier de Talèfre, qui fait au-dessous du Jardin une magnifique cascade d'aiguilles très longue et très

Fig. 165. — Carte du bassin neigeux de la mer de Glace.

inclinée, a éparpillé ses moraines sur toute sa surface et celle de son voisin, le glacier de Leschaux; et, comme les pentes escarpées de la ceinture de montagnes, formée par les aiguilles Verte, des Courtes, de Talèfre, de la Grande et de la Petite-Jorasse, du Géant et du Tacul, qui les entoure tous les deux, sont constituées de schistes noirs et friables, leur part de vallée est couverte de débris, et la glace y est presque invisible. En revanche, le glacier du Géant, qui vient du vaste cirque du flanc nord-ouest du mont Blanc, et qui occupe l'autre moitié de la vallée, présente partout la surface même de la glace, et fait admirer les belles nuances transparentes des crevasses qui le font ressembler à des vagues solidifiées. Cela tient à ce qu'il se trouve n'avoir à sa surface que de rares débris, épandus par la cataracte de blocs qu'il fait en sortant de son immense névé du Géant.

Les grandes cataractes de cette sorte, qu'on nomme en Savoie les *séracs*, nom d'un fromage cubique de ce pays, parce que les crevasses subdivisent souvent la masse en blocs coupés à angles droits, produisent quelquefois à cet égard un effet assez singulier, celui de *rubans de boue*.

La chute des blocs, beaucoup plus rapide pendant les deux mois de chaleurs de l'été que dans le reste de l'année, forme au pied de l'escarpement un rempart transversal en saillie, qui est emporté par la marche annuelle du glacier; ce rempart s'aplatit et redevient compact avec le temps; mais il laisse un sillon entre lui et son successeur de l'été suivant. La fusion superficielle fait glisser au fond de ce sillon tous les menus débris rocheux éparpillés sur ses deux flancs; il se forme ainsi un ruban boueux fixé et emporté par la glace; la suite de ces rubans permet de compter assez nettement les longueurs représentant l'avancement annuel, exactement comme les gros vaisseaux du printemps, dans un tronc d'arbre coupé, permettent de compter l'âge d'un arbre. Le nombre de ces couches est d'environ quarante entre les deux cataractes du Géant et du Chapeau; ce qui nous montre que la partie centrale du courant de glace met au moins quarante ans à parcourir cet espace de sept à huit kilomètres.

En descendant ainsi la vallée, les fragments rocheux emportés par le glacier, soit au milieu, soit sur les bords, finissent par arriver à peu près tous à l'endroit où il se termine. Ils sont jetés là pêle-mêle, les moraines latérales formant un promontoire appuyé à chaque flanc de la vallée, et les moraines médianes, éparpillées entre les blocs brisés qui s'entassent à la fin du glacier, venant charger assez également l'espace intermédiaire. C'est ainsi que se trouve constitué ce barrage transversal, contre lequel vient buter l'extrémité du glacier, et à travers lequel l'eau de fusion doit se créer une issue. Ce barrage est la *moraine frontale* ou *terminale*, qui renferme, chose souvent commode et précieuse, des échantillons de toutes les roches situées en amont, à la surface des flancs de la vallée entière et de tous ses vallons latéraux

Si le glacier gardait toujours la même longueur dans un très grand nombre d'années consécutives, l'accumulation sur un même point de tous les matériaux qu'il amène finirait par constituer une véritable montagne en travers de la vallée. Mais le point définitif de fusion dépendant de la quantité de glace amenée, c'est-à-dire du rapport entre la chute des neiges et leur fusion, la glace, dans les années qui ont à la fois l'hiver sec et l'été chaud, est entièrement fondue avant d'arriver au bout, et le glacier recule, abandonnant le barrage de sa moraine, et éparpillant ce qu'il apporte sur l'espace peu à peu découvert. C'est ce qui est arrivé, dans ces vingt dernières années, aux glaciers de la vallée de Chamounix, à celui de Rosenlauï, dans les Alpes bernoises, et à plusieurs autres.

Si, au contraire, il se trouve un certain nombre d'années consécutives où l'hiver étant doux et neigeux, l'été pluvieux et humide, la neige devient très abondante et la fusion moins rapide, le glacier épaissi amènera contre sa moraine des glaces qui, s'accumulant sans fondre, pousseront devant elles la moraine, la renverseront et l'étaleront sous elles; le glacier avancera dans les régions cultivées de la vallée, raclant devant lui la terre végétale, soulevant et retournant les gazons, renversant les arbres et les maisons par la chute de ses blocs de glace et de rocher, puis poussant leurs débris mélangés à sa moraine d'un mouvement insensible, tant il est lent, mais irrésistible. C'est ainsi que le grand glacier du mont Rose s'est avancé, depuis soixante ans, de plus d'un kilomètre vers Zermatt, détruisant de beaux pâturages et de nombreux chalets.

Cette progression des glaciers n'est pas une question de froid, c'est surtout une question d'humidité. Le résultat paraît très varié et tout à fait local. On ne pourrait guère dire en ce moment s'il y a réellement, pour l'ensemble, augmentation ou diminution. Les montagnards des Alpes ont un dicton prétendant que les glaciers avancent pendant sept ans, puis reculent pendant sept ans. Le dicton prouve au moins que nous sommes dans une période d'équilibre sous ce rapport. Nous savons déjà qu'il n'en a pas été toujours ainsi, et que les glaciers ont eu, à une époque remarquable par l'humidité qu'avait alors notre climat, une extension prodigieuse.

Nous comprenons facilement maintenant comment on peut reconnaître avec certitude qu'une vallée a été occupée par un glacier, et quelles ont été les dimensions de ce glacier. D'abord on reconnaît aisément une moraine terminale : c'est un monticule entièrement formé de débris de dimensions très diverses, appartenant à toutes les roches que l'on trouve sur les flancs escarpés de la vallée en la remontant, et dont chaque fragment a les formes anguleuses et irrégulières d'une pierre qui n'est tombée qu'une fois, et qui a été transportée très loin sans être roulée. Des amas formés par les courants diluviens seraient, au contraire, composés de cailloux roulés, et auraient un aspect tout différent.

Une trace de glaciers, bien facile à reconnaître, ce sont les *roches moutonnées* et *striées*. Le glacier enchâsse dans sa masse, de chaque côté et contre son fond, des morceaux de pierre dure tombés entre lui et les roches latérales, ou dans les crevasses qui le traversent. Ces pierres, ainsi fixées, cheminent avec le glacier, exerçant un frottement puissant contre les roches qui l'encaissent, enlevant les aspérités, arrondissant les angles, de manière à leur donner cet aspect que Saussure compare à celui des troupeaux de moutons accroupis (fig. 166). Le poli de ces roches, frottées ainsi pendant des siècles, est très grand, souvent assez pour qu'il soit dangereux, même bien longtemps après que le glacier les a abandonnées, de marcher dessus si elles sont en pente. On risque fort, dans ce cas, comme dit Töppfer, de « continuer de sa personne le frottement des glaciers disparus ».

Mais ce poli n'est pas pareil à celui que produirait le roulement dans un torrent; il est formé par de petites stries parallèles, avec des raies plus profondes de place en place; il est impossible, lorsqu'on le rencontre sur les deux rives d'une vallée, dans toute sa longueur, jusqu'à une hauteur déterminée, régulièrement descendante, et dans la vallée, sur les roches du fond, sur des cailloux épars le plus souvent striés eux-mêmes, jusqu'à un barrage, dont la terre est remplie de débris multicolores, il est impossible de ne pas en conclure qu'il y a eu là un glacier.

Fig. 166. — Roches moutonnées près du lac du Grimsel.

Comme nous l'avons dit dans le chap. VII, c'est ce que l'on a trouvé dans toutes les vallées non seulement des Alpes, mais de montagnes qui n'ont plus de glaciers, comme le Jura, les Vosges, le Cantal, le mont Dore, les Pyrénées et bien d'autres.

Il n'est pas besoin, pour exprimer ce résultat, de supposer un refroidissement bien notable du climat; il suffit d'une augmentation considérable d'humidité. Nous savons que les glaciers descendent d'autant plus bas et d'autant plus vite, qu'ils sont plus épais. Déjà aujourd'hui certains grands glaciers descendent presque au niveau du fond de la grande vallée où va déboucher la leur. C'est le cas des glaciers du mont Blanc; la mer de Glace, à la grotte de l'Arveyron (voir la carte), se trouve descendue à 1125^m d'altitude. Le glacier des Bossons, plus petit, mais d'une inclinaison plus rapide, descend à 1100^m, et le glacier de la Brenva, sur le flanc opposé, descend à 1150^m. Celui qui descend le plus bas, dans les Alpes, est le glacier inférieur de Grindelwald, à la fois épais et rapide, qui descend jusqu'à 985^m, au niveau du fond de la vallée.

Les Pyrénées n'ont que de petits glaciers insignifiants, pour ainsi dire réduits à leurs névés, et qui sont bien loin d'être aussi grands qu'ils seraient dans les Alpes pour la même hauteur de montagne. Ce qui manque aux Pyrénées, pour avoir des glaciers, c'est tout simplement l'humidité, c'est-à-dire la neige; le climat est bien plus sec que celui des Alpes; à peine reste-t-il quelques flaques neigeuses sur les hauts sommets dépassant 2800^m. On trouve en tout quatre régions dont les amas neigeux méritent le nom de glaciers, mais de glaciers de sommets, glaciers du second ordre, comme les appelle Saussure, dans le genre de ceux qui sont désignés sur notre carte du mont Blanc sous le nom de glaciers des Nantillons, de Blaitière, des Pèlerins, etc. Ces glaciers des Pyrénées sont ceux du mont Perdu, du Vignemale, de Crabioule et de la Maladetta; ils descendent tout au plus de 3 à 400^m au-dessous de la ligne de fusion des neiges. Celui du Vignemale seul prend à sa base la forme d'un fleuve, et descend à 2200^m d'altitude.

Les monts Dofrines ou Scandinaves, quoique bien moins élevés que les Pyrénées, ont de vrais glaciers. Toutefois ils ne sont pas aussi beaux et aussi étendus que ceux des Alpes. Ils sont abondants, surtout vers le nord, parce qu'ils peuvent descendre jusqu'à 400 ou 500^m d'altitude.

Sous ce rapport, les terres polaires sont naturellement plus favorisées encore. Elles sont couvertes de glaciers qui viennent jusqu'à la mer; les plus grosses montagnes de glaces flottantes en sont des morceaux détachés.

L'Oural, quoique très septentrional, n'a pas de glaciers, parce qu'il lui manque l'humidité. L'hiver y est froid, mais sec, et l'été assez chaud pour fondre toute la neige. Le Caucase a quelques beaux glaciers, mais moindres que ceux des Alpes, toujours pour la même cause.

Hors d'Europe, on peut observer ce fait remarquable que les montagnes Rocheuses et les Cordillères d'Amérique, malgré leur hauteur colossale, n'ont pas un glacier depuis la Colombia jusqu'au milieu du Chili. En revanche la Patagonie en a qui viennent jusqu'au niveau de la mer. Or elle a la même latitude que la France, mais dans l'hémisphère opposé, dont c'est en ce moment la période glaciaire. La Nouvelle-Zélande, dans ce même hémisphère, nous offre aussi de magnifiques glaciers descendant bien plus bas que les nôtres, quoiqu'à une moindre latitude.

Il n'y a vraiment qu'un seul massif montagneux, en dehors des régions polaires, qui contienne des glaciers plus grands et plus beaux que ceux des Alpes, c'est le plateau central asiatique. L'Himalaya et le Karakorum, surtout dans leur flanc méridional (parce que, tout en étant plus chaud, il est beaucoup plus humide), renferment de splendides fleuves de glace issus d'immenses névés; leurs dimensions sont naturellement en proportion avec celles de la montagne; leur superficie se compte par centaines de kilomètres carrés. Le plus grand glacier du monde (toujours en dehors des régions polaires) paraît être celui de Biafo, dans le Karakorum, qui atteint près de soixante kilomètres de longueur, tandis que notre glacier d'Aletsch n'en a que vingt-quatre.

Mais les Indes et le Thibet sont loin, et les Alpes sont à notre porte; les grands massifs neigeux de cette dernière chaîne ont tous une magnifique couronne de beaux glaciers du premier ordre. Il y en a trois principaux chez chacune des trois nations qui se partagent la chaîne : les massifs autrichiens du Glockner, de l'Orteler et de l'Œtzthal; les massifs suisses de la Bernina, des Alpes bernoises et du mont Rose; enfin nos trois massifs français; car nous sommes aussi riches que les nations voisines; mais nous ne connaissons pas notre pays.

L'un de nos trois massifs, il est vrai, est bien connu et visité : c'est celui du mont Blanc; toutefois il ne nous appartenait pas quand il est devenu célèbre. Les deux autres, celui de la Savoie méridionale et celui du Dauphiné, ne sont pas moins grandioses et moins riches en glaces; mais ils sont loin encore d'être aussi connus qu'ils le méritent, et, en attendant, bien des Français ignorent qu'ils ont chez eux ce qu'ils vont chercher bien loin.

Sur les flancs des splendides sommets du cirque montagneux de l'Oisans, par exemple, sont des glaciers aussi beaux, aussi étendus, aussi pittoresques que ceux des vallées de Grindelwald ou de Chamounix.

Les cinq ou six glaciers qui flanquent, au nord, l'arête géante dominée par la Meeje, surtout celui du Mont-de-Lans; ceux de la Selle, de la Pilatte, de l'Être, et tant d'autres qui garnissent les flancs du profond entonnoir creusé au centre du massif; ceux du mont Olan, d'Ailefroide, et enfin les deux magnifiques fleuves glacés qui étreignent la Barre-des-Écrins, en face du Pelvoux, le glacier Noir et le glacier Blanc, étaient encore, il y a cinq à six ans, inconnus même de la plupart de leurs voisins, les Dauphinois de Grenoble, de Gap et de Briançon, auxquels les livres en usage ne parlent que de la Suisse et des bords du Rhin.

Mais ce massif du Pelvoux commence à devenir célèbre en France, grâce au club Alpin et à ses Annuaires : il est juste de dire toutefois qu'il a été popularisé d'abord par l'intéressante traduction publiée par Joanne des *Escalades* du grimpeur anglais Whymper, qui a fait là ses premières armes, attiré par un récit d'une excursion accomplie jadis dans ces mêmes montagnes par son compatriote Forbes.

Ainsi ce sont des Anglais qui ont les premiers fait connaître ces merveilles de notre sol! Il a fallu, pour nous révéler plus d'un des admirables spectacles fréquents dans notre patrie, qu'une invasion de touristes étrangers vînt réveiller notre apathie, et nous ouvrir les yeux sur notre ignorance. Nous pouvons croire que le temps où il en était ainsi est bien passé : nous voyons déjà que la renaissance de l'enseignement géographique en France va donner l'élan à l'étude de tout ce que notre sol renferme de beautés, aussi bien que de tout ce qu'il renferme de richesses.

CHAPITRE XIV

LA VIE DANS LES MONTAGNES

I'

LES VÉGÉTAUX DES MONTAGNES

> Monts gelés et fleuris, trône des deux saisons,
> Dont le front est de glace et les pieds de gazons.
>
> ALFRED DE VIGNY.
>
> Toute la vallée était tendue des mêmes rideaux mobiles de feuillage, de mousse, de végétation ; nous ne pouvions retenir une exclamation à chaque pas ; je ne me souviens pas d'avoir jamais vu tant de vie dans la nature, accumulée et débordant dans un si petit espace.
>
> LAMARTINE.

Si les montagnes présentent à un haut degré d'activité le mouvement général de circulation et de renouvellement qui a fait comparer le globe à un être vivant, il y a lieu de croire qu'elles fourniront abondamment les éléments de ce mouvement vital aux êtres organisés qui peuplent leur surface.

Toutefois les végétaux, les animaux, les hommes même, qui vivent dans les montagnes, doivent aux conditions de vie qui leur y sont faites des caractères bien différents de ceux de leurs congénères des plaines. Il nous reste, pour terminer l'esquisse générale de l'histoire des montagnes, qui est l'objet de ce livre, à faire comprendre le genre d'influence qu'elles ont exercé sur la vie de leurs habitants.

Cette influence peut se résumer en quelques mots : plus de difficultés, plus de luttes, plus d'accidents; mais aussi plus de réaction, plus de renouvellement, plus d'activité. La vie n'est possible que pour tout ce qui est robuste, patient, vivace; tout ce qui est faible, imprudent, délicat, doit disparaître. Ce qui reste, fortifié par les épreuves, ne perd pas un instant pour profiter de la bonne saison, après avoir attendu la fin de la mauvaise. Cette remarquable vitalité des espèces montagneuses, quand elle est favorisée par les soins ingénieux de l'homme, peut rendre à la longue les hautes régions vraiment fertiles et prospères.

La montagne, sous la main de l'homme intelligent et libre, devient la patrie du travail et de la résistance, c'est-à-dire de la santé et de la force; tandis que, livrée à l'homme abruti par le matérialisme ou la servitude, elle devient le siège de la décadence, de la misère et de la ruine, le plus irrémédiable et le plus affreux des déserts.

Les caractères spéciaux de la végétation des montagnes tiennent surtout à la rigueur du climat, qui se refroidit à mesure que l'on s'élève. Nous avons déjà dit, p. 406, que l'ascension d'une haute montagne peut donner en quelques heures une idée des différents climats qu'on rencontre en s'avançant vers les pôles.

C'est une des choses les plus surprenantes pour qui voit la première fois les montagnes, que ce changement radical qui s'opère dans l'aspect de la végétation au bout d'une montée d'une à deux heures.

Au commencement de l'ascension, on a encore les plantes de la plaine, les vignes, les vergers avec leurs fruits mûrissants, et cela jusqu'à six à sept cents mètres d'altitude, surtout sur les versants exposés au midi.

Mais à partir de cette altitude, qui nous a fourni la limite entre les collines et les montagnes, apparaissent en plus grande quantité les espèces plus résistantes au froid, tandis que celles qui sont plus délicates disparaissent les unes après les autres. Ainsi dans les Alpes du Valais la vigne disparaît vers 600ᵐ, le noyer et le prunier vers 800ᵐ, le pommier, l'oignon et le sarrasin à 1000ᵐ, le cerisier et le froment à 1200ᵐ ; il ne reste plus guère de grands végétaux à cette hauteur que les arbres des forêts. Nous avons déjà fait remarquer qu'il est si naturel à la montagne de porter des forêts, que le mot allemand *Wald* ajoute habituellement la signification de pays montagneux à celle de pays forestier.

On arrivera donc bientôt à cette région forestière proprement dite en s'éloignant de la région basse, formée par le fond des vallées et les pentes inférieures des montagnes, région défrichée par l'homme, couverte de ses habitations et de ses cultures, région où les forêts, s'il en reste, sont habituellement déshonorées ou dépouillées par les spéculateurs ou les maraudeurs de toutes sortes, et ne peuvent donner l'idée de ce qu'est la vraie forêt, la forêt solitaire et profonde des montagnes.

« Celle-ci, dit Tschudi[1], est surtout pittoresque dans les endroits où la montagne se précipite hardiment, par-dessus de gigantesques murailles de rochers, pour descendre vers la plaine en gorges profondes. Là, jusqu'à sa lisière supérieure, la forêt couronne de taillis plus clairs le sommet des rochers ; elle jette ses arceaux sur les encaissements étroits et profonds des ruisseaux ; elle encadre de ses broussailles les éboulis de cailloux, et étend ses longs et vastes bras au travers des verts pâturages, jusqu'aux lignes grisâtres des crêtes de la montagne. »

Pendant plusieurs heures, on peut suivre un sentier montant sans sortir de ses immenses colonnades : « Des sapins et des mélèzes énormes y dressent par milliers leurs troncs desséchés ; les lianes les enlacent comme dans les forêts primitives des tropiques ; les ronces, les rosiers, les clématites, y forment d'impénétrables fourrés que jamais n'entama la hache du bûcheron ;

---

[1] *Le Monde des Alpes*, de Tschudi, dont nous citons la traduction française par O. Bourrit, est un admirable ouvrage devenu classique dans tous les pays de langue allemande : il traite longuement surtout des animaux de la montagne, sujet que nous n'avons pu qu'effleurer ici.

Nous avons aussi emprunté quelques citations à deux autres remarquables ouvrages parus en Suisse : *les Alpes*, descriptions et récits, par Berlepsch, et *les Alpes suisses*, par E. Rambert.

les fraisiers poussent des jets d'un pied et demi sur le riche humus de ces débris décomposés ; de jeunes tiges s'élancent partout avec vigueur de ces cadavres vermoulus d'arbres cinq ou six fois centenaires (fig. 167), et les lichens suspendent leur longue chevelure verte à ces branchages confus. »

Les voix et les bruits de cette forêt sont tout autres qu'au voisinage des habitations humaines. Des milliers d'oiseaux nichent dans les broussailles et dans les grands arbres; ils saluent d'un concert de gazouillements et de chants mélodieux le lever et le coucher du soleil. Le pic frappe à grands coups l'écorce des arbres pour en faire sortir les insectes ; la marte poursuit l'écureuil en sautant d'arbre en arbre ; les jeunes lièvres gambadent dans les myrtilles des clairières, et le coq de bruyère y prend ses ébats, pendant que sous le sombre abri des vieux sapins, des troncs renversés et des ronces épaisses, le renard se glisse à pas silencieux, et le chat sauvage immobile épie sa proie.

Fig. 167. — Forêt en montagne.

En continuant à monter, l'on dépasse bientôt la région forestière, et l'on arrive dans la région des gazons, « dans la région, dit Tschudi, de ces admirables pâturages, de ces prairies alpines rases, serrées, d'un vert foncé, émaillées de fleurs, dans lesquelles des milliers de troupeaux passent leur été ; de ces pentes gazonnées exposées à un brillant soleil, où retentissent les *jodel* des bergers et le bruit des sonnailles, où le chamois se rencontre avec la chèvre, où la marmotte dans ses ébats fait partir la perdrix des neiges, où le læmmergeier enlève le lièvre des Alpes de ses redoutables serres. Mais à côté de ces pâturages aromatiques s'étendent de vastes éboulis et d'immenses lapiaz ; au-dessus et au-dessous se dressent des parois de rochers de plusieurs milliers de pieds de hauteur, dont les hardies terrasses atteignent jusqu'aux grands sommets. Des courants d'une eau glacée descendent avec bruit dans leurs lits profondément ravinés, et les glaciers, avec une puissance infernale, poussent leurs froides masses jusqu'au milieu des plus verts plateaux. Nulle part la nature n'a dessiné de plus vigoureux contrastes ; nulle part elle ne s'enveloppe de plus gracieux ornements et de plus sombres horreurs ; nulle part l'homme ne passe aussi rapidement du sentiment d'une douce paix à celui d'un soudain effroi ; nulle part il ne tourne ses regards avec autant d'humilité vers la main du Dieu créateur. »

Si cependant, s'armant de courage, on monte encore une heure ou deux, on finit par arriver à la région des neiges perpétuelles. C'est là qu'au-dessus « des dernières terrasses de gazon utilisées se dressent, éternellement majestueuses et libres, les cimes des hautes Alpes, inaccessible retraite d'une puissance étrangère, primitive et indomptable. Froides et fières, elles se refusent au service de l'homme. Le maître intelligent de la terre se trouve étranger au milieu d'elles. L'esprit, malgré toute sa vigueur, voit sa fragile enveloppe se briser contre le colossal obstacle de la matière ; la chaude haleine de la vie lutte péniblement contre le froid, contre la tempête, contre les forces écrasantes de la nature ; territoire libre, étrange, merveilleux, au milieu de pays florissants et peuplés ».

Cependant de ces régions désolées la vie n'est pas complètement absente au milieu des hauts névés des glaciers ; sur des plateaux abrités et bien exposés au soleil, ou sur des coupoles isolées au milieu de ravins neigeux, on trouve des surfaces qui se découvrent seulement pendant un ou deux mois de l'été, et pour qui très peu de jours suffisent à se garnir de ces plantes singulièrement vivaces et robustes qui sont propres aux hautes montagnes.

« N'est-ce pas un charmant tableau, dit Tschudi, que celui de ce tapis verdoyant formé de plantes basses, mais couvert de fleurs du plus brillant éclat, qui se déroule le long des pentes éclairées du soleil? Au-dessus, des rochers nus dont les sommets, parsemés de taches légères de neige, semblent défier les cieux; au-dessous, des gorges profondes et des déserts de ruines; d'un côté, des champs sans fin de névés qui montent jusqu'aux plus hautes cimes; de l'autre, d'immenses mers de glace aux reflets bleuâtres, d'une épaisseur de plusieurs centaines de pieds, qui transportent leurs débris et leurs blocs jusqu'au bas de la vallée. La neige couvre cette oasis, le rocher lui lance ses débris détachés par le dégel, le névé lui envoie ses avalanches et ses torrents; le glacier qui ouvre en grondant ses puissantes crevasses, les éclairs et la foudre du ciel, les puissances de l'air et celles de la terre qui semblent se donner la main pour la détruire, tout conspire contre sa paix; mais, inébranlable dans sa fidélité, pleine d'espoir et de confiance, la plante alpine élève paisiblement sa tige dans l'air embaumé, à la rencontre de la lumière et du soleil, comme un cœur brisé cherche au fort de sa détresse le regard de son Dieu. »

Le grand glacier du mont Blanc, que représente la carte p. 520, renferme dans son affluent septentrional, le glacier de Talèfre, une des plus remarquables îles de verdure que contiennent les régions neigeuses des Alpes : elle est connue sous le nom de *Jardin* de la mer de glace. Son altitude, il est vrai, n'est que de 2800^m. C'est, parmi les plus accessibles, un des points des grandes Alpes les plus propres à bien montrer la nature spéciale de cette végétation si rapide et si belle des grandes hauteurs.

Toutes les plantes, dans les hautes régions, sont d'une taille bien moindre et d'un port plus ramassé qu'elles ne seraient dans la région des pâturages. Les caractères généraux de la vie végétale dans les montagnes se trouvent accentués d'une manière extrême. La terre, réchauffée énergiquement par les rayons plus ardents du soleil, donne plus de chaleur vitale aux racines des plantes, tandis que l'intensité beaucoup plus grande de la lumière donne une activité beaucoup plus considérable aux fonctions des feuilles, des bourgeons et des fleurs. Les rapports habituels entre la chaleur du sol et celle de l'air se trouvent renversés. C'est le sol qui est chaud et l'air qui est frais, tout au contraire de la plaine. Voilà pourquoi les branches, au lieu de tendre à s'élever comme chez nos plantes, semblent, en se reployant vers la terre à chaque atteinte du froid, y revenir chercher la chaleur maternelle.

D'un autre côté, la diminution de la pression atmosphérique rend beaucoup plus rapide l'évaporation par les feuilles, et par suite la circulation de la sève et la nutrition. Le développement hâtif qui en est la conséquence serait bien plus étonnant encore s'il n'était pas interrompu chaque jour par les revirements du froid, les vents glacés et les averses de neige qui succèdent brusquement au beau temps dans ces hautes régions, même dans la saison la plus chaude.

Un botaniste éminent, M. Ch. Martins, a étudié comparativement les espèces végétales des montagnes neigeuses et celles de la Laponie et du Spitzberg. Le résultat est qu'environ la moitié des espèces habitant les contrées arctiques se retrouvent parmi les espèces alpines. Mais un grand nombre, comme on le sait, sont propres à la montagne; ce qui prouve, d'un côté, que l'influence de la température domine, et a conservé les espèces qui peuplaient tout le nord de l'Europe à l'époque glaciaire, mais aussi que l'échauffement du sol, l'abondance de la lumière, la circulation vitale plus rapide, tant sous le rapport de l'eau que sous celui de la chaleur, enfin les temps d'arrêt de la vie plus fréquents et les variations de température plus fortes, sont des conditions spéciales d'existence qui ont donné lieu à des formes spéciales; la science nous apprendra plus tard si ce sont des espèces ou des variétés.

Cet aspect particulier de la nature végétale dans les montagnes se retrouve d'ailleurs à un certain degré dans les régions d'une altitude moyenne : s'il n'y a pas de plantes qui ne puissent absolument vivre ailleurs qu'à certaines altitudes montagneuses, il y en a positivement qui se plaisent à la montagne, et n'atteignent que là tout leur développement et toute leur beauté.

Ce n'est qu'à force de soins intelligents que nous faisons prospérer, dans nos parcs et nos jardins botaniques, le cèdre du Liban (fig. 168) qui couvrait jadis ces montagnes, et qu'aujour-

Fig. 168. — Cèdre du Liban.

d'hui la barbarie et l'inintelligence de leurs habitants laissent dépérir; le quinquina des Andes du Pérou, qui demandera de grands efforts pour être conservé à la médecine, ou le gigantesque sequoia de Californie, qui ne paraît pas devoir chez nous atteindre comme là-bas la taille de la flèche de Strasbourg.

Dans nos climats, nombreux sont les arbres qui préfèrent la montagne à la plaine, et n'atteignent qu'à une certaine altitude tout leur développement. L'érable sycomore, l'arbre favori des montagnards suisses, qui en abritent souvent leurs chalets ou en décorent leurs places publiques, le pin sylvestre et le pin de Corse, et bien d'autres, ne sont jamais aussi beaux, aussi robustes et aussi abondants que sur les flancs des montagnes.

Fig. 169. — Châtaignier.

Le chêne fait exception sous ce rapport; quoiqu'on en rencontre quelquefois, à 6 à 700^m d'altitude, des individus superbes, on remarque que, dans les Alpes au moins, il laisse prendre sa place par d'autres.

Le châtaignier (fig. 169), qui forme de si admirables forêts sur le versant italien des Alpes, le remplace et acquiert dans les montagnes à sol siliceux le plus magnifique aspect. « Ses branches, dit Berlepsch, commencent à une assez grande hauteur et s'étendent vigoureusement en lignes écartées; elles dominent les arbres voisins et étendent sur eux un épais manteau de feuillage, aussi compact que celui des groupes de conifères, et qui procure un abri d'une délicieuse fraîcheur pendant les mois les plus chauds. » C'est ce dont on a grand besoin dans les petites vallées méridionales des Alpes.

Les deux arbres par excellence des forêts de montagnes sont le *hêtre* pour les parties basses, et le *sapin* pour les parties hautes. Ces deux arbres, du reste, s'associent volontiers : on les rencontre ensemble dans la région moyenne de toutes les montagnes d'Europe, de l'Apennin à la Norwège. « Le tronc du hêtre, dit Tschudi, élancé, clair, lisse, s'élève volontiers comme un fût de colonne, ne trahissant que par de vigoureuses nodosités la consistance de ses fibres ligneuses. La charpente abondante, tout à la fois solide et légère, quoique un peu raide, de sa coupole transparente de feuillage, semble s'offrir gracieusement elle-même aux ébats des oiseaux chanteurs de la forêt. Le hêtre, en tant que représentant principal des arbres à feuilles caduques, est comme le thermomètre des saisons. L'épanouissement de ses bourgeons, le développement de ses amples masses de feuillage, les changements variés et successifs de ses teintes, enfin le triste dépouillement de ses rameaux accompagnent pas à pas la marche de l'année, et parlent bien plus à l'imagination et à l'esprit observateur de l'habitant des montagnes que la verdure uniforme et constante du sapin. »

Celui-ci, par sa teinte sombre, donne aux pentes montagneuses un aspect sévère et même triste. Ses rameaux entrelacés forment souvent un enchevêtrement si serré, que les rayons solaires ne percent plus leur épaisseur, et que la mousse même ne peut plus croître à leur ombre. Le sol n'y est couvert que de la couche élastique et glissante formée par l'accumulation de leurs petites feuilles. Le sapin, par sa croissance verticale, est plus que tout autre l'arbre des longues pentes abruptes, où des rameaux latéraux seraient gênés dans leur développement, où il faut que les arbres s'appuient l'un sur l'autre pour résister à l'avalanche ou à la tourmente. Dans les forêts de sapins, dans l'uniforme dentelure dont elles revêtent les arêtes et les talus de montagne, « l'individu, dit Rambert, se perd dans la masse comme un brin d'herbe dans une prairie ou un soldat dans un régiment ; les nécessités d'une lutte en commun ont imprimé à la race entière un instinct d'ordre et de discipline. »

Les forêts mises au ban, protectrices des vallées contre les avalanches, sont surtout formées de sapins ; leurs vieux troncs pourris s'accumulent en désordre, s'ensevelissant sous des montagnes de mousses, qui absorbent la pluie comme des éponges, retiennent la neige et fixent le sol, formant au bas des pentes des sources toujours limpides et jamais de torrents.

« Le sapin, dit Rambert, est un trésor sans prix. Oter le sapin aux Alpes, c'est à peu près comme si l'on ôtait le chameau au désert ou le Nil à l'Égypte. Sans lui la plupart des vallées seraient inhabitables. Malheureusement, beaucoup de montagnards n'ont pas encore compris ce que leur vaut cet arbre tutélaire, et les coupes inconsidérées qu'ils pratiquent eux-mêmes ou qu'ils permettent à la spéculation en donnent chaque jour la preuve trop évidente. »

Nous avons déjà parlé du déboisement, la plaie fatale des pays de montagnes ; il a créé les déserts pétrés de l'Orient, de l'Atlas, de l'Espagne ; chez nous, des basses Alpes et des Cévennes ; si l'on n'y mettait ordre, il ne lui faudrait qu'un ou deux siècles pour ruiner l'Europe en la privant d'eau. La législation a le droit de veiller sur cet intérêt majeur des générations à venir ; remarquons cette union opérée presque partout des deux administrations des *eaux et forêts*. Le bon aménagement des eaux est la condition du reboisement, mais surtout la conservation des bassins boisés est la condition de l'existence des rivières.

Grâce à son intelligent code forestier et au respect de la loi, qui est dans les mœurs de ses habitants, la Suisse est et restera la partie la plus riche et la plus florissante des Alpes ; quand les autres pays auront brûlé leur charbon, elle aura toujours la force gratuite de ses eaux courantes, que ses forêts autant que ses glaces ne laissent jamais tarir.

Mais elle-même a eu jadis beaucoup à se reprocher à cet égard ; si leurs *Bannwalder* ont toujours été protégées par un respect presque superstitieux, les forêts qui n'ont pas eu les honneurs du ban ont été bien souvent l'objet de déprédations sauvages et de dilapidations insensées. La limite supérieure des arbres, depuis trois siècles, s'est toujours abaissée dans les Alpes. On a dit que les forêts disparaissaient parce que les glaciers avançaient ; il faut dire, au contraire, que les glaciers ont avancé parce que les forêts ont disparu.

Peut-être sont-ils les restes d'anciennes forêts, ces antiques sapins isolés qu'on nomme *sapins d'orage* (Wetterlanne) ou *gogants*. « Leurs branches, dit Tschudi, qui s'inclinent en avant comme pour offrir un asile sous leur ombrage, commencent déjà à six ou huit pieds au-dessus du sol, et forment jusqu'au sommet une belle pyramide compacte d'un vert foncé. De partout on voit pendre à leurs pesantes branches de longues barbes de lichens de plusieurs pieds, d'un vert de mer, dernière ressource des chamois dans les hivers prolongés ; leur cime est souvent brisée et leur tronc déchiré par la foudre ; mais les rameaux se relèvent d'eux-mêmes comme de jeunes arbres autour de la mère-souche décomposée. Les chèvres, les moutons, les vaches, les lièvres, les perdrix et les hommes y viennent tour à tour chercher un abri contre les giboulées de pluie ou les rafales de neige... Il n'est pas rare de rencontrer des gogants de cent à trois cents pieds de hauteur, et de quatre à cinq pieds de diamètre à deux pieds au-dessus du sol. Ces arbres sont de la part du peuple l'objet d'un respect religieux, et, dans plusieurs montagnes, sont mis sous la protection expresse de la loi. »

Deux arbres, abondants surtout dans l'Engadine, où ils forment des forêts, montent plus haut encore que ces derniers sapins : ce sont le mélèze et l'arolle, deux amis qui reproduisent à un niveau plus élevé l'effet d'association qu'offrent plus bas le hêtre et sapin.

Le mélèze, qui est en été le plus gai des arbres résineux, grâce à son feuillage tendre et clair, perd ses feuilles en hiver, ce qui lui permet de mieux résister à la neige ; mais son port ordinaire se modifie dans ces hauteurs glacées ; son tronc devient ramassé, tordu, noueux, résistant au vent, ne laissant remuer que ses petites branches élastiques et son léger feuillage.

L'arolle, alvier ou pin cembro, est le dernier végétal que l'on trouve sous forme de grand arbre en s'élevant dans les hautes régions ; lui seul mûrit son fruit à côté des glaciers, jusqu'à 2500^m d'altitude. Il pousse avec une lenteur extrême ; en cent ans il atteint à peine la grosseur du bras. On en a abattu qui avaient 1^m 50 de diamètre et plus de mille ans d'âge. Malheureusement pour lui son bois est tendre, et les bergers y taillent trop facilement ces animaux sculptés que nous vendent les marchands de jouets. Ce bois, rouge et parfumé, brave les plus furieuses tempêtes et les climats les plus sauvages. Le tronc a des formes athlétiques; les rameaux sont fièrement dressés; les aiguilles sont longues, sombres, attachées cinq par cinq dans la même gaine; les cônes sont ronds, noirs, compacts, couverts d'un enduit résineux, et mettent des années à mûrir; le feuillage s'arrondit en dôme au sommet; le port général de l'arbre lui a fait mériter le nom de *cèdre des Alpes*.

Malheureusement l'arolle est rare; à ces hauteurs on ne trouve ordinairement, comme dernier vestige de la végétation arborescente, que des espèces rabougries, dont les deux plus remarquables sont le bouleau vert ou aune des Alpes, et surtout le *pin nain*, qui monte jusqu'à la limite des neiges perpétuelles, et s'accroche au rocher partout où une fissure peut offrir un peu de terre à ses racines. « Il rampe, dit Berlepsch, comme un ver sur le sol, se traînant péniblement, et cependant, doué d'une force vitale extraordinaire, il semble vouloir triompher de ce sol ingrat. C'est le parfait contraste du fier sapin, l'emblème de la puissance. »

Quoique nous n'ayons pas l'intention d'entrer ici dans des questions de botanique, nous devons dire un mot de l'admirable variété de plantes remarquables, soit par leurs formes charmantes ou singulières, soit par leurs riches couleurs ou leurs parfums aromatiques, qui frappe les yeux de tout homme qui a vu de près une seule fois les gazons de montagne.

Il faut distinguer ici au moins deux étages de pâturages montagneux; l'étage inférieur, avec un avantage notable sous le rapport de la lumière, du parfum et de la variété, rappelle les prairies des plaines fertiles. A la fin de juin leurs hautes herbes, leurs sauges, leurs chrysanthèmes, etc., vous enfouiront jusqu'à la ceinture, sinon par-dessus la tête. Les pelouses de la région supérieure, au contraire, sont formées par un gazon « presque aussi court, dit Rambert, et tout aussi bien fourni que ces gazons de luxe sur lesquels on fait passer le rouleau et qu'on rase tous les dix jours. Les plantes dont il est formé sont basses; mais les corolles sont grandes, et il en est tout émaillé. On dirait des tapis et des broderies; souvent on est embarrassé de savoir où poser le pied, tant les fleurs sont serrées et le parterre épanoui.

« C'est un phénomène commun dans la flore des Alpes que ce luxe de fleurs, et tout le reste, tige et feuillage, lui est en quelque sorte sacrifié. Il semble que les plantes consacrent toutes leurs forces vitales et emploient tout le temps qui leur est donné à fleurir et à fructifier, et que les autres fonctions ne soient pour elles qu'un accessoire. »

Le nombre est inouï d'espèces que l'on peut moissonner en une courte herborisation, dans un de ces étroits vallons qui s'ouvrent au-dessus des forêts, réunissant sur un espace restreint une flaque d'eau, un ruisseau, un endroit plat puis en pente, un gazon humide puis sec, des rochers, des éboulis, peut-être une moraine de glacier, peut-être un côté calcaire et l'autre granitique (car il y a des plantes qui fuient le calcaire : l'arolle et le châtaignier sont dans ce cas parmi les arbres, et d'autres qui le cherchent). Chaque plante ayant sa station préférée, un coin perdu, un pli de terrain à peine indiqué sur les cartes pourra rassembler la moitié de toute la richesse florale des hautes Alpes.

Nous ne pouvons avoir la prétention de donner même une idée approchée de l'ensemble des plus remarquables; mais nous ne pouvons omettre celles que tout le monde remarque, par exemple le *rhododendron*, la plante alpine par excellence. « Non seulement, dit Rambert, il n'existe pas dans les plaines environnantes, mais encore on n'y voit rien qui lui ressemble. Ce n'est pas l'espèce, c'est le genre lui-même qui est alpin. Aussi le premier buisson que l'on en rencontre fait-il événement dans chaque excursion, et se voit-il bientôt dépouillé pour orner boutonnières, chapeaux et corsages... Pour les enfants des Alpes, le rhododendron c'est la patrie. N'en envoyez point à ceux qui vivent à l'étranger, car il en est comme du *ranz des vaches :* il donne le mal du pays. »

La cotonnière ou pied-de-lion (*Edelweiss*), qu'on appelle souvent immortelle des Alpes, décoration de rigueur au retour des excursions dans les hauts parages rocheux; les vingt à trente espèces de *gentianes* bleues, rouges, jaunes, panachées; les *anémones* aux couleurs plus éclatantes et plus variées encore ; la belle *paradisie* blanche, ou lis des Alpes ; les *armoises* odorantes, les *saxifrages* trapues, les jolies *androsaces*, les *myosotis* bien-aimés, les *soldanelles* lilas, les *grassettes* blanches, les *véroniques* bleues, les *auricules* jaunes, les *silènes* roses, les *orchis* bizarres, les *thyms* odorants, les *achillées*, les *seneçons*, les *potentilles*, les *violettes*, et tant d'autres, appelleront à l'envi les regards et l'attention du promeneur. Et dans cette foule de plantes presque pas de vénéneuses ; seulement l'aconit napel, le vératre blanc, quelques anémones et renoncules mal famées, c'est-à-dire des âcres, mais pas une seule narcotique ! Sauf ces quelques exceptions, toutes méritent la réputation bienfaisante qui a fait jadis la fortune du *thé suisse;* toutes toniques, balsamiques, amères ou astringentes, les simples, les réconfortants de la vieille et bonne médecine hygiénique.

Et, mêlés à ces plates-bandes de jardin botanique, seront des encadrements de ces matelas élastiques que forment avec les mousses les myrtilles, les airelles et autres bruyères, offrant au repos du voyageur des divans disposés devant les plus splendides points de vue. C'est là qu'il fera son bouquet, et que, cherchant à lui faire une couronne protectrice et un lien d'attache, il verra que l'élégance et la beauté de la végétation montagneuse s'étend jusqu'aux graminées, jusqu'à ces humbles et vulgaires plantes dont Linné a dit d'une manière si spirituelle et si juste : *Gramina plebeii, rustici, pauperes, culmacei, regni vegetabilis vim et robur constituentes, quoque magis mulctati et calcati, magis multiplicativi.* « Les gramens sont le peuple, rustique, pauvre, content de peu, mais constituant la force et la puissance du règne végétal ; plus on les tourmente et plus on les foule aux pieds, plus ils se multiplient. »

Mais ces plantes du gazon, le pain quotidien des nombreux troupeaux qui peuplent et enrichissent la montagne, nous rappellent que nous avons à parler des animaux et des caractères que leur imprime l'habitation des hauteurs.

II

LES ANIMAUX DES MONTAGNES

> Partout, avec la paix, mouvement qui l'anime,
> Des troupeaux de chamois qui volent sur l'abîme,
> Chevreuils rongeant l'écorce, écureuils dans les bois,
> Chants de milliers d'oiseaux qui confondent leurs voix,
> Vols d'insectes dorés, et bourdonnements d'ailes,
> De leurs prismes flottants semant les étincelles,
> Fleurs partout sous mes pas et parfums dans les airs :
> Voilà ce que le Ciel a fait pour ces déserts.
>
> LAMARTINE.

Les animaux ne sont pas liés au sol comme les végétaux; la facilité avec laquelle ils se déplacent, pour chercher leur proie ou fuir un danger, fait qu'il est bien difficile de les répartir suivant des zones d'altitude, et même de distinguer des espèces propres aux plaines des espèces propres aux hauteurs.

Mais il est évident que tous les animaux des montagnes en subissent l'influence, et que cette influence est analogue à celle qu'éprouvent les végétaux, savoir : plus de vitalité et plus de résistance, parce que la lutte pour l'existence est plus fréquente et plus rude.

L'air pur et vivifiant diminue les chances de maladies, si les pentes augmentent les chances d'accidents. La fécondité plus grande compense les difficultés de la vie nées de la rigueur du climat. Les faibles succombant vite, il reste les belles races et les robustes individus.

A la montagne, comme partout où règne l'homme, on peut diviser les animaux en deux groupes, celui des soumis et celui des insoumis, les animaux domestiques et les animaux sauvages. Commençons par ceux-ci.

Les animaux inférieurs ne présentent, à vrai dire, rien de bien particulier dans les pays de montagnes. La grouillante armée des petits destructeurs, chargés du grand rôle de faire disparaître tour à tour les êtres organisés et leurs débris pour faire place à d'autres et renouveler la vie, est là comme partout à son poste, sous d'innombrables séries d'innombrables formes.

Mais on remarque immédiatement que les espèces sont plus qu'ailleurs douées de cette propriété d'avoir leur vie seulement interrompue par le froid, et d'en exécuter chaque phase en plusieurs fois, ce qui peut leur donner une longévité inconnue dans la plaine. Sur ces pelouses alpines dont nous avons signalé le rapide développement au milieu des neiges, la vie animale apparaît aussitôt que la vie végétale, et les insectes éclosent en même temps que les fleurs. « Tous, dit Tschudi, passent leur hiver engourdis, les uns à l'état parfait, les autres à l'état de larves ou de nymphes. Au printemps, le premier souffle du fœhn en réveille une partie comme par enchantement; au second, d'autres en plus grand nombre renaissent à la vie; bientôt ce nombre est doublé, quadruplé, et, dans le cours d'une seule semaine chaude de printemps, on en voit des myriades sortir de leurs retraites. Dans le bas des montagnes, cette apparition des insectes a lieu graduellement selon la saison, et en suivant la série des familles; mais dans le haut, presque tous apparaissent à la fois, comme s'ils étaient pressés de mettre à profit les quelques jours d'été qui leur sont accordés. »

Les poissons et les reptiles ne doivent pas nous arrêter; ils sont relativement moins nombreux dans les montagnes que dans les pays de plaines, ce qui tient probablement au plus grand développement d'énergie des animaux supérieurs qui les détruisent.

Mais il faut dire le contraire des oiseaux, qui tiennent une place importante à la montagne, et y trouvent, dans l'abondance des forêts et dans la variété de la végétation, des conditions de prospérité que n'offre pas la plaine.

Les oiseaux ont un rôle providentiel à remplir dans les hautes régions : ils sont les protecteurs de la végétation, qui sauve la montagne, contre les classes inférieures d'animaux qui feraient disparaître à la fois les plantes et les mammifères qui s'en nourrissent.

Les Alpes, par leur situation centrale, sont, pour ainsi dire, le rendez-vous de tous les oiseaux d'Europe. On peut y rencontrer, avec leurs nombreuses espèces sédentaires, toutes les espèces voyageuses. Les populations du revers italien font de ces dernières, au moment du passage, d'effroyables massacres, qui finiront par faire un tort sensible à leur agriculture. L'hirondelle, qui partout est protégée par l'opinion publique, n'échappe pas aux filets des chasseurs tessinois ou italiens. On a dit que c'est un crime de tuer l'hirondelle; on peut dire au moins que c'est une coupable sottise.

L'hirondelle passe, mais ne s'établit pas volontiers dans les montagnes; il n'en est pas de même d'un oiseau de sa famille, qui est peut-être le meilleur voilier de l'Europe, le fameux martinet à ventre blanc; cette charmante petite bête niche dans les grandes Alpes, et on la voit souvent poursuivre les insectes jusque dans les villes de la plaine.

Un des plus célèbres oiseaux de passage est la cigogne; elle ne séjourne pas dans les Alpes, mais va s'abattre dans les hautes plaines suisses ou allemandes, où elle est toujours bien reçue, rendant toujours, comme les précédents, ses services de destructeur d'animaux nuisibles, sans les faire payer par aucun dégât.

On devrait rendre la même justice d'abord à ce travailleur forestier, qu'on nomme le pic, l'ennemi acharné des insectes qui dévorent le bois, et par conséquent le sauveur des arbres; comme aussi à tous ces petits babillards de buissons, becs-fins, roitelets, traquets, et à ces ravissants chanteurs, la fauvette, le rouge-gorge, la grive musicienne et l'incomparable rossignol. Toutes ces espèces et mille autres remplissent la montagne, et font résonner les forêts de leurs chants : bouvreuils, tarins, pinsons, chardonnerets, bruants, alouettes, bergeronnettes, mésanges, fourmillent dans tous les fourrés, tandis qu'au fond des bois se font entendre les merles, les coucous et les coqs de bruyère.

Nous devons une mention spéciale aux mangeurs de chair, qui ont un rôle important comme assainisseurs de la montagne. La famille des corbeaux y compte de nombreux représentants, notamment le premier par la taille, le grand corbeau solitaire ou corbeau de saint Benoît, gros comme une poule. Les oiseaux de proie nocturnes, hiboux et chouettes, sont aussi très nombreux; mais plus visibles sont les oiseaux de proie diurnes, comme l'épervier, la buse, la cresserelle et l'autour. Grâce à tous ces employés de la voirie de la création, le sol de la montagne est sans cesse nettoyé et purgé, ce qui n'est pas pour l'homme un petit service.

Nous clorons cette énumération par deux genres célèbres de grands rapaces, auxquels toutes les grandes montagnes d'Europe, mais surtout les Alpes, servent d'asile : ce sont les gypaètes et les aigles.

Fig. 170. — Gypaète enlevant un renard.

« Le gypaète barbu, ou læmmergeier, ou vautour des Alpes, est, dit Tschudi, le plus grand des oiseaux de proie d'Europe... Il tient le milieu d'une manière assez frappante entre l'aigle et le vautour proprement dit. Il a la couleur, le plumage, la grandeur, la voracité du premier ; mais il n'a pas son air fier et sa pose hardie. Il se rapproche du vautour par la structure de son bec, de ses pieds et de ses ongles, comparativement faibles, par la sécrétion d'une pituite fétide, par l'habitude qu'il a de ne pas emporter sa proie dans son aire, mais de la dépecer sur place, comme de s'en emparer, non par une audacieuse attaque, mais en la précipitant dans l'abîme... Ce que peut contenir l'estomac d'un gypaète est à peine croyable, et dépasse tout ce qu'on pourrait imaginer, d'après ce qu'on connaît de la voracité et de la puissance digestive des oiseaux européens du même genre. » Il digère sa proie avec les os, enlevant les petits animaux, et dévorant les gros sur place, après les avoir non pas attaqués, il est trop lâche, mais effrayés et jetés à coups d'ailes dans quelque précipice. On cite de curieux cas de défense de la part de carnassiers, ses confrères. Tschudi raconte celui-ci : « Près du Drachenloch, non loin d'Alpnach, dans le canton d'Unterwald, un gypaète (fig. 170) s'était emparé d'un renard vivant et l'emportait dans les airs. Celui-ci réussit, en allongeant le cou, à saisir son ravisseur à la gorge. Le gypaète étranglé tomba mort sur la terre, et maître Reinecke prit en boitant, mais le cœur joyeux, le chemin de son logis : il est probable qu'il n'oublia de sa vie sa périlleuse expédition aérienne. »

L'aigle royal, plus connu que le gypaète, est aussi plus répandu et plus redoutable encore. Il a presque la taille du précédent, c'est-à-dire plus d'un mètre de long sur trois d'envergure. Il n'a aucun rival pour la force dans le climat européen ; on conçoit que les anciens, qui ne connaissaient pas le gerfaut, en aient fait le roi des oiseaux. On en a vu un, au Sentis, enlever un mouton de soixante livres, et le transporter assez loin.

Le fait d'enlèvement d'enfants, qui est plusieurs fois arrivé pour le læmmergeier, est aussi constaté pour l'aigle. Voici un fait authentique que cite Tschudi : « Dans un village des Grisons, un aigle royal fondit sur un enfant de deux ans, et l'enleva. Attiré par les cris (fig. 171), le père poursuivit le ravisseur sur les rochers, et réussit à grand'peine à lui faire lâcher son pesant fardeau. L'enfant, cruellement maltraité, et dont les yeux avaient été crevés, mourut peu de jours après. Le père guetta longtemps le meurtrier, qui rôdait toujours dans la contrée, et finit par le prendre vivant au traquenard. Mais, dans sa fureur, il se jeta sur lui avec tant d'imprévoyance, que l'oiseau, avec le bec et la patte qui lui restait libre, lui fit encore de profondes blessures. Quelques voisins, accourus sur le lieu du combat, tuèrent à

Fig. 171. — L'aigle ravisseur d'enfants.

coups de bâtons l'aigle prisonnier, qu'on voit aujourd'hui empaillé à Winterthur. »

Nous voici arrivés aux mammifères. Ceux qui vivent dans la montagne à l'état sauvage sont presque uniquement des réfugiés,

Fig. 172. — Marmottes.

qui ont cherché, dans ces solitudes glacées, un asile contre la poursuite de l'homme. Mais nos montagnes européennes sont tellement conquises et habitées, que le nombre de ces fugitifs ne peut plus être aussi grand qu'autrefois.

Les plus nombreux sont les plus petits, que leur taille exiguë dérobe facilement à la poursuite : souris et rats de toutes sortes, mulots et campagnols, musaraignes, taupes et hérissons, martes, fouines, putois, hermines, belettes, blaireaux et renards fourmillent dans tous les trous, sous tous les fourrés. Les gentils écureuils sautent dans tous les arbres; le lièvre des Alpes, blanc en hiver et gris en été, gîte dans les grandes herbes des clairières; le loir dormeur, et, plus près des neiges, la célèbre marmotte (fig. 172), multiplient les terriers où ils s'endorment l'hiver. Les petits Savoyards ont fait connaître à toute l'Europe ces dernières petites bêtes et leur gentillesse. Mais il est difficile de les voir en liberté, et si quelques touristes, dans les ascensions de montagnes neigeuses, ont pu souvent entendre leurs sifflements, il en est peu qui aient vu leurs ébats et leurs jeux. La chasse qu'on leur fait est tellement active, qu'il est à craindre que l'espèce ne disparaisse bientôt entièrement.

Ce fait est arrivé déjà pour bien des gibiers de montagne. Les Alpes, au temps des villages lacustres, contenaient une énorme quantité d'animaux herbivores aujourd'hui disparus : élans, aurochs, bisons, sangliers, daims et cerfs, détruits successivement, et les derniers seulement dans le xviii° siècle. Le bouquetin, qu'on a cru plusieurs fois éteint, y est au moins extrêmement rare; il ne reste plus que le chamois, qui probablement ne survivra pas au siècle présent, tant est grande l'ardeur qu'on met à sa chasse (fig. 173). Dans les Alpes, dit Berlepsch, la chasse n'est pas une ressource, elle est bien plutôt un noble exercice d'adresse, de force, de courage, et un perpétuel défi jeté à la mort. » — « Braver les chutes des neiges et des rochers, dit à son tour le chanoine Bridel, s'élancer d'un précipice à l'autre, se tenir suspendu, à l'aide d'une saillie, au-dessus d'abîmes insondables, gagner en rampant des bancs de verdure, entre des arêtes déchirées ou le long de parois à pic, s'exposer à tomber dans les crevasses de glaciers ou à être précipité par le chamois forcé dans son dernier asile; passer souvent plusieurs nuits sans autre lit que la terre ou la glace, sans autre couverture que le ciel, et exposé au souffle glacé du vent du nord : voilà comment l'habitant des Alpes fait la vraie chasse aux chamois. »

Malheureusement l'homme a, sous ce rapport, dans les montagnes des concurrents doués des mêmes qualités, et dont il aura plus de peine à détruire les espèces que celles des gros gibiers :

Fig. 173. — Chasse aux chamois.

ce sont les grands carnassiers. Les montagnes sont le refuge des grandes espèces carnivores, parmi les mammifères comme parmi les oiseaux. Ici la chasse se justifie, et ne peut plus être appelée une inutile cruauté; mais elle est plus malaisée. Le lynx ou loup-cervier, et même le chat sauvage, qui n'est guère plus gros que le nôtre, sont des ennemis dangereux à combattre pour l'homme, qui est loin d'en avoir débarrassé le voisinage de toutes les habitations des hauteurs.

Fig. 174. — Ours brun des Alpes, forçant la porte d'une étable de chèvres.

Le résultat acquis n'est pas beaucoup plus avancé pour le loup et pour l'ours. « Les loups, dit Tschudi, fort rares dans la Suisse orientale, sont un peu plus fréquents dans le sud et l'ouest du pays; les ours se montrent dans l'ouest, l'est et le sud. Le Valais et le Tessin recèlent peut-être constamment des loups, des lynx et des ours; le Jura a encore des loups, et, dans le sud, des ours; les Grisons et Uri ont toujours des ours, mais rarement des loups; dans les autres cantons primitifs et dans ceux de Lucerne, de Glaris, de Saint-Gall et d'Appenzell, les trois espèces ont été récemment exterminées, et ce n'est que de loin en loin que quelque individu s'y égare des montagnes voisines. »

Tous les gouvernements des pays de montagnes payent pour chacun de ces animaux tués une prime en argent, dont la plus basse est, en Suisse, de 50 francs pour une femelle et 30 francs pour un mâle, en plus de la valeur intrinsèque de la bête. La chasse aux loups est une nécessité où le danger et par conséquent l'intérêt sont médiocres. Elle se fait par battues et en nombre. La chasse à l'ours, quand l'occasion s'en présente, peut passionner le montagnard comme celle du chamois, en ajoutant au renom de bravoure et d'adresse du chasseur la reconnaissance publique. A cause de la finesse du gibier, qu'il faut surprendre, elle ne peut guère être qu'individuelle ou concertée par un petit nombre. Quand les bergers ont signalé les traces de l'ours rôdant la nuit autour des chalets qui servent d'étable (fig. 174), les chasseurs de chamois les plus renommés tiennent à honneur de se mettre en campagne. L'ours ne fuit pas comme le loup : il marche droit à l'homme. Si le premier coup de feu n'est pas mortel, la lutte se fait corps à corps, et l'homme est trop souvent la victime.

Mais quittons les ennemis de l'homme pour arriver à ses amis. Si le montagnard dépeuple les hauteurs de leurs habitants sauvages, c'est surtout pour les peupler de ses animaux domestiques. « Les montagnes, dit Tschudi, seraient privés d'une bonne partie de leurs charmes, si l'homme n'y avait construit ses chalets en témoignage de l'empire qu'il exerce sur le monde, s'il n'y poussait devant lui ses troupeaux, s'il n'y faisait monter la fumée de l'âtre, s'il n'en faisait retentir les rochers de ses chants joyeux. Les troupes bêlantes des chèvres, aux couleurs bigarrées, gravissant les pentes couvertes des buissons fleuris du rhododendron ; le petit pâtre, soufflant dans son chalumeau d'écorce de saule ; les vaches, faisant entendre jusqu'au bord des champs de neige le tintement de leurs clochettes ; les poulains, traversant les pâturages en bonds hardis et rapides, et la jument, à la robe luisante, les suivant de son regard affectueux et intelligent ; le chien de berger, qui fait la garde d'un air paisible,

Fig. 175. — Le Jodel, au départ des troupeaux pour la montagne.

assis sur son derrière; le petit chien de garde bruyant, qui ne perd pas de vue la porte toujours ouverte de la cabane; les grognements d'une famille de cochons, étendus commodément au soleil, dans le fumier, à l'entour de l'étable; le rouet du chat gris, installé au coin du foyer, et qui vient encore ici disputer à la souris, compagne inséparable de l'homme, ses prétendus droits à la jouissance des miettes qui tombent de la table chétive du pâtre : voilà, jusque sur les plus hauts sommets, tout autant d'éléments de vie, de mouvement, de progrès, de conciliation; voilà les signes de la civilisation victorieuse, qui, en luttant avec la nature, ne se propose d'autre but que de l'ennoblir. »

Tous les pays de montagnes vivent surtout de l'industrie des troupeaux. Le mot *Alpes*, en Suisse, veut dire uniquement pâturages, comme, dans les Pyrénées, le mot montagnes lui-même. En Suisse, le nombre total des têtes de bétail dépasse deux millions, dont la moitié appartient à l'espèce bovine. De ce nombre sont 600 000 vaches, dont le lait seul, à cent soixante-six francs par tête, représente un revenu annuel de cent millions de francs; le lait de 400 000 chèvres vient l'augmenter encore de près de vingt millions. Les moutons et les porcs ne viennent qu'ensuite comme importance. Pour l'habitant des Alpes, « son bétail, dit Berlepsch, source unique de sa fortune, et base de son existence, est l'objet principal de son affection, de sa sollicitude, et le but suprême de sa vie, et il est telle vallée où l'on ne néglige jamais, dans la prière domestique, de demander à Dieu qu'il veuille protéger « le troupeau et la famille ». L'influence, dans le village ou dans la commune, dépend souvent du nombre des pièces de bétail qu'on possède; ce sont les titres de noblesse dans la plupart des contrées alpines. » Une partie considérable de la population des vallées quitte les villages au printemps, et monte avec les troupeaux aux hauts pâturages. « Disséminés dans les chalets, ils passent toute la belle saison loin de leurs familles, pour accompagner le bétail à la montagne, pour l'y faire paître, le soigner et fabriquer les différents produits du laitage. Leur vie a quelque chose d'extraordinaire et d'étrange; elle est dure, laborieuse, pleine de privations; ceux qui ne l'ont pas observée de près, ou ceux qui en jugent seulement d'après les impressions que le spectacle des Alpes leur a fait éprouver, s'en font une image souvent trop belle et trop poétique. »

Cependant, malgré les difficultés et les épreuves de cette vie des hauteurs, il faut croire qu'elle offre un grand attrait naturel; car elle est impatiemment attendue, aussi bien par les animaux que par leurs gardiens. Lorsque arrive, au printemps, le jour solennel du départ pour la montagne, et qu'on apporte dans la vallée les grosses sonnailles qu'on doit mettre au cou des vaches, « c'est, dit Tschudi, un émoi général. Les vaches se rassemblent en mugissant, et montrent, par leurs bonds joyeux, qu'elles ont compris ce signal. Et lorsque, en effet, le départ est organisé; quand, avec une courroie à couleurs bigarrées, on a suspendu la plus grosse cloche au cou de la plus belle vache, et qu'on lui a orné la tête d'un grand bouquet assujetti dans les cornes; quand on a mis sur le dos du cheval de bât la chaudière servant à la fabrication du fromage et les provisions, qu'on a placé sur la tête des génisses les escabeaux des vachers, et que ceux-ci, vêtus de leurs plus beaux habits, font retentir la vallée de leurs chansons alpestres et de leurs joyeux *jodel*, il faut voir alors l'air de contentement et de fierté avec lequel ces braves animaux se rangent à la file les uns des autres, et se dirigent en beuglant du côté de la montagne (fig. 175). Un petit aidé-berger ouvre la marche; il est vêtu d'une chemise bien blanche et de culottes jaunes. Après lui viennent les vaches et le taureau, formant une longue procession de bêtes de diverses couleurs, à la suite desquelles gambadent souvent quelques veaux et quelques chèvres. L'armailli ferme la marche, avec le cheval de bât, dont la charge est recouverte d'une toile cirée à dessins bariolés. »

Dans les beaux jours, en effet, au milieu de cet air pur et frais de la montagne, la liberté, l'exercice, la nourriture tendre et savoureuse, tout contribue à donner aux animaux la santé et la belle humeur; mais il y a de mauvais jours, aussi, par exemple, où se déchaînent ces grands orages dont nous avons parlé p. 434; « lorsque, dit Tschudi, au bruit effroyable des coups incessants du tonnerre, le ciel s'ébranle, les chalets chancellent, les névés tremblent sur leur base, une grêle abondante hache à grand bruit le pâturage. Les bêtes atteintes poussent d'affreux mugissements, et, les yeux fermés, la queue relevée, prennent la course en tremblant dans la direction de l'orage. Les pâtres se réveillent, et, la tête coiffée de leur seillot à traire (fig. 141), se précipitent après le troupeau, appelant, criant,

Fig. 176. — Chèvres montant au pâturage.

invoquant la sainte Vierge. Mais les pauvres animaux, hors d'eux-mêmes, ne voient et n'entendent plus rien... Les vachers, aveuglés par ces clartés éblouissantes, qui rendent l'obscurité plus profonde encore, ne savent où donner de la tête; la grêle retentit sur leur coiffure improvisée, et meurtrit violemment leurs jambes et leurs bras nus : c'est une heure de détresse et de désespoir, c'est une horrible confusion, un affreux vacarme de tous les éléments déchaînés. Enfin, le gros du troupeau est rassemblé; les vents ont chassé les nuées perfides par-dessus les crêtes de la montagne, et à la grêle succède une abondante pluie ; les vaches, réunies autour du chalet, sont enfoncées jusqu'aux genoux dans la boue... Mais une ou deux des plus belles vaches manquent à l'appel : elles sont étendues, les membres fracassés, au fond du précipice... »

Les chèvres, qui viennent après les vaches sous le rapport de l'importance, sont des animaux faits exprès pour la montagne ; mais « ce ne sont pas, comme dit Rambert, chèvres de plaine, casanières, paresseuses, sentant l'écurie ; ce sont chèvres des montagnes, proprettes, au poil soyeux, aux hanches bien fournies, au pied léger, à la tête étroite et fine, à l'œil vif, et portant cornes sur le front. Il y en a de toutes blanches, mais en petit nombre; il y en a aussi de toutes noires ; plusieurs sont tachetées et mouchetées ; plusieurs ont le pelage roux des chamois en automne; et rien n'est vivant comme les pelouses semées de buissons, de tertres, de blocs en voyage, où se répand au hasard ce petit peuple varié (fig. 176). »

Les touristes rencontrent souvent dans la montagne ces pittoresques troupeaux de chèvres, gardés par de petits chevriers aussi agiles et aussi grimpeurs que leurs bêtes. Les chèvres qui hantent les passages fréquentés par des étrangers suivent familièrement ceux-ci pendant des heures pour obtenir un morceau de pain. Malheureusement ces jolies bêtes causent d'immenses dommages à la montagne, en dévorant les jeunes pousses des arbres, et détruisent ainsi l'espoir des forêts. Une sévère administration forestière serait nécessaire pour que, tout en restant une utile ressource aux pauvres habitants, elles n'appauvrissent pas les communes elles-mêmes.

Les moutons, qui sont à peine aussi nombreux que les chèvres en Suisse, sont plus nombreux dans les autres montagnes d'Europe. Ils sont plus faciles à conduire en troupeau, et font moins de tort à la montagne que les chèvres. Ils ont, du reste, aussi le pied montagnard, et préfèrent l'herbe courte et aromatique des hauteurs neigeuses aux gras pâturages des régions moyennes. Il y a tout lieu de croire que notre mouton domestique n'est que le résultat de l'abêtissement, par les soins et la domination de l'homme, d'un type originairement montagnard, le mouflon de Corse et de Candie.

Nous ne dirons rien de l'espèce porcine, qui a probablement peu d'intérêt pour nos lecteurs, sinon que leurs nombreux représentants, dans les écuries basses des chalets de montagne, pourront, par l'heure mal choisie de leurs concerts et de leurs dialogues nocturnes, faire passer de mauvaises nuits à ceux de nos lecteurs qui se trouveraient quelque soir dans la nécessité d'accepter l'hospitalité et la couche de foin de ces chalets.

Mais nous ne passerons pas sous silence ces braves chevaux de montagne, à l'allure lente, mais au pied sûr, auquel plus d'un de nos lecteurs aura l'occasion de confier sa vie dans quelque périlleux passage (fig. 177). Ces fortes et intelligentes bêtes ne doivent pas être conduites comme nos chevaux de plaine; ce sont elles qui conduisent leur voyageur, et l'on n'a rien de mieux à faire qu'à leur laisser la bride sur le cou, quelque mauvais que soit le temps ou le sentier. C'est réellement un secours bien apprécié des dames ou des marcheurs novices, que de trouver à propos, pour une longue ascension, un de ces bons animaux. Il monte courageusement les pentes les plus raides, portant le voyageur et son bagage, et souvent aussi traînant par surcroît son conducteur pendu à sa queue. Mais il n'aime pas à descendre, et s'arrête souvent de lui-même en haut des descentes, auprès d'une pierre bien choisie, pour engager son voyageur à mettre pied à terre. On peut être sûr, si l'on se rend à cette invitation, qu'il s'arrêtera au pied de la montée suivante, auprès d'une autre pierre, et attendra qu'on se remette en selle.

Dans les parties les plus pauvres ou les plus sèches des pays de montagnes, les chevaux sont remplacés par les mulets, qui, tout en étant aussi forts, ont l'avantage d'être plus sobres et moins exigeants pour la qualité de la nourriture. Ils ont aussi, dit-on, le pied plus sûr que les chevaux dans les mauvais chemins, et ils supportent bien mieux la chaleur; ce qui fait qu'on leur donne toujours la préférence dans les montagnes des contrées méridionales.

On ne peut parler des animaux domestiques sans faire mention, et à la place d'honneur, du fidèle ami de l'homme, du chien, quoique le touriste n'ait peut-être pas plus spécialement l'occasion d'en rencontrer à la montagne qu'à la plaine. Les chiens de garde, les chiens de chasse, les chiens de berger sont nombreux à la montagne.

Mais il est une race particulière de chiens dont il nous faut parler ici, tout en souhaitant à nos lecteurs de n'avoir jamais besoin d'eux. C'est le chien du Saint-Bernard, spécialement dressé à rechercher et à secourir les voyageurs égarés dans les montagnes par les mauvais temps d'orages, de brouillards ou de neiges (fig. 179).

« Leur instinct, dit Tschudi, leur fait d'ailleurs entreprendre des courses volontaires et souvent longues le long des ravins et des abîmes de la montagne. S'ils trouvent un homme gelé, ils retournent vers le cloître,

Fig. 177. — Chevaux de montagne.

en courant avec une rapidité extraordinaire, aboient de toutes leurs forces, et conduisent les moines vers le malheureux voyageur. Quand ils rencontrent une avalanche, ils la flairent longtemps, pour s'assurer qu'elle n'a recouvert personne, et s'ils remarquent quelque trace humaine, ils la fouillent avec leurs ongles vigoureux, leurs pattes musculeuses, jusqu'à ce qu'ils aient découvert le pèlerin enfoui. S'ils n'y parviennent pas, ils vont chercher du secours à l'hospice. On leur attache d'ordinaire au cou ou sur le dos une petite corbeille d'aliments, une gourde de vin et des couvertures de laine. Le nombre de ceux qu'ils ont sauvés est très grand, et s'enregistre soigneusement dans les annales de l'hospice. »

Nous ne pouvons mieux terminer que par eux ce petit tableau de la nature animale dans les montagnes; mais pour compléter notre étude de l'influence de ces montagnes sur la vie, il nous reste à dire quelques mots des hommes eux-mêmes qui ressentent aussi cette influence.

Fig. 178. — Près de Barcelonnette (Alpes françaises).

Fig. 179. — Les chiens du Saint-Bernard.

.

III

LES HOMMES DES MONTAGNES

> Nous voulons être un seul peuple de frères ;
> Aucun danger ne pourra nous désunir !
> Nous voulons être libres comme l'ont été nos pères ;
> Plutôt mourir que vivre dans la servitude !
> Nous voulons mettre en Dieu notre confiance,
> Et nous ne craindrons rien du pouvoir des hommes.
> SCHILLER (*Guill. Tell*, serment du Grutli).

Il suffit de prononcer le mot de *montagnard* pour éveiller l'idée d'un homme robuste, actif, persévérant, brave, généralement honnête et de bon sens, aimant la liberté, enfin sincèrement religieux.

Ces qualités sont le résultat presque nécessaire de l'éducation à la montagne. Pour les hommes, comme pour les animaux et les plantes, les difficultés excitent la réaction vitale, l'exercice et la lutte perfectionnent les organes en les fortifiant ; mais ici intervient en plus la raison de l'homme ; la variété des événements et la nécessité de la vigilance donnent l'expérience et forment le jugement ; le sentiment du danger encourage l'esprit d'association et de dévouement ; l'aspect de l'espace et des splendeurs de la création dont le montagnard se sent le maître, augmente chez lui le sentiment de sa dignité morale, en même temps que sa petitesse et sa faiblesse devant les immenses forces de la nature lui imposent le respect et l'amour du Dieu créateur.

Le témoignage de ce fait est dans la réputation qu'ont chez toutes les nations les habitants des contrées montagneuses, ceux de l'Écosse, de l'Auvergne, des Vosges, de la forêt Noire, de la Saxe, du Tyrol, etc., comme ceux de la Savoie ou de la Suisse.

Il n'y a pas de voyageur dans ce dernier pays dont la relation ne constate une impression de ce genre. Nous pouvons résumer le jugement général dans ces lignes de Lamartine, qui dit au sujet des Alpes suisses : « On y est frappé du caractère majestueux, simple et patriarcal de la race humaine. Les hommes y sont de haute stature, de forte charpente, de solide aplomb sur leurs pieds, de visage calme, de regard franc, de bouche sans pli et sans ride, de front large, poli, élevé... Ce peuple est resté antique dans nos jours modernes. Le Suisse est un paysan éternel : il est pieux, il est naïf, il est laborieux ; il est berger, il est cultivateur, il est patriote ; il est soldat, il est artisan, il est libre surtout ; il ne marchande pas sa vie contre la servitude. »

Il est curieux de remarquer que de même que le premier volume de Saussure sur les Alpes débute par un éloge des Savoyards, celui de Ramond sur les Pyrénées débute par un éloge des Béarnais : « Rien, dit-il, de si intéressant que ce peuple, libre par son caractère bien plus que par ses privilèges, spirituel et vif, élégant, quoique sans culture, dont le noble est sans hauteur et le cultivateur sans grossièreté, chez lequel de vieux usages et un vieux langage en honneur attestent et nourrissent l'amour de la patrie.

Pour ne pas rendre jalouse l'autre nation gardienne des Pyrénées, celle des Basques, nous citerons ce que dit d'elle un intelligent voyageur, M. Poitou : « Peuple intelligent et énergique, spirituel et brave, aventureux et hardi ; peuple d'agriculteurs et de chasseurs, de soldats et de marins, qui a gardé intacts, depuis vingt siècles, à travers des luttes incessantes, sa langue, ses mœurs, ses costumes et son amour de la liberté. »

Il serait long et assurément superflu d'ajouter de nouvelles citations pour prouver cette thèse. Le caractère spécial imprimé par la montagne aux populations qui l'habitent sera certainement pour nos lecteurs, dans leurs futurs voyages, le fait qui les frappera tout d'abord, comme il a frappé Saussure et Ramond. Ils verront qu'au point de vue physique on peut dire des montagnards, d'une manière générale, avec Reclus, « qu'ils se distinguent par le courage et la solidité. Leur vaste poitrine, enfermant des poumons à cellules plus larges et plus nombreuses que les poumons des habitants des plaines, s'emplit d'un air à la fois plus pur et plus léger ; leurs yeux, habitués à regarder du haut des promontoires dans les vallées profondes, à discerner de loin l'animal qui se blottit dans le creux des rochers, sont fiers et brillent d'un éclat perçant ; leurs traits sont hardis, leur tête est noblement posée ; d'une allure égale et tran-

Fig. 180. — Fête pastorale en Suisse : les lutteurs.

quille, d'un pas assuré, ils gravissent les rochers abrupts, et bondissent sur les glaciers, poursuivant les chamois. »

C'est aux fêtes pastorales, qui réunissent périodiquement dans quelques emplacements traditionnels les populations des montagnes, que l'on peut avoir une juste idée de ce qu'elles ont su acquérir et conserver de force et de vigueur, en même temps que de gaieté franche et de cordiale simplicité. Après que le but religieux ou patriotique de la réunion a été accompli (avec cette attention sérieuse qui n'étonne, hélas! que les Français), l'heure des divertissements arrive : les exercices de force et d'adresse y ont toujours la place d'honneur. La lutte corps à corps (fig. 180) y est devenue un art, un exercice national, où la loyauté et la cordialité ont inspiré les règles, les jugements et les récompenses. D'autres exercices, comme celui du jet d'une énorme pierre à une distance déterminée, traditionnel en Suisse depuis Morgarten, partagent avec la lutte la curiosité et les applaudissements de l'honnête et joyeuse assistance.

Fig. 181. — Chaise à porteurs.

Si les jeux et les fêtes des jours de repos sont marqués par de telles manifestations des forces physiques, on conçoit quels résultats les hommes qui en sont capables peuvent accomplir dans leurs jours de travail.

Fig. 182. — Bûcherons.

Plus d'une de nos lectrices, à qui l'âge ou la santé ne permettent pas de suivre à pied les excursions d'une heureuse jeunesse, pourra en faire l'expérience en confiant sa vie à ces robustes porteurs (fig. 181), qui dans toutes les montagnes aujourd'hui peuvent emmener en toute sûreté des personnes faibles ou infirmes là où un cheval ne passerait jamais.

Mais souvent le travail ordinaire qu'il faut accomplir pour gagner sa vie à la montagne est plus pénible encore. Pour donner une idée des difficultés spéciales que présente l'exploitation de la montagne, et de l'audace habituelle qu'elle exige de ceux qui s'y livrent, nous citerons seulement comme exemples trois professions assez fréquentes parmi les montagnards : celles de bûcheron, de flotteur et de faucheur.

Les bûcherons sont surtout les Tessinois ; il faut, pour ce métier dangereux, le froid courage du Suisse, uni à l'ingéniosité et à la vivacité de l'Italien. Muni de crampons à ses souliers, le bûcheron ou *tagliatore* grimpe aux arbres comme un singe, et manie la hache avec une dextérité inouïe. Souvent, suspendu à une corde par la ceinture (fig. 182), il s'attaque à un de ces sapins poussés le long des parois verticales, qu'on croirait inaccessibles ; il coupe toutes les branches, enlève ce qui pourrait gêner la chute, puis scie le tronc, et le pousse du pied sous lui dans l'abîme.

Les *borratori*, camarades et compatriotes des tagliatori, sont chargés de débiter le bois et de l'amener au bas des pentes, jusqu'à la rivière, ce qu'ils font en construisant des glissières ou *seguende* en bois, étonnants et audacieux viaducs ou aqueducs, dans lesquels ils facilitent le glissement des bûches en hiver par un vernis de glace, en été par un courant d'eau. Puis, perchés sur ces échafaudages géants, ils aident avec une gaffe le glissement rapide des troncs, qui franchissent des lieues entières en quelques minutes.

Lorsque les troncs sont arrivés dans le torrent, commence la besogne des *flotteurs* (fig. 183), qui, au besoin, suspendus à des cordes, dans d'affreuses gorges entièrement remplies par le torrent, surveillent, la gaffe en main, le passage des bûches, et, au risque d'être écrasés par les éboulements, empêchent tout arrêt et tout encombrement.

Il y a dans la montagne un plus rude métier encore : c'est celui de ces « pauvres *faucheurs*, qui vont, comme dit Schiller au IVe acte de *Guillaume Tell*, récolter l'herbe sauvage sur les rochers à pic, le long des précipices, là où les bestiaux n'osent pas se hasarder ». C'est bien au-dessus des pâturages commu-

Fig. 183. — Flotteurs.

naux, tout contre les neiges, que le faucheur, armé d'une faux, de crampons et d'un grand filet, va, au milieu d'août, risquer à chaque instant sa vie pour le prix de quelques bottes de ce foin aromatique. C'est la bonne saison des pauvres journaliers, qui initient dès le bas âge leurs enfants à leur dangereux métier (fig. 184), et leur apprennent qu'il ne doit y avoir rien de perdu à la montagne.

En voilà assez pour peindre le montagnard, au moins au point de vue des qualités physiques, et même de l'expérience et de l'intelligence associées à ces qualités; mais le portrait ne peut être complet qu'en ajoutant les qualités morales, qui donnent surtout aux autres leur relief et leur prix. Nous souhaitons à nos lecteurs d'en faire l'agréable épreuve, et c'est ce qui aura lieu certainement s'il leur arrive jamais, par exemple, de séjourner dans les cantons montagneux de la Suisse, surtout dans les cantons catholiques, non pas le long des grandes routes et dans les hôtels cosmopolites, mais dans le cœur du pays, et, s'il se peut, dans l'intimité des familles.

C'est dans quelques vallées enfermées des pays de montagnes que semblent s'être réfugiés aujourd'hui les derniers types de sociétés chrétiennes, où fleurissent l'amour du pays, le culte des aïeux, le respect des autorités sociales et de la puissance paternelle, l'obéissance intelligente aux lois, la notion de la juste li-

Fig. 184. — Faucheurs.

berté et de la vraie égalité, la pratique naïve de la charité mutuelle la plus dévouée ; où une instruction solide, plus libéralement répandue que dans aucun pays du monde, mais appuyée sur une forte éducation religieuse, fournit une jeunesse aux goûts élevés, au jugement sain, à l'esprit ingénieux, mais aux mœurs simples et pures, résistant victorieusement jusqu'ici à la contagion du souffle révolutionnaire qui vient des plaines et des cités industrielles.

C'est là que nos lecteurs verront ces réalisations d'une forme de gouvernement dont les noms profanés n'éveillent plus toujours chez nous l'idée qu'ils représentent encore là-bas, ces communes républicaines où il y a plus d'écoles que de cabarets, où la sordide misère de nos villes est aussi inconnue que leur luxe, où l'ivrognerie est aussi rare que le vol, où la voie publique ne blesse les yeux par aucune de ces ordures morales qui infectent tant de pays soi-disant civilisés.

Ils verront peut-être souvent des misères matérielles : la montagne n'est pas partout vaincue ; elle garde encore, pour prix des sueurs de l'homme, bien des ruines et des calamités ; mais c'est souvent là qu'ils trouveront le plus de grandeur morale. Ils pourront alors, s'ils rencontrent un de ces voyageurs à la mode, encore nombreux aujourd'hui, se moquant de quelque infirmité due à la misère de ces pauvres gens, un de ces « effrénés prôneurs, comme dit Töpffer, d'un progrès stérile, qui a pour dernier terme l'homme moins l'être moral ; le corps de l'homme moins son âme ; son toit, son manger, son habit, sa cravate et son faux toupet, mais non son cœur, le seul point pourtant d'où procèdent pour lui heur et malheur » ; ils pourront lui répéter ce que dit si bien, pour faire honte à certains catholiques, le protestant Töpffer : « Touriste, les Valaisans ont du goître, c'est sûr ; mais les Valaisans s'aiment entre eux ; ils rattachent leurs devoirs, leurs vertus, leur patiente douceur, ces soins qu'ils donnent à leurs crétins, à la foi qui vit dans leurs cœurs, qui allège leur pauvreté, qui suffit à leurs fêtes, comme elle les soutient à leur lit de mort. Les Valaisans ont du goître ; mais ils se pressent dans leurs pauvres églises ; ils écoutent avec une simplicité qui est bien loin de toi, et que tu regrettes peut-être, la messe du dimanche ; ils s'abreuvent à une source élevée ; ils savent et sentent leur âme vivante et immortelle ; ils n'ont point perdu, dans le tourbillon du progrès et dans le tapage de la civilisation, jusqu'au souvenir de leur origine et de leur destinée céleste. Les Valaisans ont du goître; mais ils sont humains, hospitaliers, fidèles, et à la guerre ils savent servir une cause en mourant à leur poste! »

Le goître, hélas! n'est pas la seule infirmité des habitants de la montagne. Il y a, dans bien des vallées, des goîtres moraux, peut-être plus désagréables encore pour les visiteurs; mais le plus souvent ces derniers eux-mêmes en ont été la cause primitive. Pour n'en citer qu'un exemple, c'est le cas de l'esprit de mendicité et de cupide exploitation de l'étranger, qui frappera souvent les yeux dans les pays d'excursions à la mode, surtout dans l'Oberland bernois et dans la plupart des vallées italiennes. C'est, hélas! un défaut apporté de la plaine, et les touristes qui ont voyagé en France, dans les villes d'eaux ou les bains de mer, y sont déjà fort habitués.

Nous ne pouvons prononcer ce mot de France sans ramener, en terminant, notre pensée vers notre cher pays; disons notre pauvre pays, car ce retour est triste. Il ne faut pas se le dissimuler, lorsqu'on rentre des Alpes suisses dans les Alpes françaises, et même dans des montagnes moins rudes et moins indomptables, comme celles de notre plateau central, on est péniblement frappé de la comparaison. En Suisse, les vertus de la montagne ont souvent sauvé la plaine; en France, les vices de la plaine ont souvent tué la montagne. Sur d'immenses surfaces, des contrées entières nous montrent celle-ci déchue, abandonnée, décharnée, sans verdure et sans mouvement. L'habitant est vaincu : il est mort ou il a fui. On est trop porté quelquefois à accuser ceux qui restent d'incurie et d'ignorance : hélas! sommes-nous donc aujourd'hui, nous habitants des plaines ou des villes de France, sommes-nous à ce double égard si exempts de reproche?

Ne récriminons pas, agissons! Que la réaction qui doit nous sauver se produise partout! De même que les mâles exigences de notre organisation militaire peuvent avoir pour résultat, espérons-le, de sauver notre jeunesse par l'épreuve du sacrifice, de l'obéissance et du travail, de même notre appauvrissement financier, qui a nécessité pour le pays la mise en œuvre de toutes ses ressources, peut être l'occasion de travaux ou d'institutions qui lui vaudront plus tard une prospérité inespérée.

Parmi ces travaux, la place d'honneur appartiendra peut-être à celui de repeupler les déserts de nos montagnes, et de reconstituer ainsi les réservoirs de fécondité du sol national. Ce ne sont pas seulement des aménagements matériels, des reboisements, des digues et des routes qui seraient nécessaires à cet effet : le moyen le plus efficace de rendre la vie et la beauté à ces pays serait de donner à leurs habitants, par une saine et forte éducation de la génération qui grandit aujourd'hui, l'énergie, l'intelligence et le patriotisme qui sont l'honneur et le salut des populations montagnardes.

Voilà une tâche éminemment française à tous égards : étudions, connaissons et aimons les montagnes de notre pays; cherchons les moyens de leur donner à toutes la prospérité qu'ont celles des pays voisins, voilà pour le moment le meilleur moyen de rendre à la France de nouvelles provinces, pour remplacer celles qu'elle vient de perdre.

CONCLUSION

> Nous portions notre petit bagage sur nos épaules, et nous nous arrêtions de village en village et de ferme en ferme. Les montagnes, les torrents, les cascades, les ruines sous les rochers, les chalets sous les sapins et sous les hêtres de ce pays tout alpestre, nous arrachaient nos premiers cris d'admiration pour la nature. C'étaient nos vers grecs et latins traduits par Dieu lui-même en images grandioses et vivantes, une promenade à travers la poésie de sa création. Toute cette route ne fut qu'une ivresse...
>
> LAMARTINE, *Confidences.*

Nous n'avons plus, nous l'espérons du moins, à convaincre nos lecteurs de l'excellence de ce moyen d'éducation, si négligé en France, les voyages, et surtout les voyages en montagne, qui sont à la fois les plus instructifs et les plus agréables, et dont les effets sur la santé de l'âme et du corps sont les plus prompts et les plus puissants.

Les efforts les plus énergiques, les plus patriotiques, se font en ce moment pour relever la France de son abaissement et lui rendre sa primauté intellectuelle et morale parmi les nations. L'une des plus remarquables institutions nouvelles qu'ont inspirées à cet égard nos récentes catastrophes, l'Association française pour l'avancement des sciences, tenait son premier congrès à Bordeaux, en septembre 1872 : dès sa première séance, un des plus illustres membres de la réunion signalait parmi nos défauts celui qu'il appelait notre *sédentarisme*, et montrait combien il est urgent de combler cette lacune de l'éducation française. « Les Anglais, les Russes, les Allemands, les Suisses, disait-il, voyagent beaucoup; presque tous les jeunes gens emploient leurs vacances à faire, sac au dos, et sous la direction de leurs instituteurs, d'assez longues tournées, au grand avantage de leur développement moral, physique et intellectuel. *Il faut que nos enfants voyagent*, et qu'ils acquièrent aussi, en même temps que la connaissance plus parfaite des idiomes, une juste idée de l'état de leur pays et de celui des pays voisins, à tous les points de vue. »

Le sédentarisme n'est qu'un cas particulier d'un défaut devenu presque général en France dans l'éducation. Toute l'instruction secondaire de la jeunesse se fait dans les villes, où, depuis quatre-vingts ans, sous prétexte de liberté, toutes les pestes morales ont envahi la voie publique, et en ont chassé nos enfants, qu'il faut enfermer pour les préserver. De là la nécessité devenue habitude d'élever la jeunesse à huis clos; de là, dans les classes aisées, cette exagération de petits soins, qui aboutit souvent à une véritable haine du grand air, au physique comme au moral. Oubliant que la vie n'est qu'une lutte, et que c'est l'exercice de cette lutte qui fortifie les organes destinés à la soutenir, on élève les enfants dans la peur : peur du rhume, peur de la fatigue, peur de la difficulté, peur de l'entraînement; on protège, on entoure, on étouffe; on obtient une jeunesse sans épiderme, ne sachant ni soutenir un choc, ni endurer une peine, ni porter un fardeau, ni accomplir un devoir.

Les terribles conséquences de ce système, révélées dans la dernière guerre, et les nécessités militaires du moment actuel, qui provoquent partout des résolutions viriles, ont ouvert les yeux à bien des familles, et les ont converties à la doctrine du grand air.

Mais pour habituer nos enfants au grand air, il faut commencer par le plus pur. Avant de leur faire voir l'œuvre des hommes, montrons-leur l'œuvre de Dieu; avant de les exposer aux contagions de la vie des plaines, envoyons-les aux montagnes.

Vous donc, pères et mères qui lisez ce livre, vous regardez peut-être avec inquiétude la lenteur des progrès physiques et moraux de vos enfants; vous craignez qu'ils ne soient étouffés par l'atmosphère impure des villes, étiolés par le manque d'air et d'espace : emmenez hardiment tout ce petit monde passer deux à trois mois dans un de ces riants vallons suspendus aux flancs des grandes chaînes, ou sur une de ces hautes terrasses dont les pelouses fleuries dominent les plaines et les lacs[1]; qu'ils vivent pendant ce temps de la bonne et forte vie des montagnes,

---

[1] Pour quatre à cinq francs par jour et par personne, on trouve partout aujourd'hui, dans une foule de points des Vosges, du Jura, et surtout des Alpes, à se mettre en pension dans une honnête famille. Si l'on consent à se fixer en un point unique, et si l'on veut se charger de pourvoir soi-même au service de la vie journalière, il est possible aussi, en beaucoup d'endroits, de louer une maison meublée pour deux ou trois mois.

dans ce plein air des hauteurs qui fait fleurir la vigueur et la santé; et vous verrez leurs poitrines se dilater, leurs membres se fortifier, leurs visages s'épanouir, leurs yeux s'animer devant un beau spectacle, leur esprit s'éclairer, leur jugement se former et leur cœur s'agrandir. Munis de cette provision vitale, ils pourront sans crainte affronter la reclusion de l'hiver.

Vous, ma charmante lectrice, vous avez seize, dix-sept ans; vous venez de terminer votre éducation, peut-être en obtenant ce diplôme d'institutrice qu'on se fait honneur aujourd'hui de savoir mériter : allez voir la montagne de près; chaussez sans crainte de fortes chaussures; mettez une robe de drap, un chapeau à larges bords; prenez en bandoulière la boîte d'herborisation, en main le bâton ferré, et accompagnez votre père et vos frères dans ces belles excursions à pied auxquelles vous apporterez une joie, un charme de plus; et vous apprendrez sur les œuvres de Dieu et celles de l'homme une foule d'excellentes choses dont les salons ne se doutent pas, qui auront peut-être, à la vérité, le résultat de faire descendre ceux-ci d'un degré dans votre estime.

Vous enfin, mon jeune lecteur, vous avez, je suppose, dix-sept à dix-huit ans; vous venez d'être reçu bachelier : vous avez droit, selon l'usage, à une récompense; vous avez demandé peut-être un fusil avec lequel vous allez courir la plaine, sans la regarder, vous essoufflant à poursuivre, pour la tuer, une pauvre bête qui ne vous a fait aucun mal, et dont vous n'avez pas besoin pour dîner.

Laissez là votre fusil, dont vous aurez un meilleur usage à faire dans deux ou trois ans; gardez votre habillement de laine et vos bons souliers ferrés; emportez des cartes, le Guide-Joanne, une longue-vue, une loupe, une gourde, un petit sac pour le linge et les provisions, un vêtement protecteur contre le froid et la pluie[1]; puis prenez le bras de votre meilleur ami, de

---

[1] Un des grands secrets de l'art de voyager consiste à savoir réduire son bagage au strict indispensable. Se faire suivre d'une malle double au moins les frais d'un voyage en montagne. Si le voyage doit durer plusieurs semaines et nécessite une valise, on peut laisser celle-ci voyager seule de gare en gare, et lui faire une petite visite tous les cinq à six jours. Il ne faut jamais, d'un autre côté, s'aventurer dans la montagne sans avoir de quoi changer de linge de corps en cas de sueur ou de pluie, et de quoi s'abriter contre le froid subit du haut des cols ou des sommets.

votre frère, si c'est possible, et partez pour la montagne la plus voisine, peu importe laquelle : les Vosges, le Jura, l'Auvergne, les Pyrénées, les Alpes. Cependant commencez par les petites, avant d'affronter les grandes.

Faites-vous un itinéraire, bien préparé d'avance par la lecture de tout ce que vous pourrez trouver de bons renseignements, descriptions, notices, voyages, cartes, plans, etc., relatifs à la contrée que les circonstances vous auront fait choisir. Toutefois n'enchaînez pas votre liberté par des dates fixes : prenez votre temps; mieux vaut voir bien une chose qu'en voir mal deux ou trois.

Fuyez les villes d'eaux, où il y a plus de malades d'esprit que de corps, et où l'étranger est devenu une marchandise à exploiter. Ne séjournez pas sur les routes rebattues, aux curiosités à la mode : gardez votre temps pour les chemins latéraux et moins connus, pour tant de beaux et bons pays, qui ne sont pas encore, heureusement, envahis par la banale curiosité des touristes ignorants, vrais moutons de Panurge.

Faites l'apprentissage de la prudence, de la prévoyance, de la sagacité, par lesquelles on prévoit les dangers, on remédie aux petites misères, et on se maintient en santé et en bonne humeur. Apprenez à voir un pays, à diriger vos pas, à deviner le chemin, à pressentir le point de vue. Pour peu que vous sachiez dessiner, *croquez* à toutes les haltes : charmante manière de se reposer! excellente acquisition de précieux souvenirs!

Prenez garde de trop présumer de vos forces. Ne vous engagez pas à la légère dans des ascensions longues et périlleuses, où avec la responsabilité de votre propre danger vous auriez celle de causer le danger des autres. Vous n'acquerrez qu'à la longue les qualités du vrai montagnard, nécessaires pour entreprendre la conquête des sommets vierges et l'exploration des régions inconnues. Un novice trop ambitieux à cet égard ne peut manquer de faire rire à ses dépens, à moins, hélas! qu'on n'ait plutôt lieu de le plaindre.

En général, il faut monter aux *belvéderes* plutôt qu'aux *sommets*. Sur les points culminants trop reculés dans les massifs neigeux, les vues, habituellement aplaties, brumeuses, lointaines, ne valent pas le prix qu'elles coûtent et le danger auquel elles exposent

La plus belle parure de la montagne est encore la verdure et la vie. On se lasse vite des neiges. Mais parcourir allègrement une haute crête sur des gazons fleuris, par une belle journée d'été, inondé d'une splendide lumière, imprégné de ce bain d'air tonique et vivifiant qui rafraîchit les veines, le cœur bondissant d'admiration devant une féerique succession de panoramas immenses, et faisant partager son émotion à des compagnons aimés : voilà la vraie joie de la montagne, voilà un des plus grands bonheurs que l'on puisse éprouver ici-bas, voilà un de ces souvenirs enchanteurs qui restent à jamais gravés dans la mémoire!

Ma tâche est finie, mon cher lecteur; je veux espérer pour vous que la vôtre commencera bientôt : je n'ai plus qu'un mot à vous dire, et ce dernier mot, résumant toute ma pensée, sera pour vous le souhait populaire entendu dans le sens le plus affectueusement littéral :

Bon voyage!

TABLE

INTRODUCTION

L'amour des montagnes. — Les premiers explorateurs. — Les ascensionnistes. — Les clubs alpins. — Les touristes — La jeunesse. — But de ce livre. 9

CHAPITRE I

PAYS DE PLAINES ET PAYS DE MONTAGNES

I. *Les limites du domaine de l'homme.* — La croûte terrestre et les deux océans. — La zone vitale. — La mer et les montagnes. 21
II. *Définition des plaines.* — L'action de l'eau. — L'horizon. — Vallées et plateaux. — Déserts, landes et marais. — Vallées d'érosion . . . 29
III. *Définition des montagnes.* — Monts, buttes et collines, massifs et chaînes. — Petites, moyennes et grandes montagnes. 38

CHAPITRE II

UNE SCIENCE MÉCONNUE

I. *L'enseignement de la géographie.* — Puissant intérêt qu'elle inspire. — Question d'honneur national. — Vieille routine et récents efforts. — La géographie est une science naturelle. — Les anciens atlas classiques — Le système des bassins. — Cas où il est en défaut . . 51
II. *Les cartes et la représentation des montagnes.* — Cartes orographiques et hypsométriques. — Cartes topographiques. — Leur utilité. — Vœu à leur sujet. — L'état-major et la construction des grandes cartes topographiques de la France. — Carte des autres pays. — Systèmes de représentation des montagnes. — Les courbes de niveau. — Progrès et réformes en voie d'exécution. 66

CHAPITRE III

OU SONT LES MONTAGNES

I. *La forme de la France et le bassin de Paris.* — Ceintures successives de collines. — Le Morvan. — Les Ardennes. 83
II. *Les Vosges.* — Alsace et Lorraine. — Gérardmer. 95
III. *Le plateau central.* — Ses massifs volcaniques 99
IV. *Le Jura.* — Sa forme spéciale. — Vues des Alpes. 104
V. *Les Pyrénées,* chaîne modèle. — Caractères généraux. 108
VI. *Comparaison des Pyrénées et des Alpes.* 115
VII. *Les Alpes.* — Disposition générale. — Division en massifs. — Hauts sommets et glaciers. — Les Alpes françaises. 119
VIII. *Une occasion de voir les Alpes.* — Routes d'Italie. — Cols 137
IX. *Les autres montagnes d'Europe.* — Forêt-Noire, Harz, Bohême, Alpes helléniques, Apennins, Espagne, etc. 145
X. *Les Montagnes lointaines.* — Caucase, Asie occidentale, Asie centrale, Afrique, Amériques du Nord et du Sud. 156

CHAPITRE IV

LES FORMES DES MONTAGNES

I. *L'altitude et sa mesure.* — Le baromètre; observations, résultats, modèles divers. — Dimensions comparées des montagnes. — Courbure de la terre. — Inclinaisons et profils 167
II. *Les groupements montagneux.* — Monts isolés. — Chaînes volcaniques. — Chaînes de plissement. — Massifs et plateaux. — Chaînes simples et composées. — Contreforts. — Cimes célèbres et cimes culminantes. 179
III. *Les sommets et les cols.* — Formes diverses et leurs noms. 184
IV. *Les vallées.* — Vallées longitudinales, transversales, entières et composées. — Vallons, défilés, gorges, cirques. — Fond des vallées. — Divisions naturelles. 190

CHAPITRE V

DE QUOI SONT FAITES LES MONTAGNES

I. *La terre et les pierres.* — Sol minéral et sol végétal; sable et boue; terreau. — Terrains en couches et terrains en masses. — Métamorphisme 201
II. *Roches plutoniques.* — La silice et les silicates. — Roches granitiques. — Roches porphyriques. — Roches volcaniques. 208
III. *Roches neptuniennes.* — Destruction du granit par l'eau. — L'argile. — Le sable. — Le silex. — Les grès. — Le calcaire; ses origines, ses variétés 220
IV. *Roches métamorphiques.* — Leur production. — Marbres et schistes. 235
V. *Mines et filons.* — Gypse et sel. — Charbons. — Fer. — Gangues et minerais 241

CHAPITRE VI

L'ORIGINE DES MONTAGNES

I. *L'hypothèse du feu central et celle de Laplace.* — Chaleur intérieure du sol. — Densité du globe. — Noyau central. — Comment une nébuleuse peut produire des planètes 249
II. *La formation des inégalités du globe.* — L'atmosphère primitive et la croûte terrestre. — Premières pluies et premières mers. — Fractures, failles, plissements, soulèvements de la croûte. — Élie de Beaumont et sa théorie. — Mouvements lents et leurs effets. 258

CHAPITRE VII

LA GÉOLOGIE

I. *Les fossiles et la question des espèces.* — Les fondateurs de la géologie. — Les faunes successives. — Les espèces et le darwinisme. — Les temps géologiques. 273
II. *Divisions de l'histoire du globe.* — *Terrains primaires.* — Analogies avec l'histoire des peuples. — Le premier des terrains. — Terrains siluriens, devoniens, houillers de France. 283
III. *Terrains secondaires.* — Leurs caractères. — Le trias se lie au permien. — Reptiles du lias et du terrain jurassique. — Le terrain crétacé et les puits artésiens de Paris 295
IV. *Terrains tertiaires.* — Les grands mammifères herbivores. — Les bassins tertiaires d'Europe. — La division de Lyell. 306

V. *Terrains quaternaires.* — *L'homme primitif.* — Le diluvium des géologues. — Les volcans. — L'époque glaciaire. — Les animaux des cavernes. — Les silex taillés. — L'archéogéologie. — Intervention de l'astronomie dans la géologie 311

CHAPITRE VIII

DEUX PAGES DE LA GENÈSE

I. *La Bible et les sciences modernes.* — Le livre de la nature. — La durée des jours de la création. — Résumé des données scientifiques actuelles 323
II. *Les six jours.* — Traduction et commentaire du texte hébreu de la première page de la Genèse. — Les nuages et le quatrième jour. . . 331
III. *Le déluge.* — État peu avancé de la géologie. — Explications provisoires. — Le texte hébreu. — Les chronologies bibliques. 342

CHAPITRE IX

LES VOLCANS

I. *Aspect et nature des montagnes volcaniques.* — Cônes, cratères, scories, cendres, enceintes extérieures, volcans éteints. 351
II. *Les éruptions volcaniques.* — Tremblements de terre, explosions, pluies de cendres, torrents de boue. — Les laves, leur éjection et leur marche. — Le Vésuve et l'Etna 357
III. *La théorie : cratères et fumarolles.* — Volume des laves. — Soulèvements et accumulations. — Grands et petits cratères. — Le Kilauwa. — Définition des volcans. — Cause des éruptions. — Volcans sous-marins. — Solfatares. — Geysers. — Salzes. 371
IV. *Où sont les volcans.* — Grande ligne volcanique du Pacifique. — Lignes transversales, en Amérique, en Asie, en Océanie, en Afrique. — Volcans d'Europe. 381
V. *Les volcans français.* — Les monts Dômes. — Les monts Dore. — Le Cantal. — Le Velay et le Vivarais. 389

CHAPITRE X

L'ATMOSPHÈRE ET SES MÉTÉORES

I. *L'air des montagnes.* — Sa pureté due à l'absence des poussières. — Pasteur et Tyndall. — Diminution de la pression. — Mal de montagne. — Décroissance de la température. — Son explication. — Le vent et ses causes. — Brises de montagnes. — Le fœhn. — La chaleur obscure et la vapeur d'eau. — La lumière des hauteurs. — Les levers du soleil 399
II. *Les nuages et leurs produits.* — La poussière d'eau et sa suspension. — Classification des nuages. — Cumulus et cirrus; nimbus. — Formation des cumulus. — Production de la neige et de la pluie. — Nuages orageux, grêle, trombes, tourmentes de neige. 421

CHAPITRE XI

LA CIRCULATION DES EAUX

I. *Les neiges, le sol et les sources.* — Invasion et fonte des neiges. — Neiges perpétuelles. — Partage des eaux sur le sol. — Rôle de la végétation. — Les réserves. — Puits. — Sources vives. — Sources thermales. 443

II. *Cascades et lacs.* — Individualité des cascades. — Exemples les plus célèbres. — Origine des lacs. — Lacs successifs. — Caractères divers des lacs de montagne. — Rôle industriel des montagnes dans l'avenir.   454

CHAPITRE XII

LA DÉMOLITION DES MONTAGNES

I. *Les érosions : dissolution et transport.* — Vulcain et Neptune. — Dissolution ou délayement. — Action de la gelée. — Effets de l'eau courante. — Lapiaz et déserts.   469
II. *Écroulements et écoulements : torrents, ravins et talus.* — Une origine fréquente de tremblements de terre. — Chutes de montagnes : chaos, clapiers. — Exemples historiques. — Catastrophe de Goldau. — Coulées de boue et nants sauvages. — Les torrents et leurs effets. — Creusement des ravins et des gorges. — Formation de talus uniformes.   476
III. *Les avalanches.* — Importance de la descente des glaces. — Avalanches d'hiver ou poudreuses : désastres. — Avalanches de printemps ou compactes : utilité; moyens protecteurs. — Avalanches d'été ou chutes de glaces   488

CHAPITRE XIII

LES GLACIERS

I. *L'écoulement de la glace.* — Assimilation à un fleuve extrêmement lent. — Le regel. — Formation des crevasses. — Puits et moulins. — La mer de glace. — Cascades d'aiguilles. — Ablation. — Tables, cônes, baignoires. — Névés et ponts de neige. — Fusion du glacier; grotte terminale   499
II. *La descente des moraines.* — Production des moraines latérales. — Glaciers affluents : moraines médianes. — Rubans de boue. — Moraines terminales. — Avancement et recul des glaciers. — Roches moutonnées et striées. — Traces d'anciens glaciers. — Quelles montagnes ont des glaciers. — Les glaciers français   516

CHAPITRE XIV

LA VIE DANS LES MONTAGNES

I. *Les végétaux des montagnes.* — Conditions de vie. — Zones diverses. — Explication de la petite taille et du développement rapide. — Région des forêts, région des gazons, région des neiges. — Les arbres de la montagne. — Le hêtre et le sapin. — Le déboisement et ses suites fatales. — Les sapins d'orage. — Le mélèze et l'arolle. — Les pâturages. — Les plantes alpines.   529
II. *Les animaux des montagnes.* — Animaux inférieurs. — Oiseaux insectivores. — Oiseaux de proie : le vautour des agneaux, l'aigle royal. — Mammifères : la marmotte, le chamois, les grands carnassiers. — Les troupeaux; les vaches laitières; leur importance à la montagne; le jodel; les orages dans les stations d'été. — Les moutons et les chèvres. — Les chevaux de montagne et les mulets. — Les chiens du Saint-Bernard.   544
III. *Les hommes des montagnes.* — Réputation des montagnards. — Qualités physiques. — Lutteurs, porteurs, bûcherons, flotteurs, faucheurs. — Qualités morales. — Jugement de Töpffer. — Avenir des montagnes françaises.   569

CONCLUSION

Importance des voyages dans l'éducation. — La doctrine du grand air. — Les vacances à la montagne. — Aux jeunes filles. — Aux nouveaux bacheliers. — Conseils aux jeunes voyageurs : bagages, itinéraire, emploi du temps, ascensions. — Bon voyage ! 581

TABLE DES CARTES HORS TEXTE

CARTE I. — France et pays voisins, carte orographique.	82
CARTE II. — Les Vosges, carte hypsométrique.	94
CARTE III. — Les Pyrénées	108
CARTE IV. — Alpes centrales et plaine suisse	118
CARTE V. — Globe terrestre et Europe.	152
CARTE VI. — France et pays voisins, carte géologique	288
CARTE VII. — Le mont Dore, avec courbes de niveau.	392

RENVOIS DES CARTES I ET VI

FRANCE ET PAYS VOISINS

1º Par ordre de numéros

1 Spa.
2 Givet.
3 Mézières et Charleville.
4 Aire.
5 Laon.
6 Chêne-Populeux.
7 Grandpré.
8 Valmy.
9 Sainte-Ménéhould.
10 Verdun.
11 Montmédy.
12 Longwy.
13 Luxembourg.
14 Trèves.
15 Épernay.
16 Montmirail.
17 Sézanne.
18 Nogent-sur-Seine.
19 Montereau.
20 Brienne.
21 Vitry-le-Français.
22 Toul.
23 Saverne.
24 Épinal.
25 Bar-sur-Aube.
26 Bar-sur-Seine.
27 Châtillon-sur-Seine.
28 Langres.
29 Avallon.
30 Château-Chinon.
31 Luzy.
32 Le Creuzot.
33 Autun.
34 Beaune.
35 Dôle.
36 Saint-Amand.
37 Gannat.
38 Millevaches (pl. de).
39 Clermont-Ferrand et la Limagne.
40 Murat.
41 Le Puy.
42 Vals.
43 Mont Mézenc.
44 Die.
45 Alais.
46 Commentry.
47 Nevers.
48 Nantua.
49 Vallorbe.
50 Pontarlier.
51 Neuchâtel (Suisse).
52 La Chaux-de-Fonds.
53 Porrentruy.
54 Mulhouse.
55 Fribourg (Brisgau).
56 Bade.
57 Bonn.
58 Wiesbaden.
59 Bingen.
60 Saint-Goar.
61 Coblentz.
62 Ems.
63 Sadowa.
64 Kœnigsgrætz.
65 Côme.
66 Ivrée.
67 Savone.
68 Spezzia.
69 Carrare.
70 Pérouse.
71 Mont Albano.
72 Tivoli.
73 Col de Tende.
74 Mont Genèvre et Briançon.
75 Gap.
76 Grenoble.
77 Chambéry.
78 Brives.
79 Périgueux.
80 Saint-Yrieix.
81 Limoges.
82 Confolens.
83 Montmorillon.
84 Poitiers.
85 Les Sables-d'Olonne.
86 Châteaulin.
87 Pontivy.
88 Mortain.
89 Alençon.
90 Trouville.
91 Neufchâtel-en-Bray.
92 Beauvais.
93 Soissons.
94 Valenciennes et Anzin.
95 Boulogne.
96 Liège.
97 Sarrebruck.
98 Mayence.
99 Le Kaiserstuhl.

2º Par ordre alphabétique

Aire 4
Alais 45
Albano (mont) ... 71
Alençon 89
Anzin 94
Autun 33
Avallon 29
Bade 56
Bar-sur-Aube ... 25
Bar-sur-Seine .. 26
Beaune 34
Beauvais 92
Bingen 59
Bonn 57
Boulogne 95
Briançon 74
Brienne 20
Brives 78
Carrare 69
Chambéry 77
Château-Chinon.. 30
Châteaulin 86
Châtillon-s.-Seine. 27
Charleville 3
Chaux-de-Fonds (la) 52
Chêne-Populeux (le) 6
Clermont-Ferrand. 39
Coblentz 61
Côme 65
Commentry 46
Confolens 82
Creuzot (le) ... 32
Die 44
Dôle 35
Ems 62
Épernay 15
Épinal 24
Fribourg (Brisgau). 55
Gannat 37
Gap 75
Genèvre (mont).. 74
Givet 2
Grandpré 7
Grenoble 76
Ivrée 66
Kaiserstuhl (le). 99
Kœnigsgrætz 64
Laon 5
Langres 28
Le Puy 41
Liège 96
Limagne (pl. de la). 39
Limoges 81
Longwy 12
Luxembourg 13
Luzy 31
Mayence 98
Mézenc (mont) .. 43
Mézières 3
Millevaches (pl. de). 38
Montereau 19
Montmédy 11
Montmirail 16
Montmorillon ... 83
Mortain 88
Mulhouse 54
Murat 40
Nantua 48
Neufchâtel-en-Bray. 91
Neuchâtel (Suisse).. 51
Nevers 47
Nogent-sur-Seine. 18
Périgueux 79
Pérouse 70
Poitiers 84
Pontivy 87
Porrentruy 53
Pontarlier 50
Sables-d'Olonne (les) 85
Sadowa 63
Saint-Amand 36
Saint-Goar 60
Sainte-Ménéhould.. 9
Saint-Yrieix ... 80
Sarrebruck 97
Saverne 23
Savone 67
Sézanne 17
Soissons 93
Spa 1
Spezzia 68
Tende (col de) . 73
Tivoli 72
Toul 22
Trèves 14
Trouville 90
Valenciennes ... 94
Vallorbe 49
Valmy 8
Vals 42
Verdun 10
Vitry-le-Français... 21
Wiesbaden 58

TOURS. — IMPRIMERIE MAME

www.ingramcontent.com/pod-product-compliance
Lightning Source LLC
Chambersburg PA
CBHW051324230426
43668CB00010B/1140